Umtauschanleihen – Eine rechtliche Einordnung und Analyse von Kapitalmarktreaktionen

Europäische Hochschulschriften
Publications Universitaires Européennes
European University Studies

Reihe V
Volks- und Betriebswirtschaft

Série V Series V
Sciences économiques, gestion d'entreprise
Economics and Management

Bd./Vol. 3219

PETER LANG
Frankfurt am Main · Berlin · Bern · Bruxelles · New York · Oxford · Wien

Thomas Wally

Umtauschanleihen – Eine rechtliche Einordnung und Analyse von Kapitalmarktreaktionen

PETER LANG
Europäischer Verlag der Wissenschaften

Bibliografische Information der Deutschen Nationalbibliothek
Die Deutsche Nationalbibliothek verzeichnet diese Publikation in der Deutschen Nationalbibliografie; detaillierte bibliografische Daten sind im Internet über <http://www.d-nb.de> abrufbar.

ISSN 0531-7339
ISBN-10: 3-631-55155-X
ISBN-13: 978-3-631-55155-4

www.peterlang.de

Meiner Familie

Vorwort

Diese Untersuchung wurde an der Wirtschaftsuniversität Wien im Sommersemester 2005 als Dissertation eingereicht. Literatur und Rechtsprechung befinden sich auf dem Stand von Februar 2005.

Die Arbeit stellt einen ersten umfassenden wissenschaftlichen Beitrag zum Thema Umtauschanleihen dar. Diese erfahren in ihrer Funktion als Finanzierungs- und Restrukturierungsinstrument vor dem Hintergrund einer verstärkten Shareholder Value Orientierung von Unternehmen in Europa zunehmende Bedeutung. Mit dieser Arbeit werden zwei Absichten verfolgt: Im ersten Teil der Arbeit (Kapitel 2) werden Umtauschanleihen juristisch flächendeckend beleuchtet. Zu diesem Zweck werden Umtauschanleihen von verwandten Instrumenten wie Wandel- und Optionsanleihen abgegrenzt und die in Deutschland und Österreich relevanten gesellschafts-, kapitalmarkt-, handels- und steuerrechtlichen Bestimmungen untersucht. Die zweite Zielsetzung besteht in der Klärung der Frage, ob Ankündigungen von Umtauschanleihe-Emissionen messbare Kapitalmarktreaktionen auslösen. Zu diesem Zweck werden wesentliche Ausgestaltungsparameter europäischer Emissionen (Kapitel 3) und finanzierungstheoretische Ansätze bzw. empirische Belege für Kapitalmarktreaktionen auf Desinvestitions- und Finanzierungsmaßnahmen ergründet (Kapitel 4). In der eigenen empirischen Untersuchung (Kapitel 5) werden rund 170 Umtauschanleihen, die in Europa zwischen 1987 und 2003 emittiert wurden, mittels Ereignisstudie untersucht.

Ich möchte mich bei allen bedanken, die die Entstehung dieser Arbeit unterstützt haben. Besonderen Dank schulde ich meiner Dissertations-Betreuerin Prof. Dr. Edith Littich, die mir bei der Erstellung der Arbeit jede wissenschaftliche Freiheit gelassen hat und mir doch im Bedarfsfall stets mit Rat zur Seite gestanden ist. Ich danke auch Prof. Dr. Christian Nowotny für die Übernahme des Zweitgutachtens und Prof. Dr. Alois Geyer für die bereitwillge Unterstützung bei methodischen Fragen. Ebenso danke ich Stefan Gratzer (Lehman Brothers), sowie Tim Hindle und Antonio Tasso (Goldman Sachs) für die bereitwillige inhaltliche Unterstützung und René Braun (Luxemburger Börse) und Stern Stewart & Co. in München für die Bereitstellung von Daten. Außerdem danke ich Fr. Haas und Hr. Piribauer (ÖIAG) und Gottfried Ransmayr (BA-CA) für ihre inhaltliche Unterstützung. Mein besonderer Dank gilt Marlen Grillmayer und Brigitta Neudörfl für die vielfältigen Verbesserungsvorschläge und die mühevolle Tätigkeit des Korrekturlesens. Ich widme diese Arbeit meinen Eltern, ohne deren Liebe und Unterstützung das Zustandekommen meiner Doktorarbeit nicht denkbar gewesen wäre.

Wien, im September 2006 — Der Autor

Inhaltsverzeichnis

Abbildungsverzeichnis

Tabellenverzeichnis

Abkürzungsverzeichnis

ABGB	österreichisches Allgemeines Bürgerliches Gesetzbuch, JGS 946
ABl	Amtsblatt
Abs	Absatz
AG	Aktiengesellschaft, auch Zeitschrift „Die Aktiengesellschaft“
AktG	Aktiengesetz
AÖF	Amtsblatt der österreichischen Finanzverwaltung
AR	Aufsichtsrat
Art	Artikel
BB	Betriebsberater
BFH	deutscher Bundesfinanzhof
BGB	deutsches Bürgerliches Gesetzbuch RGBl 1896, 195
BGBl	Bundesgesetzblatt
BGH	deutscher Bundesgerichtshof
BGHZ	Entscheidungen des deutschen Bundesgerichtshofs in Zivilsachen
bn	billion
BörseG	österreichisches Börsegesetz BGBl 1989/555
BörsG	deutsches Börsengesetz
bspw	beispielsweise
BStBl	deutsches „Bundessteuerblatt“ 1951 ff
BWA	österreichische Bundes-Wertpapieraufsicht
BWG	österreichisches Bankwesengesetz BGBl 1993/532
bzgl	bezüglich
bzw	beziehungsweise
CC	italienischer Codice Civile
dAktG	deutsches Aktiengesetz BGBl 1965 I 1089
DB	Zeitschrift „Der Betrieb“
DBGBl	deutsches Bundesgesetzblatt
dBMF	deutscher/s Bundesminister/ium der Finanzen
dBörsG	deutsches Börsengesetz
dEStG	deutsches Einkommensteuergesetz
dh	das heißt
dHGB	deutsches Handelsgesetzbuch
Diss	Dissertation
dKStG	deutsches Körperschaftsteuergesetz
DStR	Deutsches Steuerrecht
DStZ	Deutsche Steuer-Zeitung
dVAG	deutsches Versicherungsaufsichtsgesetz
EG	Europäische Gemeinschaft

EMH	Efficient Market-Hypothese
Erl	Erlass
ESt	Einkommensteuer
et al	et alteris
etc	et cetera
EU	Europäische Union
EWG	Europäische Wirtschaftsgemeinschaft
f	und der/die folgende
FB	Firmenbuch
FCF	Free Cash Flow
ff	und der/die folgenden
FMA	österreichische Finanzmarktaufsicht
FN	Fußnote
FR	Finanz Rundschau – deutsches Steuerblatt
gem	gemäß
GewSt	deutsche Gewerbesteuer
GewStG	deutsches Gewerbesteuergesetz
GG	Grundgesetz für die Bundesrepublik Deutschland dBGBl 1949, 1
GmbHG	Gesetz über Gesellschaften mit beschränkter Haftung RGBl 1906/58 idF BGBl I 2001/98
GuV	Gewinn- und Verlustrechnung
HGB	Handelsgesetzbuch
hL	herrschende Lehre
hM	herrschende Meinung
Hrsg	Herausgeber
HV	Hauptversammlung
idF	in der Fassung
idR	in der Regel
ieS	im engeren Sinne
IFA	International Fiscal Association
iHd	in Höhe der
iHv	in Höhe von
iSd	im Sinne des/der
ISH	Imperfect Substitutes-Hypothese
iSv	im Sinne von
iVm	in Verbindung mit
IWB	Internationale Wirtschafts-Briefe
iwS	im weiteren Sinne
Jg	Jahrgang
KapBG	österreichisches Kapitalberichtigungsgesetz BGBl 1967/171 idF BGBl I 2001/198

KESt	Kapitalertragsteuer
KMG	Kapitalmarktgesetz BGBl 1991/625
KQ	Kleinste Quadrate
KSt	Körperschaftsteuer
KSchG	Konsumentenschutzgesetz BGBl 1979/140
KWG	deutsches Gesetz über das Kreditwesen
L	Law
leg cit	legis citatae
LG	Landesgericht
lit	litera (Buchstabe)
M&A	Merger and Acquisition
Mrd	Milliarde/n
MU	Mutterunternehmen
n°	numero
No	number
NPV	Net Present Value (Nettobarwert)
Nr	Nummer
nv	nicht verfügbar
NWB	Neue Wirtschafts-Briefe für Steuer- und Wirtschaftsrecht
NYSE	New York Stock Exchange
öAktG	österreichisches Aktiengesetz BGBl 1965/98 idF BGBl I 2001/98
ÖBA	Zeitschrift „Österreichisches Bankarchiv“
öBMF	österreichischer/s Bundesminister/ium für Finanzen
öEStG	österreichisches Einkommensteuergesetz BGBl 1988/400
öHGB	österreichisches Handelsgesetzbuch RGBl 1897, 219 idF BGBl I 2002/118
ÖIAG	Österreichische Industrie Holding AG (Beteiligungs- und Privatisierungsagentur der Republik Österreich)
öKStG	österreichisches Körperschaftsteuergesetz BGBl 1966/156
OLG	Oberlandesgericht
OLS	Ordinary Least Squares
OR	schweizer Obligationenrecht
öSpaltG	österreichisches Gesetz über die Spaltung von Kapitalgesell schaften BGBl 1996/304 Art XIII idF BGBl I 1998/125
ÖStZ	Österreichische Steuer-Zeitung
OTU	Operatives Tochterunternehmen
OU	Operatives Unternehmen
öUmwG	österreichisches Umwandlungsgesetz
öVAG	österreichisches Versicherungsaufsichtsgesetz BGBl 1978/569
PPH	Price Pressure-Hypothese
PublG	deutsches Publizitätsgesetz

RdW	Zeitschrift „Österreichisches Recht der Wirtschaft“
RFH	deutscher Reichsfinanzhof
RGBl	Reichsgesetzblatt
RL	Richtlinie
Rz	Rangziffer
S	Satz
S	Seite
SEC	Securities Exchange Commission (USA)
sog	so genannt/ -e/ -er/ es
SpaltG	österreichisches Spaltungsgesetz BGBl 1996/304 idF BGBl I 1998/125
StÄndG	deutsches Steueränderungsgesetz 2001
TM	Trademark
TU	Tochterunternehmen
u	und
ua	und andere/s, unter anderem
ÜbG	österreichisches Übernahmegesetz BGBl I 1998/127 idF BGBl I 2001/98
ÜbK	österreichische Übernahmekommission
ÜbV	österreichische Übernahmeverordnung (Verordnung der Übernahmekommission vom 09. März 1999 zum Übernahme gesetz), 1.ÜbV
USD	US-Dollar
vgl	vergleiche
Vol	Volume (Band)
vs	versus (gegen)
Vst	Vorstand
VwGH	österreichischer Verwaltungsgerichtshof
WAG	österreichisches Wertpapieraufsichtsgesetz BGBl 1996/753
WLS	Weighted Least Squares
WM	Wertpapier-Mitteilungen
WpHG	deutsches Wertpapierhandelsgesetz
WPMVO	österreichische Wertpapier-Meldeverordnung BGBl II 1997/172 idF BGBl II 1999/314
Z	Ziffer
zB	zum Beispiel
zfbf	Zeitschrift für betriebswirtschaftliche Forschung
ZGR	Zeitschrift für Unternehmens- und Gesellschaftsrecht
ZHR	Zeitschrift für das gesamte Handels- und Wirtschaftsrecht
ZIP	Zeitschrift für Wirtschaftsrecht

1. Einleitung

1.1. Problemstellung

Lange Zeit waren expansive Unternehmensübernahmen die vorherrschende Transaktionsform an den Kapitalmärkten. Auf Perioden horizontaler und vertikaler Unternehmenszusammenführungen folgte, unter anderem auch wegen kartellrechtlicher Beschränkungen, eine Periode von branchenfremden Unternehmenszusammenschlüssen. Allgemeine Beweggründe nicht-konglomerater Unternehmenszusammenführungen, wie Skalenerträge oder Lern- bzw. Erfahrungskurveneffekte, hatten aber für konglomerate Unternehmenszusammenschlüsse nur eingeschränkte Gültigkeit. Vielmehr waren negative Entwicklungen im angestammten Wettbewerbsumfeld und ein Vermeiden von Umsatz- und Ertragsunsicherheiten oftmals wesentliche Beweggründe von Diversifikationen.[1]

Diversifizierte Konzerne werden jedoch am Kapitalmarkt häufig mit Bewertungsabschlägen gehandelt, weshalb Mischkonzerne oftmals Ziel feindlicher Übernahmen mit hierauf folgender Veräußerung einzelner Segmente - bis hin zu einer vollständigen Aufspaltung oder Liquidation wurden.[2] Um sich vor drohenden feindlichen Übernahmen zu schützen, etablierten US-amerikanische Unternehmen oftmals so genannte „poison-pill provisions“ in ihren Unternehmensstatuten. Unternehmen in Europa, insbesondere in Deutschland, bauten zumeist umfangreiche Beteiligungsnetzwerke auf, welche Schutz vor unerwünschter unternehmensexterner Einflussnahme bieten sollten.[3]

Neben dem Markt für Unternehmensanteile als externem Auslöser von Restrukturierungsmaßnahmen etablierte sich aber auch unternehmensintern unter der Zielsetzung einer wertorientierten Unternehmensführung eine verstärkte Bereitschaft bestehende Beteiligungsstrukturen neu zu überdenken.[4] Die sich einem Un-

---

1 Zu den in der Literatur diskutierten Vor- und Nachteilen von Diversifikations- und Konzentrationsstrategien sowie insbesondere zu empirischen Untersuchungen hierzu siehe etwa *Lang/Stulz* (1994), *Comment/Jarrell* (1995), *Markides* (1995), *Berger/Ofek* (1995), *John/Ofek* (1995), *Servaes* (1996), *Hatfiel/Liebeskind/Opler* (1996), *Lins/Servaes* (1999), *Gilson* et al. (2001), *Lamont/Polk* (2001) oder *Campa/Kedia* (2002).

2 Vgl. *Weston/Siu/Johnson* (2001), S. 192 ff.

3 Vgl. *Hellwig/Laux/Müller* (2002), S. 71.

4 *Rappaport* meint hierzu "*In many cases, the question is simply whether the needed restructuring will be done by incumbent management or by new management after a takeover*"; *Rappaport* (1986), S. 168. *Dranikoff/Koller/Schneider* führen darüber hinaus in einer Studie

ternehmen bietenden Restrukturierungsalternativen können etwa wie folgt klassifiziert werden:[5]

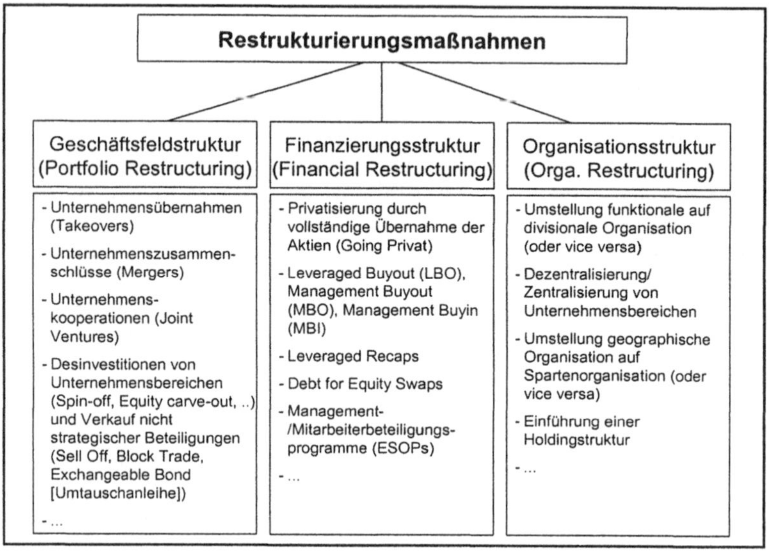

Abbildung 1: Überblick: Restrukturierungsmaßnahmen

Den Teilbereich des „Portfolio Restructuring", welcher bedeutsame Änderungen der Vermögensstruktur bzw. des Beteiligungsportfolios umfasst,[6] befinden *Bowman* et al. in einem Vergleich der drei möglichen Restrukturierungsformen als die erfolgreichste Variante.[7] Restrukturierungsmaßnahmen, welche unter die Restrukturierung des Beteiligungsportfolios fallen, haben jedoch oftmals auch eine Änderung der Finanzierungsstruktur zur Folge.

Das Forschungsgebiet dieser Arbeit widmet sich einem Instrument, welches an der Schnittstelle zwischen Finanzierung und Restrukturierung angesiedelt ist – der

---

an, dass Unternehmen mit aktiver Desinvestitionsstrategie in den USA im Vergleich zu Unternehmen mit einer reaktiven Veräußerungspolitik mehr Wert für ihre Aktionäre schaffen; vgl. *Dranikoff/Koller/Schneider* (2002), S.74 ff.

5 Vgl. *Bowman* et al. (1999), S. 33 ff.

6 Hierunter werden etwa Liquidationen, Spin-Offs, Desinvestition über oder außerhalb der Börse etc. gefasst; vgl. *Bowman* et al. (1999), S. 33 ff.

7 Ebenda.

Umtauschanleihe.[8] Folgendes Zitat verdeutlicht die Vielseitigkeit dieses Instruments: *„We had three goals with the deal. First, it was part of our refinancing plans. We are not going to increase our debt in 2001 [...] Second we wanted to sell a stake, but without selling so much as to lose control of the underlying companies. So the shares that we offered in TIM and Seat are in excess of what we need for control of them. And third, it was extremely cost-effective for us."*[9]

Als *hybrides Finanzierungsinstrument*[10] nimmt die Umtauschanleihe eine Zwitterstellung zwischen den idealtypischen Gruppen des Eigen- und Fremdkapitals ein.[11] Umtauschanleihen enthalten nicht nur einen Fremdkapitalanteil, sondern weisen aufgrund der den Anleihenrechten beigefügten Optionsrechte auch Eigenkapitalcharakter auf. Eine Umtauschanleihe verbrieft einen idR verzinslichen Zahlungsanspruch. Hinzu tritt eine Option auf Wandlung in Aktien eines vom Emittenten verschiedenen Unternehmens.[12] Der Käufer einer Umtauschanleihe erhält somit vom emittierenden Unternehmen neben einer Anleihe mit niedrigerer Verzinsung als dem gegenwärtigen Marktzinssatz eine Option nach vertraglich vereinbarter Laufzeit die Anleihe in Aktien, bspw. an einem Tochterunternehmen, zu wandeln.[13] Der Investor wird von seinem Optionsrecht Gebrauch machen, wenn der Basiswert einen gewissen Wert übersteigt, andernfalls wird er für die Rückzahlung der Nominale votieren.

Als *Instrument der Portfolio-Restrukturierung* erlaubt eine Umtauschanleihe eine „zeitverzögerte" Desinvestition des Anteilsbesitzes an einem zumeist börsennotierten Beteiligungs- oder Tochterunternehmen. Es kann zum einen dazu eingesetzt werden Bestände an Fremdunternehmen[14] bzw. an Tochterunternehmen, welche nach einer zeitlich vorgelagerten Börseneinführung in die Selbstständigkeit entlassen werden sollen,[15] abzubauen. Zum anderen wurden Umtausch-

---

8 Die Umtauschanleihe wird im Englischen als *„Exchangeable Bond"* oder *„Exchangeable"* bezeichnet.

9 *Anti*, M. (Finanzvorstand Telecom Italia), zitiert in *Bedell* (2001), S. 20 ff.

10 Hybride Finanzierungsinstrumente werden häufig unter den Begriff „Equity-linked Bonds" zusammengefasst.

11 Vgl. *Achleitner* (2000), S. 518.

12 Dieses vom Emittenten verschiedene Unternehmen wird als „Underlying", „Basiswert", „Bezugsgesellschaft" oder auch „Zielgesellschaft" bezeichnet.

13 Vgl. *Parker/Dunton* (2001), S. 43 ff.

14 Bspw. Umtauschanleihe der Allianz Finance BV, wandelbar in RWE AG, angekündigt im November 2001.

15 Bspw. Umtauschanleihe der Siemens Nederland NV, wandelbar in Infineon Technologies AG, angekündigt im Juli 2000.

anleihen bisher bereits mehrmals zu Privatisierungszwecken eingesetzt.[16] Die durch die österreichische staatliche Beteiligungsholding ÖIAG begebenen Umtauschanleihen auf Anteile der Telekom Austria AG[17] und Aktien der Voestalpine AG[18] sowie die durch die Bank Austria Creditanstalt AG begebene, in Anteile der Wienerberger AG wandelbare Anleihe,[19] unterstreichen die Aktualität und Relevanz dieses Restrukturierungsinstruments auch für Österreich.

1.2. Forschungsfragen und Gang der Untersuchung

Im Mittelpunkt des Erkenntnisinteresses dieser Arbeit stehen zum einen die *rechtliche Einordnung* von Umtauschanleihen[20] und zum anderen die *Kapitalmarktreaktionen bei Emissionsankündigungen* durch europäische Emittenten bzw. deren Finanzierungstochtergesellschaften. Umtauschanleihen wurden als Instrument der Finanzierung und der Portfolio-Restrukturierung in der deutschsprachigen wirtschaftswissenschaftlichen Literatur bisher keiner eingehenderen Betrachtung unterzogen. Dies mag einerseits einen an der Komplexität dieses Instruments und andererseits an seiner noch relativ jungen Geschichte liegen.[21] Diese Arbeit soll deshalb dazu beitragen das Forschungsdefizit auf dem Gebiet der Umtauschanleihen im Generellen und der Kapitalmarktreaktionen auf deren Emissionen im Speziellen zu schließen.

In *Kapitel 2*, dem rechtlichen Grundlagenteil der Arbeit, wird der erste Fragenkomplex behandelt. Umtauschanleihen, welche auch als „*unechte Wandelanleihen*" bezeichnet werden,[22] weisen insbesondere zu dem in § 174 öAktG bzw. § 221 dAktG geregelten Begriff der „Wandelschuldverschreibung" eine große Ähnlichkeit auf. Dieser fasst Schuldverschreibungen zusammen, bei denen Gläu-

---

16 So etwa im Zuge der Privatisierung in Griechenland (Umtauschanleihe auf griechische Tourismus Vermögensverwaltungsgesellschaft im Juli 2001) oder in Italien (Umtauschanleihe des staatlichen Instituto per la ricostruzione industriale, wandelbar in Banca di Roma, emittiert im November 1997 durch eine Tochtergesellschaft der Mediobanca).

17 Siehe hierzu „*ÖIAG, Telekom & eine Wandelanleihe Meinung zum Tag*", in *Die Presse* vom 25. Juli 2003.

18 Siehe hierzu „*Austria offloads steel group*", in *Euroweek* vom 19. September 2003.

19 Siehe hierzu „*Bank Austria tackles holding in Wienerberger with convert*", in *Euroweek* vom 12. Dezember 2003.

20 Hierbei wird insbesondere auf die Rechtslage in Österreich und Deutschland eingegangen.

21 In Österreich bediente sich die ÖIAG mit einer in Anteile der Telekom Austria wandelbaren Umtauschanleihe erstmalig dieses Kapitalmarktinstruments; „*ÖIAG, Telekom & eine Wandelanleihe Meinung zum Tag*", in *Die Presse* vom 25. Juli 2003.

22 *Dreyer/Herrmann* (2001), S. 705.

bigern ein Umtausch- oder Bezugsrecht auf Aktien eingeräumt wird.[23] Während eine Wandelschuldverschreibung tatsächlich zum Umtausch einer Obligation in Aktien berechtigt,[24] erhält der Bezugsberechtigte bei Optionsanleihen[25] das Recht zusätzlich zu einer eigenständigen Obligation Mitgliedschaftsrechte an der Anleihenschuldnerin zu erwerben. Im Gegensatz zum Begriff der Wandelschuldverschreibung sind Anleihen mit Optionsrechten auf Aktien *dritter* Gesellschaften[26] im österreichischen und deutschen Gesellschaftsrecht überhaupt nicht geregelt.[27] Bezüglich der rechtlichen Vorgaben für hybride Effekten wie Umtausch-, Wandel- und Optionsanleihen, kann in Europa ein deutliches Regelungsgefälle zwischen den relativ strengen Vorgaben in romanischen Ländern und den rechtlich liberalen Ansätzen in den Ländern Nordeuropas, insbesondere England und der Niederlande, festgestellt werden.[28] Trotz einer Koordinierung des Rechtsbereichs im Rahmen der Zweiten Richtlinie[29] durch Art 25 Abs 4, und Art 29 Abs 6 können innerhalb Europas vor allem in der Regelungsdichte und der Einbindung der Hauptversammlung deutliche Unterschiede ausgemacht werden.[30]

Die in Österreich und Deutschland bisher fehlende Kodifikation von Anleihen mit Optionsrechten auf Aktien dritter Gesellschaften lässt sich mit der relativen Neuigkeit und der im Vergleich zu Wandelschuldverschreibungen noch relativ geringen Verbreitung begründen. Umtauschanleihen fügen sich daher in die Reihe jener Finanzmarktinstrumente ein, welche auf der Grundlage der Privatautonomie

---

23 Vgl. *Nowotny* in *Lutter/Hirte*, Wandel- und Optionsanleihen, S. 177. Allerdings werden nach hM hierunter nur Umtausch- oder Bezugsrechte in *eigene* Aktien verstanden.

24 Die Wandelschuldverschreibung wird auch als Wandelanleihe ieS bezeichnet; vgl. ebenda.

25 Auch Wandelanleihen iwS; vgl. ebenda

26 Hierunter fallen auch Umtauschanleihen.

27 Vgl. *Hirte* in *Lutter/Hirte*, Wandel- und Optionsanleihen, S. 3 u. *Nowotny* in *Lutter/Hirte*, Wandel- und Optionsanleihen, S. 178. Im Unterschied zu Österreich und Deutschland erfasst der Begriff der „obbligazioni convertibili" im italienischen Gesellschaftsrecht, ebenso wie im spanischen Recht, auch Anleihen mit Optionsrechten auf Aktien dritter Gesellschaften. Da das italienische und spanische Gesetzesrecht aber ausdrücklich wiederum nur die Wandelanleihe oder Wandelschuldverschreibung ieS regeln, müssen sich diese Rechtsordnungen wiederum für Optionsanleihen mit schwierigen Analogien behelfen; vgl. *Hirte* in *Lutter/Hirte*, Wandel- und Optionsanleihen, S. 3.

28 Für einen Rechtsvergleich diverser nationaler Jurisdiktionen zu Wandel- und Optionsanleihen siehe *Hirte* in *Lutter/Hirte*, Wandel- und Optionsanleihen, S. 1-26.

29 Kapitalrichtlinie: Nr. 77/91/EWG vom 13.12.1976, ABl. EG 1977 L 26/1 vom 31.1.1977, in *Lutter* (1996), S. 109-127.

30 In manchen Ländern (bspw. Frankreich, Italien, Spanien oder Portugal) bedarf bereits die Ausgabe gewöhnlicher Schuldverschreibungen eines HV-Beschlusses. In Österreich und Deutschland unterliegt die Ausgabe von Wandel- und Optionsanleihen darüber hinaus einem besonderen Mehrheitsbeschluss; vgl. *Hirte* in *Lutter/Hirte*, Wandel- und Optionsanleihen, S. 26.

und der schuldrechtlichen Vertragsinhaltsfreiheit beruhen und in Analogie zu bestehenden Vertragstypen zu behandeln sind. Aus diesem Grund wird in Kapitel 2 zunächst auf die zu Umtauschanleihen „verwandten" Finanzierungsinstrumente Anleihe, Wandel-, Options- und Aktienanleihe[31] sowie Genussrecht und Gewinnschuldverschreibung eingegangen. Hiervon ausgehend werden Analogien zur rechtlichen Einordnung von Umtauschanleihen gezogen und die Frage erörtert, welche gesellschaftsrechtlichen Anforderungen an eine Umtauschanleihenemission gestellt werden.

Während es bei Wandel-[32] und Optionsanleihen[33] im Fall einer Wandlung idR zu einem Bezug „neuer" Aktien kommt, berechtigen Umtauschanleihen idR zum Umtausch in „alte" Aktien eines vom Emittenten verschiedenen dritten Unternehmens. Hierin kann ein praktikables Abgrenzungskriterium zu Wandelanleihen gesehen werden. Abbildung 2 gibt einen Überblick über Wandel-, Umtausch- oder etwaige „synthetische" Anleihen[34] nach der Herkunft der zu beziehenden Aktien.

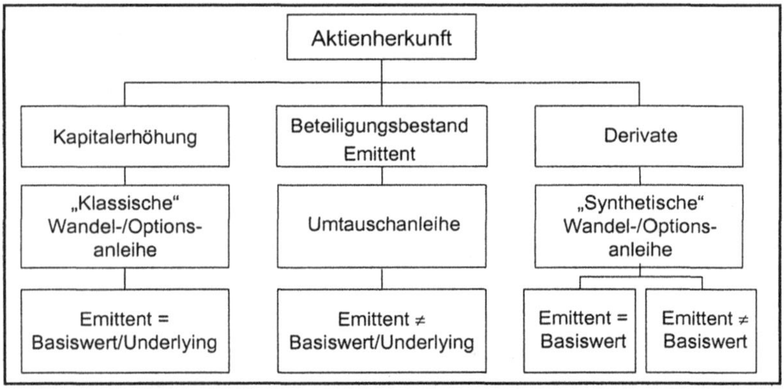

Abbildung 2: Überblick: Konvertible Anleihen nach Aktienherkunft[35]

---

31 Während Umtausch-/Wandel-/Optionsanleihen durch ein Wahlrecht des Anleihenzeichners auf Wandlung gekennzeichnet sind, ist eine Aktienanleihe mit einem Wahlrecht des Emittenten ausgestattet. Dieses ermöglicht es den Emittenten die Anleihe zum Nennwert zurückzuzahlen oder dem Inhaber eine bei der Ausgabe festgelegte Anzahl von Finanzprodukten zu übertragen. Für eine überdurchschnittliche Verzinsung geht der Anleihenzeichner das Risiko ein Finanzprodukte zu erhalten, deren Wert geringer als der Anleihen-Nennwert ist; siehe Kapitel 2.2.4.

32 Siehe Kapitel 2.2.2; zur Sicherung des Wandlungsrechts siehe Kapitel 2.2.2.2.1.

33 Siehe Kapitel 2.2.3.

34 Siehe hierzu Kapitel 2.2.3.2.1.

35 In Anlehnung an *Schäfer* (2002), S. 517.

Trotzdem können Umtauschanleihen auch mit Optionsrechten auf „neue“ Aktien von dritten Gesellschaften ausgestattet werden. Aus diesem Grund wird dieser Sonderfall, welcher der Mitwirkung der Zielgesellschaft bedarf, erörtert. Dies ist insbesondere dann von Relevanz, wenn eine Finanzierungs-/Desinvestitionsabsicht eines Mutterunternehmens mit einem Finanzierungsbedarf bei einem Beteiligungs-/Tochterunternehmen zusammenfällt. Es gilt die gesellschaftsrechtlichen Voraussetzungen für diesen Fall zu klären. Neben Fragen zur Beschlussfassung bzw. Bedienung des Umtauschrechts werfen hybride Effekten im Allgemeinen und Exchangeables im Besonderen eine Vielzahl weiterer gesellschaftsrechtlicher Fragen auf – etwa ob den bisherigen Anteilseignern ein Bezugsrecht einzuräumen ist. Ist die Ausgabe der Finanzierungsinstrumente vollzogen, sind vor allem die Stellung der eigenkapitalbezogenen Obligationäre sowie Regelungen zu deren Schutz vor Verwässerung Inhalt von Diskussionen.

In manchen Staaten in Europa enthält das Gesellschaftsrecht insbesondere zu Wandel- und Optionsanleihen kaum Vorgaben.[36] Im Gegensatz dazu finden sich im Kapitalmarktrecht teils sehr detaillierte Vorschriften.[37] Hiermit stellt sich auch für Umtauschanleihen die Frage, welche kapitalmarkt- und börsegesetzlichen Regulierungen bei einer Emission zu beachten sind und in welchen Fällen diese etwa bei einer Übernahme Bedeutung erlangen können. Zuletzt werden im rechtlichen Teil der Arbeit Fragen der handels- und steuerrechtlichen Bilanzierung des Instruments, sowohl beim Emittenten als auch beim Investor, geklärt. Wie die geänderte Beurteilung von Umtauschanleihen durch die deutsche Finanzverwaltung in 2001 und die damit einhergehende Diskussion zeigen, ist insbesondere die steuerliche Beurteilung nicht völlig zweifelsfrei.[38]

Das *Kapitel 3* eröffnet mit einer Beschreibung der in dieser Arbeit untersuchten Anleihen. Zunächst wird der Einsatz von Umtauschanleihen dem von Wandelanleihen in Europa gegenübergestellt und gemeinsame bzw. unterschiedliche Einflussfaktoren für Emissionen dieser beiden konvertiblen Anleihen herausgearbeitet. Im weiteren Verlauf werden die wesentlichen Ausstattungsmerkmale von europäischen Exchangeables, getrennt nach fremd- und eigenkapitalbezogenen Elementen, beschrieben. Hierbei wird der Frage nachgegangen welche Folgen bestimmte „Standardklauseln“ für den Anleiheninvestor haben. Aus der Skizzierung unterschiedlicher Ausgestaltungsoptionen betreffend die Aktionärsrechte an den unterliegenden Basiswertaktien und den hiermit einhergehenden Implikationen

36 Bspw. England oder Belgien.

37 Siehe etwa „Listing Rules“ in England oder Vorschriften der „Commission Bancaire“ in Belgien.

38 Die deutsche Finanzverwaltung ging 2001 dazu über, Umtauschanleihen als Finanzinnovationen iSv §20 Abs 2 Satz 1 Nr 4 lit c dEStG einzuordnen. Zu der damit einhergehenden Diskussion siehe Kapitel 2.5.2.2.

lassen sich Gestaltungsmöglichkeiten für Anleihenemittenten ableiten. Exchangeable Bond-Investoren wiederum bietet das Kapitel zu unterschiedlichen „Schutzklauseln“ für Anleiheninvestoren Handlungsempfehlungen an. Das Kapitel 3 schließt mit einer Darstellung der unterschiedlichen Motive für Umtauschanleihenemissionen in Europa. In den USA werden als Beweggründe für Exchangeables etwa ein gescheiterter Übernahmeversuch, das Revidieren einer falsch konzipierten Akquisitionsstrategie[39] oder ein Verkauf von im Zuge einer Akquisition oder Fusion erworbener Vermögenswerte, welche nicht zur Strategie des Erwerbers passen, angeführt.[40]

Kapitel 4 widmet sich einerseits den finanzierungstheoretischen Überlegungen und andererseits bisherigen empirischen Untersuchungen zu Desinvestitions- und Finanzierungsmaßnahmen. Zur Erklärung von Kapitalmarktreaktionen auf Exchangeable Bond-Emissionen eignen sich zum einen die mittlerweile zahlreichen Forschungsbeiträge zu Kursreaktionen auf die Emission von Finanzierungstiteln. Als Gründe für zu erwartende Preiseffekte werden in den finanzierungstheoretischen Überlegungen etwa Nachfrage-, Vermögensverschiebungs-, Informations- bzw. Signaleffekte genannt.[41] Zum anderen können die, vor allem in der angloamerikanischen Literatur bereits intensiv diskutierten Gestaltungsoptionen der Portfolio-Restrukturierung zur Erklärung von Kapitalmarktreaktionen bei Exchangeables herangezogen werden.[42] Spätestens seit der zweiten Hälfte der 90er Jahre gab es aber auch in der deutschsprachigen Literatur eine verstärkte Auseinandersetzung mit Kapitalmarktreaktionen auf Portfolio-Restrukturierungs-

---

39 *Allen* et al. stellen für Restrukturierungsmaßnahmen der Portfoliostruktur in den USA fest, dass die im Ankündigungszeitpunkt beobachtbaren Überrenditen teilweise auf das Revidieren einer falsch konzipierten Akquisitionsstrategie zurückgeführt werden können; vgl. *Allen* et al. (1995), S. 465 ff.

40 Vgl. *Ghosh/Varma/Woolridge* (1990), S. 252.

41 Diese Überlegungen wurden inzwischen, vor allem für den US-amerikanischen Kapitalmarkt, in einer großen Anzahl von Ereignisstudien auf ihre Gültigkeit hin überprüft. Seit Beginn der 90er Jahre des letzten Jahrhunderts gab es auch im deutschsprachigen Raum vermehrt Untersuchungen zu Kapitalmarktreaktionen auf die Emission von Finanzierungstiteln.

42 Zu Kapitalmarktreaktionen im Zuge von Spin-Offs in den USA siehe etwa *Schipper/Smith* (1983), *Copeland* et. al (1987), *Cusatis* et. al (1993), *Allen* et. al (1995), *Seward/Walsh* (1996), *Daley* et. al (1997), *Desai/Jain* (1999), *Anslinger* et. al (2000), *Kwak* (2001), *McConnell* et. al (2001) und *Allen* (2001). Für Equity Carve-Outs siehe etwa *Nanda* (1991), *Anslinger* et. al (1997), *Allen* (1998) oder *Vijh* (1999). Zur Diskussion von Tracking Stocks in den USA und für empirische Untersuchungen hierzu siehe bspw. *Neish* (1995), *D'Souza/Jacob* (2000), *Elder/Westra* (2000) oder *Levinsohn* (2000). Für einen Vergleich unterschiedlicher Portfolio-Restrukturierungsmaßnahmen siehe *Schipper/Smith* (1986), *Slovin* et. al (1995) und *Anslinger* et. al (1999).

maßnahmen.[43] Zu beobachtende Kursreaktionen werden bei Desinvestitions- und Konzentrationsmaßnahmen, ebenso wie bei der Emission von Finanzierungstiteln, vor allem mit Vermögensverschiebungs- und Signaleffekten erklärt. Im Rahmen des Kapitels 4 wird auf theoretische Konzepte und wesentliche bisherige empirische Forschungsarbeiten eingegangen. Dieser Teil der Arbeit widmet sich insbesondere folgenden Forschungsfragen: Welche Kapitalmarktreaktionen können bei alternativen Desinvestitionsmethoden von Aktienpaketen wie Secondary Offerings/Block Trades bzw. Divestitures beobachtet werden? Welches sind mögliche Gründe dafür, dass die Emission einer Umtauschanleihe alternativen Veräußerungsmethoden vorgezogen wird? Kommt es bei der Veräußerung eines Exchangeable zu Vermögensverschiebungseffekten? Welche Umtauschanleihenparameter haben möglicherweise Signalcharakter? Welche mögliche Bedeutung fällt dem Emissionsmotiv zu? Schließlich werden aus den finanzierungstheoretischen Überlegungen gemeinsam mit den in Kapitel 3 ermittelten Gestaltungsoptionen und Emissionsmotiven eigene Hypothesen für Kapitalmarktreaktionen auf die Ankündigung von Umtauschanleihen in Europa entwickelt.

Das *Kapitel 5* beinhaltet die eigene empirische Untersuchung von Ankündigungseffekten von Umtauschanleihen. Nach einer Beschreibung des zur Anwendung kommenden Konzepts der Ereignisstudie wird der Untersuchungsaufbau beschrieben. Danach wird untersucht, welche Aktienkursreaktionen die Ankündigung einer Umtauschanleihe bei einem Emittenten bzw. bei einer Zielgesellschaft auslöst und welche Bedeutung Kapitalmarktteilnehmer diesem Ereignis beimessen. Die beobachtbaren Kursreaktionen werden getrennt für Emittenten und für Basiswerte dargestellt. Danach werden die aufgestellten Hypothesen an Hand von Gruppenbildungen und Regressionsanalysen überprüft. Das Kapitel 5 schließt mit einer Zusammenfassung der eigenen Untersuchungsergebnisse.

Das *Kapitel 6* beendet die Arbeit mit einem Ausblick und einer abschließenden Würdigung des Instruments Umtauschanleihe.

---

43 Dies wurde durch den Trend zu Börseneinführungen von Tochterunternehmen, die Konzentration auf Kerngeschäftsfelder und eine allgemein zunehmende Shareholder Value-Orientierung deutscher Unternehmen unterstützt. Für Forschungsbeiträge zu Portfolio-Restrukturierungsmaßnahmen siehe etwa *Pellens* (1993), *Becker* (1994), *Nick* (1994), *Hennings* (1995), *Hasselmann* (1996), *Schultze* (1997), *Graßhoff/Schwalbach* (1998), *Bühner* (1998), *Kaserer/Ahlers* (2000), *Kessler/Schürner* (2001), *Löffler* (2001) und *Elsas/Löffler* (2001). Für Diskussionen zu bisher in Deutschland, Österreich und der Schweiz eher unbekannten Instrumenten wie Tracking Stocks siehe *Brauer* (1993), *Natusch* (1995/1998/2000 u. 2001), *Müller* (1997), *Jaeger* (1998), *Bauer* (1999), *Moritz* (2001), *Sieger/Hasselbach* (2001), *Kessler/Schürner* (2001), *Wagenmann/Woriescheck* (2001), *Friedl* (2002) und *Wunsch* (2002).

1.3. Methodologische Vorgehensweise

Die Arbeit kann dem Wissenschaftsbereich der Betriebswirtschaft und hierin dem Unterfeld der Unternehmensfinanzierung zugeordnet werden. Die Untersuchung von Kursreaktionen auf die Ankündigung von Finanzierungs- und Portfolio-Restrukturierungsmaßnahmen ist insbesondere in das Gebiet der *empirischen Kapitalmarktforschung* einzuordnen. Dieses Forschungsfeld wurde, wie *Gebhardt* betont, auch in den entwickelten angelsächsischen Finanzmärkten erst relativ spät aufgegriffen.[44] Seit Beginn der 80er Jahre des letzten Jahrhunderts gab es erste empirische Untersuchungen, welche in einem Übersichtsartikel von *Smith* (1986) zusammengefasst wurden. Gleichzeitig entstanden weiterführende finanzierungstheoretische Arbeiten über zu erwartende Kursreaktionen auf die Ankündigung von Finanzierungstiteln und zu Maßnahmen der Restrukturierung der Geschäftsfeldstruktur. Neben dem Wissenschaftsbereich der Betriebswirtschaft wird auch das Wissenschaftsgebiet der Rechtswissenschaften berührt, da mit der Begebung von Umtauschanleihen auch stets handels-, gesellschafts-, steuer-, kapitalmarkt- und börserechtliche Fragestellungen verbunden sind.

Die Hypothesen der Arbeit werden auf der Basis einer rechtlichen Einordnung von Umtauschanleihen und auf der modernen Finanzierungstheorie aufbauend fundiert und begründet. Die Problemstellung einer Finanzierung bzw. Desinvestition über den Kapitalmarkt unter Verwendung des Instruments Exchangeable wird in Teilprobleme zerlegt, für welche Hypothesen formuliert werden. Diese werden dann quantitativ überprüft und im Sinne des kritischen Rationalismus *Poppers* gegebenenfalls falsifiziert.[45] Dem Grundgedanken *Bacons*, eines der Hauptvertreter des Empirismus, folgend, werden Erfahrungen zu Ankündigungseffekten auf die Emission von Finanzierungstiteln sowie auf die Ankündigung von Portfolio-Restrukturierungsmaßnahmen, vor allem aus den USA und Europa, ausgewertet. Bisherige Erkenntnisse dienen somit als Ausgangspunkt für die eigene empirische Untersuchung. Die Hypothesen dieser Arbeit werden weitgehend auf Basis bisheriger Forschungsarbeiten formuliert.

1.4. Theoretisch-konzeptionelle Vorgehensweise

Der finanzierungstheoretische Teil der Arbeit hat zum Ziel Prognosen über die zu erwartenden Kursreaktionen auf die Ankündigung der Emission von Umtauschanleihen zu begründen. Aus dem Vergleich mit empirisch zu beobachtenden Kursreaktionen werden sodann Rückschlüsse auf die Gültigkeit verschiedener Erklärungsansätze gezogen. Da nur wenige in der Literatur diskutierte Erklärungsansät-

---

44 Vgl. *Gebhardt* in *Entrup (1995)*, S. V.

45 Vgl. *Popper* (1971), S. 255.

ze spezifisch für die Ausgabe hybrider Finanzierungstitel, insbesondere Umtauschanleihen, formuliert wurden, werden verschiedene Ansätze auf Umtauschanleihen übertragen. Im Folgenden wird ein kurzer Überblick über die herangezogenen Theorien zur Erklärung von Kapitalmarktreaktionen auf die Emission von Umtauschanleihen gegeben. Hierbei wird rasch ersichtlich, dass die Erklärung des Instruments Umtauschanleihe eines Theorienpluralismus bedarf.[46]

Gemäß der *Efficient Market-Hypothese* sind Kursreaktionen generell nur dann zu erwarten, wenn das Ereignis für den Kapitalmarkt relevant ist. Sind mit einer Emission keine neuen Informationen über zukünftige Zahlungsströme oder deren Risiko verbunden, werden demnach auch keine Kursreaktionen erwartet.[47] Geht man für einzelne Wertpapiere von einer langfristig fallenden Nachfragefunktion aus, kann nach der *Imperfect Substitutes-Hypothese* eine Emission von Finanzierungstiteln zu einer negativen Kursreaktion führen. Diese ist umso negativer, je größer das relative Emissionsvolumen ist.[48] Im Unterschied dazu postuliert die *Price Pressure-Hypothese*, dass der Kursrückgang vom absoluten Emissionsvolumen abhängt und ein Absinken unter den „wahren" Gleichgewichtspreis nur temporär ist. Diese Überlegungen erscheinen vor allem für eine Kursreaktion des Underlying relevant.[49]

Eine Kursreaktion auf Umtauschanleihen kann auch auf eine *Vermögensverschiebung* zurückzuführen sein. Denkbar sind etwa Vermögensverschiebungen zwischen den Alt-Aktionären und den Zeichnern einer Umtauschanleihe aufgrund eines Underpricing der Emission, eine Vermögensverschiebung zwischen dem Fiskus und den Alt-Aktionären durch eine verzögerte oder reduzierte Besteuerung eines Veräußerungsgewinns bzw. eine Verschiebung zwischen den Alt-Fremdkapitalgebern und den Alt-Aktionären aufgrund einer veränderten Risikobehaftung der jeweiligen Zahlungsströme.[50]

---

46 Zur Bedeutung des Theorienpluralismus für die Methodologie von Forschungsprogrammen siehe *Atteslander* (1995), S. 37.

47 Vgl. *Scholes* (1972), S. 181 f.

48 Vgl. *Mikkelson/Partch* (1985), S. 166 f. Die Autoren unterscheiden zwischen einem permanenten Kurseffekt (Supply-Effect [ISH]) und einem temporären „Price Pressure-Effect" (PPH). Siehe hierzu auch *Kraus/Stoll* (1972), S. 571 ff.

49 Ein zumindest kurzfristig erhöhter Verkaufsdruck konnte bspw. auch bei der Emission der ÖIAG-Umtauschanleihe auf die Telekom Austria AG beobachtet werden; *„Telekom Austria pressured by exchangeable bond news"*, in *Reuters News* vom 24. Juli 2003. Längerfristig könnte sich eine gesteigerte Liquidität des Underlying aber auch durchaus positiv auf dessen Kursentwicklung auswirken. Im Mittelpunkt des Erkenntnisinteresses dieser Arbeit stehen allerdings Kapitalmarktreaktionen unmittelbar bei oder im Zeitraum um die Ankündigung einer Umtauschanleihe.

50 Vgl. *Entrup (1995)*, S. 32 ff.

Die *Signaltheorie* liefert weitere Erklärungsansätze für Kursreaktionen auf die Ankündigung von Umtauschanleihen. Sie geht davon aus, dass nicht alle Marktteilnehmer über die gleichen Informationen verfügen, sondern Wissen asymmetrisch verteilt ist. Somit werden bei Ankündigung von Finanzierungsentscheidungen durch das Unternehmensmanagement neue Informationen an weitere Marktteilnehmer übermittelt.[51] Das Management des emittierenden Unternehmens hat hierbei normalerweise einen höheren Kenntnisstand über den wahren Wert der begebenen Finanzierungstitel als die potentiellen Zeichner dieser Titel – ein Umstand, welcher in der Literatur auch unter dem Stichwort „Hidden Information" diskutiert wird.[52] Aufgrund der Informationsasymmetrie können Kapitalgeber außerdem nicht beurteilen, ob die Handlungen des Managements ihren Interessen entspricht – ein Problem, welches als „Hidden Action" bezeichnet wird. Unternehmen können den Kapitalmarktteilnehmern einerseits durch die Kapitalaufnahme an sich Informationen zugänglich machen. Andererseits können sie auch durch die Art der Finanzierung Wissen vermitteln. Emissionen von Umtauschanleihen können zum einen Informationen über den Emittenten und zum anderen über das Underlying übermitteln. [53]

Des Weiteren können Aspekte der *Unternehmenskontrolle* bzw. der *Agency-Theorie* Ansätze zur Erklärung von Kursreaktionen bieten. Kontrollaspekte können vor allem für Kursreaktionen des Basiswerts von Interesse sein. In einer Untersuchung zu US-amerikanischen Umtauschanleihe-Emissionen konnte nachgewiesen werden, dass diese zu einer Reduktion des Marktwerts des Eigenkapitals der Basiswerte führen. Die Autoren begründen dies mit der Zunahme des Streubesitzes beim Basiswert und einer damit einhergehenden sinkenden Übernahmewahrscheinlichkeit.[54] Die Agency-Theorie widmet sich im wesentlichen den In-

---

51 Vgl. *Herzog* (1991), S. 90 f.

52 Vgl. *Hartmann-Wendels* (1990), S. 230.

53 Im Unterschied dazu liefern „klassische" Wandel- und Optionsanleihen nur Informationen zu einem Unternehmen.

Allen/McConnell bemerken, dass Unternehmen in den USA, welche etwa Equity Carve-Outs durchführen oftmals einen finanziell eingeschränkten Handlungsspielraum aufweisen; vgl. *Allen/McConnell* (1998), S. 163. Ähnlich konstatieren *Schlingemann/Stulz/Walkling*, dass für Desinvestitionen oftmals finanzielle Restriktionen ausschlaggebend sein dürften; vgl. *Schlingemann/Stulz/Walkling* (1999), S. 1 und *Schlingemann/Stulz/Walkling* (2002), S. 117. *Nanda* stellt in einer Untersuchung von Equity Carve-Outs in den USA fest, dass dieser Restrukturierungsvorgang als Signal für eine Unterbewertung der Muttergesellschaft und eine Überbewertung der Tochtergesellschaft aufgefasst werden kann; vgl. *Nanda* (1991), S. 1717 ff. Ähnlich bemerken auch *Desai/Jain*, dass Spin-Offs in den USA oft dadurch motiviert sind, schlecht rentierende Segmente von einem Unternehmensverbund abzutrennen; vgl. *Desai/Jain* (1999), S. 75.

54 Vgl. *Ghosh/Varma/Woolridge* (1990), S. 253. Die Autoren gehen davon aus, dass ein größerer Streubesitz eine Übernahme tendenziell erschwert. Ebenso führten Untersuchungen von

teressenskonflikten zwischen dem Management eines Unternehmens und den Aktionären einerseits und zwischen den Gläubigern und Aktionären andererseits. Die einschlägige Literatur unterstellt bei der Untersuchung dieser Problematik, dass die angesprochenen Interessensgruppen ihre persönliche Wohlfahrt in den Vordergrund stellen. Von besonderem Interesse ist hierbei der Umstand, dass Umtauschanleihen zwar den Vorteil haben Fremdkapital zu „günstigeren" Konditionen als mit einer gewöhnlichen Anleihe zu beschaffen, aber Opportunitätskosten bei einem Kursanstieg des Basiswerts über den Ausübungs- oder Wandlungspreis entstehen. Dies kann einen Interessenkonflikt zwischen der Unternehmensleitung und den Aktionären auslösen.[55] Ein möglicher weiterer Konflikt kann sich aus der Verwendung der mit der Emission generierten Mittel ergeben.[56]

Kursreaktionen auf die Ankündigung von Umtauschanleihenemissionen können sich demnach beim *Emittenten* im wesentlichen aus drei Umständen ergeben: aus einer Änderung der Finanzierungsstruktur, einer möglichen Veränderung der Zusammensetzung der Vermögenswerte/Restrukturierung des Beteiligungsportfolios und aus allgemeinen Informations- und Signaleffekten. Kursreaktionen des *Basiswerts* können vor allem aus Nachfrageeffekten, aus Informations-/Signaleffekten oder aus einer Änderung der Aktionärsstruktur resultieren.

1.5. Methodische Vorgangsweise

Die Kursreaktionen auf die Ankündigung von Umtauschanleihen werden mit Hilfe einer *Ereignisstudie* untersucht. Hierfür ist es notwendig jenen Anteil der Rendite zu isolieren, der allein auf das Ereignis und nicht auf andere Einflussfaktoren zurückzuführen ist – d.h. es muss bestimmt werden, wie sich der Aktienkurs verändern müsste, wenn kein Ankündigungseffekt vorliegen würde. Diese Ver-

---

Smith (1986) und *Brickley/Lease/Smith* (1988) zu dem Ergebnis, dass Transaktionen, welche zu einer gesteigerten Konzentration der Aktionärsstruktur führen, den Marktwert des Eigenkapitals des Zielunternehmens erhöhen, während Transaktionen, welche zu einer reduzierten Konzentration der Aktionärsstruktur führen, den Wert des Zielunternehmens vermindern.

55 In einer Untersuchung von *Herger* zu Optionsanleihen schweizerischer Gesellschaften stellt dieser fest, dass die Opportunitätskosten bis zu 23% des gesamten Emissionsvolumens ausmachen; vgl. *Herger* (1990), zitiert bei *Herzog* (1991), S. 207. Zur Thematik von Opportunitätskosten bei Wandelschuldverschreibungen siehe auch *Zwyssig* (1993), S. 26 f.

56 *Lang/Poulsen/Stulz* stellen in einer Studie zu den Ankündigungseffekten von Veräußerungen von Unternehmensteilen in den USA fest, dass diese zu positiven Reaktionen führen, falls die generierten Mittel durch das Unternehmen nicht reinvestiert werden, sondern entweder für die Zahlung einer Sonderdividende an die Aktionäre oder die Rückzahlung von Fremdkapital verwendet werden; vgl. *Lang/Poulsen/Stulz* (1995), S. 3 ff. *Allen/McConnell* können diese Erkenntnis in ihrer Untersuchung von Equity Carve-Outs in den USA bestätigen; vgl. *Allen/McConnell* (1998), S. 185. *John/Ofek* unterstützen diese Sichtweise jedoch nicht; vgl. *John/Ofek* (1995), S. 121.

gleichsgröße kann mit unterschiedlichen Methoden ermittelt werden. *Brown/Warner* zeigen in einer Simulationsstudie, dass die verschiedenen Varianten nahezu identische Ergebnisse liefern.[57] Das Verfahren zur Schätzung der erwartenden Rendite welches wohl die meiste Verbreitung gefunden hat und auch zur Feststellung von Überrenditen in dieser Arbeit herangezogen wird, ist das Marktmodell. Es geht davon aus, dass es neben einer Marktrendite keine weiteren Einflussfaktoren für die Rendite einer Aktie gibt.[58] Die Regressionskoeffizienten der erwarteten Rendite nach dem Marktmodell werden mittels OLS-Regression geschätzt.[59] Als Zeitraum zur Ermittlung einer „Normalrendite" wird eine Schätzperiode vor dem Ereignis herangezogen. In Anlehnung an *Brown/Warner* wird ein Regressionszeitraum von 230 Tagen gewählt, sodass eine Regressionsperiode den Zeitraum von t_{-260} bis t_{-31} umfasst.[60] Die in der Untersuchung beobachtete Ereignisperiode reicht von t_{-30} bis t_{+30} und beinhaltet mit dem Tag t_0 insgesamt maximal 61 Tage.

Neben der Bestimmung der „Normalrendite" kommt auch der Bestimmung des Ereigniszeitpunktes (t_0) wesentliche Bedeutung zu. In dieser Arbeit wird die Ankündigung einer Umtauschanleihe als Ereignisdatum gewählt.[61] Dieser Zeitpunkt wurde mit Hilfe des Börseninformationssystems *Dealogic/Bondware* und durch Auswertung von Zeitungsberichten mit Hilfe von *Factiva* bestimmt. Da aber die Möglichkeit einer Informationsdiffusion vor oder nach dem eigentlichen Ankündigungsdatum nicht völlig ausgeschlossen werden kann, wird eine Zeitfenstertechnik angewendet. Zu diesem Zweck wird die gesamte Ereignisperiode in Zeitfenster von zehn Tagen um den Ereignistag herum unterteilt. Kursreaktionen werden somit in unterschiedlichen Perioden untersucht, um auch jene Kursentwicklungen, die auf das Bekanntwerden von Informationen vor oder nach dem eigentlichen Veröffentlichungsdatum zurückzuführen sind, zu erfassen.

Wenn es bei Ankündigung der Umtauschanleihe keine weiteren wesentlichen kursbeeinflussenden Ereignisse gibt, kann die Differenz zwischen der in der Ereignisperiode beobachteten Rendite und der in der Regressionsperiode ermittelten „Normalrendite" auf das Ereignis selbst zurückgeführt werden. Diese Überrenditen bilden den eigentlichen Gegenstand der empirischen Untersuchung. Sie werden innerhalb der Zeitfenster kumuliert und in weiterer Folge in Gruppen- und Regressionsanalysen auf signifikante Einflussfaktoren hin untersucht. Die für die

---

57 Vgl. *Brown/Warner* (1980), S. 205 ff. u. *Brown/Warner* (1985), S. 3 ff.

58 Siehe etwa *Sharpe* (1963), S. 281.

59 Zu der Anwendung von OLS-Regressionen auf Kapitalmarktdaten siehe etwa *Uhlir/Steiner* (1993), S. 170-185.

60 Vgl. *Brown/Warner* (1985), S. 3 ff.

61 Hierbei sollten dem Markt alle wesentlichen bewertungsrelevanten Parameter bekannt sein.

Bestimmung der Untergruppen und der Variablen der Regressionsanalysen notwenigen Daten wurden mit Hilfe der Börseninformationssysteme *Bloomberg, Dealogic/Bondware* sowie aus Emissionsprospekten und aus Zeitungsberichten ermittelt.

2. Grundbegriffe und rechtliche Anforderungen

2.1. Einleitung

2.1.1. Der Begriff der Umtauschanleihe

Umtauschanleihen haben, wie viele andere Finanzmarktinnovationen, ihre Wurzeln im angloamerikanischen Raum. In der englischen Sprache wird dieses Instrument als „*exchangeable bond*", oder kurz als „*exchangeable*" bezeichnet. Es wird in die Gruppe der „*convertible securities*" oder „*convertible bonds*" eingereiht, welche von *Brealey/Myers* folgendermaßen charakterisiert werden: „*A convertible bond gives its owner the option to exchange the bond for a predetermined number of shares. [...] There is no obligation to convert; the bondholder remains a bondholder. [...] A convertible bond is like a package of a corporate bond and a warrant. There is one principal difference. When the owners of a convertible wish to exercise their option to buy shares, they do not pay cash – they just give up the bond.*"[62]

Ghosh/Varma/Woolridge grenzen Exchangeables von Convertibles wie folgt ab: „*Exchangeable debt is an equity-linked security similar to convertible debt. Convertible bonds can be exchanged for equity in the issuing firm. An exchangeable bond, in contrast, can be redeemed for shares of a target firm in which the issuing firm has an ownership position.*"[63]

In Europa ist das Instrument des Exchangeable eine, im Vergleich zu den Vereinigten Staaten von Amerika, sehr junge Erscheinung. In Frankreich etwa, einem Land, welches einen durchaus sehr lebhaften Markt für konvertible Anleihen aufweist, wurde der erste Exchangeable (im Französischen als „*obligation échangeable*" bezeichnet) unter französischem Recht erst im Jahr 1999 begeben.[64] In Deutschland treten Exchangeables verstärkt erst seit der zweiten Hälfte der neunziger Jahre des zwanzigsten Jahrhunderts auf. In Österreich wurde im Juli 2003 durch die Österreichische Industrie Holding AG (ÖIAG), die Beteiligungs- und

---

62 *Brealey/Myers* (2000), S. 398.

63 *Ghosh/Varma/Woolridge* (1990), S. 251.

64 Siehe hierzu „*French companies see exchangeable bonds as hot financing tool*", in *Dow Jones International News* vom 02. März 1999. Gemäß *Goldman Sachs* wies Frankreich 2001 einen Anteil von 26%, und damit den größten Anteil, am gesamteuropäischen Markt für *Convertibles* auf; *Goldman Sachs Convertible Research* (06/2001), S. 5.

Privatisierungsagentur der Republik Österreich, erstmals dieses Finanzmarktinstrument eingesetzt.

Aufgrund der relativen Novität von Exchangeables im deutschen Sprachraum wird der Begriff der Umtauschanleihe, wie Exchangeable Bonds im Deutschen genannt werden, oftmals uneinheitlich verwendet. Neben dem Terminus *„Umtauschanleihe"* werden in der deutschsprachigen wissenschaftlichen Literatur und Presse auch die Bezeichnungen *„Fremdwandelanleihe"*, *„Unechte Wandelanleihe"*, oder *„Spezialform der Wandelanleihe"* herangezogen. *Häuselmann* definiert Umtauschanleihen treffend wie folgt: *„Exchangeables (Fremdwandelanleihen) in Aktien Dritter sind – in der Regel minderverzinsliche – Anleihen mit einem „Umtauschrecht" des Gläubigers, Zug um Zug gegen Hingabe der Anleihe eine bestimmte Zahl bestehender Wirtschaftsgüter (Aktien) zu erhalten."*[65] Eine eher als Einzelmeinung zu bezeichnende Definition führen *Dreyer/Herrmann* an: *„Die Umtauschanleihe unterscheidet sich von der Wandelanleihe dadurch, dass der Gläubiger der Umtauschanleihe Aktien nur am Tag der Fälligkeit der Anleihe verlangen kann. Das Gläubigerwahlrecht bei der Umtauschanleihe ist im Vergleich zur Wandelanleihe erheblich eingeschränkt. Die Umtauschanleihe wird deshalb auch als unechte Wandelanleihe bezeichnet."*[66] Das Abgrenzungskriterium einer zeitlich eingeschränkten Wandlungsmöglichkeit bei Umtauschanleihen lässt sich jedoch empirisch keineswegs belegen.[67]

2.1.2. Hybride Effekten

Die Umtauschanleihe reiht sich in die ständig wachsende Anzahl hybrider Finanzmarktinstrumenten ein, welche eine Mittelstellung zwischen den klassischen Eigen- und Fremdkapitalfinanzierungsinstrumenten einnehmen. Werden Forderungs- oder Mitgliedschaftsrechte in großer Stückzahl begeben, um für einen normierten, massenhaften Handelsverkehr geeignet und vertretbar zu sein, werden sie auch *Effekten*, oder *Kapitalmarktpapiere* genannt.[68]

Erwirbt ein Anleger *beteiligungsrechtliche Effekten* erhält er Mitgliedschaftsrechte (etwa im Fall von Aktien) oder mitgliedschaftsähnliche Beteiligungsrechte (etwa im Fall von Partizipations-, oder Genussscheinen). Der Inhaber beteiligungsrechtlicher Effekten hat als Gesellschafter üblicherweise ein Mitspracherecht in den Angelegenheiten der Gesellschaft. Der Wert und Ertrag eines solchen Investments hängt für gewöhnlich von der Leistungsfähigkeit des Unternehmens

---

65 *Häuselmann* (2000), S. 139.

66 *Dreyer/Herrmann* (2001), S. 705.

67 Siehe Kapitel 3.3.2.2.

68 Vgl. *Hueck/Canaris* (1986), S. 20.

ab. Im Unterschied dazu erhält der Anleger *forderungsrechtlicher Effekten* (zB Anleihen) grundsätzlich keine Möglichkeit zur Mitbestimmung in den Angelegenheiten der Gesellschaft. Als Gläubiger der Gesellschaft erhält der Erwerber forderungsrechtlicher Effekten mit seiner Investition Anspruch auf einen üblicherweise vom Gesellschaftsergebnis unabhängigen Ertrag, welcher normalerweise in Form fester Zinszahlungen und der nominellen Rückzahlung des dem Unternehmen zur Verfügung gestellten Kapitals besteht. Die rechtlich bedeutsame Konsequenz der Unterscheidung zwischen beteiligungs- und forderungsrechtlichen Effekten liegt darin, dass im Falle der Insolvenz der Gesellschaft, welche die Titel begeben hat, die Rechte jener, welche ihren Anspruch aus forderungsrechtlichen Effekten herleiten, den Rechten anderer, welche ihre Rechte aus beteiligungsrechtlichen Effekten ableiten, vorgehen.[69] Hybride Effekten weisen zwar eine Verbindung zum Eigenkapital einer Gesellschaft auf, entziehen sich aber einer eindeutigen Zuordnung zu beteiligungs- oder forderungsrechtlichen Titeln. Häufig werden sie auch unter dem Schlagwort „*Equity-linked*" Instrumente zusammengefasst – hierunter sind Wandel- und Optionsanleihen die wohl meist verbreitetsten Instrumente.

2.2. Verwandte Instrumente von Umtauschanleihen

2.2.1. Anleihen

2.2.1.1. Grundlagen

Anleihen (bonds/debentures) sind auf Geld lautende Forderungsrechte, welche geteilt und als auf den Inhaber lautende Wertpapiere verbrieft, einer Mehrzahl von Investoren als handelbare und grundsätzlich börsenfähige Instrumente angeboten werden.[70] Die Emission von Anleihen basiert auf einem komplexen System von Vertragsbeziehungen, die durch den Abschluss mehrerer Verträge errichtet werden.[71] Die Begründung von Anlegerrechten ist hierbei in der abstrakten Begebung der *Schuldverschreibung* zu finden, bei welcher der Emittent die Lieferung einer Schuldverschreibung und der Erwerber die Hingabe einer Geldsumme ver-

---

69 Vgl. *Hartwig-Jacob* (2001), S. 19 f.

70 Vgl. *Siebel* (1997), S. 15 und S. 35. Gelegentlich wird der Begriff der „Anleihe" nur für Schuldverschreibungen öffentlich-rechtlicher Emittenten benutzt, während Schuldverschreibungen privatrechtlicher Emittenten als Obligationen, oder Industrieobligationen bezeichnet werden; vgl. *Roth* (1999), S. 141; vgl. auch *Krieger* in MünchHandbuch AG[2] § 63 Rz 1.

71 Vgl. *Hartwig-Jacob* (2001), S. 4.

spricht.[72] Die Schuldverschreibung wird in diesem Zusammenhang auch als Teilschuldverschreibung bezeichnet, welches verdeutlichen soll, dass eine Darlehensforderung (iSd § 985 ABGB) in Teile zerlegt wird, und diese Teilforderungen wertpapierrechtlich verbrieft werden.[73]

2.2.1.2. Inlandsanleihen versus internationale Anleihen

Zweifelsohne zählen Anleihen zu jenen Finanzierungsinstrumenten, welche den Trend zu Internationalisierung und Globalisierung der Kapitalmärkte deutlich widerspiegeln. Dies zeigt sich vor allem an der starken Standardisierung der Vertragsgestaltung. Mit dem Rückgang des Bezugs auf nationale Bestimmungen, sei es durch einheitliche Regelungen innerhalb der EU oder durch den Trend extraterritorialer Anwendung dieser Gesetze, verschwimmen auch klassische Unterscheidungen von Anleihen, wie etwa in Inlands- und Auslandsanleihen zusehends. *Inlandsanleihen (domestic bonds)* sind dadurch gekennzeichnet, dass der betreffende Kapitalmarkt der Emission, der Sitz des Schuldners und die Währung der Anleihe in örtlicher Hinsicht übereinstimmen. Die Zusammensetzung des Bankenkonsortiums oder die Nationalität der Erwerber der Schuldverschreibungen spielen hierbei keine Rolle.[74] Von einer *internationalen Anleihe*, oder *Auslandsanleihe iwS* spricht man, wenn eine Anleihe hinsichtlich des Platzierungsortes, des Emittentensitzes, oder der Währung einen Auslandsbezug aufweist.

Die Gruppe der internationalen Anleihen lässt sich selbst in *Auslandsanleihen ieS* (auch klassische Auslandsanleihen), *Euroanleihen (Eurobonds)*, *Globalanleihen (Global Bonds)* und *Parallelanleihen* unterteilen. Legt ein ausländischer Emittent mit Hilfe eines inländischen Bankenkonsortiums in einem Staat eine Anleihe in der Landeswährung auf, so spricht man von einer *Auslandanleihe ieS.*[75] Diese dient im wesentlichen der Kapitalbeschaffung im Ausland über den Weg einer Wertpapieremission. Unter *Euroanleihen* wiederum werden üblicherweise ungesicherte Schuldverschreibungen verstanden, welche von einem international zusammengesetzten Bankenkonsortium in einer konvertiblen Währung übernommen und gleichzeitig unter einheitlichen Bedingungen auf den Kapitalmärkten mehrerer Länder untergebracht werden, sodass weder die Papiere, noch der Emittent, noch die Konsortialbanken irgendeiner nationalen Beschränkung in einem dieser

---

72 Vgl. *Horn* (1972), S. 229.

73 Vgl. *Roth* (1999), S. 143. Im Englischen werden Anleihen als *„bonds"* oder *„debentures"* bezeichnet, wobei sich debentures von bonds dadurch unterscheiden, dass sie gewöhnlich unbesichert sind; vgl. *Siebel* (1997), S. 50.

74 Vgl. *Hartwig-Jacob* (2001), S. 25.

75 Ebenda, S. 27; ebenso *Siebel* (1997), S. 31.

Länder unterworfen sind.[76] Gemäß der entsprechenden EG VerkaufsprospektRL 89/298/EWG vom 17. April 1989 richtet sich das Angebot von sog. „*Euro-Wertpapieren*" grundsätzlich nicht an schutzbedürftige Kleinanleger. Zudem dürfen Euro-Wertpapiere nur über Kreditinstitute oder andere Finanzinstitutionen erworben werden, welche grundsätzlich einer staatlichen Aufsicht unterliegen.[77]

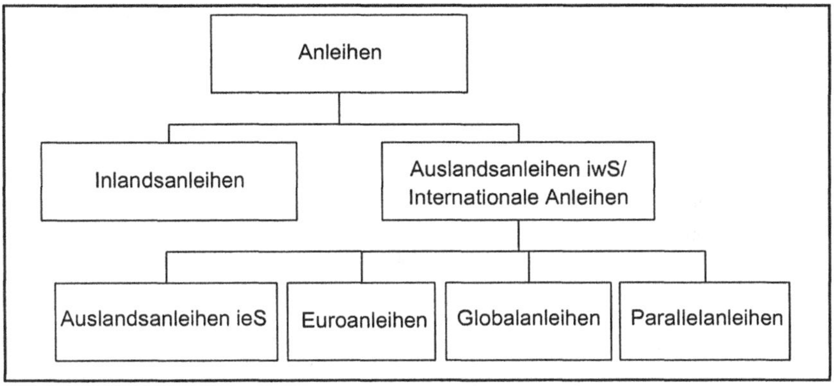

Abbildung 3: Unterteilung von Anleihen

Im Unterschied zu Euroanleihen geht man bei *Globalanleihen* davon aus, dass diese bei der Emission auch nach den US Securities Acts registriert werden. Globalanleihen beruhen somit auf dem Konzept einer weltweiten Platzierung, bei welcher gleichzeitig der amerikanische, der europäische und der asiatische Markt durch erstklassige Emittenten angesprochen werden soll.[78] Bei so genannten *Parallelanleihen* handelt es sich um ein Bündel koordinierter klassischer Auslandsanleihen. Im Unterschied zu Euroanleihen werden Parallelanleihen in Ländertranchen begeben und auf die jeweiligen Bedingungen des betreffenden nationalen Emissionsmarkes angepasst, während Euroanleihen eben nicht auf die gesetzliche Lage der in Anspruch genommenen Emissionsmärkte angepasst, sondern einheitlich ausgestaltet werden.[79]

---

76 Vgl. *Horn* (1972), S. 12 f.

77 Vgl. *Siebel* (1997), S. 30. Die Emissionsprospektrichtlinie (RL 89/298/EWG) definiert „EuroWertpapiere" in Art 3 lit f folgendermaßen: *„Wertpapiere, die 1. von einem Konsortium vertrieben und fest übernommen werden, von dem mindestens zwei Mitglieder ihren Sitz in verschiedenen Mitgliedstaaten haben, 2. zu einem wesentlichen Teil in mindestens einem Mitgliedstaat vertrieben werden, der nicht der Sitzstaat des Emittenten ist und 3. die nur über ein Kredit- oder Finanzinstitut gezeichnet oder anfänglich erworben werden können."*; *Lutter* in Europäisches Unternehmensrecht[4], S. 612.

78 Vgl. *Siebel* (1997), S. 32.

79 Vgl. *Hartwig-Jacob* (2001), S. 31.

2.2.1.3. Rechte der Anleihengläubiger

Die Rechte der Anleihengläubiger werden durch die in der Schuldverschreibung abgegebene Verpflichtung und die Anleihenbedingungen, welche diese Verpflichtungen präzisieren, bestimmt. Das Kapitalanlageverhältnis ist als rein zivilrechtliches Schuldverhältnis zwischen der emittierenden Gesellschaft und den Anleiheninhabern zu bezeichnen. Als solches ist es gesetzlich in Österreich in § 985 ABGB bzw. in Deutschland in den §§ 793 ff BGB (Schuldverschreibung auf den Inhaber) geregelt. Die Inhaber dieser Titel sind in starkem Maße auf die jeweiligen vertraglichen Ausgabebedingungen angewiesen.[80] Da für nahezu sämtliche Fälle von Anleihen *standardisierte Vertragsschablonen* verwendet werden, sind insbesondere Regelungen für Allgemeine Geschäftsbedingungen und Vertragsformblätter, sowie das KSchG zu beachten.[81] Die Verbriefung dieser Rechte erfolgt, nicht zuletzt aus Kostengründen, immer seltener auf Einzelurkunden, sondern zunehmend auf so genannten *Global- oder Sammelurkunden*.[82]

In erster Linie umfassen die Rechte des Anleihengläubigers Zahlungsansprüche gegen den Emittenten, welche zum einen die Rückzahlung des gewährten Kapitals und zum anderen die Zahlung von Zinsen, als Entgelt für die Überlassung des Kapitals, beinhalten. Darüber hinaus werden in Anleihenverträgen meist Informations- und Kontrollrechte, welche dem Schutz und der Sicherung der Zahlungsansprüche dienen sowie verschiedene Sicherungsinstrumente vereinbart. Unter Sicherungsinstrumente sind zum einen Real- und Personalsicherheiten, zum anderen vertragliche Zusicherungen, so genannte *„bond covenants"*, welche den Rang der Forderung und die finanzielle Lage des schuldnerischen Unternehmens betreffen, zu reihen. Daneben können im Fall von Anleihen mit Eigenkapitalbezug auch Wandlungs- und Bezugsrechte auf Aktien treten. In den Anleihenbedingungen werden nicht nur die Forderungsrechte gegenüber dem Emittenten, sondern auch die Art und Weise ihrer Durchsetzung im Fall einer Leistungsstörung festgelegt. Die Bedingungen zur Kündigung einer Anleihe durch die Anleihengläubiger werden, als idR einzig mögliche Sanktion der Verletzung von Gläubigerrechten, in den Anleihenbedingungen ausführlich geregelt.[83]

---

80 Vgl. *Lutter* in KölnerKomm^2 § 221 Rz 90.

81 Vgl. *Zollner* in *Doralt/Nowotny/Kalss*, AktG § 174 Rz 10.

82 Vgl. *Siebel* (1997), S. 18; auch *Roth* (1999), S. 144 f.

83 Vgl. *Hartwig-Jacob* (2001), S. 6.

2.2.1.4. Ausgabeerfordernisse

Die Beschlussfassung über die Emission einer Anleihe obliegt nach deutschem Aktienrecht alleine dem Vorstand der Gesellschaft.[84] Die Kapitalbeschaffung über eine „reine Schuldverschreibung“ bedarf somit keiner Genehmigung der Hauptversammlung. Regelmäßig wird aber in der Satzung der Gesellschaft bestimmt, dass der Aufsichtsrat der Emission zustimmen muss.[85] Das öAktG sieht in § 95 Abs 5 Z 5 vor, dass der Vorstand für die Aufnahme einer Anleihe, welche einen bestimmten Betrag im Einzelnen und insgesamt in einem Geschäftsjahr übersteigt, die Zustimmung des Aufsichtrats einzuholen hat. Die Betragsgrenze hierfür ist in der Satzung oder durch den Aufsichtsrat festzusetzen. Legen weder Satzung noch Aufsichtsrat Betragsgrenzen fest, so sind alle Anleihenemissionen an die Zustimmungspflicht des Aufsichtsrats gebunden.[86]

In einigen anderen europäischen Ländern, wie etwa Frankreich oder Italien, ist die Anleihenemission verglichen mit Österreich und Deutschland aufwendiger. So liegt nach französischem Aktienrecht die Entscheidung über eine Emission einer Anleihe grundsätzlich bei der Hauptversammlung.[87] Die Befugnis hierüber kann jedoch auf die Geschäftsleitung übertragen werden, was in der Praxis auch meist geschieht.[88] In Italien wiederum darf zum einen die Anleihensumme das eingezahlte Kapital nicht übersteigen und zum anderen ist für die Emission auch ein Beschluss einer außerordentlichen Hauptversammlung erforderlich.[89]

2.2.2. Wandelanleihen

2.2.2.1. Grundlagen

Wandelanleihen (convertible bonds) sind Schuldverschreibungen, die den Gläubigern das Recht auf Wandlung in eine bestimmte Menge Aktien des Anleihenschuldners, mit oder ohne Leistung einer Zuzahlung, einräumen.[90] Die gesellschaftsrechtliche Grundlage für Wandelanleihen findet sich in Österreich in § 174 öAktG. Die entsprechende deutsche Regelung stellt § 221 dAktG dar, wel-

---

84 Vgl. *Siebel* (1997), S. 290.

85 Siehe FN. 84.

86 Vgl. *Kastner/Doralt/Nowotny* (1990), S. 260.

87 Art 157, 286 loi n° 66-537 vom 24. Juli 1966.

88 Vgl. *Siebel* (1997), S. 291.

89 Art 2410 und Art 2365 CC; *Siebel* (1997), S. 291; vgl. auch *Campobasso* in *Lutter/Hirte*, Wandel- und Optionsanleihen, S. 133 ff.

90 Vgl. bspw. *Krieger* in MünchHandbuch AG^2 § 63 Rz 4.

che abgesehen von einigen Abweichungen im Detail, insbesondere bei der Ermächtigung des Vorstands zur Ausgabe von Wandelschuldverschreibungen, wortgleich ist.[91]

§ 174 öAktG regelt die Ausgabe von *Wandelschuldverschreibungen*, bei denen den Gläubigern ein Umtausch- oder Bezugsrecht auf Aktien des Emittenten eingeräumt wird, von *Gewinnschuldverschreibungen*, welche Gläubigern eine Gewinnbeteiligung zusichern und von *Genussrechten*, welche Ansprüche auf andere Leistungen der emittierenden Gesellschaft gewähren. Obwohl sich bereits aus dem Gesetzeswortlaut ergibt, dass der Begriff der Wandelschuldverschreibung in § 174 öAktG sowohl auf Wandel- als auch Optionsanleihen erstreckt, werden Optionsanleihen nicht als Wandelschuldverschreibung im eigentlichen Sinne angesehen, da sie eben kein Wandel-, sondern ein Bezugsrecht einräumen.[92] Wandelanleihen werden folglich auch als Wandelschuldverschreibungen ieS bezeichnet. Wandelanleihen können grundsätzlich sowohl als Inhaber-, als auch als Orderpapiere begeben werden.[93] Meist werden sie als Inhaberschuldverschreibung verbrieft.[94]

Wandelanleihen bestehen aus zwei Determinanten: der *Schuldverschreibung*, welche einen idR verzinsten Anspruch auf Rückzahlung des vom Gläubiger gewährten Darlehens (iSv §§ 985 ABGB) verbrieft und dem *Wandlungsrecht*. Beide Rechte sind untrennbar miteinander verbunden, bilden ein einheitliches Rechtsverhältnis und werden in einer gemeinsamen Urkunde verbrieft. Ob der Obligationär sein Umtauschrecht wahrnimmt, liegt in seinem freien Ermessen. Ihm steht diesbezüglich ein erklärungsbedürftiges Gestaltungsrecht zu.[95] Die Möglichkeit zum Bezug von Aktien der Gesellschaft ist rechtlich als *Ersetzungsbefugnis* oder *facultas alternativa* zu bezeichnen.[96] Entschließt sich der Wandelobligationär dazu, dieses Recht nicht auszuüben, so bleibt sein Rückzahlungsanspruch gegen den Anleihenschuldner bestehen. Bei Ausübung wandelt sich das schuldrechtliche Verhältnis in ein gesellschaftsrechtliches.

---

91 Vgl. *Zollner* in *Doralt/Nowotny/Kalss*, AktG § 174 Rz 5.

92 Vgl. *Kastner/Doralt/Nowotny* (1990), S. 311.

93 Ebenda, S. 313.

94 Vgl. *Nowotny* in *Lutter/Hirte*, Wandel- und Optionsanleihen, S. 178.

95 Vgl. *Kastner/Doralt/Nowotny* (1990), S. 311.

96 Vgl. *Lutter* in KölnerKomm^2 § 221 Rz 94.

2.2.2.2. Rechte der Wandelanleihengläubiger

2.2.2.2.1. Einräumung und Sicherung des Wandlungsrechts

Dem Wandelanleihenzeichner stehen vor einer Wandlung die Rechte aus der gezeichneten Schuldverschreibung zu. Hierbei ist auf das bei der Anleihe Gesagte zu verweisen. Darüber hinaus steht dem Wandelobligationär aber auch sein Wandlungsrecht zu, welches er nach freiem Ermessen durch einseitige Willenserklärung ausüben kann.[97] Um die Erfüllung des vertraglich eingeräumten Wandlungsrechts zu gewährleisten, stehen der emittierenden Gesellschaft grundsätzlich folgende Möglichkeiten offen: Sicherung durch bereits existierende Aktien (entweder in Form eigener Aktien des Unternehmens, oder durch Bereitstellung von Aktien dritter Unternehmen), Sicherung durch Aktien aus einem genehmigten oder einem bedingten Kapital (Regelfall) bzw. Kapitalerhöhung iSd § 149 öAktG.[98]

Die Frage, ob eine Wandel- oder Optionsanleihe, deren Wandlungs- bzw. Bezugsrecht durch *existierende Aktien* abgesichert wird oder welches sich auf eine Auszahlung einer Kursdifferenz bezieht, in den Anwendungsbereich des § 174 öAktG/§ 221 dAktG fällt, ist strittig. Wie *Busch* anführt, nimmt der überwiegende Teil der Literatur hierzu nicht ausdrücklich Stellung.[99] Einige Literaturmeinungen halten § 221 dAktG durchaus auch für Fälle anwendbar, bei denen sich das Bezugsrecht auf einen derivativen Erwerb *„alter" Aktien* der Gesellschaft bezieht, während andere, wie etwa *Hoffmann*, eine Anwendung dieser Bestimmung in solchen Konstellationen verneinen.[100] Dem Wortlaut des Gesetzes ist nicht zu entnehmen, ob es sich bei den Aktien, auf welche ein Umtausch-, oder Bezugsrecht eingeräumt werden soll, um junge oder alte Aktien handeln muss. Folglich versucht etwa *Busch* sich zur Lösung dieser Frage am Sinn und Zweck der Norm zu orientieren. Dieser sei der Schutz der Aktionäre einer AG vor einer

---

97 Vgl. *Zollner* in *Doralt/Nowotny/Kalss*, AktG § 174 Rz 12.

98 Vgl. *Nowotny* in *Lutter/Hirte*, Wandel- und Optionsanleihen, S. 183 ff. iVm *Schäfer* in *Lutter/Hirte*, Wandel- und Optionsanleihen, S. 70 ff und *Zollner* in *Doralt/Nowotny/Kalss*, AktG § 174 Rz 12. *Hirte* weist im Rahmen seines Rechtsvergleichs darauf hin, dass die Absicherung von Wandel- und Optionsrechten durch ausreichendes Kapital in England etwa im Rahmen der Börsenzulassung überprüft wird. Ähnliches gilt auch für die Schweiz und für Spanien (im Fall der Ausgabe von Optionsrechten); vgl. *Hirte* in *Lutter/Hirte*, Wandel- und Optionsanleihen, S. 18.

99 Vgl. *Busch* (1999), S. 63.

100 Literaturmeinung für eine Anwendung von § 221 dAktG bei Wandlungs- oder Bezugsrechten auf einen derivativen Aktienerwerb: *Schumann* (1990), S. 23; Literaturmeinungen gegen eine Anwendung *Hoffmann* (1973), S. 52; auch *Busch* (1999), S. 66.

ökonomischen Verwässerung, sowie einer Verschiebung der Beteiligungsquote.[101]

Eine *Verwässerung des ökonomischen Beteiligungswerts* schließt *Busch* aus, wenn die AG ihre Lieferverpflichtung bezüglich existierender Anteile vollständig absichert.[102] Ein spekulativer Charakter eines Geschäfts und die Gefahr, dass dieses für die Gesellschaft unvorteilhaft sei (etwa, wenn die Option unter ihrem Marktwert verkauft wird und somit den Zeichnern der Option ein wirtschaftlicher Vorteil zu Lasten der Aktionäre der AG zufließt) genügen alleine noch nicht, um einen Zustimmungsvorbehalt der Hauptversammlung und ein Bezugsrecht nach § 221 dAktG zu rechtfertigen.[103] Eine *Verschiebung der Beteiligungsquote* wiederum ist bei Besicherung mit bestehenden Aktien ausgeschlossen, da das Gesamtkapital der Gesellschaft nicht erhöht wird. Lediglich durch Zuweisung der Wandel-/Optionsanleihen an bestimmte Altaktionäre könne deren zukünftige Beteiligungsquote zu Lasten der Stillhalter erhöht werden. Dass § 221 dAktG auch eine solche Beteiligungsverschiebung verhindern will, wird durch § 71 Abs 1 Nr 8 dAktG bestätigt.[104] Normzweck von § 71 Abs 1 Nr 8 dAktG iVm § 53 a dAktG ist die Vermeidung der Einflussnahme der Gesellschaft auf die Zusammensetzung bzw. die Beteiligungsquoten ihrer Aktionäre durch die Veräußerung eigener Aktien. Die Platzierung einer Wandel-/Optionsanleihe bei einem ausgewählten Kreis von Altaktionären wäre in diesem Zusammenhang bedenklich, ein Verkauf an einen breiten Investorenkreis im Rahmen eines „Bookbuildings" aber unbedenklich.[105]

Es lässt sich somit festhalten, dass der Bedienung des Umtausch-/Bezugsrechts durch eigene existierende Aktien enge Grenzen gesetzt sind. Diese Einschränkung beruht unter anderem darauf, dass der Erwerb eigener Aktien durch die Gesellschaft oder durch ein abhängiges Unternehmen auf die in den §§ 65 ff öAktG bzw. § 71 dAktG geregelten Fälle begrenzt ist.[106] Demnach darf die Aktiengesellschaft eigene Aktien nur ausnahmsweise und nicht zum Zweck der Erfüllung von Wandlungs- und Bezugsrechten erwerben.[107] In Fällen aber, in denen eine Gesellschaft berechtigterweise über eigene Aktien verfügt, dürfen diese natürlich zur Si-

---

101 Vgl. *Busch* (1999), S. 64.

102 Siehe FN. 101.

103 Vgl. *Busch* (1999), S. 65.

104 Ebenda.

105 Ebenda.

106 Vgl. *Krieger* in MünchHandbuch AG² § 63 Rz 18.

107 Vgl. *Lutter* in KölnerKomm² § 221 Rz 97.

cherung und zum Eintausch einer Wandel-/Optionsobligation herangezogen werden.

Soll die Bedienung durch vorgehaltene *Aktien dritter Unternehmen* erfolgen, so schließt das emittierende Unternehmen zur Sicherstellung des Wandlungsrechts zumeist eine Option über den Bezug eigener Aktien mit Dritten ab. Der Abschluss der Option fällt zunächst noch nicht unter eine Beschränkung des Erwerbs eigener Aktien, da zunächst noch keine eigenen Aktien erworben wurden.[108] *Schäfer* merkt zu dieser Vorgehensweise jedoch an, dass hierfür regelmäßig ein Treuhänder einzuschalten ist, der bei Ausübung des Wandlungsrechts durch den Obligationär den Anleihengläubiger befriedigt, da bei der Ausübung der Option durch die emittierende Gesellschaft diese wiederum mit dem Verbot des Erwerbs eigener Aktien in Konflikt käme.[109] Die Berücksichtigung der für Wandel-/ Optionsanleihen bestehenden besonderen Ausgabeerfordernisse erscheint im Fall der Absicherung durch existierende eigene Anteile, oder durch eine abgesicherte Position bei Bereitstellung durch dritte Unternehmen somit nicht angebracht, da § 174 öAktG/§ 221 dAktG insgesamt nicht anwendbar sein dürfte.[110]

Soll die Sicherung durch Aktien aus einem *genehmigten Kapital* (§§ 169 ff öAktG bzw. § 202 dAktG) erfolgen, so ist ein qualifizierter Hauptversammlungsbeschluss (drei Viertel des bei der Beschlussfassung vertretenen Grundkapitals bzw. ein höheres Quorum, falls satzungsmäßig vorgesehen) notwendig, der den Vorstand für höchstens fünf Jahre ermächtigt, das Grundkapital um maximal die Hälfte des vorhandenen Grundkapitals zu erhöhen. In der Praxis erfolgt die Sicherung der Aktienbezugsrechte bei Wandelanleihen am häufigsten durch eine *bedingte Kapitalerhöhung* (§§ 159 ff öAktG bzw. §§ 192 ff dAktG).[111] Ebenso wie eine genehmigte Kapitalerhöhung bedarf auch eine bedingte Kapitalerhöhung eines qualifizierten Hauptversammlungsbeschlusses und ist mit der Hälfte des vorhandenen Grundkapitals begrenzt. Eine Erhöhung des Grundkapitals tritt erst zum Zeitpunkt und im jeweiligen Umfang der tatsächlichen Ausgabe der Bezugsaktien ein. Eine Firmenbucheintragung hat im Gegensatz zur genehmigten Kapitalerhöhung lediglich deklarative Wirkung.[112] Ein weiterer wichtiger Unterschied besteht darin, dass im Fall einer bedingten Kapitalerhöhung bei Ausübung des Wandlungsrechts ein Anspruch auf junge Aktien besteht.[113]

---

108 Vgl. *Schäfer* in *Lutter/Hirte*, Wandel- und Optionsanleihen, S. 72.

109 Ebenda, S. 71 f.

110 Vgl. *Busch* (1999), S. 66.

111 Vgl. *Schäfer* in *Lutter/Hirte*, Wandel- und Optionsanleihen, S. 71.

112 Vgl. *Kastner/Doralt/Nowotny* (1990), S. 308 f.

113 Dieser Anspruch entsteht frühestens nach Eintragung des HV-Beschlusses im FB (§ 162 öAktG). Nach Eintragung ist ein HV-Beschluss gegen entgegenstehende HV-

2.2.2.2.2. Schutz des Wandlungsrechts vor Verwässerung

Eine Beeinträchtigung des schuldrechtlichen Kapitalanlageverhältnisses von konvertiblen Anleihen kann generell unmittelbar oder mittelbar erfolgen.[114] Eine *unmittelbare Beeinträchtigung* ist direkt auf die vertragsgegenständlichen Rechte gerichtet. Die Zulässigkeit einer solchen Beeinträchtigung richtet sich danach, ob in den Anleihenbedingungen ein Änderungsvorbehalt verankert wurde.[115] Im Unterschied dazu ergibt sich eine *mittelbare Beeinträchtigung* aus diversen gesellschaftsrechtlichen Maßnahmen des Basiswerts. Solche Maßnahmen sind zwar nicht auf eine formale Änderung des Kapitalanlageverhältnisses gerichtet, ziehen aber eine Veränderung der wirtschaftlichen und vertraglichen Inhalte des Anlageverhältnisses nach sich. Die Schutzbedürftigkeit des Investors einer konvertiblen Anleihe ergibt sich daraus, dass der Optionswert einer Obligation wesentlich vom Kurs der Bezugsaktie abhängt, und das Optionsrecht somit durch Verwässerung des Kurses der Bezugsaktien erheblich entwertet werden kann. Aus diesem Grund hat der Gesetzgeber für Wandel- und Optionsanleihen zahlreiche Schutzbestimmungen vorgesehen, die den Anleger vor Umgründungs- und Kapitalmaßnahmen schützen sollen.

Für den Fall einer *Verschmelzung* sieht etwa § 226 Abs 3 öAktG vor, dass den Inhabern von Schuldverschreibungen, Genussrechten und gleichwertigen Rechten eine Abänderung der bestehenden Rechte zu gewähren ist oder eine Abgeltung dieser zu erfolgen hat.[116] Es kann angenommen werden, dass diese Regelung sowohl auf die Obligationäre der übertragenden, als auch auf die der übernehmenden Gesellschaft anzuwenden ist.[117] Bei Wandelschuldverschreibungen ist gegebenenfalls das Wandelungsrecht entsprechend dem bei einer Verschmelzung ver-

---

Beschlüsse geschützt (§ 159 Abs 6 öAktG). Im Unterschied zum Beschluss über die *bedingte* Erhöhung des Grundkapitals, welcher in die ausschließliche Kompetenz der HV fällt, entscheidet der Vst bei der Ausgabe neuer Aktien auf Grund eines *genehmigten* Kapitals und damit über die Durchführung einer Kapitalerhöhung nach pflichtgemäßem Ermessen. Diese Entscheidung ist eine Maßnahme der Geschäftsführung (§ 70 öAktG). Bis zur Eintragung der Durchführung kann der Vst demnach von der Inanspruchnahme des genehmigten Kapitals wieder abgehen; vgl. *Nagele* in *Jabornegg/Strasser*, AktG[4] § 159 Rz 3 f. u. § 169 Rz 17 f.

114 Vgl. *Kalss* (2001), S. 493.

115 Vgl. *Zollner* in *Doralt/Nowotny/Kalss*, AktG § 174 Rz 53.

116 Wie *Kalss* betont, ist hierbei der Anspruch des Anleiheinhabers auf Aufrechterhaltung des angepassten Kapitalanlageverhältnisses in den Vordergrund zu rücken. Die ausdrücklich im öAktG vorgesehene Möglichkeit der zu verschmelzenden Gesellschaft, Schuldverschreibungs- und Genussrechtsverhältnisse zu kündigen, ist in den Vorgaben der Fusionsrichtlinie nicht vorgesehen, und *„verkehrt im Ergebnis die in der Richtlinie vorgesehene Ausübung des Beendigungsrechts"*. Ist eine Gewährung gleichwertiger Rechte nicht möglich, hat der Obligationär das Recht auf Beendigung unter angemessener Abfindung, oder auf angemessene Abgeltung der Änderung; vgl. *Kalss* (2001), S. 504 ff.

117 Vgl. *Kalss* (1997), § 226 Rz 13.

einbarten Umtauschverhältnis anzupassen.[118] Eine gleichlautende Norm sieht auch § 15 Abs 5 öSpaltG für *Unternehmensspaltungen* vor. Der verschmelzungsrechtliche Schutz der Wandelobligationäre gemäß § 226 Abs 3 öAktG ist nach § 2 Abs 3 öUmwG sinngemäß auch auf *Umwandlungen* anzuwenden. Im Fall eines *Rechtsformwechsels* haben die Wandelobligationäre nach allgemeinen zivilrechtlichen Grundsätzen das Recht auf Vertragsanpassung oder Beendigung.

Ändern sich während der Laufzeit einer konvertiblen Anleihe durch *Kapitalmaßnahmen* (nominelle oder effektive Kapitalerhöhung) die Kapitalverhältnisse des Basiswerts, so kann dies unmittelbar das Wandlungsrecht des Obligationärs beeinflussen.[119] Insbesondere bei der Ausgabe neuer Aktien verwässert sich dessen wirtschaftlicher Gehalt: es verringern sich sowohl die kapitalmäßige Beteiligung, als auch die effektive Stimmkraft nach Wandlung. Im Fall einer *nominellen Kapitalerhöhung (Kapitalerhöhung aus Gesellschaftsmitteln, Kapitalberichtigung)* sieht § 5 Abs 2 iVm Abs 3 KapBG, gemäß dem „Prinzip der Verhältniswahrung",[120] eine Erhöhung eines zur Bedienung von Wandelschuldverschreibungen geschaffenes bedingten Kapitals im gleichen Verhältnis wie das Grundkapital vor und wahrt somit die Interessen der Gläubiger von Wandelschuldverschreibungen. Für den Fall einer *effektiven Kapitalerhöhung*, welche für Gläubiger eine gleiche Verwässerungswirkung wie eine nominelle Kapitalerhöhung zur Folge hat, fehlt eine solche Schutzbestimmung.[121] Werden Verwässerungsschutzbestimmungen nicht zum Gegenstand des Vertrags zwischen Emittent und Wandelschuldverschreibungsinhaber, so hat der Vorstand des Emittenten im Rahmen der ihn treffenden Sorgfaltspflichten gegenüber dem Obligationär nach den Regeln der ergänzenden Vertragsauslegung für die Anwendung eines entsprechenden Schutzmechanismus zu sorgen (Anpassung des Bezugspreises oder Änderung des Bezugsverhältnisses).[122] Im Falle einer Nichtregelung kann sich die Gesellschaft nicht auf einen gänzlichen Entfall des Verwässerungsschutzes berufen.[123] Ein ausdrücklicher Ausschluss von Verwässerungsschutzmechanismen wird je-

---

118 Vgl. *Zollner* in *Doralt/Nowotny/Kalss*, AktG § 174 Rz 56.

119 Vgl. hierzu *Nowotny* in *Lutter/Hirte*, Wandel- und Optionsanleihen, S. 179; *Lutter* in KölnerKomm² § 216 ff.; *Hüffer* AktG⁵ § 216.

120 Vgl. *Nowotny* in *Lutter/Hirte*, Wandel- und Optionsanleihen, S. 181.

121 Gleiches gilt auch für Deutschland (§ 218 dAktG).

122 Vgl. *Nagele* in *Jabornegg/Strasser*, AktG⁴ § 149 Rz 5; *Nowotny* (1994), S. 200; *Nowotny* in *Lutter/Hirte*, Wandel- und Optionsanleihen, S. 180. Für Deutschland fordert *Krieger* für den Fall fehlender vertraglicher Verwässerungsschutzmaßnahmen nach dem Rechtsgedanken von § 216 Abs 3 dAktG ebenso eine Herabsetzung des Wandlungs- bzw. Optionspreises; vgl. *Krieger* in MünchHandbuch AG² § 63 Rz 19.

123 Gemäß Analogieschluss und Unsicherheitsregel gem § 915 Satz 2 ABGB, wonach undeutliche oder unvollständige Äußerungen zum Nachteil des Erklärenden auszulegen sind; vgl. *Nowotny* (1994), S. 200; *Nowotny* in *Lutter/Hirte*, Wandel- und Optionsanleihen, S. 180.

doch erlaubt sein.[124] Für eine *Kapitalherabsetzung* gilt mit umgekehrtem Vorzeichen das gleiche.[125]

2.2.2.2.3. Ausübung des Wandlungsrechts

Die Ausübung des Wandlungsrechts erfolgt idR schriftlich unter Verwendung gewisser Vordrucke durch entsprechende Wandlungserklärung. Im Falle einer Bereitstellung der Aktien über ein bedingtes Kapital bedarf es einer förmlichen Bezugserklärung, im Falle einer regulären Kapitalerhöhung oder eines genehmigten Kapitals ist eine förmliche Zeichnung notwendig. Ein Unternehmen kann ein Wandlungsrecht aus eigenen Anleihen ebenso wenig ausüben, wie ein abhängiges oder im Mehrheitsbesitz stehendes Unternehmen Aktien des herrschenden Unternehmens oder des mit Mehrheit beteiligten Unternehmens aus der Ausübung von Wandel- und Optionsanleihen erwerben darf (§ 56 Abs 1 und Abs 2 Satz 1 dAktG).[126]

2.2.2.3. Ausgabeerfordernisse

2.2.2.3.1. Beschluss der Hauptversammlung

Die Ausgabe von Wandelschuldverschreibungen, Gewinnschuldverschreibungen und von Genussrechten ist im Unterschied zu „gewöhnlichen" Anleihen gemäß § 174 Abs 1 iVm Abs 3 öAktG nur aufgrund eines *qualifizierten Hauptversammlungsbeschlusses* zulässig, wobei eine Mehrheit von mindestens drei Viertel des vertretenen Grundkapitals erforderlich ist. In der Satzung kann die gesetzlich vorgesehene Kapitalmehrheit durch eine andere geringere oder größere ersetzt werden, daneben können sonstige Erfordernisse vorgesehen werden. Zweck dieser Norm ist vor allem der Schutz der Aktionäre vor einer aus der Emission von Wandelschuldverschreibungen, Gewinnschuldverschreibungen oder Genussrechten entstehenden Verwässerung ihrer Aktionärsrechte.

Die Hauptversammlung kann einerseits nach § 174 Abs 1 öAktG einen *Ausgabebeschluss* fassen, oder andererseits den Vorstand gemäß § 174 Abs 2 öAktG zur Emission für höchstens fünf Jahre ermächtigen. Im ersten Fall wird der Vorstand zur Emission verpflichtet, während er im zweiten Fall nach eigenem „pflichtgemäßen Ermessen" über die Inanspruchnahme entscheidet.[127] Im *Ermächtigungs-*

---

124 Vgl. *Nowotny* (1994), S. 200; *Nowotny* in *Lutter/Hirte*, Wandel- und Optionsanleihen, S. 180.

125 Vgl. *Krieger* in MünchHandbuch AG^2 § 63 Rz 19 und 20.

126 Vgl. *Krieger* in MünchHandbuch AG^2 § 63 Rz 17.

127 Vgl. *Hüffer* AktG^5 § 221 Rz 9.

beschluss werden üblicherweise die wesentlichen Inhalte der Anleihenbedingungen aufgenommen. Als Mindestinhalt sind der Gesamtnennbetrag der auszugebenden Anleihen und vereinzelt auch Angaben zu den Umtausch- bzw. Bezugskonditionen zu regeln.[128] Die Hauptversammlung kann in ihrem Beschluss auch bereits den konkreten Inhalt des Kapitalanlageverhältnisses und die Anleihenbedingungen beschließen. In diesem Fall ist der Vorstand an die Vorgabe der Hauptversammlung gebunden. Weicht er dennoch von den beschlossenen Vorgaben ab, so werden diese Abweichungen Vertragsinhalt, gleichzeitig aber wird der Vorstand gegenüber der Gesellschaft schadenersatzpflichtig.[129]

2.2.2.3.2. Das gesetzliche Bezugsrecht der Aktionäre und dessen Ausschluss

In Erweiterung des Schutzgedankens über die bloße Beschlussfassung hinaus normiert § 174 Abs 4 iVm § 153 öAktG ein Bezugsrecht auf die auszugebenden Wertpapiere. Dieses steht Aktionären der emittierenden Gesellschaft unabhängig von der jeweiligen Aktiengattung zu.[130] Hierbei ist anzumerken, dass Inhabern von bestehenden Wandel-, Gewinnschuldverschreibungen oder Genussrechten nach § 174 Abs 4 öAktG kein gesetzlicher Bezugsrechtsanspruch zusteht, obwohl diese grundsätzlich denselben Beeinträchtigungen wie Aktionäre unterworfen sind. Dieser Interessensgruppe können trotzdem Bezugsrechte vertraglich in den Anleihenbedingungen eingeräumt werden.[131] Sehen die Anleihenbedingungen aber keinen Verwässerungsschutz vor, so besteht im Fall einer Kapitalerhöhung oder bei Ausgabe neuer Wandel-, Gewinnschuldverschreibungen oder Genussrechte Anspruch auf angemessene Wahrung der Interessen durch Vertragsanpassung.[132] Soll das gesetzliche Bezugsrecht bisheriger Aktionäre ganz oder teilweise ausgeschlossen werden, muss dies ausdrücklich erfolgen und bedarf ebenso wie der Ausschluss des Bezugsrechts auf Aktien nach § 153 Abs 3 und 4 öAktG einer sachlichen Rechtfertigung.[133] Ein Beschluss über den Ausschluss der Bezugsrechte bedarf einer Mehrheit von drei Viertel des bei der Beschlussfassung vertretenen Grundkapitals.[134]

---

128 Vgl. *Krieger* in MünchHandbuch AG^2 § 63 Rz 10.

129 Vgl. *Hüffer* AktG^5 § 221 Rz 10.

130 Vgl. *Lutter* in KölnerKomm^2 § 221 Rz 46.

131 Vgl. *Zollner* in *Doralt/Nowotny/Kalss*, AktG § 174 Rz 45.

132 Vgl. *Zollner* in *Doralt/Nowotny/Kalss*, AktG § 174 Rz 46.

133 Vgl. *Nagele* in *Jabornegg/Strasser*, AktG^4 § 174 Rz 24; vgl. auch *Lutter* in KölnerKomm^2 § 221 Rz 56.

134 Vgl. *Hüffer* AktG^5 § 221 Rz 40.

Im Unterschied zum öAktG normiert das dAktG in § 186 Abs 3 ausdrücklich die Möglichkeit eines *vereinfachten Bezugsrechtsausschluss* für den Fall einer Kapitalerhöhung um bis zu maximal zehn Prozent des Grundkapitals und bei einem Ausgabekurs, welcher den Börsenpreis nicht wesentlich unterschreitet. Obwohl § 221 Abs 4 dAktG bestimmt, dass § 186 dAktG für Wandelschuldverschreibungen sinngemäß gilt, ist in der deutschen Literatur umstritten, ob diese Regelung auch auf die Begebung von Wandel- und Optionsanleihen anwendbar ist. Die hM verneint dies mit der Argumentation, es fehle bei Wandel- und Optionsanleihen ein vergleichbarer „Börsenkurs".[135] Eine Mindermeinung bejaht hingegen die Anwendbarkeit des § 186 dAktG auf Wandel- und Optionsanleihen mit der Begründung der geforderte Börsenkurs lasse sich mit Optionsbewertungsmodellen finanzmathematisch durchaus feststellen.[136] Uneinigkeit herrscht in der deutschen Lehre außerdem darüber, ob bei einer bedingten Kapitalerhöhung ein Bezugsrecht der Aktionäre besteht. Während *Krieger* dieses etwa verneint, sieht *Lutter* ein Bezugsrecht in einem solchen Fall sehr wohl als gegeben an.[137] Für Österreich wird das Bezugsrecht auch bei einer bedingten Kapitalerhöhung nicht angezweifelt.[138]

2.2.2.3.3. Publizitätspflichten

Darüber hinaus sieht § 174 Abs 2 öAktG für den Ermächtigungsbeschluss umfangreiche *Hinterlegungs- und Veröffentlichungspflichten* vor. Obwohl das öAktG dies für den Ausgabebeschluss nach Abs 1 leg cit nicht explizit vorsieht, geht *Zollner* bei einer richtlinienkonformen[139] Interpretation des Abs 2 S 2 und S 3 Abs 1 leg cit davon aus, dass das gleiche Publizitätserfordernis auch für den Ausgabeschluss gilt.[140]

2.2.2.4. Exkurs – Wandelanleihen mit Wandelpflicht (Mandatory Convertibles)

Neben Anleihen, welche mit einem Wandlungsrecht ausgestattet sind, gibt es, wenn auch seltener, solche, welche mit einer Wandelpflicht ausgestattet sind.[141]

---

135 Vgl. *Lutter* in KölnerKomm² § 186 Rz 39; vgl. auch *Hüffer* AktG⁵ § 221 Rz 43a.

136 Vgl. *Busch* (1999), S. 61 f.

137 Vgl. *Krieger* in MünchHandbuch AG² § 63 Rz 35; vgl. *Lutter* in KölnerKomm² § 221 Rz 175.

138 Vgl. *Zollner* in *Doralt/Nowotny/Kalss*, AktG § 174 Rz 43 ff. Siehe weiters auch FN. 113.

139 Art 3 Publizitäts-RL iVm Art 25 Kapital-RL.

140 Vgl. *Zollner* in *Doralt/Nowotny/Kalss*, AktG § 174 Rz 29.

141 Für eine über diesen kurzen Exkurs hinausgehende Einordnung von Wandelanleihen mit Pflichtwandlung siehe *Friel* (2000).

In diesen Fällen tritt an die Stelle des Anspruchs auf Rückzahlung des Nennbetrags ein bloßer Anspruch auf Lieferung von Aktien.[142] Für die emittierende Gesellschaft ergibt sich dadurch gegenüber herkömmlichen Wandelanleihen der Vorteil, die Anleihe nicht zurückzahlen zu müssen, sondern von vornherein genau zu wissen, in welchem Umfang sich das Eigenkapital erhöhen wird. Eine Wandelanleihe mit Wandelpflicht mündet letztlich in den Erwerb von Aktien der Schuldnergesellschaft und verpflichtet schließlich auch die Emittentin zur Aktienlieferung. Unsicherheit besteht, je nach Ausstattung der Emission, lediglich bezüglich des Zeitpunkts der Wandlung. Wirtschaftlich gleicht diese Konstellation folglich einem *Festgeschäft*.[143] Manchen Lehrstimmen zufolge fallen auch solche Anleihen unter § 221 bzw. § 192 Abs 2 Z 1 dAktG (bedingte Kapitalerhöhung zum Zweck der Emission einer Wandelschuldverschreibung), wobei der Bezug solcher Anleihen dann den formellen Anforderungen des § 198 Abs 1 dAktG (Bezugserklärung) unterstehen soll.[144] Nachdem der BGH entschieden hat, dass Geschäfte mit Aktienanleihen nicht als Börsentermingeschäfte (§ 50 ff dBörsG) gelten, dürfte dies ebenso für Wandelpflichtanleihen zu verneinen sein.[145]

2.2.3. Optionsanleihen

2.2.3.1. Grundlagen

Optionsanleihen oder *Optionsschuldverschreibungen (bonds with warrants)* sind im Unterschied zu Wandelanleihen dadurch gekennzeichnet, dass sie zusätzlich zu einer Schuldverschreibung ein durchwegs selbstständig verbrieftes Recht zum Erwerb von Aktien zu einem festgelegten Preis gewähren.[146] Der Anleger behält folglich seine Forderungsrechte als Gläubiger der Gesellschaft unabhängig davon, ob er sein Optionsrecht ausübt. Somit ist das Optionsrecht rechtstechnisch auch nicht als Ersetzungsbefugnis (facultas alternativa) wie bei einer Wandelanleihe zu bezeichnen, sondern stellt vielmehr ein neben die Schuldverschreibung tretendes

---

[142] *Friel* spricht von lediglich drei Emissionen derartiger Wertpapiere in Deutschland bis zum Jahr 2000; vgl. *Friel* (2000), S. 24.

[143] Vgl. *Friel* (2000), S. 24. Festgeschäfte sind Kaufverträge über Wertpapiere, Devisen oder andere vertretbare Sachen. Sie begründen sofort eine Verbindlichkeit mit hinausgeschobenem Erfüllungszeitpunkt, zu welchem beide Parteien die Erfüllung verlangen können; vgl. *Kienle* in *Schimansky/Bunte/Lwowski*, Bankrechts-Handbuch, § 106 dBörsG Rz 36.

[144] Vgl. *Krieger* in MünchHandbuch AG[2] § 63 Rz 23; vgl. auch *Friel* (2000), S. 287 f. Für eine handels- und steuerbilanzielle Einordnung von Wandelpflichtanleihen siehe etwa *Häuselmann* (2003), S. 1531 ff. u. *Friel* (2000), S. 264 ff.

[145] BGH, Urteil vom 12. März 2002 (XI ZR 258/01, KG). Siehe auch Kapitel 2.2.3.5.

[146] Vgl. *Lutter* in KölnerKomm[2] § 221 Rz 12.

Aktien-Erwerbsrecht (Bezugsrecht) dar.[147] Zum Optionsrecht wird diese Rechtsposition durch das ebenfalls schon in den Optionsbedingungen enthaltene bindende Zeichnungsvertragsangebot der Gesellschaft.[148] Nach Ausübung der Option ist der Optionsobligationär gleichzeitig Gläubiger und Gesellschafter des emittierenden Unternehmens. Die beiden selbstständigen Komponenten – Anleihenkomponente und Optionskomponente – werden so verbrieft, dass sie nach dem Ende der Zeichnungsfrist voneinander getrennt und als selbstständige Rechte unabhängig voneinander an der Börse notiert und gehandelt werden können. Das Optionsrecht erlischt durch Ausübung oder Zeitablauf und ist vom rechtlichen Schicksal der Anleihe unabhängig.[149]

Die wirtschaftlich eigenständige Bedeutung der Komponenten einer Optionsanleihe wird auch dadurch deutlich, dass Optionsanleihen für gewöhnlich drei Börsennotierungen aufweisen: 1. Optionsanleihe mit Optionsschein, 2. Optionsanleihe ohne Optionsschein und 3. Optionsschein. Aufgrund der charakteristischen ständigkeit der Einzelkomponenten werden Optionsanleihen auch häufig als Kombination von Eigen- und Fremdfinanzierung bezeichnet.[150] Wie Wandelanleihen haben auch Optionsschuldverschreibungen ihre gesellschaftsrechtliche Regelung in § 174 öAktG bzw. § 221 dAktG erfahren. Die rechtliche Behandlung der Optionsanleihe erfolgt prinzipiell nach den für die Wandelanleihe dargelegten Grundsätzen. Dies gilt insbesondere für die dargelegten Rechte der Optionsobligationäre und die Ausgabeerfordernisse, weshalb auf das in diesem Zusammenhang Gesagte verwiesen und in weiterer Folge nur mehr auf Besonderheiten der Optionsanleihe eingegangen werden soll. Anzumerken ist, dass sich die gesellschaftsrechtlichen Regelungen bei Optionsanleihen wiederum nur auf Bezugsrechte auf Aktien der Anleihenschuldnerin selbst beziehen. Für Optionsschuldverschreibungen mit Bezugsrechten auf dritte Unternehmen oder andere Rechte bedarf es wiederum der Analogie.

2.2.3.2. Abgrenzung zu anderen Kapitalmarktinstrumenten mit Optionsrechten

2.2.3.2.1. Synthetische Optionsanleihen

Abzugrenzen sind Optionsanleihen zum einen von *„Synthetischen Optionsanleihen“* (auch *„Anleihen mit Optionen“*). Als solche werden in der Literatur

---

147 Vgl. *Lutter* in KölnerKomm² § 221 Rz 93 u. 151.

148 Vgl. *Lutter* in KölnerKomm² § 221 Rz 151.

149 Vgl. *Nowotny* in *Lutter/Hirte*, Wandel- und Optionsanleihen, S. 190.

150 Vgl. *Lutter* in KölnerKomm² § 221 Rz 148.

Optionsanleihen, bei denen das Optionsrecht nicht auf den Erwerb von durch Kapitalerhöhung noch zu schaffenden Aktien zielt, bezeichnet.[151] Das Optionsrecht bezieht sich folglich auf bereits im Umlauf befindliche Anteile.[152] Im Fall von synthetischen Optionsanleihen sind der Emittent der Anleihenobligation und der Emittent des Optionsscheins oft zwei verschiedene Unternehmen. Die beiden Emittenten schließen sich in Erwartung von Synergievorteilen aus der Kombination zweier Anlageinstrumente zu einer Gemeinschaftsemission zusammen.[153] Ebenso als „synthetische Optionsanleihen" kann man Anleihen mit Optionen auf Aktienkörbe, Rohstoffkörbe, oder Indices nennen. *Krieger* spricht von „Optionen mit Kursdifferenzausgleich" und fasst darunter Optionen, welche nicht zum Bezug von Aktien berechtigen, sondern dem Inhaber vielmehr einen Anspruch auf eine nach der Kursentwicklung einer Aktie (oder eines anderen Basiswerts) zu bemessende Geldzahlung gewähren.[154] Da der Basiswert eine rein synthetische Größe darstellt, erfolgt bei Ausübung der Option keine physische Auslieferung. Anstatt dessen wird eine Differenz zwischen dem aktuellen Preis des unterliegenden Basiswerts und dem Ausübungspreis ausgezahlt („cash settlement"). Das Gesellschaftsrecht untersagt solche Gestaltungen nicht, sie fallen aber auch nicht unter § 174 öAktG bzw. § 221 dAktG.[155]

2.2.3.2.2. Naked Warrants

Optionsanleihen sind auch von so genannten *„Nackten Optionsscheinen" (naked warrants)*, welche auch als *„Optionsscheine"* oder als *„selbstständige Optionen"* bezeichnet werden, zu unterscheiden. Im Unterschied zu Optionsanleihen spricht man von Optionsscheinen immer dann, wenn Optionsrechte selbstständig ausgegeben werden.[156] Nackte Optionsscheine weisen also ein selbstständiges Bezugsrecht auf junge Aktien der emittierenden Gesellschaft auf, ohne mit einer Obligation oder einem Genussrecht verbunden zu sein.[157] Sie geben dem Investor die

---

151 Vgl. *Köndgen/Daeniker* in *Lutter/Hirte*, Wandel- und Optionsanleihen, S. 276.

152 Vgl. auch *Busch* (1999), S. 58.

153 Vgl. *Köndgen/Daeniker* in *Lutter/Hirte*, Wandel- und Optionsanleihen, S. 276; im Unterschied dazu bezeichnet *Busch* eine „Synthetische" Optionsanleihe als Anleihe mit Optionsrecht auf existierende Aktien des Emittenten oder der Muttergesellschaft des Emittenten – geht also zumindest von einer konzernmäßigen Verbindung der beteiligten Unternehmen aus; vgl. *Busch* (1999), S. 58.

154 Vgl. *Krieger* in MünchHandbuch AG^2 § 63 Rz 25.

155 Ebenda.

156 Vgl. *Krieger* in MünchHandbuch AG^2 § 63 Rz 22.

157 Der Begriff „Nackter Optionsschein" (naked warrant) wird nicht völlig einheitlich verwendet. Finanztechnisch gelten Optionsscheine als „nackt", wenn der Emittent im Zeitpunkt der Begebung keinen Deckungsbestand an Wertpapieren vorhält. Im Unterschied dazu werden

Möglichkeit (aber keine Verpflichtung) zur Zeichnung von Aktien. Die eigentliche Investition wird erst zum Zeitpunkt der Ausübung der Option vorgenommen. In Frankreich und Belgien ist dieses Instrument auch als *„bon sec"*, oder *„warrant sec"* bekannt.[158] Im Zusammenhang mit nackten Optionsscheinen wird in Deutschland und Österreich vor allem diskutiert, inwieweit die Absicherung derartiger Optionen mittels bedingter Kapitalerhöhung zulässig ist. Die Unterlegung nackter Optionsscheine wird von § 159 Abs 2 öAktG bzw. § 192 Abs 2 dAktG nicht explizit erfasst. *Nowotny* kommt in der Diskussion der deutschen Literatur zu dem Schluss, dass die Sicherung und Unterlegung von Optionsrechten, welche nicht aus einer Optionsanleihe resultieren, mit einer bedingten Kapitalerhöhung sehr wohl zulässig ist.[159]

2.2.3.2.3. Optionsrechte des Terminmarktes

Darüber hinaus sind Optionsanleihen auch von *Optionsrechten des Terminmarktes* zu differenzieren. Diese sind unverbriefte Optionsrechte und richten sich auf den Erwerb oder die Veräußerung von Aktien (oder von anderen Basiswerten), wobei das Unternehmen, dessen Aktien den Basiswert stellen, nicht an diesem Kontrakt beteiligt ist.[160]

2.2.3.3. Rechtliche Besonderheiten von Optionsanleihen

Anders als bei einer Wandelanleihe erfolgt die Investition bei einer Optionsanleihe zu zwei Zeitpunkten: zunächst im Zeitpunkt der Anschaffung der Optionsanleihe und dann in einem weiteren Schritt bei Ausübung des Optionsrechts. Einige wenige Optionsanleihen sind mit Klauseln versehen, die es dem Optionsanleihengläubiger im Ergebnis erlauben, seine Schuldverschreibung bei Ausübung des Op-

---

Optionsscheine als „gedeckt" bezeichnet (covered warrant), wenn der Emittent der Optionsscheine die veroptionierten Wertpapiere bereits bei Emission der Optionsscheine in seinem Portfolio hält; vgl. etwa *Kienle* in Bankrechts-Handbuch^2 § 106 Rz 65. In dem hier beschriebenen Zusammenhang bezieht sich die Eigenschaft „nackt" jedoch primär auf eine fehlende Verknüpfung eines Optionsscheines mit einer Schuldverschreibung oder einem Genussrecht im Zeitpunkt der Emission; vgl. *Nowotny* in *Lutter/Hirte*, Wandel- und Optionsanleihen, S. 204.

158 Vgl. *Guyon* und *Benoît-Moury/Croes* in *Lutter/Hirte*, Wandel- und Optionsanleihen, S. 29 u. 113.

159 Vgl. *Nowotny* in *Lutter/Hirte*, Wandel- und Optionsanleihen, S. 206; ebenso *Krieger* in MünchHandbuch AG^2 § 63 Rz 22; *Lutter* hingegen äußert sich gegenteilig und hält eine Gesetzesanalogie für nackte Optionsscheine bzw. eine bedingte Kapitalerhöhung in diesen Fällen für unzulässig; vgl. *Lutter* in KölnerKomm^2 § 221 Rz 185.

160 Vgl. *Lutter* in KölnerKomm^2 § 221 Rz 155.

tionsrechts auf den Optionspreis in Zahlung zu geben.[161] In dieser Fallkonstellation nähert sich die Optionsanleihe der Wandelanleihe an. Es bestehen für die Inzahlungnahme grundsätzlich zwei Möglichkeiten: zum einen eine *Ersetzungsbefugnis* im Hinblick auf die Tilgung der Optionspreisschuld und zum anderen das *Recht zur vorzeitigen Kündigung* der Schuldverschreibung durch den Optionsanleihengläubiger. Im ersten Fall hat der Investor das Recht, den Optionspreis wahlweise in bar unter Aufrechterhaltung der Schuldverschreibung oder durch Hingabe seiner Schuldverschreibung zu erfüllen. Im zweiten Fall kann der Gläubiger den aus der Schuldverschreibung frei werdenden Betrag zur Tilgung der Optionspreisschuld verwenden. Der wirtschaftliche Effekt ist in beiden Fällen im wesentlichen der Gleiche.[162]

2.2.3.4. Internationale Options- und Wandelanleihen[163]

Die gesellschaftsrechtlichen Regelungen in Österreich und Deutschland gehen grundsätzlich von einer Identität des Schuldverschreibungsemittenten mit der Zielgesellschaft aus. Options-, wie auch Wandelanleihen, werden jedoch häufig von einer zu Finanzierungszwecken gegründeten ausländischen Tochtergesellschaft (zumeist mit Sitz in einer der sog. Offshore-Finanzzentren, wie Bahamas, Antillen, Luxemburg, Niederlande) als Emittentin begeben (*internationale Options- und Wandelanleihen* bzw. auch *indirekte Emissionen*[164]). Das Bezugs- bzw. Wandelungsrecht gilt dabei den Aktien der Muttergesellschaft.

Eine Emission über eine ausländische Tochtergesellschaft erscheint aus mehreren Gründen attraktiv: direkte Ansprache ausländischer Aktionäre für das Mutterunternehmen, Ausnutzen einer günstigen Zinslage für den festverzinslichen Teil der Emission, sowie die Sicherung einer Währungskongruenz, falls der Emissionserlös für Auslandsinvestitionen verwendet werden soll. Einen ebenfalls sehr gewichtigen Grund stellen steuerliche und abgabenrechtliche Vorteile dar:[165] So unterliegen Zinszahlungen, welche auf die meisten hybriden Finanzinstrumente zu leisten sind, bei direkten Emissionen eines deutschen oder österreichischen Mut-

---

161 Vgl. *Lutter* in KölnerKomm^2 § 221 Rz 159.

162 Vgl. *Lutter* in KölnerKomm^2 § 221 Rz 160.

163 Da sich betreffend das Bezugsrecht und seinen Ausschluss bei Options- und Wandelanleihen gleiche Fragestellungen ergeben, internationale Optionsanleihen im Vergleich zu internationalen Wandelanleihen in der Praxis aber häufiger auftreten, wurde das Kapitel „Internationale Options- und Wandelanleihen" im Kapitel „Optionsanleihen" angesiedelt.

164 Im Fall einer über ein ausländisches Tochterunternehmen emittierten Wandel- oder Optionsanleihe wird auch der Begriff *„indirect issuance"* verwendet. Eine Emission des Mutterunternehmens selbst wird im Gegenzug dazu auch als *„direct issuance"* bezeichnet; vgl. *Evans/Krause/Waltz* (2001), S. 12 f.

165 Vgl. *Hüffer* AktG^5 § 192 Rz 3.

terunternehmens, einer Zinsabschlagssteuer in Form der KESt (§ 93 öEStG, § 43 Abs 1 dEStG). Außerdem können in Deutschland in Fällen, in denen das hybride Finanzinstrument als Dauerschuld behandelt wird, die wiederkehrenden Zahlungen nicht oder nur eingeschränkt von der Bemessungsgrundlage der GewSt abzugsfähig sein (§ 8 Z 1 u 3 GewStG). Diese beiden Gesichtspunkte lassen die Emission eines hybriden Finanzinstruments an ausländische Investoren über eine ausländische Zweckgesellschaft, für die das Mutterunternehmen verbürgt, zweckmäßiger erscheinen.[166] In der Vergangenheit kam zu den angeführten Gründen noch die Vermeidung eines Genehmigungsverfahrens in Österreich oder Deutschland hinzu.

Deutsche Aktiengesellschaften haben, wie *Lutter* anmerkt, ihre Optionsanleihen in den letzten zwanzig Jahren vornehmlich über ausländische Finanzierungstochtergesellschaften auf dem Euromarkt platziert.[167] Diese Anleihen wurden mit einem Bezugsrecht auf Aktien der deutschen Muttergesellschaft ausgestattet. Bei älteren Anleihen verpflichtete sich die Tochtergesellschaft den Inhabern von Optionsscheinen Aktien der Muttergesellschaft zu beschaffen. Dieser Anspruch wurde dann durchwegs zusammen mit der Schuldverschreibungsforderung von der Muttergesellschaft garantiert. Bei neueren Anleihen stellt die Mutter zumeist selbst Optionsscheine aus, welche einer Anleihe des Tochterunternehmens beigefügt werden. Hierbei unterscheidet sich die Optionsrechtskomponente nicht von derjenigen einer direkt emittierten Optionsanleihe der Muttergesellschaft.[168] Die Muttergesellschaft sichert ihre Verpflichtung mit einem bedingten, gelegentlich auch mit einem genehmigten Kapital.

Wie *Krieger* ausführt, kann das von der Muttergesellschaft garantierte oder übernommene Wandel- oder Optionsrecht durch ein *bedingtes Kapital der Muttergesellschaft* gesichert werden.[169] Als Voraussetzungen dafür nennt er neben den gewöhnlichen Erfordernissen einer bedingten oder genehmigten Kapitalerhöhung einen Hauptversammlungsbeschluss des Mutterunternehmens (Die Schutzvorkehrungen des § 174 öAktG bzw. § 221 dAktG kommen zum Tragen, da das Optionsrecht sich immer auf den Erwerb der Aktien des Mutterunternehmens richtet, gleichgültig ob die Optionsscheine von der Mutter selbst, oder von einer Tochtergesellschaft ausgestellt werden.), das Einräumen eines Bezugsrechts durch die ausgebende Tochtergesellschaft an die Aktionäre des Mutterunternehmens (welches aber ausgeschlossen werden kann) und das Bestehen einer Konzernverbin-

---

166 Vgl. *Jacob* (2000), S. 1526; zu den steuerlichen Unterschieden direkter und indirekter Emissionen siehe auch *Evans/Krause/Waltz* (2001), S. 12 f.

167 Vgl. *Lutter* in KölnerKomm² § 221 Rz 166.

168 Vgl. *Lutter* in KölnerKomm² § 221 Rz 169.

169 Vgl. *Krieger* in MünchHandbuch AG² § 63 Rz 40 ff.

dung zwischen den beteiligten Unternehmen.[170] Die zuletzt genannte Voraussetzung wird aber nicht von allen Lehrmeinungen als notwendig angesehen.[171] Sowohl *Krieger* als auch *Lutter* sehen die ratio legis des § 221 dAktG in der Identität von Anleihenemittent und Optionsrechtsgesellschaft. Letzterer sieht aber in einer Garantie des Mutterunternehmens für die Anleihe und die Bezugsrechte eine genügend deutliche und ausreichende Verbindung der beiden Unternehmen.[172] *Nowotny* kommt in der Frage eines möglichen *Bezugsrechtsausschlusses* bei internationalen Options- und Wandelanleihen zum Schluss, dass ein solches Bezugsrecht der Aktionäre der Muttergesellschaft ohne Vorliegen sachgerechter Gründe nicht ausgeschlossen werden kann.[173] Indem den Aktionären der Zielgesellschaft ein vertragliches Bezugsrecht zum Erwerb der Schuldverschreibung der emittierenden Tochtergesellschaft eingeräumt würde, könne das gesetzliche Bezugsrecht gewahrt werden.[174]

2.2.3.5. Börsentermingeschäfte

In Deutschland wird im Zusammenhang mit Anleihen mit Eigenkapitalbezug (insbesondere in Verbindung mit Optionsanleihen) die Frage diskutiert, inwieweit diese unter den Begriff des *Börsentermingeschäfts* nach dBörsG fallen. Das Börsegesetz enthält in den §§ 50 -70 dBörsG Regelungen über den Terminhandel. Eine Definition des Begriffs Börsentermingeschäft findet sich im dBörsG jedoch nicht.[175] Durch eine Vielzahl höchstrichterlicher Entscheidungen scheint sich aber zumindest in Teilbereichen eine Rechtssicherheit eingestellt zu haben.[176] *Kienle* etwa nennt als Kriterien des BGH zur Qualifizierung eines Geschäftsvorfalls als Börsentermingeschäft die Standardisierung des Geschäfts, einen hinausgeschobenen Erfüllungszeitpunkt, sowie einen Bezug zum Terminmarkt.[177] Zweck der börsegesetzlichen Norm ist vor allem der Schutz unerfahrener Anleger vor Spekulationsrisiken.

Börsentermingeschäfte können nur von einem eng begrenzten Personenkreis, der hierfür die *Börsentermingeschäftsfähigkeit* besitzen muss, wirksam abgeschlossen werden. Grundsätzlich sieht das Gesetz zwei Gruppen von Börsenterminge-

---

170 Vgl. *Krieger* in MünchHandbuch AG^2 § 63 Rz 40 ff.

171 Vgl. *Lutter* in KölnerKomm^2 § 221 Rz 172 ff.

172 Ebenda.

173 Vgl. *Nowotny* in *Lutter/Hirte*, Wandel- und Optionsanleihen, S. 192.

174 Ebenda.

175 Vgl. *Kienle* in Bankrechts-Handbuch^2 § 106 Rz 2.

176 Vgl. *Schäfer* in *Lutter/Hirte*, Wandel- und Optionsanleihen, S. 80.

177 Vgl. *Kienle* in Bankrechts-Handbuch^2 § 106 Rz 8.

schäftsfähigen vor: im Handelsregister eingetragene Kaufleute und bestimmte gleich-gestellte Personen bzw. Privatanleger, welche kraft Information Börsentermingeschäftsfähigkeit erlangen können. Der Anlegerschutz für den zweiten Personenkreis ist zweistufig ausgestaltet und umfasst zum einen eine standardisierte schriftliche Information und zum anderen die Erfüllung zusätzlicher Aufklärungspflichten.[178] Eine Verletzung dieser Schutzpflichten hat entweder die Unverbindlichkeit des Geschäfts oder Schadenersatzansprüche des Anlegers zur Folge.[179] Aufgrund der skizzierten Rechtsfolgen kann sich eine Qualifikation als Börsentermingeschäft negativ auf die Platzierbarkeit einer Emission auswirken.

Für die in diesem Kapitel beschriebenen Optionsanleihen und Optionsscheine stellt *Schäfer* in Zusammenfassung der bisherigen höchstrichterlichen Rechtsprechung in Deutschland fest, dass Optionsscheine, welche zum Bezug von Aktien einer anderen Gesellschaft berechtigen, unabhängig davon ob der Emittent einen „Deckungsstock" vorhält, immer Börsentermingeschäfte sind.[180] Im Gegensatz dazu sind alle unter § 221 dAktG fallende Formen von Optionsscheinen, strukturierte Anleihen, sowie nackte Optionsscheine nicht als Börsentermingeschäfte iSd § 50 dBörsG zu charakterisieren.[181] Diese werden als Kassageschäft eingestuft. Primär wird dies damit begründet, dass diese Titel im Rahmen einer gesetzlich vorgesehenen Kapitalmaßnahme emittiert werden, welches gegen eine Einordnung als Börsentermingeschäft spräche.[182]

In einem Urteil zu Aktienanleihen[183] hat sich der BGH für eine restriktive Auslegung von § 50 dBörsG ausgesprochen. Er entschied sich gegen die Einordnung von Geschäften mit Aktienanleihen als Börsentermingeschäfte. Der BGH begründete dies mit einem mangelnden hinausgeschobenen Erfüllungszeitpunkt und damit dem Fehlen der für Termingeschäfte spezifischen Gefahr bzw. des Schutzbedürfnisses eines Anlegers. Gemessen hieran gelten neben Geschäften mit Aktienanleihen wohl auch solche mit Umtauschanleihen nicht als Börsentermingeschäft iSd § 50 dBörsG.

Für Österreich gilt, dass nach § 28 öBörseG ein *Einwand von Spiel und Wette* grundsätzlich bei außerbörslichen Differenzgeschäften erhoben werden kann. Nach Abs 2 ist dies jedoch bei Optionen und Finanzterminkontrakten, die an einer anerkannten in- oder ausländischen Wertpapierbörse gehandelt werden und

---

178 Vgl. *Kienle* in Bankrechts-Handbuch^2 § 106 Rz 81 ff.

179 Vgl. *Kienle* in Bankrechts-Handbuch^2 § 106 Rz 164.

180 Vgl. *Schäfer* in *Lutter/Hirte*, Wandel- und Optionsanleihen, S. 80-82 u. 85.

181 Ebenda.

182 Vgl. *Kienle* in Bankrechts-Handbuch^2 § 106 Rz 49.

183 BGH, Urteil vom 12. März 2002 (XI ZR 258/01, KG); vgl. etwa *Haertlein* (2002), S. 746 ff.

für welche Kurse veröffentlicht werden, unzulässig. Hieraus kann die Bedeutung einer Börsenotierung von Umtauschanleihen österreichischer Emittenten abgeleitet werden.[184]

2.2.4. Aktienanleihen

2.2.4.1. Grundlagen

Eine *Aktien- oder Hochzinsanleihe (reverse convertible bond* bzw. *cash-or-share bond)* bezeichnet eine Schuldverschreibung, bei welcher nicht der Gläubiger, sondern die emittierende Gesellschaft die Wahl hat, anstelle einer Barrückzahlung Aktien auszugeben.[185] Da im Unterschied zu einer Wandel- oder Optionsanleihe der Emittent über dieses Recht verfügt, wird die Aktienanleihe auch als *„umgekehrte Optionsanleihe"* bezeichnet.[186] Die Verkaufoption (Put) kann sich zum einen auf Aktien der emittierenden Gesellschaft selbst, zum anderen auf Anteile Dritter beziehen.[187] Rechtlich ist dieses Wahlrecht als Ersetzungsbefugnis (facultas alternativa) oder als Tilgungswahlrecht iSd § 262 BGB zu bezeichnen.[188] Diese Konstellation kann sich zur flexiblen Verwertung eigener Aktienbestände anbieten. Einerseits bietet der Zufluss aus der Anleihe dem Emittenten sofortige Liquidität, andererseits bietet die Verkaufsoption die Sicherheit eigene Aktien zu einem Mindestpreis zu verwerten. Für diese Sicherheit muss das emittierende Unternehmen die Anleihe mit einem, im Vergleich zu einer gewöhnlichen Anleihe gleicher Bonität und Laufzeit, höheren Zinssatz ausstatten. Dieser stellt die Kompensation für das aus Emittentensicht erworbene Verkaufsrecht dar. Während etwa das französische und das spanische Recht Emissionen von Aktienanleihen aus-

---

184 Vgl. *Feuchtmüller*, BörseG § 28. Durch die BWG-Novelle BGBl I Nr 126/98 hat die Regelung des § 28 öBörseG praktisch an Bedeutung verloren, da für Geschäfte, die zumindest für einen Teil Bankgeschäfte sind, der Wetteinwand generell ausgeschlossen wurde (vgl. § 1 Abs 5 BWG).

185 Vgl. *Hirte* in *Lutter/Hirte*, Wandel- und Optionsanleihen, S. 18.

186 Vgl. *Schäfer* in *Lutter/Hirte*, Wandel- und Optionsanleihen, S. 75.

187 Der Meinung *Schäfers*, nach der nur solche Emissionen als equity-linked Emissionen zu bezeichnen sind, welche sich auf eigene Aktien des Emittenten beziehen, wird hier nicht gefolgt; vgl. *Schäfer* in *Lutter/Hirte*, Wandel- und Optionsanleihen, S. 75. Vielmehr wird in dieser Arbeit der Begriff Equity-Linked umfassender verstanden. Es werden hierunter all jene Emissionen subsumiert, welche einen derivativen Bezug zum Eigenkapital einer Gesellschaft aufweisen, unabhängig davon, ob sich dieser Bezug an das Eigenkapital des Emittenten oder einer dritten Gesellschaft richtet.

188 Vgl. *Schäfer* in *Lutter/Hirte*, Wandel- und Optionsanleihen, S. 76.

drücklich für möglich halten, lassen sowohl das österreichische als auch das deutsche Gesellschaftsrecht diese Fragestellung offen.[189]

2.2.4.2. Rechtliche Besonderheiten von Aktienanleihen

Im Zusammenhang mit Aktienanleihen wird in der deutschen Literatur vor allem diskutiert, inwieweit einer Emission ein Hauptversammlungsbeschluss vorangehen muss, des weiteren ob Aktionären der emittierenden Gesellschaft ein Bezugsrecht auf diese Titel zusteht und ob Anleihen mit Rückzahlungswahlrecht als Börsentermingeschäft gelten. *Schäfer* erachtet es als angebracht §221 dAktG analog für Anleihen mit Rückzahlungswahlrecht in eigene Aktien anzuwenden und sieht deshalb sowohl die Notwendigkeit eines Hauptversammlungsbeschlusses, als auch das Bezugsrecht der Aktionäre grundsätzlich als gegeben an.[190] Obwohl die „umgekehrte Optionsanleihe" wirtschaftlich einem Termingeschäft entspricht, wird zumindest die Aktienanleihe bei welcher sich die Option auf Aktien der emittierenden Gesellschaft selbst bezieht, vom überwiegenden Teil der deutschen Literatur nicht unter den Begriff des Börsentermingeschäfts iSd § 50 dBörsG eingereiht.[191]

2.2.5. Genussrechte

2.2.5.1. Grundlagen

Der Begriff des *Genussrechts* wird in § 174 Abs 3 öAktG bzw. § 221 Abs 3dAktG erwähnt, jedoch nicht definiert und ist somit nach dem Zweck dieser Normen zu bestimmen. Genussrechte gewähren bloß schuldrechtliche Ansprüche aber keine Mitgliedschaftsrechte und orientieren sich inhaltlich an den Vermögensrechten der Aktionäre bzw. treten mit diesen in Konkurrenz.[192] Neben dem genussrechtstypischen Inhalt, wie etwa eine Beteiligung am Gewinn und/oder Liquidationserlös, wird für eine Charakterisierung als Genussrecht auch ein gewisses Emissionsvolumen gefordert.[193] Die Zielsetzungen, welche mit der Emission von Genussrechten verfolgt werden, können vielfältig sein. Als besonderer Vorteil von Genussscheinen wird deren flexible Ausgestaltungsmöglichkeit genannt, welche es erlaubt, die Vorteile von Eigen- und Fremdkapital zu kombinieren. So werden

---

189 Vgl. *Hirte* in *Lutter/Hirte*, Wandel- und Optionsanleihen, S. 18.

190 Vgl. *Schäfer* in *Lutter/Hirte*, Wandel- und Optionsanleihen, S. 76 f.

191 Siehe FN. 190.

192 Vgl. *Lutter* in KölnerKomm^2 § 221 Rz 198.

193 Vgl. *Krieger* in MünchHandbuch AG^2 § 63 Rz 47.

einerseits mitgliedschaftliche Rechte, (etwa das Stimmrecht) ausgeschlossen, während andererseits das Genussrechtskapital in Hinblick auf Verzinsung und Rückzahlbarkeit dem Eigenkapital angenähert und börsenmäßig gestaltet werden kann.[194] Von besonderer Bedeutung ist das Genussrechtskapital vor allem für Banken und Versicherungen, da dieses als *Partizipationskapital* (Österreich: § 23 Abs 4 BWG, § 73 c Abs 1 VAG; Deutschland: § 10 Abs 5 KWG, § 53 c Abs 3 a VAG) so ausgestaltet werden kann, dass es dem haftenden Eigenkapital bzw. den Eigenmitteln zuzurechnen ist.[195]

2.2.5.2. Rechtliche Besonderheiten von Genussrechten

In der rechtlichen Ausgestaltung von Genussrechten ist die begebende Gesellschaft weitgehend frei. Die Einzelheiten werden insbesondere in den Genussscheinbedingungen geregelt.[196] Bezüglich der Ausgabeerfordernisse wird auf die Ausführungen zu Wandelanleihen verwiesen. Anzumerken ist an dieser Stelle, dass eine Ermächtigung des Vorstands zur Ausgabe von Genussrechten, obwohl gesetzlich in § 174 Abs 2 öAktG bzw. § 221 Abs 2 dAktG nicht explizit vorgesehen, nach hM analog zu Wandelschuldverschreibungen zulässig ist und die mit einer Ermächtigung einhergehenden Publizitätspflichten sinngemäß auch für Genussrechte gelten sollen.[197] Das Erfordernis einer materiellen Rechtfertigung zum Ausschluss des Bezugsrechts bei reinen Finanztiteln (Finanzierungsgenussrechte, Gewinnschuldverschreibungen) ist, im Unterschied zu Titeln, welche (künftige) Mitgliedschaftsrechte verbriefen und bei welchen somit eine Verwässerungsgefahr für die Aktionäre besteht, strittig.[198] Wie *Zollner* aber feststellt, dürfte auch bei Genussrechten, welche kein Wandlungsrecht in Aktien verbriefen (Finanzierungsgenussrechte) und deren Emission somit zu keiner Änderung der Beteiligungsstruktur führt, eine sachliche Rechtfertigung beim Ausschluss des Bezugsrechts geboten sein, da eine Verwässerung der Vermögensansprüche der Altaktionäre keineswegs ausgeschlossen ist.[199] Betreffend den Verwässerungsschutz gilt das für Wandelanleihen Gesagte sinngemäß.

---

194 Vgl. *Krieger* in MünchHandbuch AG^2 § 63 Rz 49.

195 Vgl. *Zollner* in *Doralt/Nowotny/Kalss*, AktG § 174 Rz 20; vgl. auch *Krieger* in MünchHandbuch AG^2 § 63 Rz 49.

196 Für Beispiele zu Genussrechtsbedingungen siehe etwa *Frantzen* (1993), S. 295 ff.

197 Vgl. *Zollner* in *Doralt/Nowotny/Kalss*, AktG § 174 Rz 41.

198 Vgl. *Lutter* in KölnerKomm^2 § 221 Rz 58.

199 Vgl. *Zollner* in *Doralt/Nowotny/Kalss*, AktG § 174 Rz 51.

2.2.6. Gewinnschuldverschreibungen

Gewinnschuldverschreibungen sind nach der Legaldefinition des § 174 Abs 1 öAktG bzw. des § 221 Abs 1 dAktG Schuldverschreibungen, bei welchen „die Rechte der Gläubiger mit Gewinnanteilen von Aktionären in Verbindung gebracht werden". Sie verbriefen rein schuldrechtliche Ansprüche und nicht etwa aktienrechtliche Mitgliedschaftsrechte. Neben einer festen Basisverzinsung wird dem Gläubiger eine Vergütung zugesagt, die sich an einer Ertragskennziffer der emittierenden Gesellschaft oder eines Konzerns orientiert.[200] In der inhaltlichen Ausgestaltung der Gewinnschuldverschreibung ist die Gesellschaft wiederum frei. Auch einer Ausgabe von Gewinnschuldverschreibungen mit Wandel- und Optionsrechten steht nichts entgegen. Gewinnschuldverschreibungen ohne Wandel- oder Bezugsrechte unterscheiden sich praktisch nicht von Finanzierungsgenussrechten, weshalb auch auf die obigen Erläuterungen verwiesen wird.[201] In der Unternehmenspraxis sind Gewinnschuldverschreibungen vor allem wegen der fehlenden Anerkennung als haftendes Eigenkapital bei Bank- und Versicherungsunternehmen jedoch kaum von Bedeutung.[202]

2.3. Gesellschaftsrechtliche Anforderungen für eine Emission von Umtauschanleihen und Anlegerschutzbestimmungen

2.3.1. Grundlagen

Umtauschanleihen (exchangeable bonds) sind Schuldverschreibungen, welche den Gläubigern das Recht auf Umtausch in eine bestimmte Menge Aktien eines vom Anleihenschuldner unterschiedlichen Unternehmens einräumen. Wie Wandelanleihen bestehen auch Umtauschanleihen aus zwei Determinanten – einer Schuldverschreibung der emittierenden Gesellschaft und einem Umtauschrecht in Aktien einer dritten Gesellschaft. Gleich einer Wandelanleihe sind diese beiden Rechte untrennbar miteinander verbunden und gemeinsam verbrieft. Entscheidet sich der Obligationär zum Umtausch, so wandelt sich seine Rechtsposition von der eines Gläubigers der emittierenden Gesellschaft in die Position eines Gesellschafters der Zielgesellschaft (welche im Unterschied zur Wandelanleihe nicht mit der emittierenden Gesellschaft übereinstimmt). Abhängig von der Vertragsgestaltung kann es sich bei dem Umtauschrecht um eine Ersetzungsbefugnis (fa-

---

200 Vgl. *Lutter* in KölnerKomm² § 221 Rz 446.

201 Vgl. *Lutter* in KölnerKomm² § 221 Rz 447.

202 Vgl. *Krieger* in MünchHandbuch AG² § 63 Rz 44.

cultas alternativa) des Gläubigers, oder um ein Tauschrecht der Anleihe in fremde Mitgliedschaften (§§ 1045 ABGB bzw. § 515 BGB) handeln.[203]

2.3.2. Ausgabe von Umtauschanleihen

2.3.2.1. Einleitung

Zur Sicherung der Bezugsrechte aus einer Umtauschanleihe stehen der emittierenden Gesellschaft grundsätzlich folgende Möglichkeiten offen: Sicherung durch *bereits existierende* Aktien (bestehende Aktien der Zielgesellschaft aus dem Vermögen des emittierenden Unternehmens, eigene Aktien der Zielgesellschaft bei Mitwirkung dieser, Bereitstellung durch dritte Unternehmen – etwa Banken, mit denen ein Bezugsrecht auf die Aktien der Zielgesellschaft für den Fall der Ausübung der Option durch die Inhaber der Anleihe vereinbart wurde), Sicherung durch *noch zu schaffende* Aktien aus einer Kapitalerhöhung, einem genehmigten oder einem bedingten Kapital beim Zielunternehmen (wiederum unter Mitwirkung desselben). Generell steht es dem begebenden Unternehmen auch offen, das Umtauschrecht der Anleihengläubiger nicht zu besichern, was dem Verkauf einer unbesicherten Option entspricht. Diese Variante soll aber ob ihrer geringen praktischen Bedeutung nicht weiter ausgeführt werden. Die skizzierten Möglichkeiten lassen sich in solche *mit* und solche *ohne Mitwirkung durch die Zielgesellschaft* einteilen.

---

203 Vgl. *Lutter* in KölnerKomm[2] § 221 Rz 100.

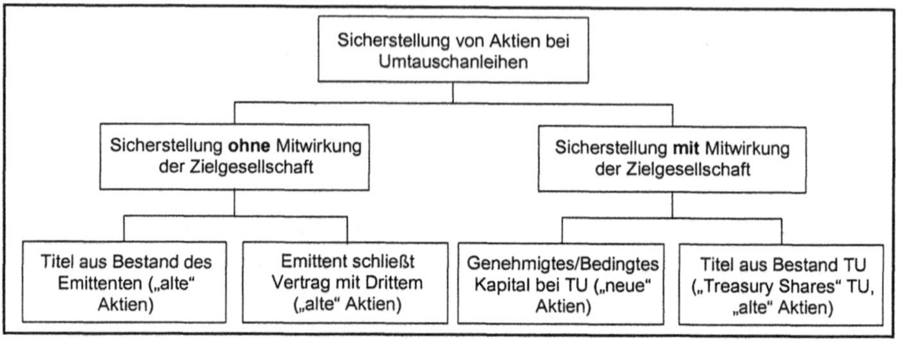

Abbildung 4: Sicherstellung der Aktien bei Umtauschanleihen

2.3.2.2. Umtauschanleihen ohne Mitwirkung der Zielgesellschaft

In diesem Fall befinden sich die Aktien entweder im *Portfolio des emittierenden Unternehmens*, oder dieses schließt mit Dritten, zumeist einer Bank, einen *Vertrag zur Beschaffung der Anteile* ab (*„synthetische" Umtauschanleihe*). Es stellt sich zunächst die Frage, ob diese Umtauschanleihen unter § 174 öAktG bzw. § 221 dAktG fallen. Nach hM ist dies klar zu verneinen. Dafür können zwei Argumente ins Treffen geführt werden.

Zum einen wird von der Mehrzahl der Lehrmeinungen argumentiert, dass Anleihen mit einem *Umtauschrecht in Aktien einer dritten Gesellschaft* nicht in den Anwendungsbereich von § 174 öAktG bzw. § 221 dAktG fallen, da nicht Aktien der begebenden Gesellschaft selbst versprochen werden und sich das „Umtausch- oder Bezugsrecht auf Aktien" des Gesetzestextes lediglich auf Anteile an der emittierenden Gesellschaft beziehe.[204] Bei Untersuchung von Wandel-/Optionsanleihen, welche über ein ausländisches Tochterunternehmen begeben werden, stößt man ebenso wie bei Umtauschanleihen, auf eine Gesetzeslücke. Obwohl bei internationalen Wandel- und Optionsanleihen das emittierende Unternehmen und das Underlying (ebenso wie bei einer Umtauschanleihe) auseinanderfallen, wird dieser Fall in Analogie zu § 174 öAktG/§ 221 dAktG behandelt.[205] Unter den oben angeführten Voraussetzungen[206] kommen die Schutzvorkehrungen von § 174 öAktG/§ 221 dAktG bei der Muttergesellschaft doch zum Tragen. Dies

---

204 Vgl. *Hüffer* AktG[5] § 221 Rz 70; vgl. *Krieger* in MünchHandbuch AG[2] § 63 Rz 39; vgl. *Lutter* in KölnerKomm[2] § 221 Rz 100 f; vgl. *Nagele* in *Jabornegg/Strasser*, AktG[4] § 174 Rz 12; vgl. *Zollner* in *Doralt/Nowotny/Kalss*, AktG § 174 Rz 14.

205 Vgl. *Lutter* in KölnerKomm[2] § 221 Rz 171.

206 Siehe Kapitel 2.2.3.4.

wird damit begründet,[207] dass sich das Umtausch- Bezugsrecht in diesen Fällen immer auf den Erwerb der Aktien des Mutterunternehmens richtet und somit in dic künftigc Beteiligungsstruktur der Muttergesellschaft eingegriffen wird, die es zu schützen gilt.[208] Im Fall einer Umtauschanleihe ohne Mitwirkung der Zielgesellschaft mangelt es aber an der Notwendigkeit einer Kapitalerhöhung bei der emittierenden Gesellschaft. Somit fehlt auch die typischerweise für § 174 öAktG bzw. § 221 dAktG vorausgesetzte Gefahrensituation einer Interessenbeeinträchtigung der bestehenden Aktionäre des ausgebenden Unternehmens.[209] Diese sind insoweit nicht schutzbedürftig.[210]

Zum anderen wird argumentiert, dass Anleihen, welche ein *Umtauschrecht in bereits existierende Aktien* gewähren, wie es idR bei Umtauschanleihen der Fall ist, ebenso wenig unter § 174 öAktG bzw. § 221 dAktG fallen.[211] Da diese Aktien bereits bestehen, haben die Aktionäre ihr Bezugsrecht, falls ihnen ein solches zustand und dieses nicht ausgeschlossen wurde, bereits ausgeübt. Für einen eventuellen nochmaligen Beschluss gibt es somit keinen Anlass.[212] Der Schutzzweck der Norm gilt daher nicht für jene Fälle in denen ein „Aktienverschaffungsanspruch" gewährt wird, sondern lediglich für Ansprüche auf neue Aktien.[213] Es gibt nämlich, wie *Hoffmann* es ausdrückt, *„keinen aktienrechtlichen Schutz gegen Verschiebung von Aktienbesitz im freien Handel"*.[214]

Zusammenfassend kann man festhalten, dass für den Fall ohne Mitwirkung durch die Zielgesellschaft sowohl bei einer Betrachtung der Umtauschanleihe als Anleihe mit Umtauschrecht in Aktien einer dritten Gesellschaft, als auch bei einer Betrachtung als Anleihe mit Umtauschrecht in bereits existierende Aktien, eine Anwendung von § 174 öAktG bzw. § 221 dAktG unterbleibt. Somit obliegt in diesem Fall die Beschlussfassung über die Emission einer Umtauschanleihe nach österreichischem und deutschem Aktienrecht alleine dem Vorstand der Gesellschaft. Grundsätzlich bedarf es somit keiner Beschlussfassung der Hauptversammlung. Davon ausgenommen sind die in Kapitel 2.2.1.4 geschilderten Fälle.

---

207 Siehe Kapitel 2.2.3.4.

208 Vgl. *Lutter* in KölnerKomm^2 § 221 Rz 173.

209 Vgl. *Zollner* in *Doralt/Nowotny/Kalss*, AktG § 174 Rz 14.

210 Vgl. *Hüffer* AktG^5 § 221 Rz 70.

211 Vgl. *Krieger* in MünchHandbuch AG^2 § 63 Rz 24; vgl. *Busch* (1999), S. 62 ff.; vgl. *Hoffmann* (1973), S. 51; vgl. *Schumann* (1990), S. 23 Rz 46.

212 Vgl. *Busch* (1999), S. 63; vgl. *Hoffmann* (1973), S. 52.

213 Vgl. *Hoffmann* (1973), S. 52.

214 Ebenda, S. 55.

2.3.2.3. Umtauschanleihen mit Mitwirkung der Zielgesellschaft

2.3.2.3.1. Sicherstellung der Umtauschrechte durch „neue“ Aktien

Die Begebung einer Umtauschanleihe ist prinzipiell auch unter der *Mitwirkung der Zielgesellschaft* denkbar. Dies insbesondere dann, wenn das Vorhaben einer Konzernobergesellschaft, eine Beteiligung an einem Tochterunternehmen mit Hilfe einer Umtauschanleihe „zeitverzögert“ zu reduzieren, mit einem Finanzierungsbedarf bei diesem Tochterunternehmen zeitlich zusammenfällt. Die mit der Anleihe verbundenen Umtauschrechte können dann durch eine Kapitalerhöhung bei der Zielgesellschaft oder aber auch durch bereits bestehende (eigene) Aktien der Zielgesellschaft besichert werden.

Für den Fall einer Kapitalerhöhung ist zu prüfen, welche der gesetzlich vorgesehenen Möglichkeiten für diese Konstellation grundsätzlich offen stehen. In Betracht kommen eine Kapitalerhöhung mit Sacheinlage (§§ 150 öAktG bzw. §§ 182 dAktG), genehmigtes Kapital (§§ 169 öAktG bzw. §§ 202 dAktG) und bedingtes Kapital (§§ 159 öAktG bzw. §§ 192 dAktG). Eine *Kapitalerhöhung mit Sacheinlagen (reguläre Kapitalerhöhung)* ist jedoch mit erheblichen Schwierigkeiten verbunden: Leistet die Konzernobergesellschaft die Sacheinlage, so ist sie mit einem Finanzierungsbedarf konfrontiert, welcher der mit einer Umtauschanleihe verbundenen Zielsetzung oft diametral entgegenläuft.[215] Würden die neuen Aktien öffentlich platziert werden, wäre wiederum die Zielsetzung eines zeitlich verzögerten Anteilsverkaufs nicht erfüllt, außerdem könnte man nicht mehr von einer Umtauschanleihe sprechen. Falls der Zeichner der durch eine Konzernobergesellschaft emittierten Anleihe diese bei einer Konzerntochtergesellschaft als Sacheinlage einbringt, so wäre dies für den Gläubiger aufgrund der Wertunsicherheit der Anleihe mit einem erheblichen Risiko verbunden.[216] Bei der *Kapitalerhöhung durch genehmigtes Kapital* ist wiederum die maximal für fünf Jahre zulässige Ermächtigung des Vorstandes zu bedenken. Dies kann die Laufzeitgestaltung der Umtauschanleihe wesentlich einschränken.

Eine *Kapitalerhöhung durch bedingtes Kapital* bei einem Tochterunternehmen zum Zweck der Emission einer Umtauschanleihe erscheint aufgrund des in § 159 öAktG bzw. § 192 dAktG eng abgegrenzten gesetzlichen Katalogs nicht möglich, wenn man davon ausgeht, dass eine Umtauschanleihe nicht unter den Begriff der Wandelschuldverschreibung subsumierbar ist.[217] Wie *Lutter* jedoch

---

215 Außerdem wäre dieser Fall, sobald die Konzernobergesellschaft die neuen Aktien gezeichnet hätte, gemäß Kapitel 2.3.2.2 zu behandeln.

216 Vgl. *Lutter* in KölnerKomm² § 221 Rz 100.

217 Siehe Diskussion in 2.3.2.2; vgl. auch *Lutter* in KölnerKomm² § 221 Rz 100.

anmerkt, kann ein bedingtes Kapital dann in Betracht kommen, wenn die Tochtergesellschaft die Mitschuld/Mithaftung für die Anleihe der Konzernobergesellschaft übernimmt.[218] Folgt man der Argumentation *Lutters*, so scheint eine Analogie zwischen einer Umtauschanleihe und einer Wandelschuldverschreibung nach § 174 öAktG bzw. § 221 dAktG unter bestimmten Voraussetzungen möglich zu sein. Dies erscheint als Umkehrschluss aus der Anwendung von § 221 dAktG auf Emissionen von Wandel- und Optionsanleihen unter Zwischenschaltung einer Tochtergesellschaft.[219]

Im Fall einer Umtauschanleihe werden jedoch Bezugsrechte auf Aktien einer Tochtergesellschaft, welche durch ein bedingtes Kapital bei dieser besichert werden, der Anleihe einer Muttergesellschaft beigefügt und im Regelfall mit dieser untrennbar verbunden. In Anlehnung an das im Kapitel Internationale Options- und Wandelanleihe Ausgeführte, scheint eine Analogie aber nur dann gerechtfertigt, wenn das Tochterunternehmen (Zielgesellschaft der in der Umtauschanleihe verbrieften Option) eine *Mitschuld/Mithaftung* für die Anleihe übernimmt, das *Bezugsrecht garantiert* und die *Hauptversammlung des Tochterunternehmens* darüber abstimmt, sowie den Aktionären des Tochterunternehmens ein (vertragliches) *Bezugsrecht* auf die Umtauschanleihe seitens der emittierenden Muttergesellschaft eingeräumt wird (oder das Bezugsrecht durch HV-Beschluss des Tochterunternehmens ausgeschlossen wird). Das Erfordernis eines HV-Beschlusses scheint gerechtfertigt, da in die zukünftige Beteiligungsstruktur des Tochterunternehmens eingegriffen wird und deshalb die Schutzvorkehrung des § 174 öAktG bzw. § 221 dAktG zum Tragen kommen.

Bei einer im mehrheitlichen Besitz der Konzernobergesellschaft stehenden Tochtergesellschaft dürfte das Erfordernis einer Mehrheit von mindestens drei Viertel des bei der Beschlussfassung vertretenen Grundkapitals beim Beschluss über ein genehmigtes oder ein bedingtes Kapital (§ 160 öAktG/§ 202 dAktG) zu keinem Problem führen. Investoren würden eine Mithaftung des Tochterunternehmens begrüßen, wenngleich aus Bonitätsgründen der Haftung der Muttergesellschaft idR größere Aufmerksamkeit geschenkt werden wird.[220] Eine solche Konstruktion könnte bei dem beabsichtigten, aber noch nicht vollzogenen Börsegang einer Tochtergesellschaft überlegenswert sein – insbesondere dann, wenn das Emissionsumfeld einen Börsegang zu einem bestimmten Zeitpunkt als nicht vorteilhaft

218 Vgl. *Lutter* in KölnerKomm[2] § 221 Rz 100.

219 Siehe Diskussion in Kapitel 2.2.3.4. Wie heute weitgehend anerkannt, ist eine Emission einer Wandel- oder Optionsanleihe über eine Tochtergesellschaft unter Anwendung von § 221 dAktG nur dann möglich, wenn, neben anderen Voraussetzungen, die Mutter für die Anleihe und die Bezugsrechte garantiert.

220 Zielsetzung einer Umtauschanleihe ist es oftmals die bessere Bonität einer Muttergesellschaft mit dem Kurssteigerungspotential eines Tochterunternehmens zu verbinden.

erscheinen lässt. Eine Umtauschanleihe wäre somit auch in Verbindung mit einem *Going Public Bond* denkbar.[221]

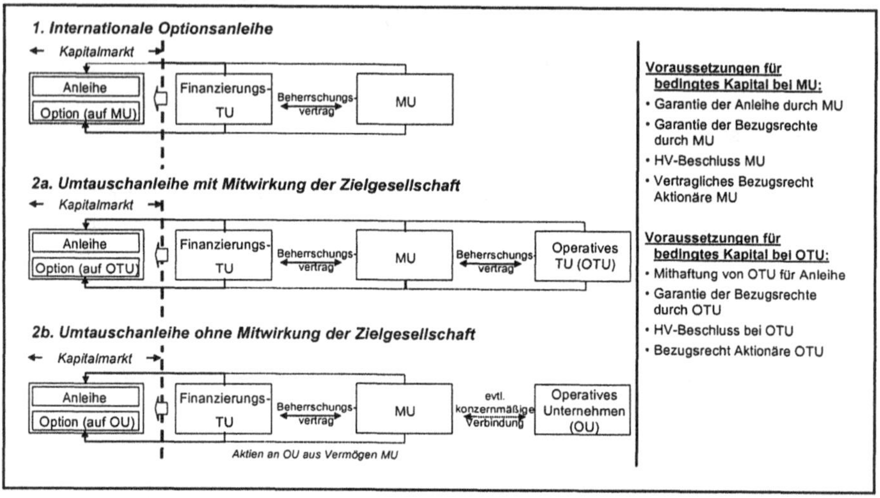

Abbildung 5: Vergleich: Internationale Optionsanleihe vs. Umtauschanleihe[222]

2.3.2.3.2. Sicherstellung der Umtauschrechte durch „alte" Aktien

Die Sicherung der Umtauschrechte ist grundsätzlich auch mit rechtlich zulässig erworbenen *eigenen Aktien der Zielgesellschaft (Treasury Shares)* denkbar. Da es sich hierbei um „alte" Aktien handelt, dürfte § 174 öAktG bzw. § 221 dAktG, wie die Diskussion in Kapitel 2.3.2.2 gezeigt hat, nicht anwendbar sein. Bei der Platzierung der Umtauschanleihe ist unter dieser Konstellation wiederum das Gleichbehandlungsgebot nach § 47 a öAktG bzw. § 71 Abs 1 Nr 8 dAktG iVm § 53 a dAktG zu beachten.[223]

---

221 Für einen Überblick der Anforderungen an Going Public Optionsanleihen im österreichischen Gesellschaftsrecht siehe *Nowotny* in *Lutter/Hirte*, Wandel- und Optionsanleihen, S. 203 f; für das deutsche Gesellschaftsrecht siehe *Schäfer* in *Lutter/Hirte*, Wandel- und Optionsanleihen, S. 72 f.

222 Voraussetzungen für bedingtes Kapital in Anlehnung an *Lutter*; vgl. *Lutter* in KölnerKomm[2] § 221 Rz 101 und 174 f.

223 Hierzu wird auch auf das im Kapitel 2.2.2.2.1 zur Sicherung eines Umtausch-/Bezugsrechts durch eigene existierende Aktien Gesagte verwiesen.

2.3.2.4. Exkurs: „Holzmüller-Entscheidung" und Umtauschanleihen

2.3.2.4.1. Ungeschriebene Mitwirkungsbefugnis der Hauptversammlung

Bei der Veräußerung von Betriebsvermögen muss der Vorstand einer AG grundsätzlich nur dann die Zustimmung der Hauptversammlung einholen, wenn dies im Gesetz ausdrücklich vorgesehen ist. Das dAktG sieht dies etwa bei der Veräußerung des gesamten Betriebsvermögens gemäß § 179 a dAktG vor. Das öAktG bestimmt in § 95 Abs 5 Z 1-11 einen Katalog von Geschäftsführungsmaßnahmen, welche an die Zustimmung des AR gebunden sind. Hierunter fällt gemäß Z 1 auch die Veräußerung einer Beteiligung (§ 228 öHGB), wofür die Satzung oder der AR Betragsgrenzen festsetzen kann. Bestehen keine Betragsgrenzen, sind alle entsprechenden Geschäfte genehmigungspflichtig.[224] Neben der allgemeinen Regel der Einberufung einer HV durch den Vorstand oder den AR, wenn dies das Wohl der Gesellschaft erfordert, steht dem AR ein weiteres HV-Einberufungsrecht zu, wenn er in einer Frage, die ein zustimmungspflichtiges Geschäft betrifft, die Entscheidung der HV für notwendig erachtet (§ 103 Abs 2 öAktG). Außerdem bedarf eine Veräußerung durch Gesamtrechtsnachfolge unter Inanspruchnahme der durch das Umwandlungsgesetz vorgesehenen Erleichterungen der Zustimmung der HV.[225]

1982 judizierte der BGH erstmals, dass auch die Ausgliederung wesentlicher Unternehmensteile durch Abspaltung von Betriebsvermögen der Mitwirkung der Hauptversammlung bedarf.[226] Im Anschluss an dieses als *„Holzmüller-Entscheidung"* bekannt gewordene Judikat wurde heftig darüber diskutiert, ob der BGH mit diesem Urteil nur den ersten Schritt auf dem Weg zu einer Konzernbildungskontrolle getan hat bzw. ob das Höchstgericht damit für alle grundlegenden Strukturentscheidungen eine Zustimmungspflicht der Hauptversammlung aufstellt hat oder ob bei „Holzmüller" über einen nicht verallgemeinerungsfähigen Einzelfall entschieden wurde.[227] Festzuhalten ist, dass sich der BGH bisher nur zum Fall einer durch Ausgliederung entstandenen Beteiligungsgesellschaft geäußert hat. Mit der Veräußerung einer Beteiligungsgesellschaft oder der Sonderform von Desinvestition über eine Umtauschanleihe hatte sich das deutsche Höchstgericht noch nicht zu befassen.[228] *Sieger/Hasselbach* sind jedoch der Meinung, dass es sich beim Fall „Holzmüller" um *„eine für das Gewaltenteilungssystem der Ak-*

---

224 Vgl. *Strasser* in *Jabornegg/Strasser*, AktG^4 §95 Rz 45.

225 Vgl. *Bohnet* (1999), S. 2619.

226 Vgl. *Lutter/Leinekugel* (1998), S. 229.

227 Siehe FN. 226.

228 Vgl. *Bohnet* (1999), S. 2618.

tiengesellschaft grundlegende Entscheidung" handelt, welche den Kompetenzbereich der Aktionäre wesentlich zu Lasten der Geschäftsleitungsbefugnisse des Vorstandes erweitert und umfassende ungeschriebene Mitwirkungsbefugnisse der HV bei allen für die Gesellschaft grundlegenden (Restrukturierungs-) Entscheidungen geschaffen hat.[229] *Lutter/Leinekugel* zufolge ist die wesentliche Aussage der Holzmüller-Entscheidung jene, dass es grundlegende Beschlüsse in einer Aktiengesellschaft gibt, welche durch die Geschäftsführungsbefugnis und Vertretungsmacht des Vorstands zwar noch formal gedeckt sind, welche aber zu tief in die Mitgliedschaftsrechte der Aktionäre eingreifen; Der Vorstand sollte demnach nicht alleine handeln, sondern die Hauptversammlung in die Entscheidungsfindung einbeziehen.[230] Hierbei geht es nur um solche Entscheidungen, welche die Verhältnisse in der Gesellschaft grundlegend ändern. Bleibt der Kernbereich der Gesellschaft unangetastet, so soll auch die Leitungsbefugnis des Vorstandes nicht eingeschränkt werden.[231] Die Mitwirkungsbefugnisse der Anleger werden somit in die abhängige Gesellschaft verlängert.[232]

Diese Meinungen sind jedoch keineswegs unumstritten. *Groß*, *Seydel* und *Werner* lehnen eine Mitwirkungskompetenz der Hauptversammlung bei der Veräußerung einer Beteiligung ab.[233] Sie vertreten die Meinung, dass die Holzmüller-Entscheidung eine Kontrolle von Konzernbildungsvorgängen ermöglichen sollte, die mit der Konzernbildung verbundenen Gefahren für die Aktionäre durch die Beteiligungsveräußerung aber gerade wieder beseitigt werden womit auch das Erfordernis der Mitwirkung der HV überflüssig wird. Zu dem gleichen Ergebnis, wenn auch mit unterschiedlicher Begründung, kommt *Sünner*, der die Veräußerung einer Tochtergesellschaft als actus contrarius zur Gründung einer Tochtergesellschaft und folglich als zustimmungsfrei sieht.[234] Im Unterschied dazu fordern Literaturstimmen eine Beschlussfassung durch die HV des Mutterunternehmens, falls das Mutterunternehmen eine bestimmte Beteiligungsschwelle an einem Tochterunternehmen unterschreiten sollte. So sieht *Hommelhoff* diese Schwelle als unterschritten, wenn die Konzernspitze die einfache Mehrheit der Stimmrechte an einer Tochtergesellschaft aufgeben will, während bei *Timm* die maßgebliche Schwelle bereits bei einer Herabsetzung des Beteiligungsbesitzes auf weniger als

---

229 *Sieger/Hasselbach* (1999), S. 241. Siehe ebenda auch für einen Überblick über die umfangreiche Literatur zur „Holzmüller-Entscheidung".

230 Vgl. *Lutter/Leinekugel* (1998), S. 230.

231 Ebenda.

232 Vgl. *Lutter* (1985), S. 845 ff.

233 Vgl. *Groß* (1994), S. 275 f.; *Seydel* (1995), S. 441; *Werner* (1983), S. 448. Gegen ein Zustimmungserfordernis spricht sich auch *Ebenroth* aus, der dieses vor allem in Sanierungssituationen als Behinderung sieht; vgl. *Ebenroth* (1988), S. 7.

234 Vgl. *Sünner* (1983), S. 169 ff.

75% liegt.[235] *Kort* zieht überdies in Erwägung, ob nach einem erstmaligen Einverständnis der HV der Obergesellschaft mit der Konzernbildung, diese bei darauf folgenden wichtigen Entscheidungen betreffend ein Tochterunternehmen (etwa einer geplanten Kapitalerhöhung der Tochter) erneut zu befragen sei. Die „Holzmüller-Entscheidung" sei vielmehr als Statuierung eines Konzerneingangsschutzes zu verstehen.[236]

Der BGH hat in einem Urteil[237] nunmehr entschieden, dass ungeschriebene Mitwirkungsbefugnisse der HV bei Vorstandsmaßnahmen nur ausnahmsweise und in ganz engen Grenzen anzuerkennen seien. Eine Zustimmungspflicht der HV besteht nur, wenn eine Maßnahme einen grundlegenden Eingriff in die Mitgliedschafts- und Vermögensrechte der Aktionäre darstellt. Ein „Holzmüller"-Beschluss bedarf einer qualifizierten Mehrheit von 75%. Außerdem wird nochmals klargestellt, dass Restrukturierungsmaßnahmen bei einem Verstoß gegen ein Zustimmungserfordernis im Außenverhältnis nicht nichtig sind und das Zustimmungserfordernis somit rein innenrechtlichen Charakter trägt. Demnach darf der Vorstand Maßnahmen, welche keinem gesetzlichen Zustimmungsvorbehalt unterliegen, unterhalb einer Grenze von ca. 75% des Verkehrswerts des „zu bewegenden" Vermögens in Relation zum Gesamtwert der Gesellschaft in eigener Verantwortung und ohne Zustimmung der HV durchführen.[238]

2.3.2.4.2. Kriterien für die Anwendbarkeit der „Holzmüller-Entscheidung"

Da mit Umtauschanleihen, im Unterschied zu Wandel- und Optionsanleihen, idR nicht ausschließlich ein Finanzierungszweck verfolgt wird, sondern dieses Instruments eben auch zur Restrukturierung eines bestehenden Beteiligungsportfolios eingesetzt wird, ist in diesem Kapitel zu untersuchen, unter welchen Voraussetzungen bei der Begebung einer Umtauschanleihe eventuell auch „Holzmüller"-Grundsätze zu berücksichtigen sind.

Jede Unternehmenssatzung hat nach § 17 Z 2 öAktG bzw. § 23 Abs 3 Nr 2 dAktG zwingend die Angabe des Unternehmensgegenstandes zu beinhalten. Soweit es die Geschäftsführung für geboten hält, eine bestehende Beteiligung an einem Tochterunternehmen mit Hilfe einer Umtauschanleihe zu reduzieren, oder eine Umtauschanleihe in Kombination mit der Platzierung eines Aktienpaktes zu begeben, kann dies, falls der satzungsmäßig festgelegte Unternehmensgegenstand hierdurch verändert werden solle, eine Satzungsänderung und damit die Be-

---

235 Vgl. *Hommelhoff* (Die Konzernleitungspflicht, 1982, S. 447), zitiert bei *Timm* (1993), S. 117.

236 Vgl. *Kort* (2002), S. 373 f.

237 BGH, Urteil vom 26. April 2004 (II ZR 155/02, AG 2004, S. 384).

238 Vgl. etwa *Fuhrmann* (2004), S. 339 ff.

teiligung der Hauptversammlung erforderlich machen. Da es sich um eine Desinvestition handelt, wird es sich hierbei vor allem um das Problem eines *Unterschreitens des Unternehmensgegenstandes* durch die Geschäftsführung handeln.

Für die Frage der Notwendigkeit der Einbeziehung der Hauptversammlung in den Entscheidungsprozess ist zunächst zu klären, ob der Tätigkeitsbereich der betroffenen Tochtergesellschaft zum statutarischen Kernbereich des Gegenstandes der Gesellschaft gehört. Ist dies der Fall und würde nach einer Veräußerung der Tochtergesellschaft ein statutarisch festgelegter Tätigkeitsbereich nicht mehr dauerhaft betrieben werden, kommt es auf eine *„Wesentlichkeit"* nicht weiter an – die Bereinigung des Beteiligungsportfolios bedarf in diesem Fall einer vorherigen Änderung der Satzung der Obergesellschaft mit Drei-Viertel-Mehrheit.[239] Eine bloße faktische Satzungsänderung durch einen Mehrheitsaktionär der Muttergesellschaft ohne vorherigen Beschluss kann durch Unterlassungsklage einer Minderheit verhindert werden.[240] Als relativ unproblematisch kann die Veräußerung einer Beteiligungsgesellschaft durch eine typische Holding-AG bezeichnet werden, da der Unternehmensgegenstand einer Holding idR Geschäftszweige, in welchen Beteiligungen gehalten werden müssen, nicht explizit festlegt.[241] Droht durch (teilweise) Veräußerung des Tochterunternehmens zwar kein Unterschreiten des Unternehmensgegenstandes, ist die Tochtergesellschaft aber als „wesentlich" zu bezeichnen, so kann dennoch ein HV-Beschluss des Mutterunternehmens erforderlich sein. Diese „Wesentlichkeitsgrenze" verläuft nach der neuen BGH-Entscheidung[242] bei etwa 75% des Gesamtunternehmenswerts.[243]

2.3.2.4.3. Folgen bei Anwendbarkeit der „Holzmüller-Entscheidung"

Sollte nach den angeführten Kriterien eine Zustimmungspflicht der Hauptversammlung zu einer geplanten (teilweisen) Veräußerung einer Tochtergesellschaft bejaht werden, hat ein HV-Beschluss der Obergesellschaft mit einer qualifizierten Mehrheit von 75% zu erfolgen. Diskussionswürdig ist für den Fall einer Desinvestition mittels Umtauschanleihe auch die Frage wann ein solcher HV-Be-

---

239 Vgl. *Lutter/Leinekugel* (1998), S. 228.

240 Ebenda, S. 229.

241 Vgl. *Bohnet* (1999), S. 2617. *Bohnet* führt weiter aus, dass eine Holding-AG, soweit sie (nach Veräußerung einer Beteiligungsgesellschaft) weitere Beteiligungsgesellschaften hält, auch nach Veräußerung einer oder mehrerer Beteiligungsgesellschaften weiterhin in der Lage ist, ihre in der Satzung festgelegten Unternehmensziele zu verfolgen, so dass eine Zustimmungspflicht (der HV) nach § 179 a dAktG nicht begründet wird; eine solche könnte mithin erst bei der Veräußerung der letzten wesentlichen Beteiligungsgesellschaft eingreifen.

242 BGH, Urteil vom 26. April 2004 (II ZR 155/02, AG 2004, S. 384).

243 Hierbei handelt es sich um den Verkehrswert des „zu bewegenden" Vermögensteils in Relation zum Gesamtwert der Gesellschaft; vgl. etwa *Fuhrmann* (2004), S. 341.

schluss durchgeführt werden muss. Denn im Unterschied zu herkömmlichen Veräußerungsmethoden ist im Falle einer Umtauschanleihe die Desinvestition zum Zeitpunkt der Begebung der Anleihe keineswegs sicher, hängt doch die Entscheidung der Obligationäre davon ab, dass der Basiswert den in den Anleihenbedingungen festgeschriebenen Umtauschpreis erreicht oder übersteigt. Nur dann erscheint es für den Anleiheninhaber wirtschaftlich sinnvoll, seine Anleihe in Anteile des Tochterunternehmens umzutauschen. Für gewöhnlich behält sich das begebende Unternehmen zudem das Recht vor, bei Ausübung des Umtauschrechts durch den Anleiheninhaber diesem, anstatt der Lieferung von Aktien, einen Geldbetrag (Barausgleich anstatt Lieferung von Aktien/Cash Payment in lieu of delivery of Shares) zu zahlen. Folglich ist die tatsächliche Desinvestition durch das Mutterunternehmen zumeist von diesen beiden skizzierten Bedingungen abhängig. IdR wird für den Fall des Erfordernisses eines Hauptversammlungsbeschlusses ein solcher bereits vor Begebung einer Umtauschanleihe einzuholen sein. Dies auch deshalb, weil für den Fall einer Veräußerung eines größeren Aktienpaketes an einem Tochterunternehmen eine solche Transaktion selten alleine über eine Umtauschanleihe abgewickelt werden wird, sondern zumeist gemeinsam mit dem Verkauf eines Aktienpakts über die Börse geschieht. Es könnte aber in einem Fall, in welchem der Anteil an einem Tochterunternehmen, welcher über eine Umtauschanleihe veräußert werden soll, über die Wesentlichkeit der Beteiligungsveräußerung im Sinne des Kapitels 2.3.2.4.2 entscheidet, auch argumentiert werden, dass erst vor einem tatsächlich stattfindenden Umtausch und nicht bereits bei Begebung der Anleihe ein Beschluss der Hauptversammlung erfolgen muss.

Als Folge der Zusage des Umtauschs einer Anleihe in Aktien einer abhängigen AG, sieht *Lutter* bei Charakterisierung dieser AG als „wesentliche" Tochtergesellschaft, auch das Erfordernis der Einräumung eines *Bezugsrechts der Aktionäre der Obergesellschaft an der Anleihe.*[244] Dieses Erfordernis bestehe sowohl für den Fall, dass die Aktien aus dem Besitz der Muttergesellschaft zur Verfügung gestellt werden, als auch für den Fall, dass die Aktien aus einer Kapitalerhöhung bei der abhängigen Tochtergesellschaft bereitgestellt werden.[245] Für den zweiten Fall wird zusätzlich das Erfordernis eines Hauptversammlungsbeschlusses der Obergesellschaft bekräftigt, da diese gegebenenfalls ihre gesicherte Herrschaft über ihre wesentliche Tochtergesellschaft verliert.[246] Hinsichtlich des Bezugsrechts der Aktionäre der Obergesellschaft spricht sich *Lutter* für eine analoge Anwendung des § 221 Abs 4 dAktG bzw. für einen den formellen und materiellen

---

244 Vgl. *Lutter* in KölnerKomm² § 221 Rz 101.

245 Ebenda.

246 Vgl. *Lutter* in KölnerKomm² § 221 Rz 101 iVm. § 182 Rz 53. Dies entspricht auch der in Kapitel 2.3.2.4.1 angeführten Argumentation von *Hommelhoff* und *Timm*.

Regeln entsprechenden Ausschluss des Bezugsrechts aus.[247] *Kort* etwa tritt dem von *Lutter* geforderten Bezugsrecht der Gesellschafter des Mutterunternehmens bei einer Kapitalerhöhung des Tochterunternehmens scharf entgegen. Seiner Meinung nach widerspricht ein solches Bezugsrecht dem Ziel des § 186 dAktG (gleiches gilt für § 153 öAktG).[248] Bei der Zulassung eines solchen Bezugsrechts Dritter (Gesellschafter des Mutterunternehmens) könne das Ziel, die bisherigen Gesellschafter (das Mutterunternehmen und etwaige dritte Aktionäre) an einer Kapitalerhöhung ihrer Gesellschaft im Verhältnis ihrer Anteile partizipieren zu lassen, eben nicht mehr erfüllt werden.[249] Ebenso verneint *Kort* ein nachrangiges Bezugsrecht oder etwa eine Pflicht der Muttergesellschaft ihren Aktionären für den Fall der Nichtausübung ihres Bezugsrechts ein solches einzuräumen.[250] Das Bezugsrecht der Aktionäre der Muttergesellschaft scheitere an der fehlenden Gesellschafterstellung bei der Tochtergesellschaft.[251]

Zusammenfassend kann festgestellt werden, dass mit dem neuen BGH-Urteil auch für Beteiligungsveräußerungen mit Hilfe von Umtauschanleihen erheblich mehr Rechtssicherheit geschaffen wurde. Ein Zustimmungserfordernis der HV des Mutterunternehmens ist demnach nur bei einer Veräußerung von Vermögenswerten von mehr als 75% des Gesamtunternehmenswerts notwendig und damit für Umtauschanleihen praktisch von zu vernachlässigender Bedeutung.

---

247 Vgl. *Lutter* in KölnerKomm² § 221 Rz 101.

248 Vgl. *Kort* (2002), S. 370 f.

249 Vgl. *Kort* (2002), S. 371.

250 *Kort* stimmt aber mit der hM insoweit überein, als er für den Fall der Nichtausübung des Bezugsrechts durch das Mutterunternehmen eine sachliche Rechtfertigung fordert; vgl. *Kort* (2002), S. 375.

251 Vgl. *Kort* (2002), S. 371.

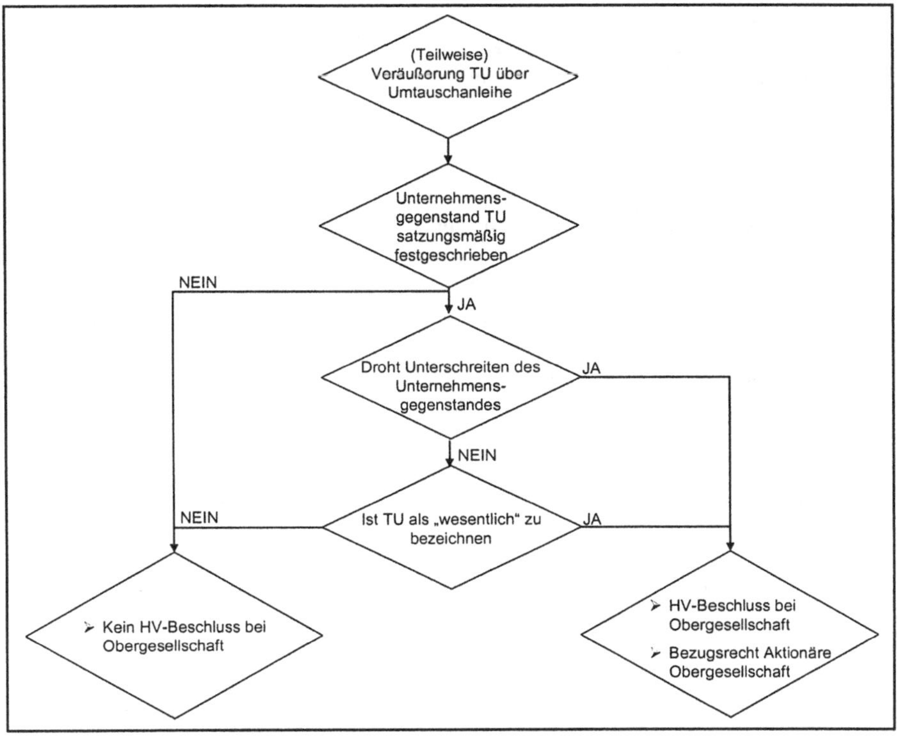

Abbildung 6: Überblick: Bedeutung der „Holzmüller-Entscheidung" für Umtauschanleihen[252]

2.3.3. Anlegerschutz

2.3.3.1. Verschmelzung

Inhabern von Umtauschanleihen ist nach erfolgter *Verschmelzung* der Basiswertgesellschaft, ebenso wie Inhabern von Wandelschuldverschreibungen, ein Bezug von Aktien der *übertragenden Gesellschaft* nicht mehr möglich.[253] Tritt das Underlying als *aufnehmende Gesellschaft* auf und führt es im Zuge der Fusion eine Kapitalerhöhung durch, so verringert sich die relative Bezugsquote der Um-

252 In Anlehnung an *Lutter*; vgl. *Lutter* in KölnerKomm[2] § 221 Rz 101.

253 Für Ausführungen insbesondere zu Genussrechten siehe *Lutter* in KölnerKomm[2] § 221 Rz 400; *Kalss* (1997), § 226 Rz 2.

tauschanleihengläubiger.[254] Darüber hinaus kann das Hinzutreten konkurrierender Schuldverschreibungen der übertragenden Gesellschaft eine Verwässerung der Exchangeable Bond Obligationäre nach sich ziehen.[255]

Während die fusionsrechtlichen Bestimmungen des § 226 Abs 3 öAktG vorsehen, dass den Inhabern von Schuldverschreibungen und Genussrechten gleichwertige Rechte zu gewähren sind oder die Änderung der Rechte oder das Recht selbst angemessen abzugelten ist, erwachsen in der Anwendung dieser Schutzbestimmung auf Umtauschanleihen aus deren besonderer Ausstattung Schwierigkeiten: der Obligationär einer solchen Anleihe unterhält in der Regel keine vertragliche Beziehung zur Basiswertgesellschaft, sondern eben nur zum Emittenten der Anleihe.[256] Dieser wiederum ist Aktionär des Basiswerts, aber nur in seltenen Fällen mit diesem konzernmäßig verbunden. Somit ist § 226 Abs 3 öAktG nicht anwendbar.

Umtauschobligationäre müssen jedoch die Benachteiligung ihrer Stellung nicht bedingungslos hinnehmen. Kann der Erfüllungsanspruch vom Emittenten nicht eingehalten werden, d.h. kann die Kapitalanlage nicht oder nur eingeschränkt oder unter geänderten Bedingungen fortgeführt werden, hat der Anleger einen Anspruch auf vorzeitige *Beendigung des Vertrags* oder auf entsprechende *Anpassung*.[257] Das Beendigungsrecht kann hierbei aus mehreren zivilrechtlichen Grundsätzen (nachträgliche Unmöglichkeit, ergänzende Vertragsauslegung, Wegfall der Geschäftsgrundlage) geschlossen werden.[258] Zusätzlich kann aus der Wertung des Gesetzgebers und dessen Anerkennung einer Beeinträchtigung des Schuldverschreibungsinhabers (§ 226 Abs 3 öAktG) eine Pflicht der emittierenden Gesellschaft zur Wahrung der Interessen der Umtauschanleihengläubiger durch Vertragsanpassung abgeleitet werden. Die bisher unter österreichischem Recht begebenen Umtauschanleihen sahen lediglich für den Fall, dass die Basiswertgesellschaft als übertragender Rechtsträger auftritt, eine vertragliche Anpassung vor. Für den Fall, dass das Underlying als übernehmender Rechtsträger tätig wird, wurde hingegen keine Anpassung vereinbart.[259]

---

254 Vgl. *Zollner* in *Doralt/Nowotny/Kalss*, AktG § 174 Rz 54.

255 Vgl. *Kalss* (1997), § 226 Rz 13.

256 Für einen Überblick zu den schutzrechtlichen Bestimmungen bei Wandelschuldverschreibungen siehe Kapitel 2.2.2.2.2.

257 Vgl. *Kalss* (2001), S. 507.

258 Ebenda.

259 Die Anleihenbedingungen lauteten hierzu wie folgt: „*§10 Verwässerungsschutz (e) Im Fall einer Verschmelzung der Gesellschaft als übertragender Rechtsträger im Sinne des Aktiengesetzes vor dem letzten Tag des Ausübungszeitraums oder einem früheren für die Rückzahlung festgesetzten Tag hat ein Inhaber bei Ausübung seines Umtauschrechts Anspruch auf die An-*

2.3.3.2. Spaltung

Ebenso wie bei der Verschmelzung greifen auch die bei der *Spaltung* in § 15 Abs 5 SpaltG vorgesehenen gesetzlichen Schutzmaßnahmen für Inhaber von Umtauschanleihen nicht.[260] Analog zu dem bei der Verschmelzung Ausgeführtem gilt auch hier, dass dem Anleger gegebenenfalls eine vorzeitige *Beendigung seines Vertrags* oder eine entsprechende *Anpassung* zusteht.[261] Eine Anpassung wurde auch in den Anleihenbedingungen der unter österreichischem Recht emittierten Schuldverschreibungen vereinbart.[262] Wie das Beispiel der durch die AXA

---

zahl von Aktien des oder der übernehmenden Rechtsträger (die „Erwerberaktien"), die sich aus der Division des Nennbetrags der Schuldverschreibung durch den am Umtauschtag maßgeblichen, gemäß der nachstehenden Formel angepassten Umtauschpreis ergibt, und danach beziehen sich diese Emissionsbedingungen auf die Erwerberaktien, als handle es sich um Aktien:

$$EP_a = EP \times \frac{1}{TS}$$

Dabei gilt:

EP_a = *der Umtauschpreis in Bezug auf die Erwerberaktien*

EP = *der Umtauschpreis am Stichtag*

TS = *die Anzahl der Erwerberaktien, zu der ein Aktionär der Gesellschaft in Bezug auf eine Aktien berechtigt ist.*

(g) Wenn vor dem letzten Tag des Ausübungszeitraums oder einem früheren für die Rückzahlung festgesetzten Tag eine Verschmelzung, bei der die Gesellschaft der übernehmende Rechtsträger ist, oder eine Einbringung mit oder ohne Anteilsgewähr an die Gesellschaft oder ein ähnliches Ereignis eintritt, bleibt der Umtauschpreis unverändert."; Offering Circular der Umtauschanleihe der ÖIAG (wandelbar in Voestalpine AG) vom 26. September 2003, S. 31 u. 32.

260 Nach der Regelung des § 15 Abs 5 SpaltG sind den Inhabern von Schuldverschreibungen und Genussrechten gleichwertige Rechte zu gewähren, oder die Änderung des Rechts oder das Recht selbst ist abzugelten. Wiederum billigte der österreichische Gesetzgeber entgegen der europarechtlichen Vorlage dem Anleihenemittenten das Recht zur einseitigen Vertragsauflösung bzw. Vertragsänderung zu.

261 Auf Grund der geringen praktischen Relevanz werden Überlegungen zu Anlegerschutzbestimmungen für Umwandlungen und Rechtsformwechsel bei Umtauschanleihen hier nicht ausgeführt. Wie die Tabelle untersuchter Umtauschanleihen im Anhang zeigt, werden als Basiswerte für Umtauschanleihen vor allem große, börsennotierte, liquide Titel herangezogen. Für einen Überblick zu Anlegerschutzbestimmungen bei Umwandlungen und Rechtsformwechsel im Zusammenhang mit Wandelschuldverschreibungen siehe etwa *Zollner* in *Doralt/Nowotny/Kalss*, AktG § 174 Rz 49 f. Eingehender zu dieser Thematik *Kalss* (2001), S. 496 ff.

262 „*Wenn vor dem letzten Tag des Ausübungszeitraums oder einem früheren für die Rückzahlung festgesetzten Tag eine Aufspaltung gemäß § 1 Abs 2 Z 1, eine Abspaltung gemäß § 1 Abs 2 Z 2 Spaltungsgesetz, BGBl 1996/304, in der geltenden Fassung, oder ein sonstiges Ereignis bei der Gesellschaft, das nach Ansicht der Hauptumtauschstelle Auswirkungen hat, die mit einer Aufspaltung oder Abspaltung vergleichbar sind, eintritt, nimmt die Hauptumtauschstelle nach billigem Ermessen (§ 1056 ABGB iVm sinngemäßer Anwendung von*

Colonia im Mai 1998 begebenen Umtauschanleihe zeigt, ist eine anleihenvertragliche Regelung für den Fall einer Spaltung durchaus von praktischer Relevanz: mit der Abspaltung der Takkt AG von Gehe im September 1999 wurde das Umtauschrecht der Gläubiger vom ursprünglichen Umtauschrecht (Gehe-Aktien) auch auf Aktien der abgespaltenen Takkt AG erweitert.[263]

2.3.3.3. Kapitalmaßnahmen

Bei *Kapitalmaßnahmen* des Basiswerts fehlen für Umtauschobligationäre gesetzliche Schutzbestimmungen. Eine Anwendung der gesetzlichen Schutzbestimmung für Inhaber von Wandelschuldverschreibungen[264] auf Exchangeable Bond Investoren scheitert an der fehlenden Gläubigerstellung des Umtauschanleiheninvestors am Underlying.[265] Fehlen auch vertragliche Verwässerungsschutzbestimmungen, so kann aus dem allgemeinen zivilrechtlichen Grundsatz der ergänzenden Vertragsauslegung eine Pflicht der emittierenden Gesellschaft zur Wahrung der Interessen der Schuldverschreibungsinhaber durch *Vertragsanpassung* bei Kapitalerhöhung oder Herabsetzung abgeleitet werden. Der Schutz des Umtauschanleihengläubigers besteht bei einer Kapitalerhöhung in einer entsprechenden Ermäßigung des Umtauschpreises oder einer Änderung des Umtauschverhältnisses. Denkbar wäre etwa auch ein Weiterleiten des Bezugsrechts auf neue Aktien oder Wertpapiere durch den Emittenten an die Exchangeable Bond Investoren. Bei dieser Maßnahme würden sich, im Vergleich zu Wandelschuldverschreibungen, für gewöhnlich auch keine rechtlichen Komplikationen ergeben, da ein Umtauschobligationär in aller Regel aus bestehenden „alten" Aktien bedient wird und er deshalb auch in keinem konkurrierenden Verhältnis zu bestehenden Aktionären des Basiswerts steht.[266]

---

§ 317 BGB) eine solche Anpassung (die auch in einer Barzahlung bestehen kann) der Bestimmungen des Umtauschrechts und des Umtauschpreises vor, die sie für ein solches Ereignis für angemessen hält. Soweit im Fall der Aufspaltung, Abspaltung oder eines vergleichbaren Ereignisses Aktien von anderen juristischen Personen an die Aktionäre der Gesellschaft verteilt werden, wird eine solche Anpassung in einer verhältnismäßigen Zuteilung solcher Aktien (diese Emissionsbedingungen gelten entsprechend für solche Aktien) bestehen."; Offering Circular der Umtauschanleihe der ÖIAG, wandelbar in Voestalpine AG, vom 26. September 2003, S. 32.

263 Die Anleihenbedingungen sahen für den Fall einer Auf- oder Abspaltung des Underlying eine der oben angegebenen ÖIAG-Verwässerungsschutzklausel inhaltlich entsprechende Regelung vor; Offering Circular der Umtauschanleihe der AXA Colonia Konzern Finance (Luxembourg) S.A., wandelbar in Gehe AG, vom 12. Mai 1998, S. 20.

264 Siehe hierzu Kapital 2.2.2.2.2.

265 Für eine mögliche Ausnahme siehe Kapitel 2.3.2.3.1.

266 Die rechtlichen Komplikationen ergeben sich bei Anwendung dieser Maßnahme auf Wandelschuldverschreibungen daraus, dass nach § 154 Abs 1 öAktG vertragliche Bezugsrechte nur unter dem Vorbehalt des gesetzlichen Bezugsrechts der Aktionäre eingeräumt werden kön-

2.4. Kapitalmarktrechtliche Anforderungen an Umtauschanleihenemissionen

2.4.1. Kapitalmarktgesetz

2.4.1.1. Allgemeines

Umtauschanleihen können, gleich den hierzu verwandten Finanzierungsinstrumenten, einerseits zum Handel an der Börse zugelassen werden, wofür die Bestimmungen des *Börsegesetzes (BörseG)* zu beachten sind, andererseits können sie außerbörslich über ein öffentliches Angebot zum Kauf angeboten werden, wobei die Bestimmungen des *Kapitalmarktgesetztes (KMG)* zur Anwendung kommen. Beide Gesetze sind grundsätzlich als selbstständig und gleichwertig zu bezeichnen und haben durch die Novellierung des BörseG 1993 eine Verschränkung erfahren.[267] Umtauschanleihen unterliegen als vertretbare Wertpapiere dem KMG und werden hier unter den Begriff der Schuldverschreibung subsumiert (§ 1 Abs 1 Nr 4 KMG). Eine früher geltende Bewilligungspflicht durch das Finanzministerium wurde mit Einführung des KMG hinfällig.[268] Eine ähnliche Entwicklung war auch in Deutschland zu beobachten, wo das Genehmigungserfordernis, welches als einer der Gründe dafür angesehen wurde, dass Industrieunternehmen ihre Anleihen weitgehend im Ausland auflegt hatten, zu Beginn des Jahres 1991 abgeschafft wurde.[269] Die Österreichische Kontrollbank wurde gem. § 12 KMG als Instrument der staatlichen Kapitalmarktaufsicht eingeführt. Prospektpflichtige Wertpapierangebote sind nach § 13 KMG dieser Meldestelle ehest möglich zu melden.

2.4.1.2. Anwendungsbereich des KMG

§ 2 KMG legt fest, dass ein erstmaliges öffentliches Angebot im Inland nur erfolgen darf, wenn spätestens einen Werktag davor ein nach dem KMG erstellter und kontrollierter Prospekt veröffentlicht wurde. Als *öffentliches Angebot* definiert § 1 Abs 1 Z 1 KMG eine sich nicht an bestimmte Personen wendende auf die

---

nen. Somit erfordert die Wirksamkeit dieses Schutzmechanismus bei Wandelschuldverschreibungen den anteiligen späteren Bezugsrechtsausschluss der Aktionäre zugunsten der Obligationäre im Hinblick auf den Erwerb der neuen Aktien oder Obligationen; vgl. *Nowotny* in *Lutter/Hirte*, Wandel- und Optionsanleihen, S. 180 f. In Kapitel 3.3.2.6 werden die bei Umtauschanleihen vertraglich vereinbarten Verwässerungsschutzbestimmungen dargestellt.

267 Vgl. *Nowotny* in *Lutter/Hirte*, Wandel- und Optionsanleihen, S. 196 u. 198.

268 Ebenda, S. 196.

269 Vgl. *Hirte* in *Lutter/Hirte*, Wandel- und Optionsanleihen, S. 6.

Veräußerung von Wertpapieren oder Veranlagungen gerichtete Willenserklärung. Ein öffentliches Angebot wird widerlegbar angenommen, falls sich die Willenserklärung an einen Personenkreis von mehr als 250 Personen wendet. § 3 KMG enthält einen umfassenden Katalog der bestimmte Emissionen von der Prospektpflicht ausnimmt. Unter anderem entfällt diese, falls Wertpapiere in Stückelungen von mindestens 40.000 Euro angeboten werden oder Wertpapiere nicht unter diesem Wert von einem einzelnen Anleger erworben werden können (§ 3 Abs 1 Z 9 KMG, „Großveranlagungen"), wenn Wertpapiere nur einem begrenzten Personenkreis im Rahmen von dessen beruflicher oder gewerblicher Tätigkeit angeboten werden (§ 3 Abs 1 Z 11 KMG), wenn Wertpapiere als Euro-Wertpapiere einzustufen sind (§ 3 Abs 1 Z 12 KMG) oder wenn Wertpapiere im Zuge einer internationalen Emission vertrieben werden und nur über Kredit- und Finanzinstitute gezeichnet oder anfänglich erworben werden dürfen (§ 3 Abs 1 Z 13 KMG).[270]

2.4.1.3. Prospektinhalt

Der Prospekt nach KMG ist in deutscher oder englischer Sprache zu erstellen und hat alle Angaben zu enthalten, die es den Anlegern ermöglichen, sich ein fundiertes Urteil über die *Vermögens-, Finanz- und Ertragslage des Emittenten* und über die mit den Wertpapieren oder den Veranlagungen *verbundenen Rechte* zu bilden (§ 7 Abs 1 KMG). Mit Ausnahme der in § 3 KMG formulierten Fälle sind öffentliche Angebote prospektpflichtig. Der Katalog des § 3 KMG wird durch § 7 Abs 2-4 KMG erweitert. § 7 Abs 2 KMG normiert, dass ein nach dem BörseG erstellter Prospekt als ausreichend gilt, wenn spätestens mit dem öffentlichen Angebot ein Antrag auf Zulassung des Wertpapiers zum amtlichen Handel an der Wiener Börse gestellt wird. Die Bestimmungen der Absätze 3 und 4 des § 7 KMG dienen der Liberalisierung des europäischen Kapitalverkehrs. Hiermit wurde zum einen der Börsenzulassungsprospektrichtlinie[271] und zum anderen der Emissionsprospektrichtlinie[272] entsprochen. Während § 7 Abs 3 KMG die Zulassung zum amtlichen Handel in einem anderen EWR-Mitgliedsstaat einer Zulassung in Österreich gleichstellt und seine europarechtliche Entsprechung in der Börsenzulassungsprospektrichtlinie zu finden ist, setzt § 7 Abs 4 KMG einen in einem anderen EWR-Mitgliedsstaat kontrollierten und gebilligten Prospekt jenen in Öster-

---

270 Die bisher durch österreichische Gesellschaften begebenen Umtauschanleihen wiesen allesamt eine Stückelung von 50.000 Euro auf, vgl. Offering Circulars der ÖIAG Umtauschanleihen in Telekom Austria AG und Voestalpine AG, sowie Offering Circular der durch die Bank Austria Creditanstalt AG begebenen Umtauschanleihe, wandelbar in Anteile der Wienerberger AG. Zum Begriff des „Euro-Wertpapiers" siehe FN. 77.

271 RL 80/390/EWG.

272 RL 89/298/EWG.

reich gleich und entspricht somit Bestimmungen der Emissionsprospektrichtlinie.[273] § 7 Abs 5 KMG verweist auf die zum KMG erlassenen Anhänge, welche schematische Mindestanforderungen für Prospekte definieren.[274]

2.4.1.4. Prospektkontrolle, Veröffentlichung und Prospekthaftung

Ein Prospekt nach KMG ist vor seiner Veröffentlichung nach § 8 KMG verpflichtend von einem Prospektkontrollor auf seine Richtigkeit und Vollständigkeit hin zu prüfen und mit dem Zusatz auf seine Kontrolltätigkeit zu unterfertigen, womit die Verantwortung des Prospektkontrollors für den Fall einer unrichtigen oder unvollständigen Kontrolle begründet wird.[275] Die Bestimmungen des Prospektinhalts und der Prospektkontrolle sind in engem Zusammenhang mit der in § 11 KMG geregelten *Prospekthaftung* zu sehen. § 11 Abs 1 KMG normiert eine solidarische Haftung des Emittenten, der für den Prospektinhalt verantwortlich ist mit dem Prospektkontrollor bei grobem Verschulden, dem Verkäufer/Vermittler, sofern dieser seine Aufklärungspflicht gegenüber dem Anleger grob fahrlässig verletzt bzw. unter bestimmten Voraussetzungen dem Abschlussprüfer. Gemäß § 11 Abs 7 KMG verjähren die Ansprüche der Anleger fünf Jahre ab Ende der Zeichnungsfrist. Wie *Nowotny* ausführt, lassen sich die kapitalmarktrechtlichen Ansprüche der Anleger neben der Haftung über die *culpa in contrahendo* begründen.[276] Gemäß § 10 KMG ist der Prospekt entweder im Amtsblatt der Wiener Zeitung, einer Zeitung mit Verbreitung im gesamten Bundesgebiet, einer Broschüre, welche am Sitz des Emittenten und der als Zahlstelle fungierenden Bank zur Verfügung gestellt wird, oder auf der Homepage des Emittenten und des als Zahlstelle fungierenden Kreditinstitutes zu veröffentlichen.

2.4.2. Börsegesetz

2.4.2.1. Zulassungsvoraussetzungen

Eine Notierung an der Wiener Börse kann entweder im amtlichen Handel, im geregelten Freiverkehr oder im dritten Markt erfolgen (§ 23 BörseG). Hierbei müssen neben den für sämtliche Wertpapiere geltenden Zulassungsvoraussetzungen auch die speziellen, für das jeweilige Marktsegment und die für die jeweilige

---

273 Zur Börsenzulassungsprospektrichtlinie und Emissionsprospektrichtlinie siehe etwa *Lutter* in Europäisches Unternehmensrecht[4], S. 546 ff. u. 605 ff.

274 Für Schuldverschreibungen, Wandelanleihen, Optionsanleihen und eben auch Umtauschanleihen gilt Schema B.

275 Vgl. *Nowotny* in *Lutter/Hirte*, Wandel- und Optionsanleihen, S. 199.

276 Siehe FN. 275. Weiterführend siehe *Kalss* (2001), S. 201 ff.

Wertpapiergattung bestehenden, Zulassungsbestimmungen erfüllt werden.[277] Wird eine Zulassung zum *amtlichen Handel* angestrebt, so muss das Gesamtemissionsvolumen bei von Aktien verschiedenen Wertpapieren mindestens 725.000 Euro betragen. Lauten diese Wertpapiere nicht auf einen Geldbetrag, so ist vom Emittenten zu bescheinigen, dass der voraussichtliche Kurswert diesen Mindestbetrag erreichen wird. Die Gesamtstückzahl solcher Wertpapiere muss mindestens 20.000 betragen (§ 66 Abs 1 Z 2 BörseG). Gemäß § 66 Abs 1 Z 8 BörseG müssen die Wertpapiere im Publikum entsprechend gestreut sein oder, sofern die Streuung über die Einführung an der Börse erreicht werden soll, müssen dem Börsenhandel Wertpapiere in entsprechender Anzahl zur Verfügung gestellt werden. Für die Zulassung von Aktien, die bereits an einer ausländischen Börse zum amtlichen Handel zugelassen sind und bei denen eine ausreichende Streuung im Ausland gegeben ist, gilt diese Voraussetzung nicht. Betreffend die Stückelung sind auch die Interessen des Börsehandels und des anlagesuchenden Publikums zu berücksichtigen (§ 66 Abs 1 Z 6 BörseG), sodass eine zu hohe, einen funktionierenden Markt behindernde Stückelung ebenso unzulässig ist.[278] Bei Wandel-, Options- oder auch Umtauschanleihen ist zu berücksichtigen, dass die Wertpapiere, auf die sich das Umtausch- oder Bezugsrecht bezieht, spätestens gleichzeitig zum Börsehandel zugelassen werden müssen. Von diesem Erfordernis kann abgesehen werden, wenn der Emittent den Nachweis erbringt, dass den Investoren zur Beurteilung des Werts der Wertpapiere ausreichende Informationen zur Verfügung stehen (§ 66 Abs 1 Z 9 BörseG). Diese Bestimmung kann insbesondere dann von Bedeutung sein, wenn etwa eine Umtauschanleihe in Form eines Going Public Exchangeables begeben werden soll.

Für die Zulassung zum *zweiten Marktsegment*, dem *geregelten Freiverkehr*, muss das Emissionsvolumen, wie auch für den amtlichen Handel, 725.000 Euro betragen. Lauten die Wertpapiere allerdings nicht auf einen Geldbetrag, so hat der voraussichtliche Kurswert mindestens 362.500 Euro zu betragen, wobei die Stückelung solcher Wertpapiere 10.000 erreichen muss (§ 68 Abs 1 Z 2 BörseG). Für eine Zulassung im *dritten Markt* bestehen keine speziellen Zulassungsvoraussetzungen.

2.4.2.2. Zulassungsprospekt

Wird ein Antrag auf Zulassung zum amtlichen Handel an der Wiener Börse gestellt, so ist für Wandel- und Optionsanleihen Schema G des BörseG maßgeblich. Im Unterschied dazu ist für Umtauschanleihen, *Schema H* anzuwenden, da dieses Schuldverschreibungen, welche mit Umtausch- oder Bezugsrechten ausgestattet

---

277 Vgl. *Zollner* in *Doralt/Nowotny/Kalss*, AktG § 174 Rz 65.

278 Vgl. *Zollner* in *Doralt/Nowotny/Kalss*, AktG § 174 Rz 66.

sind, bei welchen der Emittent der Schuldverschreibung nicht mit dem Emittenten der Aktien übereinstimmt, gewidmet ist. Für eine Notierung im geregelten Freiverkehr verweist § 74 Abs 2 Z 2 BörseG auf die entsprechenden Schemata des KMG. Auch bei einer Notierung im dritten Markt der Wiener Börse, genügt die Bescheinigung der Einhaltung der Prospektpflichten des KMG durch Vorlage eines entsprechend verfassten und kontrollierten Prospekts.[279] Der Prospekt ist nach § 77 BörseG von der Wiener Börse AG auf seine Richtigkeit, Vollständigkeit und Gesetzmäßigkeit zu überprüfen. In § 80 BörseG wird eine von § 11 KMG abweichende Prospekthaftung geregelt. Danach haften der Emittent, d.h. jene Person, die für den Prospekt verantwortlich zeichnet, sowie der Abschlussprüfer gegenüber dem Erwerber aus von Prospektangaben abweichenden Tatsachen entstehendem Schaden gesamtschuldnerisch.

2.4.2.3. Beteiligungspublizität

Der österreichische Gesetzgeber sah in Umsetzung der Transparenz-RL[280] im BörseG 1989 erstmals eine Meldepflicht für Aktionäre vor, die eine bedeutende Beteiligung an einer Gesellschaft halten.[281] Mit der Novelle von 1998 wurde diese Meldepflicht auch auf Aktionäre von im geregelten Freiverkehr notierten Gesellschaften ausgeweitet.[282] Mit der Erlassung des Übernahmegesetzes[283] hat der Gesetzgeber in Österreich die börserechtlichen Bestimmungen der Beteiligungspublizität ein weiteres Mal abgeändert.[284] Nach §§ 91 f BörseG ist jede natürliche oder juristische Person verpflichtet, den Erwerb oder die Veräußerung einer Beteiligung offen zu legen, soweit die zu erwerbenden oder zu veräußernden Aktien von einer im amtlichen Handel oder einer im geregelten Freiverkehr notierten AG mit Sitz in Österreich stammen und in Folge des Erwerbs oder der Veräußerung

---

279 Vgl. *Nowotny* in *Lutter/Hirte*, Wandel- und Optionsanleihen, S. 199.

280 RL 88/627/EWG vom 12.12.1988 über die bei Erwerb und Veräußerung einer bedeutenden Beteiligung an einer börsennotierten Gesellschaft zu veröffentlichenden Informationen, Abl Nr L 348 vom 17.12.1988. Neu kodifiziert als RL 34/2001/EG vom 28.05.2001 über die Zulassung von Wertpapieren zur amtlichen Börsennotierung und über die hinsichtlich dieser Wertpapiere zu veröffentlichenden Informationen, ABl EG L 184, 1; die neu kodifizierte RL stellt eine Zusammenfassung der vier Wertpapierrichtlinien (Börsenprospektrichtlinie, Emissionsprospektrichtlinie, Richtlinien über die Offenlegungspflichten bei Beteiligungserwerb, Richtlinie über die Halbjahresberichte) und deren Änderungen dar.

281 Vgl. *Altendorfer/Kalss/Oppitz* in *Aicher/Kalss/Oppitz* (1998), S. 154.

282 Ebenda.

283 Übernahmegesetz vom 14.08.1998, BGBl I 1998/127.

284 Vgl. *Zollner* (2001), S. 457.

bestimmte *Schwellenwerte von Stimmrechtsanteilen* erreicht, überstiegen oder unterschritten werden.[285]

Diese Meldepflicht ist zweistufig geregelt: Zum einen sind die Aktionäre nach § 91 Abs 1 BörseG verpflichtet, die FMA, das Börseunternehmen sowie die Gesellschaft über die Beteiligungsänderung zu unterrichten; Zum anderen hat die Gesellschaft selbst die Meldung nach § 93 BörseG bzw. auch gem. § 83 Abs 4 BörseG zu besorgen.[286] Zweck der Regelung ist es, in Einklang mit den europarechtlichen Grundlagen, die Transparenz der Beteiligungsverhältnisse zu erhöhen und somit den Anlegerschutz zu stärken: Anteilszuwächse und Unternehmensübernahmen sollen publik gemacht, nicht aber verhindert werden, Anleger sollen rechtzeitig über Markttrends informiert und Informationsassymetrien abgebaut werden.[287] In Österreich besteht, im Unterschied zum deutschen Recht, nur für börsenotierte Aktiengesellschaften Meldepflicht.[288]

Nach BörseG verpflichtet grundsätzlich nur die Übertragung des Eigentums an Aktien zur Meldung. Hiervon macht das Gesetz aber in § 92 Z 7 BörseG eine Ausnahme, wonach auch die *Einräumung einer Option* die Meldepflicht auslöst.[289] Die Vorverlegung der Meldepflicht auf den Zeitpunkt zu dem die Option abgeschlossen wird, begründen *Kalss* und *Zollner* mit der Verhinderung von Umgehungen.[290] Bei entsprechender Vertragsgestaltung ließe sich sonst das Transparenzgebot leicht unterlaufen: Mit Hilfe von Optionen könne der Erwerb großer Aktienpakete vorbereitet und mit Ausübung der Option dann mit einem Schlag realisiert werden.[291] Somit erfasst § 92 Z 7 BörseG Optionsvereinbarungen, welche dem Optionsberechtigten einen Anspruch auf Übereignung von Aktien der Gesellschaft gewähren und zu deren Ausübung die *einseitige Willenserklärung* des Berechtigten genügt.

Kalss und *Zollner* sind der Meinung, dass die Meldepflicht bei drohendem Erreichen oder Unterschreiten einer börserechtlichen Schwelle nicht nur den Be-

---

285 Als Schwellenwerte bestimmt § 91 Abs 1 BörseG 5%, 10%, 15%, 20%, 25%, 30%, 35%, 40%, 45%, 50%, 75% und 90% der Stimmrechte bzw. eine iSv § 27 Abs 1 Z 1 ÜbG statutarisch festgelegte Anteilsschwelle.

286 Vgl. *Altendorfer/Kalss/Oppitz* in *Aicher/Kalss/Oppitz* (1998), S. 156 ff.

287 Vgl. *Kalss/Zollner* (2002), S. 22.

288 In Deutschland gelten für börsennotierte Gesellschaften die Bestimmungen des WpHG, für alle sonstigen Aktiengesellschaften die konzernrechtlich ausgerichteten Meldepflichten gemäß § 20 ff. AktG; vgl. *Altendorfer/Kalss/Oppitz* in *Aicher/Kalss/Oppitz* (1998), S. 155.

289 Vgl. *Kalss* (1993), S. 618.

290 Vgl. *Kalss/Zollner* (2002), S. 23.

291 Ebenda.

rechtigten einer Call-Option trifft, sondern dies umgekehrt auch für den Verkäufer einer Put-Option gilt, da in beiden Fällen der Optionsberechtigte nach seinem freien Ermessen die Übertragung der Anteile verlangen kann.[292] Den Optionsstillhalter treffe hingegen sowohl bei einer Call-, als auch bei einer Put-Option die Offenlegungspflicht erst mit der Übertragung des Eigentums, da bei diesem keine Umgehungsgefahr bestehe.[293] Optionen auf Aktien fremder Gesellschaften begründen nach *Kalss* und *Zollner* eben so wenig eine Zurechnung nach § 92 Z 7 BörseG, wie ein Anspruch auf Zahlung eines Differenzbetrages oder auf den Bezug von erst zu emittierenden Aktien der Gesellschaft.[294] Berechtigen die Optionen erst zu einem bestimmten späteren Zeitpunkt zum Bezug der Aktien und kann der Optionsberechtigte die Aktien somit nicht sofort durch sein Gestaltungsrecht allein erwerben, so wird die Offenlegungspflicht erst mit der Erwerbsmöglichkeit ausgelöst.[295]

Umtauschanleihen werden definitionsgemäß vom Emittenten mit einer Call-Option auf Aktien einer fremden Gesellschaft ausgestattet, wobei die Aktien zumeist bereits bestehen.[296] Zum Zeitpunkt der Emission der Anleihe ist die Option regelmäßig „out-of-the-money". Somit wird der Investor, auf Grund wirtschaftlicher Überlegungen, den Basiswert durch einseitige Willenserklärung nicht erwerben, solange der Basiswert den vertraglich vereinbarten Ausübungspreis noch nicht erreicht oder überschritten hat.[297] Der Emittent vereinbart in den Anleihenbedingungen für gewöhnlich eine *„Cash Payment in lieu of delivery of Shares"*-Klausel.[298] Da im Falle einer solchen Vereinbarung die Erwerbsmöglichkeit des Umtauschanleiheninvestors mit der Unsicherheit behaftet ist, dass der Emittent bei Umtausch dafür votiert, anstatt dem Underlying Geld zu liefern, kann eine *Offenlegungspflicht* für den Anleihengläubiger erst im *Zeitpunkt des Eigentumstransfers* am Basiswert entstehen. Gleiches gilt, das Erreichen eines gesetzlichen Schwellenwerts vorausgesetzt, vice versa auch für den Emittenten der Umtauschanleihe (Stillhalter der Call-Option) und den Basiswert. Wurde keine Cash-Payment-Klausel vereinbart und kann der Optionsberechtigte Aktien des Underly-

---

292 Vgl. *Kalss/Zollner* (2002), S. 23 u. 25.

293 Ebenda, S. 25.

294 Vgl. *Kalss/Zollner* (2002), S. 23.

295 Vgl. *Kalss* (1993), S. 624.

296 Siehe Kapitel 2.3.2 und Kapitel 3.3.2.7.

297 Aufgrund anderer Überlegungen, beispielsweise dem Erreichen einer Sperrminorität, könnte die Option aber gegebenenfalls auch bereits vor dem Erreichen des Umtauschpreises durch den Anleiheinvestor ausgeübt werden.

298 Siehe Kapitel 2.3.2.4.3.

ing durch sein alleiniges Gestaltungsrecht erwerben, unterläge er gegebenenfalls bereits bei Erwerb der Umtauschanleihe einer Offenlegungspflicht.[299]

2.4.3. Wertpapieraufsichtsgesetz

Gemäß § 10 WAG iVm § 4 WPMVO sind der FMA Geschäfte mit Umtauschanleihen (gleich Geschäften mit den hierzu verwandten Instrumenten) durch die in § 10 Abs 1 WAG definierten Institute, wie etwa Kreditinstitute gemäß § 1 Abs 1 BWG, oder inländische Zweigstellen von Kredit- und Finanzinstituten gemäß §§ 9 ff BWG, zu melden.[300]

---

299 Vergleichbare Offenlegungspflichten gelten auch in anderen europäischen Staaten. So heißt es beispielsweise im Offering Circular zu der durch die Swiss Life emittierten Umtauschanleihe: „*Consequence of major holdings of Swiss shares: Any investor who directly, indirectly or in concert with third parties, acquires, holds or disposes of shares, for his own account, in a company incorporated in Switzerland whose equity securities are listed, in whole or in part on the SWX [...] and thereby attains, falls below or exceeds the thresholds of 5, 10, 20, 33 $^1/_3$, 50 or 66 $^2/_3$ per cent of the voting rights, whether or not such rights may be exercised, must notify the company and the Disclosure Office of the SWX. [...] In the context of the Bonds, the treatment of share acquisition rights is of specific relevance, since the right to exchange Bonds for Swiss Life Shares conferred on holders of Bonds is treated as a notifiable interest in equity securities (should the above threshold be crossed in respect of the Swiss Life Shares). [...] if a person acquired shares of a Swiss listed company, whether directly or indirectly or acting in concert with third parties, which added to the shares already held by such person, exceeds the threshold of 33 $^1/_3$ per cent of the voting rights of such company, irrespective of whether the voting rights are exercisable or not, that person must make a bid to acquire all of the listed shares of the company.*“; Offering Circular der Umtauschanleihe der Swiss Life Finance Limited (wandelbar in Swiss Life Insurance and Pension Company oder HSBC Holdings plc) vom 04. Juli 2001, S. 8.

Ähnlich lautet auch ein Hinweis im Offering Memorandum der norwegischen Storebrand: „*Norwegian Reporting Obligations: Under Norwegian law a person who acquires or disposes of rights to shares in circumstances which results in that person's ownership rights meeting, exceeding or falling below certain thresholds of the total outstanding voting rights of a Norwegian company listed on the Oslo Stock Exchange must notify the Oslo Stock Exchange immediately. The right of Bondholders to exchange their Bonds for Orkla Shares is considered a right to shares for the purpose of this notification obligation..*“; Offering Memorandum der Umtauschanleihe der Storebrand ASA (wandelbar in Orkla ASA) vom 5. März 2002, S. 9.

300 Vgl. *Zollner* in *Doralt/Nowotny/Kalss*, AktG § 174 Rz 75.

2.4.4. Übernahmegesetz

2.4.4.1. Beteiligungspapierbegriff

Der Anwendungsbereich des ÜbG erstreckt sich laut § 1 ÜbG auf ein öffentliches Angebot an die Inhaber von Beteiligungspapieren. Unter den Begriff des *Beteiligungspapiers* fallen neben Aktien auch sonstige übertragbare börsennotierte Wertpapiere, die mit einer Gewinn- oder Abwicklungsbeteiligung verbunden sind, sowie übertragbare Wertpapiere, welche zum Erwerb solcher Wertpapiere berechtigen. Nach *Huber/Löber* spricht das Naheverhältnis von Wandel- und Optionsanleihen, Genussscheinen und Gewinnschuldverschreibungen zu Aktien und die Beeinflussung ihres Werts im Fall eines Kontrollwechsels für die Subsumption aller Wertpapiere, die eine Gewinn- oder Substanzbeteiligung oder einen Anspruch auf solche Wertpapiere vermitteln, unter den Begriff des Beteiligungspapiers iSd ÜbG.[301]

Für Umtauschanleihen gilt analog, dass sie unter bestimmten Voraussetzungen unter diesen Begriff subsumiert werden können. Nach § 1 Z 4 ÜbG ist dies aber nur dann möglich, wenn eine Umtauschanleihe von einer Zielgesellschaft iSd ÜbG, oder einem mit diesem verbundenen Unternehmen iSd § 228 Abs 3 HGB ausgegeben wurde. Wird etwa eine Umtauschanleihe, bei welcher der Emittent und der Basiswert keine konzernmäßige Verbindung aufweisen (Umtauschanleihen ohne Mitwirkung der Zielgesellschaft) emittiert, so kann dieses Wertpapier nur dann unter den Begriff des Beteiligungspapiers fallen, wenn der Emittent selbst Zielgesellschaft nach dem ÜbG ist.

§ 2 ÜbG setzt außerdem voraus, dass Beteiligungspapiere von einer Aktiengesellschaft mit Sitz im Inland ausgegeben wurden, und an einer österreichischen Börse zum amtlichen Handel oder zum geregelten Freiverkehr zugelassen sind. Laut *Diregger/Kalss/Winner* gilt das Erfordernis einer Börsennotierung aber nur für den Basiswert, nicht aber für die Umtauschanleihe selbst.[302] Sind Beteiligungspapiere einer österreichischen Gesellschaft (Umtauschanleihen, Aktien des Emittenten einer Umtauschanleihe, oder Aktien des Basiswerts) nicht in Österreich, sondern etwa an der Luxemburger oder Londoner Börse notiert, so findet das ÜbG keine Anwendung.[303]

---

301 Vgl. *Huber/Löber*, ÜbG § 1 Rz 23.

302 Gemäß der Stellungnahme der ÜbK vom 12.9.2000, GZ 2000/1/4-171 (BA/HVB) S. 22 f.; vgl. *Diregger/Kalss/Winner* (2003), S. 40; ebenso *Huber/Löber*, ÜbG § 1 Rz 25; anderer Meinung *Zollner* (2002), S. 90 f.

303 Vgl. *Bydlinski/Winner* (1998), S. 915.

2.4.4.2. Anwendung des ÜbG

Fällt eine Umtauschanleihe unter den genannten Voraussetzungen unter den Begriff des Beteiligungspapiers, so hat dies eine doppelte Bedeutung: Zum einen sind alle öffentlichen Angebote für diese Wertpapiere Übernahmeangebote iSd § 1 ÜbG, was zur Konsequenz hat, dass auch freiwillig abgegebene öffentliche Angebote zum Erwerb solcher Wertpapiere den übernahmerechtlichen Verfahrensvorschriften (§ 4 ff ÜbG) zu entsprechen haben. Zum anderen folgt daraus, dass sich ein Pflichtangebot, welches der Erwerber einer kontrollierenden Beteiligung nach § 22 Abs 1 ÜbG zu stellen hat, sich auch auf die Inhaber von Umtauschanleihen erstreckt.[304] Dies kann für einen Bieter zur Folge haben, dass sich sein Liquiditätsbedarf bei einer geplanten Übernahme gegebenenfalls empfindlich erhöht.

Grundsätzlich können auch Umtauschanleihen, welche den Bezug von erst zu emittierenden Aktien des Basiswerts gewähren (Umtauschanleihen mit Mitwirkung der Zielgesellschaft bei Sicherstellung der Umtauschrechte durch „neue" Aktien), Gegenstand eines Pflichtangebots werden.[305] Das ÜbG sieht aber in § 27 Abs 1 Z 3 die Möglichkeit vor, in der Satzung der Gesellschaft die Verpflichtung zur Stellung eines Angebots hinsichtlich erst zu begebender Vorzugsaktien, Wandelschuldverschreibungen, Genussscheine und Optionen auszuschließen (*„partielles opting-out"*). Hierdurch kann der Beteiligungspapierbegriff privatautonom eingeengt werden.[306] Obwohl Umtauschanleihen in dieser Regelung nicht explizit erwähnt werden, kann ob der Nähe dieses Instruments zu den angeführten Finanzierungsinstrumenten die Zulässigkeit eines satzungsmäßigen Ausschlusses analog angenommen werden. Folgendes Beispiel soll die angesprochene Problematik bei Umtauschanleihen iVm dem Übernahmegesetz verdeutlichen:

Es wird angenommen, dass es sich bei MU und OTU um Aktiengesellschaften mit Sitz in Österreich handelt, welche beide im geregelten Freiverkehr notiert sind. Zunächst soll der Fall betrachtet werden, dass *MU Zielgesellschaft* eines öffentlichen Übernahmeangebots wird. Da die Umtauschanleihe von der Zielgesellschaft (MU) begeben wurde, fällt auch dieses Wertpapier unter den Beteiligungspapierbegriff des ÜbG und wird folglich ebenso Gegenstand eines Pflichtangebots

---

304 Vgl. *Zollner* in *Doralt/Nowotny/Kalss*, AktG § 174 Rz 77; auch *Diregger/Kalss/Winner* (2003), S. 39 f.

305 Hierbei weicht das ÜbG von den Regelungen des BörseG ab. Während das BörsG Optionen auf den Bezug von *erst zu emittierenden* Aktien bei der Feststellung der Stimmrechtsanteile nach § 92 Z 7 BörseG ausschließt, unterliegen Optionen auf *erst zu schaffende* Anteile grundsätzlich auch dem Beteiligungspapierbegriff des ÜbG. Zur Handhabung im BörseG siehe *Kalss/Zollner* (2002), S. 23.

306 Vgl. *Diregger/Kalss/Winner* (2003), S. 40.

nach § 22 Abs 1 ÜbG. Dies gilt bei einem nicht satzungsmäßigen Ausschluss auch dann, wenn die Umtauschanleihe unter Mitwirkung von OTU begeben wurde, und sich das Umtauschrecht auf neue, von OTU noch zu schaffende Anteile richtet.

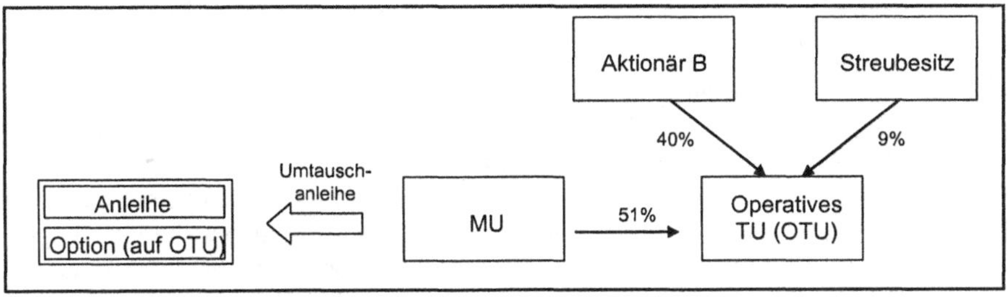

Abbildung 7: Beispiel: Umtauschanleihen und ÜbG

Anders erscheint der Fall, wenn nicht MU, sondern *OTU Zielgesellschaft* wird. Denkbar ist beispielsweise, dass MU seinen Anteil an OTU auf unter 50% reduzieren möchte, und hierzu 11% an OTU im Rahmen eines „Secondary Offerings“ verkauft und darüber hinaus eine Umtauschanleihe platziert, welche bei Wandlung Anspruch auf weitere 9% an OTU gewährt. Würde nun etwa der Aktionär B weitere Anteile an OTU erwerben und eine kontrollierende Beteiligung iSd § 22 Abs 2 ÜbG an OTU erlangen, so müsste er für die durch MU begebene Umtauschanleihe kein Pflichtangebot stellen.[307] In diesem Fall wurde die Umtauschanleihe nicht durch die Zielgesellschaft selbst begeben. Auch der Verweis auf § 228 Abs 3 HGB in § 1 Z 4 ÜbG kann für diesen Fall nicht herangezogen werden, da dieser so zu verstehen ist, dass er sich auf von der Zielgesellschaft abhängige Unternehmen erstreckt, nicht aber auf übergeordnete Beteiligungen.[308] Für den umgekehrten Fall, dass MU 9% an TU über die Börse und weitere 11% über eine Umtauschanleihe verkauft, ist zunächst fraglich, ob der Aktionär B eine

307 Falls der Aktionär B keine weiteren Anteile an OTU kaufen würde und sich der Streubesitz um den von MU veräußerten Anteil erhöht, würde der Aktionär B dennoch größter Einzelaktionär. In diesem Fall wäre es (ohne das Zutun von Aktionär B) zu einem „passiven Kontrollwechsel“ gekommen. Für Fälle in denen eine Kontrollschwelle passiv mehr als bloß geringfügig überschritten wird, kann die ÜbK durch Inanspruchnahme der Verordnungsermächtigung Ausnahmen von der Angebotspflicht vorsehen (gem. § 25 Abs 1 letzter Satz ÜbG kann die ÜbK die Befreiungstatbestände von § 25 Abs 1 Z 1 bis 4 ÜbG durch Verordnung näher umschreiben sowie weitere Ausnahmen von der Angebotspflicht regeln); vgl. *Zollner* (2002), S. 112.

308 Anderer Meinung *Zollner* (2002), S. 89. *Zollner* reiht unter übernahmerechtlich erfasste Optionen, die von einem Tochter- bzw. Enkelunternehmen oder auch die durch ein Mutterunternehmen einer Zielgesellschaft begebenen Optionen.

übernahmerechtliche Kontrollschwelle alleine durch Zurechnung aus Erwerb der Umtauschanleihe überschreiten kann.

2.4.4.3. Einflussträger

Wie *Zollner* ausführt, stellen Inhaber von Gewinnschuldverschreibungen, Genussscheinen und Partizipationsscheinen keine Einflussträger dar, da diese Wertpapiere keine Stimmrechte verbriefen und somit auch nicht zum Erlangen einer kontrollierenden Beteiligung iSd ÜbG führen können.[309] Im Unterschied dazu können aber Wandel- oder Optionsanleihen eine Stimmrechtsgleichstellung nach § 5 Abs 1 Z 7 ÜbV iVm § 1 f ÜbV bewirken, sofern ihre Inhaber die unterliegenden Aktien durch einseitige Willenserklärung erwerben können und sie auf die Ausübung des Stimmrechts aus diesen Aktien in wesentlichen Angelegenheiten maßgeblichen Einfluss nehmen können. Für Inhaber von Umtauschanleihen wird eine Stellung als Einflussträger daran scheitern, dass das Stimmrecht am Basiswert bis zum Umtausch idR durch den Emittenten ausgeübt wird und der Umtauschobligationär somit weder eine Möglichkeit hat das Stimmrecht auszuüben, noch auf dessen Ausübung iSd § 5 Abs 1 Z 7 ÜbV maßgeblichen Einfluss ausüben kann.[310] Ebenso scheidet die Zurechnung mangels Einflussnahme für den Fall aus, dass Aktien erst durch Kapitalerhöhung geschaffen werden müssen.[311] Folglich wird diese Zurechnungsvorschrift für Umtauschanleihen, ebenso wie für Wandelschuldverschreibungen, praktisch bedeutungslos sein.[312] Im oben skizzierten Beispiel wäre die Erlangung einer kontrollierenden Beteiligung durch die Zurechnung der Stimmrechtsanteile aus der Umtauschanleihe folglich nicht möglich.

---

309 Vgl. *Zollner* in *Doralt/Nowotny/Kalss*, AktG § 174 Rz 78.

310 Ebenda; auch *Diregger/Kalss/Winner* (2003), S. 39 f.

311 Vgl. *Zollner* (2002), S. 241.

312 Vgl. *Zollner* in *Doralt/Nowotny/Kalss*, AktG § 174 Rz 78.

2.5. Handels- und steuerbilanzielle Behandlung von Umtauschanleihen

2.5.1. Handels- und steuerbilanzielle Behandlung beim Emittenten

2.5.1.1. Umtauschanleihen ohne Mitwirkung der Zielgesellschaft

2.5.1.1.1. Erstbilanzierung

Bilanzrechtlich stellt sich vor allem die Frage, ob eine für das Wandlungs- bzw. Optionsrecht erzielte Prämie in die Kapitalrücklage der emittierenden Gesellschaft einzustellen ist, oder ob diese GuV-wirksam wird. Steuerrechtlich knüpft hieran die Frage, ob die erzielte Prämie steuerneutral als verdeckte Einlage, oder erfolgswirksam zu behandeln ist. Das *Bilanzrecht* trifft in § 229 Abs 2 Z 2 öHGB bzw. § 272 Abs 2 Z 2 dHGB Regelungen für Schuldverschreibungen mit Wandlungsrechten und Optionsrechten. Wie *Adler/Düring/Schmaltz* feststellen, sind hierbei aber allein Wandel- und Optionsanleihen im Sinn des § 174 öAktG bzw. § 221 dAktG gemeint.[313] Ähnliches gilt auch im *Steuerrecht*. Sowohl in Österreich als auch in Deutschland wird der Begriff der *„Wandel- und Gewinnschuldverschreibung“* im Zusammenhang mit der Regelung der Kapitalertragssteuer (§ 93 Abs 3 Z 3 öEStG bzw. § 43 Abs 1 Satz 1 Nr 2 dEStG) verwendet. Hierunter sind aber wiederum nur Wandelanleihen nach § 174 öAktG bzw. § 221 dAktG gemeint, sodass Schuldverschreibungen, welche mit einer Option des Anlegers auf andere Aktien als die des Emittenten ausgestattet sind, auch nach dem EStG nicht als Wandelschuldverschreibungen anzusehen sind.[314] Eine Umtauschanleihe, welche ohne Mitwirkung der Zielgesellschaft begeben wird, unterliegt nicht § 174 öAktG oder § 221 dAktG. Folglich ist diese weder nach HGB noch nach EStG als Wandel- oder Optionsanleihen zu bezeichnen, und wird deshalb beim Emittenten bilanz- und steuerrechtlich als reine Fremdkapitalmaßnahme behandelt.[315]

Die durch die Emission einer Umtauschanleihe vereinnahmten Beträge sind zu aktivieren. Korrespondierend ist die *Verbindlichkeit* aus der Anleihe gem § 211 Abs 1 öHGB bzw. § 253 Abs 1 Satz 2 dHGB mit dem Rückzahlungsbetrag

---

313 Vgl. *Adler/Düring/Schmaltz*, HGB^6 § 272 Rz 108.

314 Vgl. *Häuselmann* (2000), S. 140.

315 Ebenda.

anzusetzen.[316] Da es sich um ein einheitliches Schuldverhältnis handelt, unterbleibt nach HGB eine bilanzielle Zerlegung in eine normalverzinsliche Anleihe und eine erhaltene Optionsprämie für die Call-Option des Investors.[317] Somit ist, im Unterschied zu Wandel- und Optionsanleihen, bei Umtauschanleihen der für die Begebung des Optionsrechts erzielte Betrag nicht in die Kapitalrücklage einzustellen. Wird ein *Rückzahlungsagio* vereinbart, ist die Verbindlichkeit einschließlich dieses Betrags zu passivieren; maßgeblich ist der Betrag, welcher bei normaler Abwicklung der Verbindlichkeit zu zahlen ist.[318]

Wird die Anleihe zu weniger als 100% des Nominalbetrags emittiert, so ist dies wirtschaftlich ein *Disagio*, welches nach Maßgabe des § 198 Abs 7 öHGB bzw. § 250 Abs 3 dHGB in den Rechnungsabgrenzungsposten der Aktivseite aufgenommen werden kann und in diesem Fall durch planmäßige jährliche Abschreibung zu tilgen ist. Da es sich um ein Aktivierungswahlrecht handelt, kann der Emittent das Disagio auch ganz oder teilweise aufwandswirksam im Begebungsjahr verbuchen.[319] Soweit mit dem Disagio ein wesentliches Zinselement verbunden ist, geht die hL aber von einer Aktivierungspflicht aus.[320] Abgabenrechtlich besteht für ein Disagio, ebenso wie für mit der Verbindlichkeit unmittelbar zusammenhängende Geldbeschaffungskosten eine Aktivierungspflicht nach § 6 Z 3 öEStG.[321]

Laufende *Zinszahlungen* aus der Anleihe und der Aufwand aus der Auflösung des Disagios werden in der GuV-Position „Zinsen und ähnliche Aufwendungen" erfasst (§ 231 Abs 2 Z 15 öHGB bzw. § 275 Abs 1 Z 13 dHGB). Wird die Anleihe über eine Finanzierungstochtergesellschaft begeben, so sind die Zinsaufwendungen auf die darlehensweise an die Muttergesellschaft weitergereichten Mittel mit einem Vermerk „davon an verbundene Unternehmen" auszuweisen.[322] Die allgemeinen Kosten der Emission sind unmittelbar aufwandswirksam und in der GuV-Position „sonstige betriebliche Aufwendungen" (§ 231 Abs 2 Z 8 öHGB, § 275 Abs 2 Z 8 dHGB) zu erfassen.[323]

---

316 Vgl. *Adler/Düring/Schmaltz*, HGB^6 § 253 Rz 153.

317 Vgl. *Wiese/Dammer* (1999), S. 869; *Schumacher* (2000a), S. 416.

318 Vgl. *Adler/Düring/Schmaltz*, HGB^6 § 253 Rz 73 u. 77, § 272 Rz 115.

319 Vgl. *Häuselmann* (2000), S. 141 f.

320 Vgl. *Nowotny/Tichy*, in *Straube*, HGB II^2 § 198 Rz 97.

321 In Deutschland besteht für ein Disagio ebenso eine steuerliche Aktivierungspflicht.

322 Vgl. *Häuselmann* (2000), S. 142.

323 Vgl. *Adler/Düring/Schmaltz*, HGB^6 § 272 Rz 93 u. §250 Rz 89.

2.5.1.1.2. Folgebilanzierung

In der Folgebewertung sind eine Wertsteigerung der unterliegenden Aktien und das Risiko, dass der Anleiheninhaber sein Umtauschrecht ausübt, beim Emittenten der Umtauschanleihe zu berücksichtigen. Die buchhalterische Behandlung hängt davon ab, ob der Emittent einen Deckungsbestand in Gestalt der eventuell zu liefernden Aktien vorhält, oder ob die Verbindlichkeit des Emittenten ungedeckt ist.[324]

Hält der Emittent *keinen Deckungsbestand* in seinem Portfolio vor, so ist ein über den Rückzahlungsbetrag hinausgehender Betrag als Rückstellung für ungewisse Verbindlichkeiten (§ 198 Abs 8 Z 1 öHGB bzw. § 249 Abs 1 dHGB), entsprechend den für indexierte Verbindlichkeiten oder Verbindlichkeiten mit sonstigen Wertsicherungsklauseln entwickelten Grundsätzen, zu berücksichtigen, solange kein Bedingungseintritt in Form der Ausübung des Umtauschrechts erfolgt.[325] Eine solche Rückstellung ist gemäß § 9 Abs 5 öEStG mit 80% des Teilwerts anzusetzen und steuerlich abzugsfähig. Falls ihre Laufzeit weniger als 12 Monate beträgt, ist sie ohne Kürzung des Teilwerts anzusetzen.[326]

Wird der Emittent der Umtauschanleihe schließlich in Anspruch genommen und muss er zur Tilgung Aktien erwerben, ergibt sich hieraus letztlich kein steuerlich relevantes Ergebnis. Dies soll an einem einfachen Beispiel verdeutlicht werden:[327] Die Emittent-AG begibt zum 01.01.2004 eine Umtauschanleihe zu pari, welche mit 2% verzinst wird und dem Investor ein Umtauschrecht in fünf Aktien der Basiswert-AG einräumt (der Emittent hält keine Aktien vor). Laufzeit der Anleihe ist ein Jahr. Die Aktien haben zum Zeitpunkt der Emission einen Marktwert von insgesamt 100. Steigt nun der Kurswert der Aktien der Basiswert-AG zum 31.12.2004 auf 180, so hat die Emittent-AG eine aufwandswirksame Rückstellung von 80 zu bilden, welche voll steuerlich geltend gemacht werden kann. Macht der Investor von seinem Umtauschrecht Gebrauch, muss die Emittent-AG am 01.01.2005 Aktien der Basiswert-AG im Wert von 180 erwerben, um damit ihre Verbindlichkeit aus der Umtauschanleihe zu tilgen. Da sich die Anschaffungskosten für die Aktien und der „Veräußerungserlös" aber entsprechen, folgt aus der Tilgung keine weitere handels- oder steuerrechtliche Gewinnbeeinflussung.

---

324 Vgl. *Häuselmann/Wagner* (2002), S. 2433 f.

325 Vgl. *Adler/Düring/Schmaltz*, HGB[6] § 253 Rz 139.

326 Für Deutschland stellen *Häuselmann* und *Wagner* fest, dass eine Umtauschanleihe nicht als Termingeschäft iSd § 15 Abs 4 Satz 3 dEStG gilt, und der entsprechende Aufwand für eine solche Rückstellung somit uneingeschränkt verrechenbar ist; vgl. *Häuselmann/Wagner* (2002), S. 2433.

327 Nachfolgende Beispiele zur bilanziellen Behandlung von Umtauschanleihen in Anlehnung an *Häuselmann/Wagner* (2002), S. 2433 f.

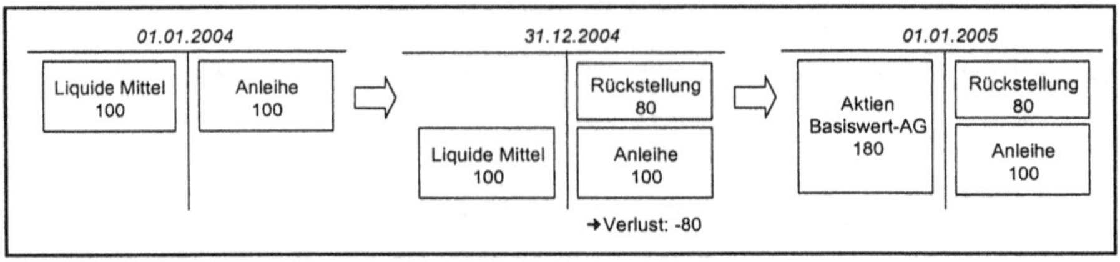

Abbildung 8: Bilanzielle Erfassung einer Umtauschanleihe beim Emittenten (Variante 1: Ohne Deckungsbestand)

Hält der Emittent einen *Deckungsbestand* vor, etwa weil er eine Desinvestition einer Beteiligung mittels einer Umtauschanleihe beabsichtigt, so ist zwischen der Aktienposition und der Verbindlichkeit handels- und steuerbilanziell eine *kompensatorische Bewertung* vorzunehmen.[328] Insofern gelten die gleichen Grundsätze wie bei verkauften Kaufoptionen, für die ein Sicherungsbestand unterhalten wird (*Covered Call Writing*). Aufgrund der gebildeten Bewertungseinheit ist bei einem steigenden Aktienkurs des Basiswerts keine Rückstellungsbildung erforderlich. Die Verbindlichkeit aus der Umtauschanleihe bleibt unverändert zum nominalen Rückzahlungsbetrag passiviert.

In Fortsetzung des obigen Beispiels bedeutet dies für den Fall dass der Emittent einen Deckungsstock vorhält folgendes: Die Emittent-AG hält die Aktien der Basiswert-AG, welche sie zu einem Kurswert von 80 angeschafft hat (dies entspricht auch dem Buchwert zum Zeitpunkt der Emission der Umtauschanleihe), bereits in ihrem Portfolio. Zum Zeitpunkt der Begebung der Anleihe haben diese Aktien einen Kurswert von 100. Steigt der Kurswert des Aktienpakets an der Basiswert-AG nun zum 31.12.2004 auf 180, so ist aufgrund der kompensatorischen Bewertung keine Rückstellungsbildung erforderlich. Die Aktien bleiben zu 80, die Verbindlichkeit zu 100 in der Bilanz stehen. Wird der Emittent aus der Umtauschanleihe in Anspruch genommen, stellt der Umtausch- bzw. Wandlungsakt beim Emittenten einen Realisationstatbestand dar.[329] Die Tilgung führt jedoch nicht zu einer Auflösung der Bewertungseinheit im Sinne einer Neubewertung von Aktiv- und Passivposten zum Teilwert im Tilgungszeitpunkt.[330] Der Buchwert der Verbindlichkeit wird gegen den Buchwert des Aktienbestands ausgebucht. Ein Gewinn kann handels- und steuerbilanziell nur dann entstehen, wenn der Buchwert der Verbindlichkeit den Buchwert des Deckungsstands übersteigt.[331] Im fortgeführten

---

328 Vgl. *Häuselmann/Wagner* (2002), S. 2433.

329 Vgl. *Häuselmann* (2000), S. 140.

330 Vgl. *Häuselmann/Wagner* (2002), S. 2433.

331 Etwa weil zum Zeitpunkt der Begründung der Bewertungseinheit der Aktienbestand eine stille Reserve enthielt oder der Ausübungspreis der Option über dem Buchwert angesetzt wurde

Beispiel der Emittent-AG kommt es im Tilgungszeitpunkt ungeachtet eines Marktwerts des Aktienpakets von 180 nur zu einem handels- und steuerrechtlichen Gewinn von 20. Da Umtauschanleihen es ermöglichen, den Realisationszeitpunkt einer Beteiligungsveräußerung aufzuschieben, waren sie vor der Steuerfreistellung von Beteiligungsgewinnen zum 01.01.2002 in Deutschland ein beliebtes Instrument um vorab von der geplanten Steueränderung zu profitieren.[332]

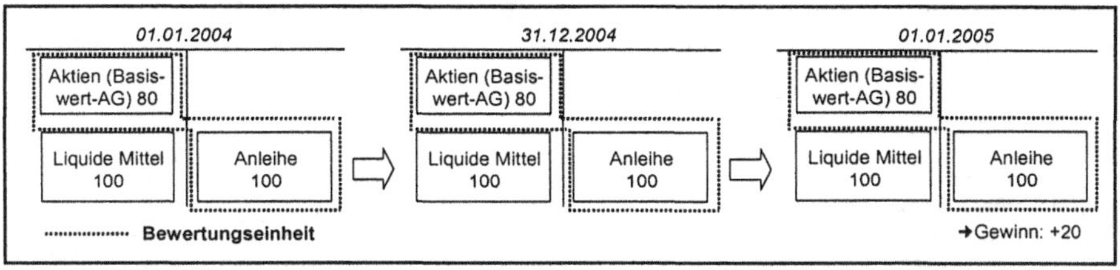

Abbildung 9: Bilanzielle Erfassung einer Umtauschanleihe beim Emittenten (Variante 2: Mit Deckungsbestand)

Nach österreichischem Körperschaftssteuerrecht ist dieser Gewinn steuerpflichtig, da die Beteiligungsertragsbefreiung nach § 10 öKStG Gewinne aus der Veräußerung von Beteiligungen und Liquidationserlöse nicht erfasst.[333] Besteht die Beteiligung allerdings an einer ausländischen Gesellschaft, ist der Veräußerungsgewinn unter der besonderen Voraussetzung des internationalen Schachtelprivilegs (§ 10 Abs 2 öKStG) und der Bedingung, dass für die Beteiligung nicht der niedrigere Teilwert angesetzt worden ist, steuerfrei.[334] Nach deutschem Körperschaftssteuerrecht ist die Übertragung der Aktien zur Erfüllung der Lieferverbindlichkeit aus der Umtauschanleihe als Veräußerung iSd § 8b Abs 2 dKStG zu qualifizieren und steuerfrei.[335]

Dem Emittenten steht es auch frei, nicht die Aktien aus dem Deckungsbestand zur Tilgung heranzuziehen, sondern hierfür *Aktien zum Marktwert zu erwerben*. Als Folge dessen wird die Bewertungseinheit aufgelöst und es kann ein Tilgungsverlust aus der Verbindlichkeit in Höhe des Differenzbetrags zwischen dem letzten Buchwert der Verbindlichkeit und dem Marktwert bzw. den Anschaffungs-

---

und der Kurs des Basiswerts innerhalb des Umtauschzeitraums den Ausübungspreis überschreitet.

332 Vgl. *Nolte/Nolting* (2002), S. 769.

333 Vgl. *Doralt/Ruppe* (2000), S. 336.

334 Vgl. *Quantschnigg* (1989), S. 143.

335 Vgl. *Häuselmann/Wagner* (2002), S. 2434.

kosten der zur Tilgung verwendeten Aktien entstehen.[336] Für obiges Beispiel würde dies nach österreichischem Steuerrecht bedeuten, dass die Emittent-AG, welche die Aktien der Basiswert-AG am 31.12.2004 zu einem Marktwert von 180 (Buchwert: 180) veräußert, einen Gewinn von 100 realisiert, welcher nach allfälliger Berücksichtigung des internationalen Schachtelprivilegs (§ 10 Abs 2 öKStG) zu versteuern ist. Die Anleihenverbindlichkeit ist nach dem Ende der Bewertungseinheit am 31.12.2004 neu zu bewerten, womit gleichzeitig eine aufwandswirksame Verbindlichkeitenrückstellung iHv 80 zu bilden ist (Tilgungsverlust). Die Tilgung am 1.1.2005 erfolgt dann (bei unverändertem Kurswert der Basiswert-AG) ohne weitere GuV-Berührung.

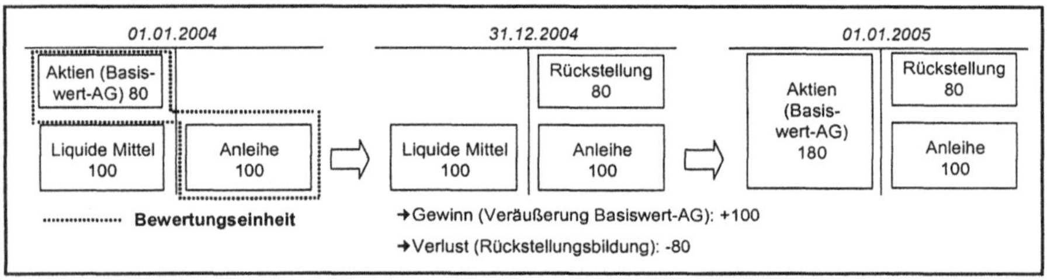

Abbildung 10: Bilanzielle Erfassung einer Umtauschanleihe beim Emittenten (Variante 3: Mit Deckungsbestand und Tilgung mit zum Marktwert erworbenen Aktien)

Im Unterschied zum österreichischen Steuerrecht wäre nach deutschem Steuerrecht der aus der Veräußerung des Alt-Bestands an Basiswert-AG-Aktien erzielte Gewinn nach § 8b Abs 2 dKStG wiederum steuerfrei. Dies führt im Ergebnis (Saldo) nach deutschem Abgabenrecht zu einer deutlichen Abweichung von Variante 2.

Die Bedingungen einer Umtauschanleihe sehen zumeist vor, dass das emittierende Unternehmen das Recht hat, sich bei Ausübung des Umtauschrechts durch den Anleiheninhaber durch Zahlung eines Barbetrags in Höhe des Werts der ansonsten zu liefernden Aktien von seiner Schuld zu befreien (*Barausgleich anstatt Lieferung von Aktien/Cash Payment in lieu of delivery of Shares*). Auch wenn der Emittent einen Deckungsbestand in Aktien gehalten und bis zur Fälligkeit der Verbindlichkeit eine Bewertungseinheit vorgenommen hat, ist ein im Fall einer Bartilgung gegebenenfalls entstehender Tilgungsverlust steuerlich abzugsfähig.[337] Im Ergebnis entspricht dies somit der oben abgebildeten Variante 3.

---

336 Vgl. *Häuselmann/Wagner* (2002), S. 2434.

337 Ebenda.

2.5.1.2. Umtauschanleihen mit Mitwirkung der Zielgesellschaft

Eine Umtauschanleihe, welche unter Mitwirkung der Zielgesellschaft durch eine Konzernobergesellschaft (oder deren Finanzierungstochtergesellschaft) begeben wird, und bei welcher das Optionsrecht durch eine bedingte Kapitalerhöhung der Zielgesellschaft (Tochterunternehmen) garantiert wird, kann unter bestimmten Voraussetzungen unter den Begriff der Wandelschuldverschreibung (§ 174 öAktG, § 221 dAktG) fallen.[338] Vor der Ausgabe der Aktien durch das Tochterunternehmen scheint das bedingte Kapital weder in der Bilanz noch im Anhang des Tochterunternehmens auf.[339] Gem. § 211 Abs 1 öHGB (§ 253 Abs 1 Satz 2 dHGB) ist die Anleihenverbindlichkeit bei der Konzernobergesellschaft mit dem Rückzahlungsbetrag einzustellen. Der Ausweis erfolgt unter Anleihen (§ 224 Abs 3 lit D Z 1 öHGB bzw. § 266 Abs 3 lit C Z 1 dHGB) mit einem „Davon-Vermerk" für konvertible Anleihen. Der Betrag, der bei der Ausgabe der Schuldverschreibung für das Umtauschrecht zum Erwerb von Anteilen an der Tochtergesellschaft erzielt wird, ist von der Konzernober- an die Tochtergesellschaft durchzuleiten und von dieser dann in die Kapitalrücklage einzustellen (§ 229 Abs 2 Z 2 öHGB bzw. § 272 Abs 2 Z 2 dHGB).

Bei Umtauschanleihen ist die Gegenleistung für das Optionsrecht als „verdeckt" zu bezeichnen. Sie besteht idR darin, dass der Anleihenzeichner eine unter den üblichen Marktverhältnissen liegende Verzinsung seines Kapitals hinnimmt, und nicht etwa darin, dass der Ausgabebetrag der Schuldverschreibung den Rückzahlungsbetrag übersteigt (Agioemission oder „offenes" Optionsentgelt). Nach der sog. *„Splitting-" oder „Residual-Methode"* bestimmt sich der in die Kapitalrücklage einzustellende Betrag nach dem Unterschiedsbetrag zwischen dem Ausgabebetrag der Umtauschanleihe und einer vergleichbaren Anleihe ohne Optionsrecht.[340] Die Kapitalrücklage ist gebunden, kann nur zum Ausgleich eines Bilanzverlusts aufgelöst werden und ist auch dann nicht aufzulösen, wenn die Bezugsrechte nicht mehr ausgeübt werden.[341] Bezüglich des vereinnahmten Betrages, eines Disagios und der allgemeinen Emissionskosten gilt das unter 2.5.1.1.1 Gesagte. Das Tochterunternehmen hat als Pflichtangaben gem. § 240 Z 4 u 6 öHGB (§ 160 Abs 1 Z 5 dAktG) im Anhang die Anzahl der im Geschäftsjahr aus der bedingten Kapitalerhöhung gezeichneten Aktien und die Zahl der Wandelschuldverschreibungen und vergleichbaren Wertpapiere unter Angabe der verbrieften Rech-

---

338 Siehe Kapitel 2.3.2.3.1.

339 Vgl. *Winner* in *Doralt/Nowotny/Kalss*, AktG § 159 Rz 189.

340 Vgl. *Lutter* in KölnerKomm² § 221 Rz 192.

341 Vgl. *Winner* in *Doralt/Nowotny/Kalss*, AktG § 159 Rz 192; *Adler/Düring/Schmaltz*, HGB⁶ § 272 Rz 129.

te anzuführen.[342] Nach Ausübung des Umtauschrechts durch die Zeichner der Schuldverschreibung ist der Anleihenbetrag entsprechend herabzusetzen.[343] Der passivierte Anleihenbetrag ist gegen das gezeichnete Kapital auszubuchen. Da dieses zum Nennbetrag anzusetzen ist, ist ein verbleibender Differenzbetrag zur im Umwandlungszeitpunkt passivierten Anleihenverbindlichkeit gem § 229 Abs 2 Z 1 öHGB (§ 272 Abs 2 Z 1 dHGB) in die Kapitalrücklage einzustellen.[344] Ein zum Wandlungszeitpunkt aktiviertes Disagio ist aufwandswirksam („Zinsen und ähnliche Aufwendungen") auszubuchen.[345]

Zumindest in Deutschland ist strittig, ob ein handelsrechtlich zu bilanzierendes Optionsentgelt auch steuerlich als Einlage zu behandeln ist, oder dieses den steuerlichen Gewinn erhöht.[346] Das Maßgeblichkeitsprinzip der Handelsbilanz für die Steuerbilanz wird mit der Begründung abgelehnt, dass dieses nur für aktive und passive Wirtschaftsgüter, nicht aber für das Grundkapital und die Rücklagen als bloße Saldogröße von Aktiv- und Passivvermögen gelte.[347] Nach Ansicht der deutschen Finanzverwaltung ist bisher eine Einlage steuerlich erst dann anzunehmen, wenn das Optionsrecht ausgeübt worden ist; bis dahin ist ein Optionsentgelt als „Anzahlung" (Fremdkapital) anzusehen; wird das Optionsrecht bis zum Ablauf der Optionsfrist nicht ausgeübt, ist die Anzahlung als Betriebseinnahme zu erfassen.[348]

2.5.2. Handels- und steuerbilanzielle Behandlung beim Investor

2.5.2.1. Handelsbilanzielle Behandlung

Der Investor hat eine Umtauschanleihe, gleichgültig ob diese mit oder ohne Mitwirkung der Zielgesellschaft zustande kommt, bilanziell als *einzigen Vermögensgegenstand* iSd § 196 öHGB (§ 246 dHGB) zu behandeln und nicht etwa nach dem wirtschaftlichen Gehalt des Papiers in eine normalverzinsliche Anleihe und eine Call-Option aufzuspalten.[349] Beim Erwerb ist die Schuldverschreibung mit den Anschaffungskosten gem § 203 Abs 1 u 2 öHGB (§ 253 Abs 1 iVm

---

342 Vgl. *Nowotny*, in *Straube*, HGB II² § 240 Rz 13; *Adler/Düring/Schmaltz*, AktG § 160 Rz 52.

343 Vgl. *Lutter* in KölnerKomm² § 200 Rz 11; *Hüffer* AktG⁵ § 200 Rz 3.

344 Vgl. *Häuselmann* (2000), S. 145.

345 Vgl. *Adler/Düring/Schmaltz*, HGB⁶ § 250 Rz 98.

346 Vgl. *Winner* in *Doralt/Nowotny/Kalss*, AktG § 159 Rz 200.

347 Vgl. *Häuselmann* (2000), S. 142.

348 Ebenda, S. 144.

349 Vgl. *Häuselmann/Wagner* (2002), S. 2434.

§ 255 Abs 1 dHGB) zu aktivieren. Wertsteigerungen der Schuldverschreibung bleiben aufgrund des Realisationsprinzips (§ 201 Abs 2 Z 4 öHGB bzw. § 252 Abs 1 Z 4 dHGB) außer Betracht. Verluste hingegen werden, auch wenn sie nicht realisiert sind, berücksichtigt, was sowohl für Anleihen im Anlagevermögen (§ 204 Abs 2 öHGB bzw. § 253 Abs 2 Z 3 dHGB), als auch für Anleihen im Umlaufvermögen (§ 207 öHGB bzw. § 253 Abs 3 Z 2 dHGB) gilt. Im Fall eines Umtauschs handelt es sich um einen tauschähnlichen Vorgang, der allein handelsbilanziell erfolgsneutral dargestellt werden kann.[350]

2.5.2.2. Steuerbilanzielle Behandlung – Deutschland

2.5.2.2.1. Besteuerung von Umtauschanleihen im Privatvermögen

Bei der Besteuerung von Wertpapieren des Privatvermögens unterscheidet das deutsche ESt-Recht (ebenso wie das österreichische) zwischen Erträgen aus Kapitalvermögen und Veräußerungsgewinnen. *Veräußerungsgewinne* aus Wertpapieren, die im Privatvermögen gehalten werden, sind nur in den Ausnahmefällen eines Spekulationsgeschäfts (Veräußerung innerhalb eines Jahres nach dem Erwerb der Wertpapiere gem §§ 22 Z 2, 23 Z 2 dEStG), oder bei einer wesentlichen Beteiligung an einer Kapitalgesellschaft (1% gem § 17 dEStG) steuerpflichtig. *Erträge aus Kapitalvermögen* unterliegen hingegen in weitem Maße der ESt (§ 20 dEStG). Diese steuerliche Unterscheidung hat dazu geführt, dass auf dem Kapitalmarkt zunehmend Anlageprodukte angeboten wurden, bei welchen die wirtschaftlichen Erträge nicht als steuerpflichtige Einkünfte aus Kapitalvermögen, sondern als steuerfreie Veräußerungsgewinne anfallen.[351]

2.5.2.2.2. Stellungnahmen der deutschen Finanzverwaltung

Um der skizzierten Entwicklung vorzugreifen, hat sich die deutsche Finanzverwaltung zu Umtauschanleihen und deren Erfassung im *Privatvermögen* geäußert, hierbei aber bereits ihren ursprünglichen Standpunkt revidiert. In einem *Schreiben zur Besteuerung von Hochzinsanleihen (Aktienanleihen) vom 7.10.1999* vertrat das dBMF die Auffassung, dass die Kuponzinsen aus der Anleihe zu den Einkünften aus Kapitalvermögen (gem § 20 Abs 1 Z 7 dEStG) gerechnet werden und die Differenz zwischen dem Wert der erhaltenen Aktien und dem überlassenen Kapital der steuerlich unbeachtlichen Vermögenssphäre zuzuordnen

---

350 Vgl. *Pankow/Schmidt-Wendt* in Beck'scher Bilanz-Komm[4] § 255 Rz 131. Die Wandlung selbst ist kein Realisationstatbestand; es erfolgt keine Anschaffung von Aktien durch die Hingabe der Umtauschanleihen; die infolge des Umtauschs erhaltenen Aktien sind zum Buchwert der Umtauschanleihe anzusetzen; vgl. *Häuselmann/Wagner* (2002), S. 2432 ff.

351 Vgl. *Dreyer/Herrmann* (2001c), S. 1637; *Harenberg* (2002), S. 109.

sei.[352] Eine Anwendung von § 20 Abs 2 Satz 1 Z 4 lit c dEStG (Besteuerung Einlösegewinn/Einlöseverlust aus der Abtretung gewisser Wertpapiere) lehnte das dBMF ab.[353] Das dBMF übertrug seine Auffassung zu Hochzinsanleihen auch auf Umtauschanleihen.[354] Während eine Hochzinsanleihe im Wandlungsfall stets Verluste, eine Umtauschanleihe, gleichsam als Spiegelbild hierzu, für den Anleger stets Gewinne erzeugt, war die deutsche Finanzverwaltung bestrebt, den Vermögensvorteil aus Umtauschanleihen nicht auf der nicht steuerbaren Vermögensebene zu belassen.[355]

Folglich verfügte das dBMF in einem *Erlass zur Besteuerung von Umtauschanleihen vom 24.05.2000*, dass neben den laufenden Zinsen aus dem Kupon[356] auch der Ertrag aus der Wahrnehmung des Umtauschrechts nach § 20 Abs 1 Z 7 iVm Abs 2 Z 1 dEStG zu den Einkünften aus Kapitalvermögen gehört.[357] Bemessungsgrundlage für den Kapitalertrag aus dem Umtausch ist die Differenz zwischen dem Wert der erhaltenen Aktien (bzw. dem entsprechenden Geldbetrag) im Umtauschzeitpunkt und dem Rückzahlungsbetrag des überlassenen Kapitals.[358] Für die erhaltenen Aktien beginnt zu diesem Zeitpunkt die einjährige Spekulationsfrist zu laufen.[359] Im Fall einer Veräußerung der Umtauschanleihe vor dem Ausübungszeitpunkt hat der Steuerpflichtige die aufgelaufenen Stückzinsen nach § 20 Abs 2 Z 3 dEStG als Einkünfte aus Kapitalvermögen zu versteuern. Die sich aus der Veräußerung der Umtauschanleihe ergebenden Gewinne sind nur dann

---

352 dBMF-Schreiben vom 07.10.1999 – IV C1 – S 2252 – 589/99, DB (1999), S. 2342.

353 Dies wurde damit begründet, dass lediglich die Rendite ungewiss sei, nicht aber die Höhe der Erträge iSv Einnahmen nach § 20 Abs 1 Z 7 dEStG. Damit lehnte das dBMF die steuerliche Berücksichtigung der Verluste aus der Andienung der Aktien bei der Aktienanleihe ab.

354 Vgl. *Korn* (2001), S. 1511.

355 Ebenda.

356 Soweit kein Freistellungsauftrag oder eine Nichtveranlagungsbescheinigung nachgewiesen wird, unterliegt der Zinsertrag, ebenso wie ein Einlösegewinn, bei Verwahrung im Inland der Zinsabschlagsregelung des § 43a Abs 1 Z 4 iVm § 43 Abs 1 Z 7 dEStG; vgl. *Schumacher* (2000b), S 1219. Inklusive Solidaritätszuschlag beträgt die Zinsabschlagssteuer auf Umtauschanleihen 31,65%. Wird die Umtauschanleihe außerhalb Deutschlands, etwa in Luxemburg, verwahrt, so entfällt keine Zinsabschlagssteuer; vgl. *Evans/Krause/Waltz* (2001), S. 12.

357 dBMF-Schreiben vom 24.05.2000 – IV C1 – S 2252 – 145/00, DStR (2000), S. 1227. Die analoge Anwendung auf Hochzinsanleihen und damit die steuerliche Berücksichtigung bei einem Umtauschverlust schloss das dBMF stillschweigend aus.

358 Vgl. *Schumacher* (2000b), S. 1219.

359 Vgl. *Höreth/Zipfel* (2001), S. 658. Ebenso sehen *Dreyer/Herrmann* die Umwandlung der Anleihe in Aktien als Zeitpunkt der Anschaffung der Aktien an und halten eine Rückwirkung des Erwerbs der Aktien auf den Zeitpunkt des Erwerbs der Anleihe zivil- und steuerrechtlich für nicht möglich (trotzdem sehen sie als Anschaffungskosten der Aktien die Kosten der Anleihe an, FN. 379); vgl. *Dreyer/Herrmann* (2001a), S. 709.

steuerpflichtig, wenn die Veräußerung innerhalb eines Jahres nach dem Erwerb erfolgt (privates Veräußerungsgeschäft nach § 23 Abs 1 Z 2 dEStG); Veräußerungsgewinne außerhalb der Einjahresfrist können steuerfrei vereinnahmt werden.[360] Diese Handhabung führte dazu, dass Privatanleger Umtauschanleihen häufig nicht bis zur Fälligkeit hielten, sondern einen potentiellen Umtauschgewinn kurz vorher und nach Ablauf der einjährigen Spekulationsfrist durch Veräußerung realisierten.[361]

In einer *Stellungnahme vom 02.03.2001* vertrat das dBMF schließlich die Meinung, dass die Gewinne aus der Veräußerung der im Privatvermögen gehaltenen Umtausch- und Aktienanleihen außerhalb der einjährigen Spekulationsfrist generell nach § 20 Abs 2 Satz 1 Z 4 dEStG der Einkommensteuer unterliegen.[362] Die Einstufung als *„Finanzinnovation"* durch das dBMF hat zur Folge, dass der Unterschiedsbetrag zwischen dem Veräußerungspreis und dem Entgelt für den Erwerb der Umtauschanleihe nun nicht mehr vom Geltungsbereich der privaten Veräußerungsgeschäfte erfasst wird, sondern vielmehr zu den Einkünften aus Kapitalvermögen zählt und somit in jedem Fall steuerpflichtig ist.[363] Für Investoren von Umtauschanleihen lediglich von redaktioneller Bedeutung ist die geänderte Begründung der Besteuerung des Einlösegewinns/Einlöseverlusts.[364]

2.5.2.2.3. Kritik an der Meinung der deutschen Finanzverwaltung

Kritik an der *„fiskalisch motivierten"*[365] Rechtsauffassung des dBMF wurde von mehreren Seiten laut: Zum einen wurde das Abgehen von der „Quellentheorie" als Grundlage der Besteuerung von Einkünften im Privatbereich kritisiert.[366] Als solches wird die Besteuerung des Einlösegewinns/Einlöseverlusts nach

---

360 Vgl. *Höreth/Zipfel* (2001), S. 658 f.

361 Vgl. *Schumacher* (2000b), S. 1219; ebenso *Höreth/Zipfel* (2001), S. 659.

362 dBMF-Schreiben vom 02.03.2001 – IV C1 – S 2252 – 56/01; FR (2001), S. 379.

363 Vgl. *Schultz* (2001), S. 44.

364 Nach dem genannten dBMF-Schreiben ist ein Einlösegewinn/Einlöseverlust nun nicht mehr wie bisher nach § 20 Abs 1 Z 7 iVm Abs 2 Z 1 dEStG, sondern nach § 20 Abs 2 Satz 1 Z 4 Satz 2 dEStG steuerbar. Dies gilt nach dem dBMF auch für den Fall der Einlösung durch den Ersterwerber. Im dBMF-Schreiben von 07.10.1999 wurde die Anwendung von § 20 Abs 2 Satz 1 Z 4 dEStG noch abgelehnt; siehe FN. 353.

365 *Korn* (2001), S. 1511.

366 Bei einer quellentheoretischen Besteuerung sind ausschließlich die Früchte der Einkunftsquelle, welche zeitlich bei Zufluss erfasst werden, steuerbar. Die Quellentheorie ist in § 2 Abs 2 dEStG gesetzlich verankert; vgl. *Korn* (2001), S. 1507 f.

§ 20 Abs 2 Satz 1 Z 4 Satz 2 dEStG gesehen.[367] Dieser normiert eine Besteuerung nach der *Marktrendite* und damit dem Grunde nach eine Besteuerung unsicherer Erträge,[368] sowie von Wertänderungen, welche nicht den Charakter eines Nutzungsentgeltes haben.[369] Kritiker lehnen eine extensive Auslegung dieser Norm mit der Begründung ab, dass dies zu einer Besteuerung der in dieser Vorschrift genannten Kapitalanlagen führen würde, während Gewinne aus der Veräußerung anderer im Privatvermögen gehaltener Gegenstände nicht steuerpflichtig wären; in der damit zum Ausdruck kommenden Ungleichbehandlung sehen sie einen Verstoß gegen Art 3 Abs 1 GG.[370] Der BFH hat in einem Urteil zu Floatern in Fremdwährung die verfassungsrechtlichen Bedenken gegen eine extensive Auslegung des § 20 Abs 2 Satz 1 Z 4 Satz 2 dEStG dargelegt.[371] Darin vertrat er die Meinung, dass eine Besteuerung der Marktrendite nicht in Betracht kommt, wenn für die Kapitalanlage eine Emissionsrendite[372] ex ante nicht beziffert werden kann. Gerade dieser Nachweis kann aber durch den Investor von Umtauschanleihen von vornherein nicht erbracht werden.[373] Das dBMF äußerte sich zu der Entscheidung des BFH mit einem Nichtanwendungserlass und kündigte an, dieses Urteil nur auf den speziell entschiedenen Fall anzuwenden.[374]

Kritik wird auch an der ungeklärten Bestimmung der *Anschaffungskosten* der eingelösten Aktien geäußert.[375] Überwiegend wird die Auffassung vertreten, dass der

---

[367] Mit dem StÄndG 2001 wurde der Wortlaut des § 20 Abs 2 Satz 1 Z 4 Satz 2 dEStG auf folgenden Wortlaut geändert: *„Haben die Wertpapiere und Kapitalforderungen keine Emissionsrendite oder weist der Steuerpflichtige sie nicht nach, gilt der Unterschiedsbetrag zwischen dem Entgelt für den Erwerb und den Einnahmen aus der Veräußerung, Abtretung oder Einlösung als Kapitalertrag."* Bei einer extensiven Auslegung unterstehen dieser Norm nicht nur Umtauschanleihen, sondern alle Arten von Anleihen, bei denen dem Grunde nach unsichere Erträge Teil der Rendite sind (Aktienanleihen, Indexanleihen, Floater, etc).

[368] Vgl. *Korn* (2001), S. 1511. Die Einlösung der Aktien stelle zwar einen Vermögenszuwachs dar, dieser wird durch den Erwerb der Aktien alleine jedoch noch nicht realisiert; vgl. *Dreyer/Herrmann* (2001a), S. 708.

[369] Vgl. *Dreyer/Herrmann* (2001b), S. 724, Die Höhe der Verzinsung von Umtauschanleihen, aber auch Wandelanleihen und Aktienanleihen, hängt entscheidend von der Bonität des Emittenten und der Attraktivität der Aktie, die mit der Option erlangt werden kann, ab. Damit steht der Einlösegewinn nicht in einem finalen Nexus zur Kapitalüberlassung; vgl. *Dreyer/Herrmann* (2001a), S. 708.

[370] Vgl. *Dreyer/Herrmann* (2001b), S. 724; ebenso *Korn* (2001), S. 1513 f.

[371] BFH vom 24.10.2000 – VIII R 28/99, BStBl II 2001, 97.

[372] Die Emissionsrendite ist die Rendite, die ein Anleger, welcher an der Emission teilnimmt und bis zur Einlösung Inhaber der Anleihe bleibt (Durchhalter), über die gesamte Laufzeit pro Jahr erzielen würde; vgl. *Korn* (2001), S. 1509.

[373] Vgl. *Dreyer/Herrmann* (2001b), S. 724.

[374] dBMF vom 07.02.2001 – IV C 1 – S 2252 – 26/01, BStBl I 2001, 149.

[375] Vgl. *Dreyer/Herrmann* (2001a), S. 708.

Kurswert der Aktien zum Zeitpunkt der Ausübung der Option die Anschaffungskosten der Aktien bildet.[376] Die Ausübung der Option wird als Tausch der Anleihe mit Aktien gewertet.[377] Dies entspricht jedoch nicht der zivilrechtlichen Konstruktion, da bei Umtausch-, als auch bei Wandel- und Aktienanleihen ein einziges Rechtsgeschäft vorliegt und ein Tausch auch nach wirtschaftlicher Betrachtungsweise nicht vorliegt.[378] Aus diesem Grund plädieren einzelne Literaturstimmen dafür, dass die Kosten für den Erwerb der Anleihe gleichzeitig als Anschaffungskosten für die Aktien gelten sollten.[379]

2.5.2.2.4. Mögliche Folgen der Haltung der deutschen Finanzverwaltung

Als mögliche Folgen einer „ergebnisorientierten" steuerlichen Ungleichbehandlung führen Kritiker des dBMF Fehlallokationen am Kapitalmarkt,[380] die Möglichkeit eines Rückgangs der Bedeutung von Umtauschanleihen als Anlageprodukt[381] und eine geringe Planungssicherheit von Investoren in Deutschland an.[382] Die von der Finanzverwaltung eingenommene Position ruft Kritiker auf den Plan, die vor allem die Steuerbarkeit des Einlösegewinns der Umtauschanleihe durch eine Umgestaltung der Anleihenbedingungen verhindern wollen:[383] Überlegt wird etwa, die Ausübung des Umtauschrechts mit Rückwirkung auf den Zeitpunkt des Erwerbs der Anleihe auszustatten, sodass der Erwerb der Umtauschanleihe rückwirkend in einen Aktienerwerb umgestaltet wird und der Einlösegewinn nach der Auffassung der Finanzverwaltung nicht mehr steuerbar sein dürfte.[384]

2.5.2.2.5. Besteuerung von Umtauschanleihen im Betriebsvermögen

Werden Umtauschanleihen im Betriebsvermögen einer Kapitalgesellschaft gehalten, so unterliegen die *Kuponzinsen* nach § 8 Abs 1 dKStG iVm

---

376 Vgl. *Harenberg* (2000), S. 11320; *Lohr* (2000), S. 579.

377 Vgl. *Lohr* (2000), S. 579.

378 Vgl. *Dreyer/Herrmann* (2001a), S. 708 u. 710. Siehe hierzu auch Kapitel 2.3.1, 2.2.2.1 u. 2.2.4.1.

379 Vgl. *Dreyer/Herrmann* (2001a), S. 708.

380 Vgl. *Korn* (2001), S. 1514.

381 Vgl. *Höreth* (2001), S. 659; *Dreyer/Herrmann* (2001c), S. 1637.

382 Vgl. *Schultz* (2001), S. 44.

383 Vgl. *Dreyer/Herrmann* (2001c), S. 1640.

384 Zivilrechtlich könnte eine Rückwirkung durch Vereinbarung einer Wahlschuld iSd § 262 BGB, durch Bildung zweier Wirtschaftsgüter oder durch synthetische Strukturen erreicht werden; vgl. *Dreyer/Herrmann* (2001c), S. 1640. Zu den Folgen einer Einstufung als Wahlschuld siehe auch *Hamacher* (2000), S. 2397.

§ 20 Abs 1 Z 7 dEStG der Körperschaftsteuer.[385] Darüber hinaus unterliegt der Zinsertrag der Gewerbeertragsteuer. *Gewinne aus dem Verkauf* von nach Umtausch erhaltenen Aktien sind gem § 8b Abs 2 dKStG grundsätzlich von der Körperschaftsbesteuerung ausgenommen.[386] Sonderregelungen gelten jedoch nach § 8 Abs 7 dKStG für Kreditinstitute, Finanzdienstleistungsinstitute und Finanzunternehmen, soweit die Aktien dem Handelsbuch zuzurechnen sind bzw. für Finanzunternehmen die Aktien mit dem Ziel eines kurzfristigen Eigenhandelserfolges erworben wurden; in diesem Fall sind die Gewinne aus der Veräußerung der Aktien steuerpflichtig und die Verluste abzugsfähig.[387] *Dividendeneinkünfte* aus erhaltenen Aktien sind für Körperschaften von der Einkommensteuer befreit, unterliegen jedoch der Gewerbeertragsteuer, soweit nicht zumindest 10% des Aktienkapitals der Zielgesellschaft der Umtauschanleihe gehalten werden.[388] Sowohl im Betriebsvermögen, als auch im Privatvermögen werden in Deutschland bei Erwerb von Umtauschanleihen keine Kapitalverkehrssteuern fällig.[389]

2.5.2.2.6. Exkurs: Besteuerung von Wandelanleihen

Im Gegensatz zur Meinung der deutschen Finanzverwaltung betreffend die steuerliche Behandlung von Einlösegewinnen bei Umtauschanleihen wird der *Wandlungsvorgang* bei Wandelanleihen als nicht steuerbarer Vorgang in der Vermögenssphäre angesehen.[390] Die Begebung der Wandelanleihe und die spätere Lieferung der Aktien stellen steuerlich einen einheitlichen Rechtsvorgang dar. Auf Grund der wirtschaftlichen Identität von Wandelanleihe und Aktie liegt folglich kein gewinnrealisierender Tausch und keine Anschaffung von Aktien vor.[391] Im Unterschied zur Umtauschanleihe unterliegen nur die laufenden *Zinserträge* der

---

385 Inklusive Solidaritätszuschlag beträgt die Steuerbelastung 26,375%.

386 Hierfür ist nach der Änderung der InvZulG auch nicht mehr die einjährige Behaltefrist Voraussetzung; vgl. *Dreyer/Herrmann* (2001a), S. 710.

387 Vgl. *Dreyer/Herrmann* (2001a), S. 710.

388 Vgl. Offering Circular der Allianz Gruppe (Umtauschanleihe der Allianz Finance II B.V. umtauschbar in Aktien der RWE AG) vom 17.12.2001, S. 63.

389 Vgl. *Evans/Krause/Waltz* (2001), S. 13.

390 Dies gilt als hM in der Literatur. Siehe hierzu etwa *Dreyer/Herrmann* (2001b), S. 725; *Schumacher* (2000b), S. 1219; *Häuselmann/Wagner* (2002), S. 2432. Vgl. auch BFH vom 30.11.1999 – IX R 70/96, BStBl II 2000, 262. Zuvor schon RFH vom 24.08.1944 – 21/44, RFHE 54, 128; RFH vom 05.07.1929 – II A 9/29, RStBl 1929, 475; OFD Frankfurt a.M., 29.03.1995 – S 2150 A – 6 – St II 21, BB 1995, 1345.

391 Vgl. *Schumacher* (2000b), S. 1219 f.

Anleihe der Zinsabschlagssteuer nach § 43 Abs 1 Z 2 dEStG.[392] Bemerkenswert ist, dass das dBMF in seinem Schreiben vom 02.03.2001 nicht zwischen Wandel- und Umtauschanleihe differenziert. Eine Bezugnahme auf Wandelanleihen kann deshalb nicht völlig ausgeschlossen werden.[393] Dies wird aber durch die hM in der Literatur abgelehnt.[394]

Da eine Umtauschanleihe, welche unter Mitwirkung der Zielgesellschaft (direkt oder indirekt) begeben wird, unter bestimmten Voraussetzungen unter die zivilrechtliche Definition der Wandelschuldverschreibung (§ 174 öAktG, § 221 dAktG) fallen kann,[395] ist es jedoch denkbar, dass diese Konstruktion auch in seiner steuerlich Behandlung einer Wandelanleihe gleichgestellt würde.[396] Dies zumal sich nach deutschem Recht die steuerrechtliche Einstufung eines hybriden Finanzinstruments grundsätzlich nach den Regeln des Zivil- und Gesellschaftsrechts richtet. Nur wenn die zivil- und gesellschaftsrechtlichen Merkmale keine eindeutige Einstufung erlauben, weil etwa das Finanzinstrument stark von den mit einer Gattung von Finanzinstrumenten üblicherweise verbundenen Eigenschaften abweicht, kann die Einstufung sich an wirtschaftlichen Gesichtspunkten ausrichten.[397] Trotzdem bleibt eine steuerliche Einstufung einer Umtauschanleihe, welche unter Mitwirkung der Zielgesellschaft begeben wird, als Wandelanleihe, insbesondere ob der Entwicklung in der Auffassung der deutschen Finanzverwaltung und der steuerlichen Legaldefinition der Wandelanleihe in § 43 Abs 1 Z 2 dEStG, welche eine Identität zwischen Anleiheemittent und Basiswert voraussetzt, strittig.

---

392 Diese beträgt für Wandelanleihen gem § 43a Abs 1 Z 2 dEStG (inklusive Solidaritätszuschlag) 26,375%; vgl. *Evans/Krause/Waltz* (2001), S. 12; auch *Dreyer/Herrmann* (2001a), S. 706.

393 In diesem Schreiben definierte das dBMF die Umtauschanleihe wie folgt: „*Umtauschanleihen sind Schuldverschreibungen mit festen, unter dem marktüblichen Zins im Zeitpunkt der Emission liegenden Zinssätzen und einem Wahlrecht des Gläubigers zur Kapitalrückzahlung oder Übertragung einer vorher festgelegten Anzahl von Aktien.*“; dBMF vom 02.03.2001 – IV C1 – S 2252 – 56/01; FR (2001), S. 379.

394 Vgl. *Dreyer/Herrmann* (2001b), S. 726; *Schumacher* (2000b), S. 1220; *Häuselmann/Wagner* (2002), S. 2432 f.; *Evans/Krause/Waltz* merken aber an, dass es für Emissionen von Wandelanleihen über Finanzierungstochtergesellschaften (indirekte Emissionen) keineswegs ausgeschlossen werden kann, dass diese vom dBMF ebenfalls als „Umtauschanleihe“ angesehen werden; vgl. *Evans/Krause/Waltz* (2001), S. 12.

395 Siehe Kapitel 2.3.2.3.1.

396 Zumal schon der RFH im Urteil vom 24.08.1944 unterstrich, dass die zivilrechtliche Beurteilung der Wandelanleihe auch für die steuerliche Beurteilung maßgeblich ist – RFH vom 24.08.1944 – 21/44; RFHE 54, 128.

397 Vgl. *Jacob* (2000), S. 1527 u. 1530.

2.5.2.3. Steuerbilanzielle Behandlung – Österreich

2.5.2.3.1. Besteuerung von Umtauschanleihen im Privatvermögen

Im Unterschied zur deutschen Finanzverwaltung hat sich die österreichische Steuerbehörde bisher noch nicht zur Behandlung von Umtauschanleihen oder ähnlichen Finanzprodukten geäußert. Dennoch geben Emittenten von bisher in Österreich emittierten Umtauschanleihen in ihren Verkaufsunterlagen eine Einschätzung über die steuerliche Beurteilung ab. Aufgrund des wirtschaftlichen Gehalts des Instruments Umtauschanleihe werden diese mit der steuerlichen Behandlung von *Wandelanleihen* in Österreich gleichgesetzt. Auf letztere soll deshalb hier eingegangen werden.[398]

Für Investoren, welche Umtauschanleihen im *Privatvermögen* halten und in Österreich gem. § 1 EstG persönlich steuerpflichtig sind, bedeutet dies, dass bei einer Umtauschanleihe, welche niedriger als zu einem marktüblichen Zinssatz verzinst wird, ein eigener „steuerlicher Ausgabewert" zu ermitteln ist. Somit ist zu berücksichtigen, dass ein Teil des hingegebenen Kapitals wirtschaftlich als Anschaffungskosten für das Umtauschrecht zu werten ist und das eingesetzte Kapital daher in einen „echten" Anleihenbetrag und in Anschaffungskosten für das Wandlungsrecht aufzuspalten ist.[399] Damit soll sichergestellt werden, dass eine wirtschaftlich angemessene Zinskomponente zur Versteuerung gelangt. Demzufolge werden nach § 27 EStG sowohl die laufenden Zinsen aus dem Kupon, als auch der Differenzbetrag zwischen dem Einlösewert[400] und dem „steuerlichen Ausgabewert"[401] besteuert.[402] Die Einkommensteuer wird, falls die kuponauszahlende Stelle in Österreich liegt, nach § 93 iVm § 95 EStG in Form der KESt iHv 25% eingehoben. Gem § 97 EStG gilt die Einkommenssteuer durch den Steuerabzug als abgegolten. Dies gilt jedoch nur dann, wenn die Forderungswertpapiere bei ih-

---

398 Vgl. Offering Circular der ÖIAG (Umtauschanleihe wandelbar in Aktien der Voestalpine AG) vom 26. September 2003, S. 59 ff.; Offering Circular der ÖIAG (Umtauschanleihe wandelbar in Aktien der Telekom Austria AG) vom 18. August 2003, S. 49 ff. Aufgrund einer steuerlichen Einstufung von Umtauschanleihen ohne Mitwirkung der Zielgesellschaft als Wandelanleihe unterbleibt im Kapitel Steuerbilanzielle Behandlung – Österreich eine gesonderte steuerliche Diskussion von Umtauschanleihen mit Mitwirkung der Zielgesellschaft.

399 Vgl. öBMF vom 24.09.1994, RdW 1994, S. 421.

400 Der Einlösewert ist nach Stellungnahme des öBMF mindestens mit der Höhe des hingegebenen Kapitals anzunehmen; vgl. öBMF vom 24.09.1994, RdW 1994, S. 421.

401 Das öBMF verweist zur Bestimmung des „steuerlichen Ausgabewerts" auf die zu Optionsanleihen entwickelten Grundsätze; vgl. auch öBMF-Erl AÖF 1993/158.

402 Vgl. öBMF vom 24.09.1994, RdW 1994, S. 421.

rer Begebung sowohl in rechtlicher als auch in tatsächlicher Hinsicht einem unbestimmten Personenkreis angeboten werden (Public-Placement-Papiere).[403]

Kommt es zu einem Umtausch, so wird dies vom öBMF als *Tausch* gewertet, wobei die Schuldverschreibung gegen einen Anteil an einer Kapitalgesellschaft getauscht wird.[404] Die österreichische Finanzverwaltung vertritt somit, zumindest in der Frage der Behandlung von Wandelanleihen, eine zur deutschen Literatur gegenteilige Betrachtung.[405] Dies hat zur Konsequenz, dass ein etwaiger Tauschgewinn bei im Privatvermögen gehaltenen Umtauschanleihen als Spekulationsgeschäft nach § 30 EStG behandelt wird, und daher innerhalb der einjährigen Behaltefrist dem progressiven Einkommenssteuersatz unterliegt.[406] Als Tauschgewinn gilt hierbei der Unterschiedsbetrag zwischen den „echten" Anschaffungskosten (Buchwert) der Schuldverschreibung und ihrem gemeinen Wert – d.h. im Fall einer Umtauschanleihe der Differenzbetrag zwischen dem aktuellen Marktwert der erhaltenen Aktien und dem festgelegten Ausübungspreis.[407] Die für einen Tauschgewinn relevante Spekulationsfrist beginnt mit Erwerb der Schuldverschreibung, der Umtausch selbst löst wiederum für die an Stelle der Schuldverschreibung tretenden Aktien eine neuerliche Spekulationsfrist aus.[408] Eine Veräußerung von durch Umtausch erworbenen Aktien im Privatvermögen ist außerhalb der einjährigen Spekulationsfrist nur dann steuerbar, wenn der Veräußerer nach § 31 EStG eine Beteiligung von mindestens einem Prozent an der Zielgesellschaft hält.[409]

---

403 Vgl. *Doralt/Ruppe* (2000), S. 282. Die beiden ÖIAG-Umtauschanleihen wurden an der Luxemburger Wertpapierbörse notiert. Hierdurch wurde das Erfordernis eines öffentlichen Angebots erfüllt; vgl. Offering Circular der ÖIAG (Umtauschanleihe wandelbar in Aktien der Voestalpine AG), vom 26. September 2003, S. 59; Offering Circular der ÖIAG (Umtauschanleihe wandelbar in Aktien der Telekom Austria AG), vom 18. August 2003, S. 49.

404 Vgl. öBMF vom 24.09.1994, RdW 1994, S. 421; öBMF vom 22.02.1989, RdW 1989, S. 178.

405 Das öBMF gibt an, dass dem vom RFH ins Treffen geführte Argument, Tausch könne deshalb nicht angenommen werden, weil die Schuldverschreibung im Zuge des Umtauschs untergehen, nicht gefolgt werden könne. Dies wird damit begründet, dass es aus Sicht des Veräußerers egal sei, welches Schicksal ein Wirtschaftsgut nimmt, nachdem es im Wege des Tausches hingegeben wurde; vgl. öBMF vom 22.02.1989, RdW 1989, S. 178. Zur deutschen Literaturmeinung siehe Kapitel 2.5.2.2.6.

406 Außerdem ist ein Spekulationsüberschuss nur mit Verlusten aus Spekulationsgeschäften, nicht hingegen mit anderen Einkünften ausgleichsfähig (§ 30 Abs 4 öEStG).

407 Vgl. öBMF vom 24.09.1994, RdW 1994, S. 421.

408 Vgl. öBMF vom 22.02.1989, RdW 1989, S. 178.

409 In solch einem Fall wird ein Gewinn aus einer Beteiligungsveräußerung gem § 37 EStG mit dem halben Durchschnittssteuersatz („Hälftesteuersatz") besteuert.

Dividendeneinkünfte aus Aktien einer in Österreich ansässigen Zielgesellschaft werden gem § 93 iVm § 95 EStG mit 25% KESt besteuert und gelten nach § 97 EStG für natürliche Personen als endbesteuert.[410] Unterbleibt ein Umtausch, so ist das ertragssteuerliche Ergebnis für den Gläubiger bitter: Die wirtschaftlich angemessene Zinskomponente ist voll steuerpflichtig, während der für die Optionskomponente bezahlte Betrag im Privatvermögen nicht ertragssteuerwirksam ist.[411]

2.5.2.3.2. Besteuerung von Umtauschanleihen im Betriebsvermögen

Werden Umtauschanleihen im *Betriebsvermögen* einer Kapitalgesellschaft gehalten, so unterliegen die Kuponzinsen und der Differenzbetrag zwischen dem Einlösewert und dem „steuerlichen Ausgabewert", die persönlichen Steuerpflicht der Gesellschaft vorausgesetzt, der allgemeinen KSt iHv 34%.[412] Kommt es zu einem Umtausch, so gilt ein Tauschgewinn im Bereich des Betriebsvermögens jedenfalls als betriebliche Gewinnrealisierung.[413] Gleiches gilt für den Verkauf erhaltener Aktien. Dividendenerträge aus einer inländischen Zielgesellschaft sind nach § 10 Abs 1 Z 1 öKStG (Beteiligungsertragsbefreiung) steuerfrei.[414]

2.5.2.3.3. Exkurs: Steuerliche Behandlung von verwandten Instrumenten der Umtauschanleihe

Bei der Diskussion der steuerlichen Behandlung von Umtauschanleihen wird, insbesondere in der deutschen Literatur, oft auf Aktien- oder Hochzinsanleihen verwiesen.[415] Die österreichischen Einkommensteuerrichtlinien, welche Aussagen

---

410 Anstatt einer Endbesteuerung kann der Steuerpflichtige gem § 37 EStG für eine Besteuerung mit dem „Hälftesteuersatz" votieren, vgl. *Doralt/Ruppe* (2000), S. 264.

411 Aufgrund einer Spekulationsfrist von einem Jahr und einer Laufzeit von Umtauschanleihen, welche idR ein Jahr übersteigt, kann selbst eine Verwertung iSd § 30 Abs 4 und § 31 Abs 5 öEStG idR ausgeschlossen werden.

412 Die Zinserträge unterliegen in diesem Fall nicht der Endbesteuerung gem § 97 EStG. Die Körperschaft kann den 25% KESt-Abzug durch das Ausstellen einer Befreiungserklärung gem § 94 Z 5 a verhindern.

413 Vgl. öBMF vom 24.09.1994, RdW 1994, S. 421. Kommt es hingegen zu keinem Umtausch, wird spiegelbildlich ein betrieblicher Verlust realisiert.

414 Eine hierauf einbehaltene KESt wird angerechnet oder rückerstattet. Stammen die Dividenden aus einer ausländischen Kapitalgesellschaft, so sind diese nach den Voraussetzungen des § 10 Abs 2 öKStG („Internationales Schachtelprivileg") von der KSt befreit.

415 Siehe hierzu insbesondere *Dreyer/Herrmann* (2001a), S. 705 ff.; *Dreyer/Herrmann* (2001b), S. 722 ff.; *Dreyer/Herrmann* (2001c), S. 1637 ff.; *Schumacher* (2001), S. 1021 f.; *Höreth/Zipfel* (2001), S. 653 ff.; *Korn* (2001), S. 1507 ff. Umtausch- und Hochzinsanleihen werden nicht zu Unrecht steuerlich oft gemeinsam behandelt, stellen die beiden Finanzie-

zu Umtauschanleihen vermissen lassen, enthalten sehr wohl eine Beurteilung von *„Cash or Share Schuldverschreibungen (Aktienanleihen)"*.[416] Das öBMF bringt hierin zum Ausdruck, dass die allfälligen Zinsen und somit auch das Entgelt für die Position des Stillhalters der Put-Option grundsätzlich in voller Höhe dem KESt-Abzug unterliegen. Folglich vertritt die Finanzverwaltung die Auffassung, dass sämtliche Erträgnisse aus der Aktienanleihe als Zinsen aus sonstigen Forderungen iSd § 27 Abs 1 Z 4 öEStG anzusehen sind.[417] Liegen die Zinsen aus der Aktienanleihe deutlich über den jeweiligen Marktzinsen, so ist dies nach Meinung des öBMF ein Indiz für den Umstand, dass hiermit ein entsprechendes Risiko abgegolten werden soll. In diesem Fall stehen die hohen Zinsen aus der Anleihe mit allfälligen Verlusten, die bei Wandlung in Aktien entstehen können, in unmittelbarem Zusammenhang, weshalb eine Verrechnung der Zinsen mit diesen Verlusten zulässig sei. Wurde zu einem früheren Zeitpunkt KESt auf Zinsen einbehalten, die nun zur Abdeckung eines Einlöseverlustes herangezogen werden sollen, so liegt ein Rückgängigmachen iSd § 95 Abs 6 öEStG vor, welche zu einer Gutschrift von KESt für Zinsen führt.[418]

Im Ergebnis können Spekulationsverluste und somit Einkünfte aus der in der Regel steuerlich unbeachtlichen Vermögenssphäre mit Einkünften aus Kapitalvermögen ausgeglichen werden. Das Verlustausgleichsverbot des § 30 Abs 4 bzw. § 31 Abs 5 öEStG bleibt unberücksichtigt. Deshalb folgt das BMF in seiner Meinung weder der Aufspaltungstheorie, die es etwa bei der Behandlung von Wandelanleihen vertritt, noch der Einheitstheorie.[419] Während diese Erlassmeinung einerseits damit erläutert wird, eine möglichst einfache und praktisch handhabbare Regelung beabsichtigt zu haben,[420] wird andererseits von der Lehre ihre gesetzliche Deckung in Frage gestellt.[421]

Neben der steuerlichen Behandlung von Aktienanleihen erscheint auch die steuerliche Einordnung von *Indexanleihen* in Österreich in diesem Zusammenhang von Interesse. Bei diesen Anlageprodukten, bei welchen die „Verzinsung" von der

---

rungsformen wirtschaftlich (Zahlungsstruktur für den Investor) doch spiegelbildliche Instrumente dar.

416 EStR 2000, Rz 6198a. Darüber hinaus enthalten die Einkommenssteuerrichtlinien in den Rz 6181-6198 auch Aussagen zu folgenden Forderungswertpapieren: Optionsanleihe, Nullkuponanleihe, Stripped Bonds, Kombizinsanleihe, Gleitzinsanleihe, Indexanleihe.

417 Vgl. *Stangl* (2002), S. 160.

418 EStR 2000, Rz 6198a.

419 Während nach der Aufspaltungstheorie die Erträge aus steuerlicher Sicht den verschiedenen Einkunftsarten zuzurechnen sind, sind nach der Einheitstheorie sämtliche Erträge aus einem Wertpapier einheitlich zu behandeln.

420 Vgl. *Stangl* (2002), S. 161.

421 Vgl. *Beiser* (2001), S. 621.

Wertentwicklung eines Aktienindex abhängt, nimmt die Verwaltungspraxis (ebenso wie bei Aktienanleihen) grundsätzlich eine Einstufung als Einkünfte aus Kapitalvermögen iSd § 27 Abs 1 Z 4 öEStG zumindest dann vor, wenn ein Kapitalverlustrisiko von weniger als 80% des ursprünglich eingesetzten Kapitals vorliegt. Wenn das eingesetzte Kapital gänzlich verloren werden kann, oder eine Absicherung der Kapitalrückzahlung in einem Ausmaß von nicht mehr als 20% des ursprünglich eingesetzten Kapitals gegeben ist, liegen Substanzerträge vor, welche allenfalls einer Besteuerung nach § 30 öEStG unterliegen.[422] Nach Meinung der Finanzverwaltung steht das Bestehen eines Kapitalrisikos der Annahme von Einkünften aus Kapitalvermögen nicht entgegen; jedenfalls muss aber eine, wenn auch nur anteilig verbleibende, Kapitalforderung gegeben sein.[423] Für das Vorliegen von Kapitalerträgen ist es aber nicht erforderlich, dass „*von vornherein eine konkrete Rendite verbindlich zugesagt wird*".[424]

Bei Indexanleihen entschied sich das öBMF folglich für die Einheitstheorie – der Gewinn aus der Rücklösung einer Index-Anleihe wird als Frucht eines Kapitalstamms, der zur Nutzung überlassen wurde, gewertet und nicht als Veräußerungsgeschäft mit einer nur im Sinn des § 30 öEStG beachtlichen Wertänderung des Kapitalstamms.[425] Die von der Steuerbehörde gezogene 20%-Grenze erscheint hingegen willkürlich.[426] In einem Erkenntnis zu Indexanleihen vom 26.11.2002 wies der VwGH darauf hin, dass der Spekulationstatbestand erfüllt sei, wenn eine Rückveräußerung mit dem Erwerb eines Wertpapiers zeitgleich fix vereinbart wurde – auf eine spätere Erfüllung des Verpflichtungsgeschäfts komme es dann nicht mehr an.[427] Inwieweit dieses Erkenntnis für die steuerliche Beurteilung von Umtausch- und auch Wandelanleihen von Bedeutung ist, bleibt zunächst fraglich. Gegebenenfalls könnte es aber für beide Finanzinstrumente zur Folge haben, dass ein Einlösegewinn von im Privatvermögen gehaltenen Schuldverschreibungen unabhängig von der einjährigen Spekulationsfrist jedenfalls dann nach § 30 öEStG steuerbar würde, wenn zum Zeitpunkt der Emission die Einlösekonditionen in den Anleihenbedingungen bereits fix vereinbart wurden.[428]

---

422 EStR 2000, Rz 6195-6197.

423 EStR 2000, Rz 6193-6194.

424 VwGH vom 26.11.2002 – 99/15/0159.

425 Wertverluste der Anleihe in Folge eines Wertverlusts des Basisguts (Index) sind nach Ansicht des öBMF dem Vermögensstamm zuzurechnen und somit im privaten Bereich steuerlich irrelevant. Für eine weitergehende steuerrechtliche Betrachtung von Aktienanleihen in Österreich siehe etwa *Heinrich* (2000), S. 469 ff. u. auch *Mühlehner* (2001), S. 317 f.

426 Vgl. *Heinrich* (2000), S. 477.

427 VwGH vom 26.11.2002 – 99/15/0159.

428 Für die Preisfindung einer Wandel- oder Umtauschanleihe sind die Einlösekonditionen natürlich von wesentlicher Bedeutung.

An der Skizzierung der steuerlichen Beurteilung von Wandel- Aktien- und Indexanleihen zeigt sich, wie schwierig es sein kann, hybride Finanzinstrumente einer systematisch korrekten Besteuerung zuzuführen. Dies lässt Stimmen laut werden, die eine grundlegende Reform des für das Privatvermögen geltenden Systems der Besteuerung von Kapitalerträgen fordern.[429] Abgeraten wird dabei aber davon, dem Beispiel des deutschen Gesetzgebers zu folgen, welcher der Herausforderung der Besteuerung von Finanzinnovationen durch die Aufnahme immer neuer kasuistischer Regelungen in den Katalog der steuerbaren Kapitalerträge (§ 20 dEStG) Herr zu werden versucht.[430] Abschließend ist anzumerken, dass die systematische steuerliche Ungleichbehandlung von Wandelanleihen (und somit auch von Umtauschanleihen, folgt man der hier vertretenen Meinung, dass Umtauschanleihen steuerlich ebenso wie Wandelanleihen zu behandeln sind) auf der einen Seite sowie Aktienanleihen und Indexanleihen auf der anderen Seite inhaltlich nur schwer nachvollziehbar ist.

2.6. Zusammenfassung rechtlicher Anforderungen

Obwohl im Rahmen der Kapitalrichtlinie das Rechtsinstitut der konvertiblen Anleihen europarechtlich teilweise harmonisiert wurde, können vor allem hinsichtlich der Regelungsdichte und Einbindung der HV im nationalen Recht Unterschiede ausgemacht werden. Unterliegt in manchen Ländern bereits die Ausgabe gewöhnlicher Schuldverschreibungen eines HV-Beschlusses bedarf die Ausgabe von Wandel- und Optionsanleihen in Österreich und Deutschland einem besonderen Mehrheitsbeschluss. Umtauschanleihen, bei welchen im Unterschied zu Wandelanleihen das Umtauschrecht in Aktien einer vom Emittenten verschiedenen Gesellschaft besteht, haben bisher sowohl im deutschen als auch im österreichischen Gesellschaftsrecht keine gesonderte Regelung erfahren. Aus diesem Grund sind für Exchangeables Analogien zu gesellschaftsrechtlich geregelten Vertragstypen zu ziehen.

Dem Emittenten steht es zur Sicherung des Bezugsrechts aus einer Umtauschanleihe offen, hierzu entweder bereits existierende Aktien oder im Zuge einer Kapitalerhöhung des Basiswerts neu zu schaffende Aktien heranzuziehen. Da jene Unternehmen, welche in Europa bisher Umtauschanleihen begeben haben, im Zeitpunkt der Emission über einen mittleren Anteil von rund 14%[431] am unterliegenden Basiswert verfügten, war zweitgenannte Möglichkeit in der Unternehmenspraxis bisher lediglich von theoretischer Relevanz. Im ersten Fall stammen die Basiswertaktien entweder aus dem eigenen Portfolio des Anleihen-

---

429 Vgl. *Heinrich* (2000), S. 476.

430 Ebenda.

431 Median von Emissionen exklusive Dual Placings; siehe Tabelle 4, S. 147.

schuldners oder aus einem Vertragsverhältnis mit Dritten zur Beschaffung der Aktien. Nach hM wird eine Subsumption von Umtauschanleihen mit Bezugsrecht auf bereits bestehende Aktien unter den gesellschaftsrechtlichen Begriff der Wandelschuldverschreibung klar verneint. Demnach bedarf die Emission eines Exchangeables mit Besicherung durch alte Aktien in Österreich und Deutschland nicht der Beschlussfassung der Hauptversammlung, sondern liegt für gewöhnlich, wie im Fall einer herkömmlichen Anleihenemission, in der alleinigen Verantwortung des Vorstandes. Droht im Zuge einer Umtauschanleihenemission jedoch das Unterschreiten eines satzungsmäßig festgelegten Unternehmensgegenstandes bzw. soll mit Hilfe eines Exchangeables eine als „wesentlich" zu bezeichnende Tochtergesellschaft veräußert werden, bedarf dies einer Satzungsänderung der emittierenden Gesellschaft und damit einem Hauptversammlungsbeschluss mit Drei-Viertel-Mehrheit.

Eine Umtauschanleihe ist unter restriktiven Voraussetzungen auch unter Mitwirkung der Zielgesellschaft und Bereitstellung „neuer" Basiswertaktien aus einer bedingten Kapitalerhöhung denkbar (bspw. Going Public Exchangeable bei Börseneinführung eines Tochterunternehmens). Da eine solche Emission jedoch voraussetzt, dass das Tochterunternehmen eine Mitschuld/Mithaftung für die Anleihe übernimmt, weiters das Bezugsrecht garantiert, die Hauptversammlung des Tochterunternehmens zur Kapitalerhöhung mit Drei-Viertel-Mehrheit abstimmt, sowie den Aktionären des Tochterunternehmens ein vertragliches Bezugsrecht auf die Umtauschanleihe seitens der emittierenden Muttergesellschaft eingeräumt wird (falls man ein solches Bezugsrecht nicht mittels HV-Beschluss des Tochterunternehmens ausschließt), wird deutlich, dass eine Besicherung von Optionsrechten aus Exchangeables mit bereits bestehenden Aktien ungleich einfacher ist.

Da eine Umtauschanleihenemission im Regelfall ohne (bedingte) Kapitalerhöhung des Basiswert-Unternehmens erfolgt, entfällt für den Anleiheninvestor bei Ausübung seines Umtauschrechts auch ein gegenüber der emittierenden Gesellschaft durchsetzbarer Rechtsanspruch auf Aktien der Bezugsgesellschaft. Damit ist der Exchangeable Bond-Investor von der pflichtgemäßen Handlung des Vorstands des Emittenten bzw. einer Verschaffung von Basiswertaktien durch diesen abhängig. Er kann keinerlei Ansprüche gegen die Zielgesellschaft geltend machen. Auch Verschmelzungen, Spaltungen und Kapitalmaßnahmen des Basiswerts können die Rechts- und Vermögensposition eines Umtauschobligationärs wesentlich beeinflussen. Da etwa eine Anwendung gesetzlicher Schutzbestimmung für Inhaber von Wandelschuldverschreibungen auf Exchangeable Bond Investoren an einer fehlenden Gläubigerstellung des Umtauschanleiheninvestors am Underlying scheitert, kommt vertraglichen Verwässerungsschutzbestimmungen eine große Bedeutung zu. Fehlen solche, kann aus allgemeinen zivilrechtlichen Grundsätzen geschlossen werden, dass dem Anleger ein Anspruch auf vorzeitige Beendigung des Vertrags oder auf entsprechende Anpassung zusteht.

Umtauschanleihen können in Österreich einerseits zum Handel an der Börse zugelassen werden (wofür die Bestimmungen des Börsegesetzes zu beachten sind). Andererseits können sie außerbörslich über ein öffentliches Kaufoffert angeboten werden (wobei die Bestimmungen des Kapitalmarktgesetztes zur Anwendung kommen). Mit Hilfe der Wahl des Anleihennennbetrags und einer hieraus folgenden möglichen Einstufung eines Exchangeables als Euro-Wertpapier verhindern österreichische wie deutsche Emittenten oftmals eine Prospektpflicht. Soll eine Umtauschanleihe an der Wiener Börse notiert werden, ist neben den Zulassungsvoraussetzungen für das jeweilige Marktsegment und die jeweilige Wertpapiergattung auch zu beachten, dass die Wertpapiere, auf die sich das Umtausch- oder Bezugsrecht bezieht, spätestens gleichzeitig zum Börsehandel zugelassen werden müssen. Dies ist insbesondere bei sog. Going Public Exchangeables von Bedeutung. Eine Börsennotiz von Umtauschanleihen ist in Österreich auch insofern von Bedeutung, als hierdurch ein Einwand aus Spiel und Wette ausgeschlossen werden kann.

Im Sinne der Beteiligungspublizität des Börsegesetzes kann sowohl für den Investor, als auch den Emittenten einer Umtauschanleihe beim Erreichen bzw. Über- oder Unterschreiten bestimmter Schwellenwerte an Stimmrechtsanteilen eine Meldepflicht entstehen. In Abhängigkeit davon, ob eine Umtauschanleihe mit einer Bartilgungsoption ausgestattet wurde, kann diese Verpflichtung im Zeitpunkt des Eigentumstransfers am Basiswert oder bereits bei Erwerb der Umtauschanleihe entstehen. Darüber hinaus ist in Betracht zu ziehen, dass Exchangeables unter bestimmten Voraussetzungen Gegenstand eines Pflichtangebots nach dem österreichischen Übernahmegesetz werden können. Dies kann für das übernehmende Unternehmen gegebenenfalls eine empfindliche Erhöhung des Liquiditätsbedarfs bedeuten.

Wird eine Umtauschanleihe ohne Mitwirkung der Zielgesellschaft begeben, ist diese weder nach HGB noch nach EStG als Wandel- oder Optionsanleihe zu bezeichnen und wird deshalb beim Emittenten bilanz- und steuerrechtlich als reine Fremdkapitalmaßnahme behandelt. Die buchhalterische Behandlung einer Umtauschanleihe beim Schuldner hängt nach erfolgter Emission davon ab, ob der Emittent einen Deckungsbestand in Gestalt der eventuell zu liefernden Aktien vorhält, oder ob die Verbindlichkeit des Emittenten ungedeckt ist. Im ersten Fall kann ein Gewinn handels- und steuerbilanziell nur dann entstehen, wenn der Buchwert der Verbindlichkeit den Buchwert des Deckungsstands übersteigt. Da Umtauschanleihen es ermöglichen den Realisationszeitpunkt einer Beteiligungsveräußerung aufzuschieben, waren sie in Deutschland bis zum Jahr 2001 ein beliebtes Instrument, um vorab von der Beginn 2002 in Kraft tretenden Steuerbefreiung von Beteiligungsveräußerungen zu profitieren. Nach österreichischem Körperschaftssteuerrecht ist ein solcher Veräußerungsgewinn, mit Ausnahme des internationalen Schachtelprivilegs, grundsätzlich steuerpflichtig. Da ein im Fall einer Bartilgung oder einer Tilgung mit zum Marktwert erworbenen Aktien generierter Verlust steuerlich abzugsfähig ist, kann eine solche Tilgungsmöglichkeit in Deutschland aus rein steuerlichen Gründen vorteilhaft erscheinen.

Parallel zur Behandlung eines Exchangeables beim Emittenten, ist auch bei einem Investor, gleichgültig ob eine Umtauschanleihe mit oder ohne Mitwirkung der Zielgesellschaft zustande gekommen ist, bilanziell als einziger Vermögensgegenstand zu behandeln. Im Fall eines Umtausches handelt es sich um einen tauschähnlichen Vorgang, der alleine handelsbilanziell erfolgsneutral dargestellt werden kann. Die deutsche Finanzbehörde ist bei im Privatvermögen gehaltenen Exchangeables inzwischen dazu übergegangen, auch den Einlösegewinn im Fall eines Umtausches in Basiswertaktien zu besteuern. Das öBMF hat sich, im Unterschied zur deutschen Finanzverwaltung, bisher noch nicht zur Behandlung von Umtauschanleihen geäußert. Österreichische Emittenten von Exchangeables gingen bisher, auf Grund der wirtschaftlichen Nähe des Instruments zu Wandelanleihen, von einer steuerlichen Gleichbehandlung mit diesen aus. Nach hL wird der Umtausch eines Exchangeable in Aktien des Underlying, entgegen der Behandlung in Deutschland, als Tausch gewertet. Dies hat zur Folge, dass ein etwaiger Tauschgewinn bei im Privatvermögen gehaltenen Umtauschanleihen als Spekulationsgeschäft gewertet wird und damit innerhalb der einjährigen Behaltefrist dem progressiven Einkommenssteuersatz unterliegt. Werden Exchangeables im Betriebsvermögen gehalten, gilt ein Tauschgewinn jedenfalls als betriebliche Gewinnrealisierung. Gleiches gilt für den Verkauf der erhaltenen Aktien. Ein Vergleich der steuerrechtlichen Einordnung von Umtauschanleihen mit verwandten Instrumenten (Wandelanleihe, Aktien- und Indexanleihen) zeigt, dass die Besteuerung hybrider Finanzinstrumente in Österreich, wie auch in Deutschland, bisher wenig systematisch erfolgt. Folglich erscheint eine grundlegende Reform des für das Privatvermögen geltenden Systems der Besteuerung von Kapitalerträgen überlegenswert.

3. Analyse der Umtauschanleihen europäischer Emittenten

3.1. Einleitung

In diesem Kapitel erfolgt eine eingehende Beschreibung von Umtauschanleihen, welche zwischen 1987[432] und 2003 durch europäische Emittenten bzw. deren Finanzierungstochtergesellschaften begeben wurden. Neben den grundsätzlich möglichen *Ausstattungsmerkmalen* von Exchangeables werden *vereinbarte Konditionen* europäischer Umtauschanleihen untersucht. Die Erkenntnisse dieser deskriptiven Analyse sollen zum einen Rückschlüsse auf die institutionellen Besonderheiten dieses Finanzierungs- und Restrukturierungsinstruments ermöglichen und zum anderen die Grundlage für Gruppenbildungen für die anschließende empirische Untersuchung bilden.

3.2. Zusammenstellung der untersuchten Anleihen

Bei der Auswahl von Umtauschanleihen wurde auf das Finanzinformationssystem *Dealogic/Bondware* zurückgegriffen. Hiermit wurde der Zeitraum zwischen 1980 und 2003 zunächst auf alle konvertiblen Anleihen (exklusive Optionsanleihen) europäischer Emittenten hin untersucht. Im nächsten Schritt wurden jene konvertiblen Anleihen ermittelt, bei welchen der Emittent und Basiswert voneinander abwichen. Daraufhin wurden Umtauschanleihen von der Gruppe internationaler Wandelanleihen[433] abgesondert. Hierzu wurden aus der Untersuchungsgruppe all jene Emissionen als internationale Wandelanleihenemissionen abgesondert, bei welchen der Anleihenemittent als Finanzierungstochtergesellschaft des Basiswerts zu charakterisieren war. Die verbleibenden 172 Anleihentranchen waren der Gruppe der Umtauschanleihen zuzuordnen.[434] Diese umfassen grundsätzlich auch Privatplatzierungen, welche einem beschränkten Personenkreis angeboten wurden.

---

432 Erstes Jahr der untersuchten Periode von 1980 bis 2003, in welchem eine Umtauschanleihe begeben wurde.

433 Siehe Kapitel 2.2.3.4.

434 Siehe Tabelle 1 des Anhangs.

Die folgende Abbildung stellt das *Emissionsvolumen* von Wandelanleihen jenem der Umtauschanleihen zwischen 1985 und 2003 in Europa gegenüber.[435] Vergleicht man die Entwicklung der Gesamtemissionsvolumina konvertibler Anleihen mit der Entwicklung eines europäischen Aktienindex, so zeigt sich, dass die starke Zunahme von Equity-linked Emissionen in Europa, vor allem seit der zweiten Hälfte der 90er-Jahre des letzten Jahrhunderts, mit dem stetigen Aufwärtstrend an den europäischen Börsen einherging.

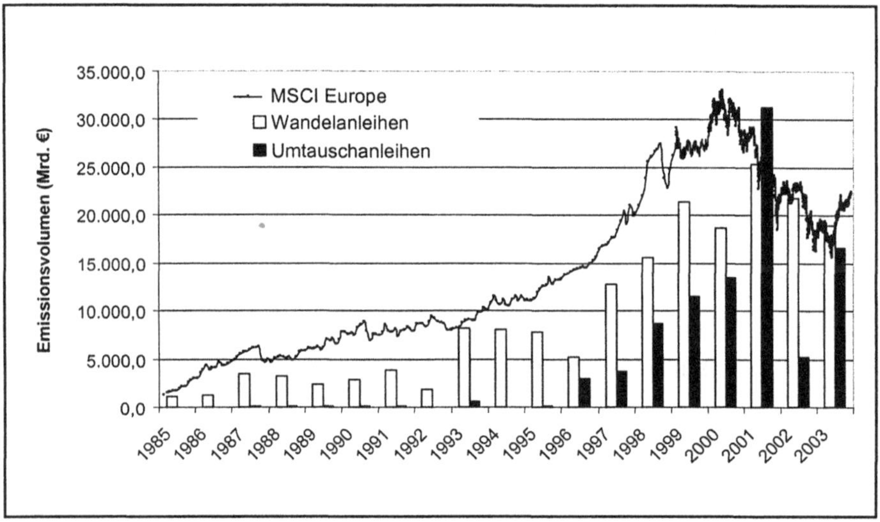

Abbildung 11: Emissionsvolumina europäischer Wandel- und Umtauschanleihen (1985-2003)[436]

Interessant erscheint, dass, nachdem der MSCI-Europe-Aktienindex im März 2000 seinen Höchststand erreicht hatte, das Emissionsvolumen konvertibler Anleihen im Gesamtjahr 2000 hinter dem Volumen in 1999 zurückblieb, im darauf folgenden Jahr aber mit Abstand seinen bisherigen historischen Höchststand verzeichnen konnte. Das Emissionsvolumen wandelbarer Anleihen kann durch das Bewertungsniveau am Aktienmarkt alleine jedoch nur ungenügend erklärt werden. Vielmehr stellen das *Zinsniveau* und die *Volatilität* an den Aktienmärkten wesentliche exogene Einflussfaktoren für Emissionen von Wandel- und Um-

---

435 Tabelle 2 und 3 des Anhangs geben das jährliche Emissionsvolumen und die Anzahl der Emissionen getrennt nach Wandel- und Umtauschanleihen zwischen 1980 und 2003 an.

436 Quellen: *Dealogic/Bondware* und *Bloomberg*.

tauschanleihen dar.[437] Diese Faktoren erklären das anhaltend hohe Emissionsvolumen in den Jahren 2001 und 2002 – einer Periode, welche sowohl durch ein niedriges Zinsniveau, als auch durch eine hohe Volatilität an den Aktienmärkten gekennzeichnet war. Das Gesamtemissionsvolumen von Wandel- und Umtauschanleihen überschritt im Jahr 2001 in Europa zum ersten Mal die 50 Mrd. €-Grenze. Die zunehmende Deregulierung von *Hedge-Fonds*, welche die Nachfrage nach konvertiblen Anleihen dominieren, und der damit einhergehende hohe Kapitalzufluss zu dieser Anlageform, wirkten sich positiv auf die Nachfrage nach konvertiblen Anleihen aus.[438]

Neben gemeinsamen Einflussfaktoren weisen Wandel- und Umtauschanleihen aber auch *spezifische Bestimmungsgrößen* auf. Diese zeichnen dafür verantwortlich, dass sich, vor allem seit der zweiten Hälfte der 90er-Jahre, Umtauschanleihen neben „klassischen“ Wandelanleihen immer stärker durchsetzen konnten. In 2001 übertraf das Emissionsvolumen von Umtauschanleihen erstmals das der Wandelanleihen. Im darauf folgenden Jahr fiel das Volumen allerdings wieder deutlich hinter das der Wandelanleihen zurück. Über den gesamten Untersuchungszeitraum hinweg blieb die Zahl der im Mittel pro Jahr in Europa emittierten Umtauschanleihen (7) deutlich hinter den emittierten Wandelanleihen (36) zurück. Selbst im „Boomjahr“ 2001 übertraf die Zahl der Wandelanleihen (70) die der emittierten Umtauschanleihen (42). Hiermit wird deutlich, dass das *durchschnittliche Emissionsvolumen von Umtauschanleihen das von Wandelanleihen deutlich übersteigt* – im Durchschnitt waren zwischen 1987[439] und 2003 emittierte Umtauschanleihentranchen mehr als zweieinhalb mal so groß wie Wandelanleihentranchen.

---

437 Mittels Regressionsanalyse monatlicher Emissionsvolumina von Wandel- und Umtauschanleihen zwischen 1987 und 2001 in Europa mit der 250 Tage Volatilität des europäischen Aktienindex EuroStoxx 50, sowie einem Swap-Zinssatz konnte zwischen den untersuchten Größen ein statistisch signifikanter Zusammenhang nachgewiesen werden. Für einige andere untersuchte Einflussfaktoren, unter anderem auch die Renditen des EuroStoxx 50, konnte jedoch kein signifikanter Einfluss auf das Emissionsvolumen von Wandel- und Umtauschanleihen nachgewiesen werden, vgl. *Aboltina/Skutelis* (2001), S. 25.

438 Schätzungen zufolge wurden im Jahr 2001 etwa 80% des Emissionsvolumens von Wandel- und Umtauschanleihen von Hedge Fonds gekauft, vgl. *Landesbank Baden-Württemberg* (2002).

„While a large portion of convertible issues is bought by hedge funds, the remainder is usually bought by dedicated convertible funds which have a more buy-and-hold approach to investment. Some issues with higher coupons attract fixed income investors. If volatility continues to decline, the importance of dedicated convertible funds may increase“; *„Will the convertible bull run continue?“*, in *Euroweek* vom 29. August 2003.

439 Siehe FN. 432.

Während sich ein hohes Niveau an *M&A-Aktivität* grundsätzlich positiv auf die Emissionstätigkeit von Wandelanleihen auswirkt, da dieses Instrument häufig zum Zweck der Akquisitionsfinanzierung eingesetzt wird, ist der Markt für Fusionen und Übernahmen für die Emission von Umtauschanleihen von untergeordneter Relevanz.[440] Im Gegensatz dazu übt ein stärkeres Ausrichten von Unternehmenszielen auf die *Steigerung des Shareholder Value* und ein hiermit einhergehender Verkauf von Vermögenswerten in Unternehmensrandbereichen einen wesentlichen Einfluss auf das Angebot von Umtauschanleihen aus.

3.3. Ausstattungsmerkmale von Umtauschanleihen

Umtauschanleihen stellen wie Wandel- und Optionsanleihen eine *Kombination von Anleihen- und Aktienkomponenten* dar. Hieraus ergibt sich eine Vielzahl möglicher Parameter, welche abhängig von der Intention des Emittenten, seinem Finanzierungsbedarf und dem Kapitalmarktumfeld im Zeitpunkt der Emission ausgestaltet werden. Im Folgenden soll auf die einzelnen Komponenten und deren Ausgestaltung bei den untersuchten Emissionen eingegangen werden. Gegebenenfalls werden Vergleiche zu Wandelanleihen gezogen.

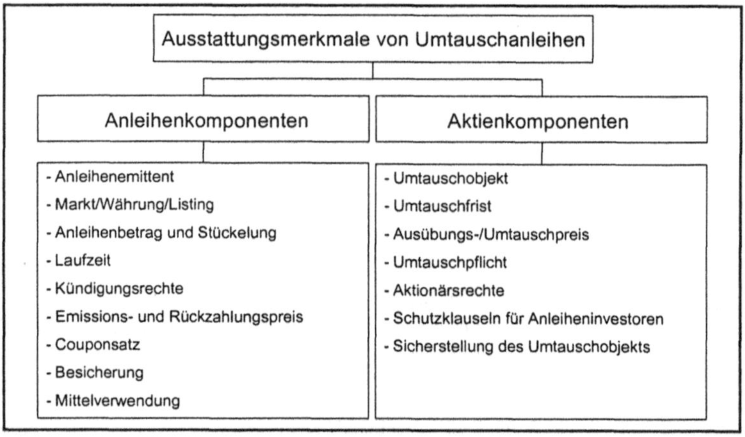

Abbildung 12: Ausstattungsmerkmale von Umtauschanleihen[441]

---

440 Im untersuchten Zeitraum wurde lediglich einmal eine Umtauschanleihe als Akquisitionswährung eingesetzt. 1997 finanzierte die französische Handelskette Rallye die Übernahme der französischen Supermarktkette Casino teilweise mit einer Umtauschanleihe. Die Anleihe bot Investoren eine mögliche Wandlung in Aktien von Casino zu einem späteren Zeitpunkt.

441 Für eine Einteilung der Ausstattungsmerkmale bei Options- und Wandelanleihen in Anleihen- und Aktienkomponenten siehe *Zwyssig* (1993), S. 127 u. *Herzog* (1991), S. 52.

3.3.1. Anleihenkomponenten

3.3.1.1. Anleihenemittent

Bei der Beurteilung von internationalen Anleihen[442] wird nach einem Top-Down-Ansatz in einem ersten Schritt das *Länderrisiko* des Emittenten beleuchtet. Dieses umfasst Gefahren, welche aus politischen und wirtschaftlichen Instabilitäten resultieren können. In einem nächsten Schritt wird das *Branchenrisiko* untersucht, welches die Zukunftsperspektiven und die Konkurrenzsituation eines Wirtschaftssektors abbildet, bevor die *unternehmensspezifischen* und schließlich auch die *titelspezifischen Risiken* untersucht werden. Gemäß dieser Systematik soll zunächst eine länder- und branchenweise Betrachtung von Umtauschanleihen durchgeführt werden, bevor auf emissionsspezifische Faktoren eingegangen wird.

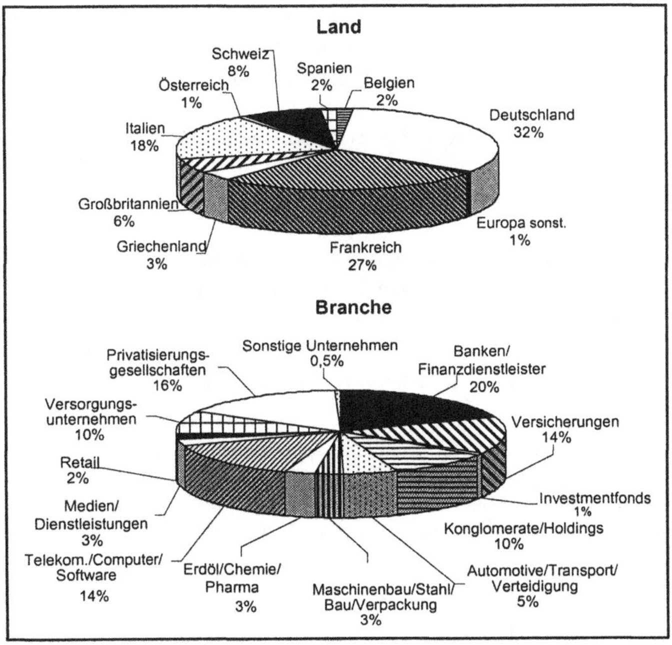

Abbildung 13: Umtauschanleihen: Länder- und Branchenaufteilung (Emittenten)[443]

442 Vgl. *Perridon/Steiner* (2002), S. 198.

443 Die Grafik stellt eine Aufteilung des Emissionsvolumens von Umtauschanleihen dar. Bei der länderweisen Darstellung wurde auf den Sitzstaat der Unternehmensleitung abgestellt. Über Finanzierungstochtergesellschaften in Offshore-Finanzzentren begebene Anleihen wurden im

Die *länderweise* Darstellung zeigt, dass auf deutsche und französische Unternehmen seit 1987[444] mehr als die Hälfte des Emissionsvolumens in Europa zurückgeht. In beiden Ländern übersteigt der Anteil am Emissionsvolumen den Anteil an begebenen Anleihetranchen – somit waren Unternehmen in diesen beiden Staaten zwischen 1987 und 2003 für überdurchschnittlich große Umtauschanleihenemissionen verantwortlich. Da England, neben den Vereinigten Staaten, oft als das Mutterland konvertibler Anleihen bezeichnet wird,[445] erscheint die geringe Bedeutung englischer Emittenten bemerkenswert. Dies kann einerseits darauf zurückgeführt werden, dass die „echte" Eigenkapitalfinanzierung im Vergleich zu Wandelanleihen in Großbritannien nach wie vor eine höhere Bedeutung genießt.[446] Andererseits hängt der geringe Einsatz von Exchangeables damit zusammen, dass britische Unternehmen, im Vergleich zu deutschen Unternehmen, weniger stark durch ein System von Kreuzbeteiligungen gekennzeichnet sind. Schweizerische Unternehmen verzeichnen mit 17%[447] einen relativ hohen Anteil an den emittierten Umtauschanleihentranchen. Vergleicht man diese Zahl jedoch mit dem Anteil am Emissionsvolumen von 8%, so zeigt sich, dass eidgenössische Unternehmen (und hier vor allem Banken und Versicherungen) Exchangeables mit oft unterdurchschnittlich hohem Anleihebetrag emittierten. Der überraschend große Anteil griechischer Unternehmen ist mit dem oftmaligen Zurückgreifen der griechischen Regierung auf das Instrument Umtauschanleihe bei Privatisierungen zu erklären.[448]

Die Untergliederung nach der *Branche* des Emittenten zeigt, dass Umtauschanleihen vor allem von Banken- und Versicherungen, sowie von Konglomeraten und Holdinggesellschaften eingesetzt wurden. Im Unterschied hierzu ist die Stellung dieser Segmente beim Emissionsvolumen von Wandelanleihen weniger deutlich ausgeprägt.[449] Unternehmen dieser Branchen verzeichnen, verglichen mit ihrem

---

Staat der Konzernleitung erfasst. Die Aufteilung nach Branchen wurde nach dem überwiegenden Tätigkeitsbereich eines Unternehmens vorgenommen. Die zugrunde liegenden Daten werden im Anhang in den Tabellen 3 und 4 angegeben, Quellen: *Dealogic/Bondware* und *Bloomberg*.

444 Siehe FN. 432.

445 Vgl. *Hirte* in *Lutter/Hirte*, Wandel- und Optionsanleihen, S. 3.

446 Vgl. *Goulding* in *Lutter/Hirte*, Wandel- und Optionsanleihen, S. 89.

447 Siehe Tabelle 4 des Anhangs.

448 Zwischen 1998 und 2001 wurden Umtauschanleihen bei insgesamt 4 griechischen Privatisierungsvorhaben eingesetzt.

449 Siehe Tabelle 5 des Anhangs. Auch *Ammann/Kind/Wilde* gehen der Frage nach, ob sich Wandelanleihenemittenten wesentlich von Umtauschanleihenemittenten unterscheiden. Ihr kleines Sample an Umtauschanleihen (7) erlaubt jedoch keine generellen Aussagen. Betreffend des Pricings kommen sie allerdings zum Schluss, dass kein fundamentaler Unterschied

Anteil am Emissionsvolumen von Umtauschanleihen, nur einen etwa halb so großen Anteil am Wandelanleihenvolumen. Dies verdeutlicht den Stellenwert von Umtauschanleihen als *Instrument des Beteiligungsmanagements*. Der Steuerung des Beteiligungsportfolios wird in Finanzdienstleistungs- und Holdingunternehmen große Bedeutung beigemessen, da der Gesamtunternehmenserfolg dieser Unternehmen zu einem wesentlichen Teil auch vom Beteiligungsergebnis abhängt. Umtauschanleihen wurden zu einem wesentlichen Teil auch von staatsnahen Unternehmen emittiert. Dies unterstreicht die Position von Umtauschanleihen als *Privatisierungsinstrument*. Unternehmen des Segments Telekommunikation/Computer/Software zeichnen sich ebenfalls durch einen großen Anteil am Emissionsvolumen von Umtauschanleihen aus. Dieser Anteil entspricht der generell hohen Bedeutung, welcher der Finanzierung mittels konvertibler Anleihen in diesen Branchen zukommt.

3.3.1.2. Markt/Währung/Listing

Umtauschanleihen wurden beinahe ausschließlich im *Markt für internationale Anleihen* bzw. *Euroanleihen* begeben.[450] Zwischen 1987[451] und 2003 wurden nur etwa 8% der untersuchten Anleihen als *Inlandsanleihen* emittiert. Ein kleiner Anteil von insgesamt 3% aller in diesem Zeitraum begebenen Umtauschanleihentranchen wurde auch unter der *Rule 144A* in den USA registriert. Mit der Einführung dieser Regelung hat die SEC insbesondere für ausländische Emittenten erhebliche Verfahrenserleichterungen für Privatplatzierungen bei us-amerikanischen institutionellen Investoren geschaffen.[452] Trotzdem sind die Anforderungen für eine Emission in den USA immer noch als relativ hoch einzustufen, weshalb im Regelfall nur dann darauf zurückgegriffen wird, wenn dies vor dem Hintergrund des zu platzierenden Volumens erforderlich scheint.[453]

Wie Abbildung 14 zeigt, ist bei Umtauschanleihen der *Euro* (bzw. seine Vorgängerwährungen) die mit Abstand bevorzugte *Emissionswährung*. Vor allem große Emissionen wurden in der Gemeinschaftswährung abgewickelt. Rund 13% des Emissionsvolumens wurden in US-Dollar begeben. Vergleicht man das in Dollar begebene Volumen von Umtauschanleihen mit jenem von Wandelanleihen,

---

in der Bewertung von Wandel- und Umtauschanleihen besteht; vgl. *Ammann/Kind/Wilde* (2003), S. 15.

450 Für begriffliche Definitionen siehe Kapitel 2.2.1.2.

451 Siehe FN. 432.

452 Vgl. *Achleitner* (2000), S. 539.

453 *Ransmayr*, Head of Origination der Bank Austria Creditanstalt AG, zufolge ist eine Registrierung einer Umtauschanleihe unter Rule 144A erst ab einem Emissionsvolumen von ca. einer Mrd. € sinnvoll.

zeigt sich, dass Dollaremissionen bei Umtauschanleihen eine deutlich geringere Rolle spielen. Gleiches gilt auch für auf Britische Pfund und auf Schweizer Franken lautende Schuldverschreibungen.

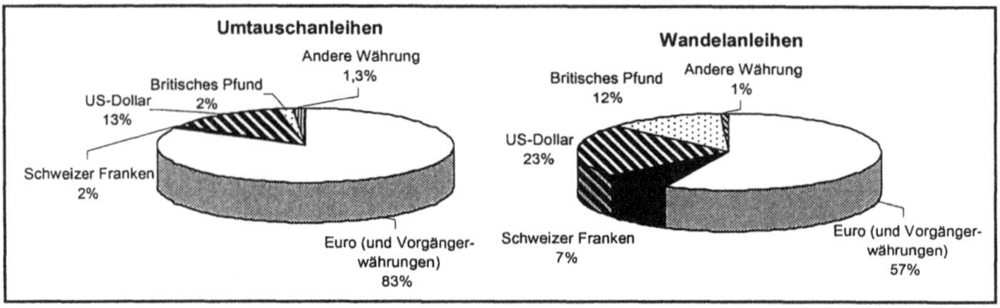

Abbildung 14: Emissionswährung von Umtausch- und Wandelanleihen[454]

Knapp ein Viertel (22%) der untersuchten Umtauschanleihen wurde zunächst im Wege einer *Privatplatzierung* emittiert. Auch diese Obligationen sind grundsätzlich börsenfähig und werden, wie die Abbildung 15 zeigt, zumeist auch später an einer Börse notiert. Nur rund 2% der untersuchten Umtauschanleihentranchen wurde nicht gelistet. Die Börsenfähigkeit spielt im Zusammenhang mit der Platzierbarkeit eine wichtige Rolle. Insbesondere institutionelle Anleger legen vielfach Wert darauf bzw. sind gesetzlich oder gemäß ihren Statuten zu einer Börsennotierung verpflichtet. Die Börsennotiz wird somit für eine erfolgreiche Platzierung oftmals zu einem notwendigen Prädikat.[455]

Für deutsche institutionelle Investoren ist es beispielsweise von Bedeutung, ob ein Wertpapier nach §§ 54 a und 54 b dVAG deckungsstockfähig ist. Der Deckungsstock umfasst das gebundene Vermögen einer Versicherungsgesellschaft. In den Deckungsstock können grundsätzlich *„Inhaberschuldverschreibungen, welche in einem Mitgliedsstaat der EU an einer Börse zum amtlichen Handel zugelassen oder in einem anderen organisierten Markt einbezogen sind, der anerkannt und für das Publikum offen und dessen Funktionsweise ordnungsgemäß ist"*, einbezo-

454 Die Grafik stellt eine Aufteilung des Emissionsvolumens von Umtausch- und Wandelanleihen nach der Emissionswährung dar. Die zugrunde liegenden Daten werden im Anhang in Tabelle 6 angegeben, Quellen: *Dealogic/Bondware* und *Bloomberg*.

455 Vgl. *Siebel* (1997), S. 19 f.

gen werden.[456] In anderen europäischen Ländern gelten vergleichbare Bestimmungen.[457]

Die nachfolgende Abbildung 15 veranschaulicht, dass die *Luxemburger Börse* der mit Abstand bevorzugte *Listingplatz* für Exchangeables in Europa ist. Rund 70% des seit 1987[458] emittierten Umtauschanleihevolumens wurde an dieser Börse eingeführt. Der Vergleich mit Notierungen europäischer Wandelanleihen macht deutlich, dass sich Umtauschanleihen auch bezüglich des Listings von Wandelanleihen unterscheiden. Neben einer gesteigerten Wahrnehmung durch internationale Investoren an den von Umtauschanleihenemittenten zumeist frequentierten Börsen, fließen aber auch noch andere Überlegungen, wie etwa die Unterstützung lokaler Börseplatze, in Notierungsüberlegungen mit ein.[459]

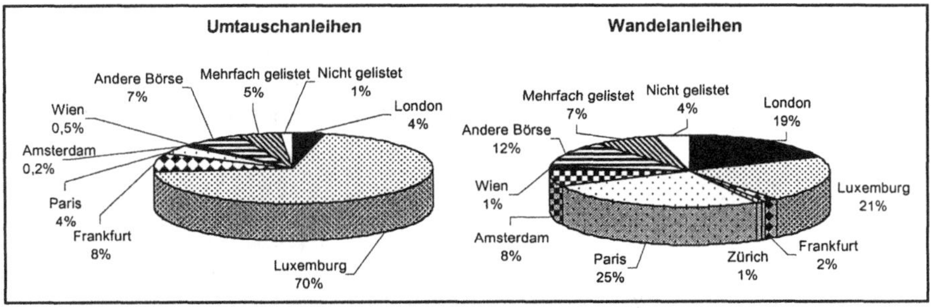

Abbildung 15: Listing von Umtausch- und Wandelanleihen[460]

---

456 § 54 a dVAG.

457 Für Österreich siehe § 21 Abs 1 iVm § 78 Abs 1 öVAG. Für einen Überblick zu Bestimmungen in Frankreich und der Schweiz siehe *Siebel* (1997), S. 82 f.

458 Siehe FN. 432.

459 So wurden 2 der 3 bisher durch österreichische Emittenten begebenen Umtauschanleihen auch an der Wiener Börse gelistet. Wie *Ransmayr*, Head of Origination der Bank Austria Creditanstalt AG, anmerkte, wollte die Bank Austria Creditanstalt mit der Kotierung ihrer Umtauschanleihe (wandelbar in Aktien der Wienerberger AG) an der Wiener Börse auch den österreichischen Kapitalmarkt stärken.

Der Kotierungsplatz ist aber für die Sekundärmarktliquidität von untergeordneter Bedeutung. Nur etwa 5% des Handelsvolumens mit Umtauschanleihen werden über die Börse, 95% aber über den Inter-Bankenhandel abgewickelt.

460 Die Grafik stellt eine Aufteilung des Emissionsvolumens von Umtausch- und Wandelanleihen nach den Listingplätzen dar. Die zugrunde liegenden Daten werden im Anhang in Tabelle 7 angegeben, Quellen: *Dealogic/Bondware* und *Bloomberg*.

3.3.1.3. Anleihenbetrag und Stückelung

Die Festsetzung des *Anleihenbetrags* steht dem Emittenten grundsätzlich frei. Zum einen ist der Betrag vom Finanzierungsbedarf des begebenden Unternehmens und dessen Verschuldungsgrad, welcher den Freiraum bei der Aufnahme neuen Fremdkapitals mit beeinflusst, abhängig. Zum anderen hängt das Emissionsvolumen einer Umtauschanleihe auch vom Beteiligungsbesitz des Emittenten ab. Schließlich muss der zukünftige Anleihenschuldner bestimmen, welcher Anteil seines Beteiligungsportfolios der Schuldverschreibung als Basiswert unterliegen soll.

Will ein Emittent ein großes Aktienpaket veräußern und wird befürchtet, dass ein vollständiges Platzieren über die Börse nur mit einem hohen Abschlag vom bestehenden Börsenkurs möglich wäre, wird immer häufiger auf ein *„Dual Placing"* zurückgegriffen. In diesem Fall kombiniert man ein Initial Public Offering, oder ein Secondary Offering mit der Emission einer Umtauschanleihe.[461] Ein solches Vorgehen wurde etwa von der Beteiligungs- und Privatisierungsagentur der Republik Österreich beim Verkauf der Restbeteiligung an der Voestalpine AG iHv 34,7% gewählt.[462]

Im September 2003 wurden rund 20% der ausstehenden Aktien der Voestalpine über eine Platzierung an der Börse verkauft. Im Umfang der verbleibenden knapp 15% wurde eine Umtauschanleihe begeben, welche an institutionelle Investoren veräußert wurde.[463] Bei Ankündigung des Verkaufs stand zunächst nur fest, dass 10-15% an der Voestalpine über eine konvertible Anleihe verkauft werden sollten.[464] Das Secondary Offering an institutionelle Investoren wurde am 11. September bzw. für Privatinvestoren am darauf folgenden Tag eröffnet. Der Preis, der über die Börse zu platzierenden Aktien, welcher auch als Referenzpreis der Umtauschanleihe diente, wurde am Ende der Bookbuilding-Periode, am 18. Septem-

---

461 Zu Initial Public Offering (IPO) und Secondary Offering siehe etwa *Achleitner* (2001), S. 240 u. 573.

462 Dies war die erste Privatisierung in Europa, bei der eine Kombination aus Secondary Offering und Umtauschanleihe eingesetzt wurde, *„Voestalpine shares buoyed by state sale"*, in *Reuters News* vom 19. September 2003.

463 *„[...] Rund 20 Prozent des zu privatisierenden, insgesamt 34,7 Prozent umfassenden Vöst-Aktienpakets sei jene kritische Größe gewesen, die problemlos über die Börse zu verkaufen gewesen sei. Bei der Platzierung des Gesamtpakets wäre ein Aktienüberhang entstanden, der möglicherweise den Kurs gedrückt hätte", „Böhler-Verkauf im November ohne Umtauschanleihe"*, in *Der Standard* vom 10. Oktober 2003.

464 Vgl. *„Austria seen selling voestalpine in shares, bond"*, in *Reuters News* vom 03. September 2003.

ber, festgesetzt.[465] Am folgenden Tag wurde die genaue Aufteilung der Aktien zwischen den beiden Platzierungsmethoden veröffentlicht.[466] Der Anteil an Aktien, welcher mittels Umtauschanleihe platziert wurde und damit auch der Umtauschanleihenbetrag waren Ergebnis des vorangegangenen Bookbuilding-Verfahrens.[467]

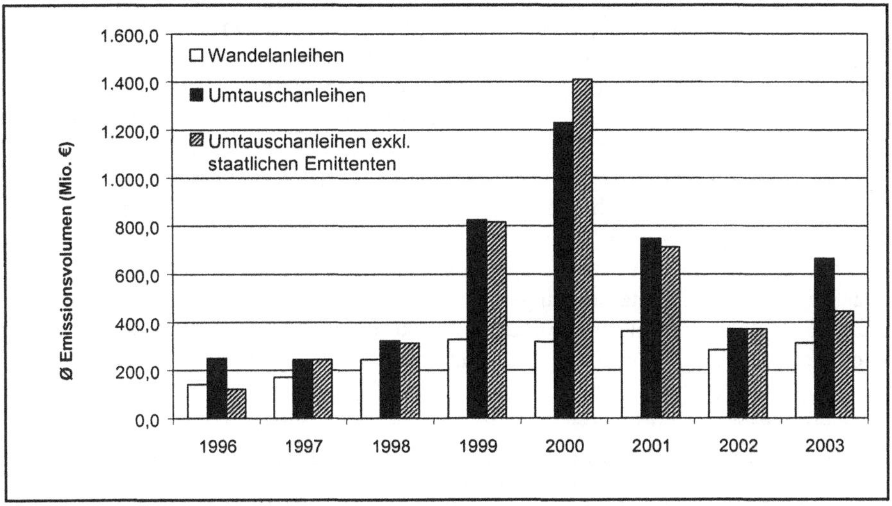

Abbildung 16: Durchschnittliche Anleihenbeträge von Umtausch- und Wandelanleihen[468]

---

465 Zum Bookbuilding-Verfahren siehe etwa *Achleitner* (2001), S. 483.

466 Vgl. „*DGAP-Ad hoc-Voestalpine AG*“, in *Reuters Ad Hoc* vom 19. September 2003.

467 Aussage von Frau *Haas* (ÖIAG, Rechtsabteilung) und Herrn *Piribauer* (ÖIAG, Beteiligungscontrolling).

468 In der Grafik wird der jährliche Mittelwert des Emissionsvolumens je Wandel-/Umtauschanleihetranche dargestellt. Da die geringe Anzahl von Umtauschanleihenemissionen vor 1996 eine Durchschnittsbetrachtung nicht sinnvoll erscheinen ließ, wurde lediglich der Zeitraum von 1996 bis 2003 dargestellt. Da vermutet wurde, dass das durchschnittliche Emissionsvolumen von Umtauschanleihen durch Privatisierungsanleihen verzerrt sei, wurde der durchschnittliche Anleihenbetrag von Exchangeables auch exklusive staatlicher Emittenten ermittelt. Jedoch lediglich in den Jahren 1996 und 2003 war das durchschnittliche Emissionsvolumen von Umtauschanleihen durch staatliche Schuldner wesentlich nach oben hin verzerrt. Im Anhang werden in Tabelle 3 Anzahl von Transaktionen und Emissionsvolumina auch exklusive staatlicher Emittenten angegeben; Quellen: *Dealogic/Bondware* und *Bloomberg*.

Wie Abbildung 16 zeigt, übertraf das durchschnittliche Emissionsvolumen von Umtauschanleihen das der Wandelanleihen seit 1996 in jedem Jahr. In der Periode zwischen 1987 und 2003 betrug der durchschnittliche Emissionsbetrag bei Umtauschanleihen 550 Mio. € (Median: 300 Mio. €). Eine Wandelanleihenemission erlöste im Durchschnitt im selben Zeitraum rund 212 Mio. € (Median: 91 Mio. €).[469] Der Unterschied zwischen Umtausch- und Wandelanleihen ist vor allem darauf zurückzuführen, dass ein Exchangeable beinahe ausschließlich ein *Instrument von Großunternehmen* ist. Die durchschnittlichen Anleihenbeträge nahmen sowohl bei Wandel-, als auch Umtauschanleihen zu. Trotzdem scheinen sich Umtauschanleihen nach den Jahren 1999 bis 2001 (welche durch großvolumige Transaktionen geprägt waren) wieder auf ein, den Wandelanleihen ähnliches Niveau, zurückzubewegen. Die Bandbreite emittierter Volumina war während des Betrachtungszeitraums sehr groß: Die größte Umtauschanleihe umfasste ein Emissionsvolumen von 5 Mrd. €,[470] die kleinste gerade mal ein Volumen von 14 Mio. €.[471] Ebenso ist bei Wandelanleihen die Streuung der Anleihenbeträge beachtlich: Die im Untersuchungszeitraum größte Wandelanleihe erlöste knapp 3,5 Mrd. € und wurde durch die France Telekom im November 2001 begeben. Die Kleinste brachte dem Emittenten nur knapp 0,5 Mio. € ein.[472]

---

469 Die hier betrachten Emissionsvolumina umfassen, soweit nicht anders angegeben, ausgenutzte Mehrzuteilungsoptionen (*Greenshoe*). Eine Mehrzuteilungsoption entspricht einer einseitigen Erhöhung des Anleihenbetrags durch den Emittenten. Sie kann nur ausgeübt werden, soweit sich der Emittent dieses Recht in den Angebotsunterlagen ausdrücklich vorbehalten hat.

470 Die deutsche Kreditanstalt für Wiederaufbau (KfW) gab Beginn 2003 ihre Absicht bekannt, bestehendes Fremdkapital refinanzieren zu wollen, um ihre Finanzierungskosten zu senken. Im Juli 2003 kündigte die KfW dann an, sich mit Hilfe einer Umtauschanleihe von einem Teil seiner Anteile an der Deutschen Telekom (DT) trennen zu wollen (im Zuge der Privatisierung der DT waren zwischen 1997 und 1998 rund 24% an der DT auf das Institut übertragen worden). Schließlich emittierte das Institut im Sommer 2003 eine Umtauschanleihe, welcher ein 5,8% Anteil an der Deutschen Telekom unterlag. Die Emission wurde nicht bei der US Securities and Exchange Commission registriert, weshalb das gesamte Emissionsvolumen iHv 5 Mrd. € (nach Ausübung einer Greenshoe-Option) im Euroraum platziert wurde. Dies war aufgrund des erstklassigen Ratings der Emittentin (AAA) und der hohen Liquidität des Basiswerts möglich. Da die KfW ein bedeutender Anteilseigner der DT blieb, war es von großer Bedeutung die Auswirkung der Transaktion auf den Aktienkurs des Basiswerts zu begrenzen. Nach der Emission fiel der Kurs der DT um 2,8% Die durch die KfW emittierte Umtauschanleihe wurde nicht nur ihrer Größe wegen, sondern auch aufgrund ihrer Bedeutung für zukünftige Privatisierungen als „Meilenstein" im Bereich der konvertiblen Finanzierung bezeichnet; *„ECM deal of the year 2003: KfW issue raised the visibility of convertibles"*, in *eFinancial News* vom 04. Januar 2004.

471 Umtauschanleihe der Dresdner Finance B.V. (Dresdner Bank), wandelbar in Anteile an General Electric, vom April 1998. Kleine Emissionen, wie diese, finden in der Wirtschaftspresse zumeist nur wenig Beachtung. Aus diesem Grund liegen für die Hintergründe dieser Anleihe keine weitergehenden Informationen aus der Presse vor.

472 Emission der Senea AB, Mai 2003.

Die *Stückelung* oder *Nominale* hängt vor allem von den anzusprechenden Investoren ab. Der Median der Untersuchungsgruppe liegt bei 1.000 €. Eine Durchschnittsbetrachtung alleine ist jedoch nur beschränkt aussagekräftig, reichen die verwendeten Nominalbeträge doch von 1 € bis 100.000 €.[473] Die griechische Regierung, welche bei Privatisierungen zwischen 1998 und 2001 mehrmals auf das Instrument der Umtauschanleihe zurückgriff, verwendete bei der Emission von Privatisierungszertifikaten, welche Anleiheninhaber zum begünstigten Bezug von Aktien staatlicher griechischer Gesellschaften berechtigen, mehrmals eine Nominale von 1 €.[474] Eine solch niedrige Stückelung wird meist dann gewählt, wenn die Emission auch das Interesse privater Investoren wecken soll.

Die Nominale einer Umtauschanleihe bestimmt sich in manchen Fällen aber auch nach einem gewünschten Umtauschverhältnis der Anleihe in Aktien des Basiswerts. So emittierte die France Telekom im Februar 2001, zeitgleich mit dem IPO der Tochtergesellschaft Orange, eine Going Public Umtauschanleihe. Die gesamte Anleihenemission war in rund 243 Mio. Aktien von Orange wandelbar. Dies entsprach 5% des Aktienkapitals am Tochterunternehmen. Die Nominale der Umtauschanleihe wurde mit 12,7 € so gewählt, dass bei einem Wandlungspreis von 12,7 €[475] eine Umtauschanleihe jeweils in eine Aktie des Tochterunternehmens gewandelt werden konnte. Außerdem richtet sich die Nominale danach, ob die Umtauschanleihe als *Euro-Wertpapier* gelten soll und man eine Prospektpflicht unter anderem damit ausschließen möchte, dass die Anleihe in Stückelungen von mindestens 40.000 € angeboten wird.[476] Aus diesem Grund wurden auch etwa alle bisher in Österreich emittierten Anleihen zu Nominalen von 50.000 € angeboten.[477]

3.3.1.4. Laufzeit

Grundsätzlich ist die längstmögliche Laufzeit von der tatsächlichen Laufzeit von Anleihen zu unterscheiden. Während die *längstmögliche Laufzeit* den maximalen Zeitraum von Beginn der Verzinsung bis zur abgeschlossenen Rückzahlung laut Anleihenvertrag angibt, kann die *tatsächliche Laufzeit* aufgrund eines Kündi-

---

473 Die Emission der Siemens Nederland NV vom Juli 2000, wandelbar in Anteile der Infineon Technologies AG, wies eine Nominale von 100.000 € auf.

474 So etwa bei der Emission von Privatisierungszertifikaten im September 1998, oder etwa bei einer *Going Public Privatisierungs-Anleihe*, wandelbar in Aktien der Hellenic Tourist Properties (ETA) im Juli 2001.

475 Entspricht einer Prämie von 27% auf den Emissionspreis von 10 €/Aktie.

476 Zum Begriff des *Euro-Wertpapiers* siehe Kapitel 2.2.1.2.

477 Dies wurde sowohl in einem Gespräch mit Mitarbeitern der ÖIAG (Frau *Haas* und Herrn *Piribauer)*, als auch in einem Interview mit Herrn *Ransmayr* (BA-CA), bestätigt.

gungsrechts des Emittenten bzw. eines Kündigungs- oder Wandlungsrechts des Investors von der längstmöglichen Laufzeit abweichen.[478] Die nachfolgende Grafik stellt die längstmöglichen Laufzeiten von Wandel- und Umtauschanleihen für den Zeitraum von 1996 bis 2003 einander gegenüber.[479]

Aus der nachfolgenden Abbildung 17 wird ersichtlich, dass *Umtauschanleihen* im Mittel mit einer *geringeren längstmöglichen Laufzeit als Wandelanleihen* emittiert werden. Über den hier dargestellten Untersuchungszeitraum von 1996-2003 betrachtet, betrug der Median der Laufzeiten emittierter Wandelanleihen rund 6,7 Jahre, während sich der Vergleichswert für Umtauschanleihen auf nur knapp 5 Jahre belief.[480]

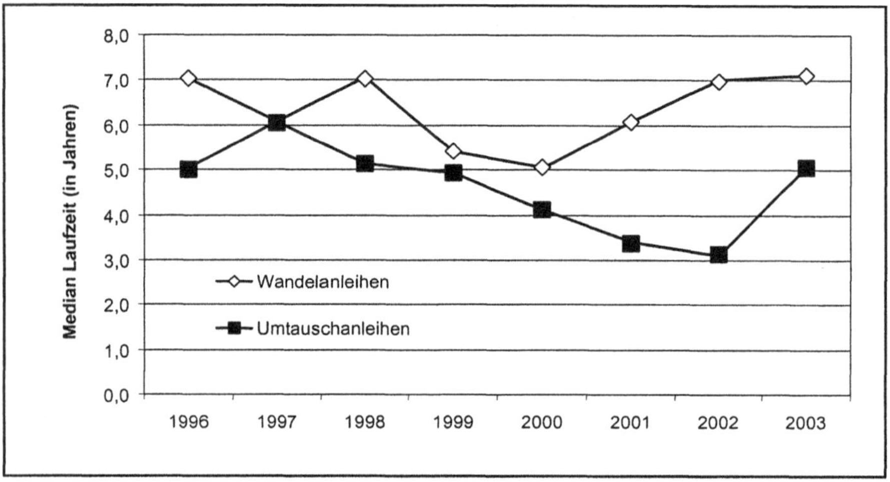

Abbildung 17: Längstmögliche Laufzeiten von Umtausch- und Wandelanleihen[481]

[478] Vgl. *Janssen* (1982), S. 55.

[479] Tabelle 8 des Anhangs gibt die durchschnittlichen Laufzeiten pro Jahr und die mit dem Emissionsvolumen gewichteten durchschnittlichen Laufzeiten pro Jahr für Wandel- und Umtauschanleihen für den gesamten Betrachtungszeitraum von 1980 bis 2003 an.

[480] Über den gesamten Untersuchungszeitraum von 1980-2003 betrachtet, belaufen sich die Median-Werte auf rund 9 Jahre (Wandelanleihen) und 5 Jahre (Umtauschanleihen). Siehe auch Tabelle 8 des Anhangs.

[481] Die zugrunde liegenden Daten werden im Anhang in Tabelle 8 angegeben; Quellen: *Dealogic/Bondware* und *Bloomberg*.

Interessant erscheint auch, dass sich die Laufzeiten emittierter Anleihen während des gesamten Untersuchungszeitraums (1980-2003) insgesamt deutlich verringerten. Wurden Wandel- und Umtauschanleihen 1980 im Mittel noch mit einer 13 jährigen Laufzeit ausgestattet, ein Wert, welcher 1987 sogar auf 15 Jahre anstieg, wiesen diese 2003 bei Emission bloß eine Laufzeit von 7 Jahren auf.[482]

Die *Wahl der Laufzeit* ist grundsätzlich vom *Verwendungszweck*[483] bzw. der geplanten *Kapitalbindung* abhängig. Darüber hinaus wird sie aber auch durch die *Marktverhältnisse* bei Emission sowie marktübliche Rahmenbedingungen beeinflusst. Geht der Emittent im Zeitpunkt der Begebung der Anleihe von steigenden Zinsen aus, kann eine längere Laufzeit für ihn attraktiv erscheinen. Hierbei ist aber zu berücksichtigen, dass sich eine längere Laufzeit wiederum kostenerhöhend auswirkt, da Investoren für ein höheres Insolvenz- und Zinsänderungsrisiko entschädigt werden wollen.

Zu diesen Einflussfaktoren auf die Laufzeit einer Anleihe kommt außerdem die mit der Emission verfolgte *Zielsetzung des Schuldners.* Wie *Zwyssig* für Wandelanleihen ausführt, werden Emittenten mit einem dringenden Eigenkapitalbedarf versucht sein, Anleihen mit einer möglicht kurzen Laufzeit am Markt zu platzieren.[484] Dieser Meinung kann entgegengehalten werden, dass eine Verbindlichkeiten bei zunehmender Laufzeit zusehens Eigenkapitalcharakter annimmt[485] und vielmehr das Zusammenwirken der Laufzeit und der Parameter des Optionsrechts den Eigen- bzw. Fremdkapitalcharakter einer konvertiblen Anleihe bestimmen.[486] Während der Umtausch im Fall von Wandelanleihen zur Zuführung neuen Eigenkapitals bei der Gesellschaft führt, generiert der Emittent einer Umtauschanleihe bei Wandlung in der Regel einen Buchgewinn und erhöht somit bei Nichtausschüttung sein Eigenkapital.

---

482 Für Laufzeiten vor 1996 siehe Tabelle 8 des Anhangs.

483 Société Generale de Belgique (SGB), eine Tochtergesellschaft des französischen Unternehmens Suez, begab mittels einer Finanzierungstochtergesellschaft eine Umtauschanleihe mit bloß eineinhalbjähriger Laufzeit, der kürzesten Laufzeit einer Umtauschanleihe während des Untersuchungszeitraums. Bei Emission wurde kolportiert, dass SGB oder Suez seine „Kriegskasse" für geplante Akquisitionen füllen würde; *„Rumors fly on news of SGB capital plan"*, in *Reuters News* vom 03. Juli 1996.

484 Vgl. *Zwyssig* (1992), S. 136; ebenso *Janssen* (1982), S. 58. Dieser Aussage ist aber nur zuzustimmen, wenn, ceteris paribus, eine niedrige Umtauschprämie in Relation zur Volatilität des Underlying vereinbart wird.

485 Siehe hierzu etwa die Diskussion zur Behandlung latenter Steuern bei der Bilanzanalyse; vgl. etwa *Copeland/Koller/Murrin* (2000), S. 164 f.

486 Für Methoden zur Bestimmung des Eigen- oder Fremdkapitalcharakters von konvertiblen Anleihen siehe Kapitel 4.4.4.1 u. 4.4.4.2.

3.3.1.5. Kündigungsrechte

3.3.1.5.1. Emittentenkündigungsrechte

Die bei der Emission festgesetzte längstmögliche Laufzeit stimmt mit der tatsächlichen Laufzeit häufig nicht überein, da in den Anleihenbedingungen oft verschiedene Möglichkeiten einer vorzeitigen Kündigung vereinbart werden.

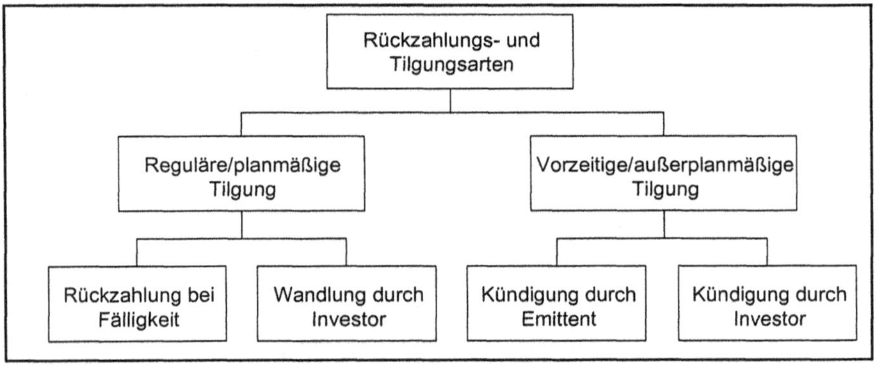

Abbildung 18: Rückzahlungs- und Tilgungsmöglichkeiten bei Umtauschanleihen

Neben der planmäßigen Rückzahlung des gesamten Anleihenbetrags am Schluss der Laufzeit kann auch die Tilgung durch Wandlung durch den Investor während der in den Anleihenbedingungen vereinbarten Wandlungsfrist zu den regulären Rückzahlungsmethoden gezählt werden. Umtauschanleihenbedingungen weisen durchwegs die Vereinbarung einer vollständigen Rückführung der Verbindlichkeit am Ende der Laufzeit aus. Eine gestaffelte Rückzahlung, wie sie teilweise für normale, nicht-konvertible Anleihen vorgesehen wird, ist für Umtauschanleihen von untergeordneter Bedeutung.

Zur Erhöhung der Flexibilität seiner Finanzplanung bedingt sich der *Emittent* einer Umtauschanleihe oft *Kündigungsrechte* aus. Verfügt er während der Laufzeit der Anleihe über überschüssige Liquidität, oder erlauben die Marktverhältnisse eine günstigere Refinanzierung, kann er die Anleihe vorzeitig zurückzahlen. Kündigungsrechte seitens des Emittenten lassen sich hierbei danach unterscheiden, ob sie lediglich vom Erreichen eines bestimmten Zeitpunktes abhängig sind („hard call provision"), oder ob sie vom Eintritt eines darüber hinausgehenden Ereignisses abhängen („soft call provision"). Im Untersuchungszeitraum wiesen

30%[487] der Umtauschanleihen eine sog. *Hard Call-Provision* auf – d.h. sie durften lediglich ab einem bestimmten, in den Anleihenbedingungen vereinbarten Zeitpunkt, außerplanmäßig durch den Emittenten gekündigt werden.[488]

Häufiger treten allerdings *Soft Call-Provisions* auf. Zumeist machen sie das Kündigungsrecht des Emittenten davon abhängig, dass der Kurs des Basiswerts den vertraglich vereinbarten Wandel- oder Umtauschpreis während einer bestimmten Anzahl von Tagen um einen bestimmten Prozentsatz überschreitet.[489] Der hierbei vereinbarte Schwellenwert lag bei den untersuchten Umtauschanleihen zwischen 110 und 150% des Umtauschpreises. Meist belief er sich auf rund 120 bis 130% dieses Wertes. Soft Call-Provisions traten über den gesamten Untersuchungszeitraum bei rund 48%[490] der untersuchten Schuldverschreibungen auf. Umtauschanleihen, welche entweder mit einer Hard-, oder mit einer Soft Call-Provision ausgestattet waren (71%[491] der untersuchten Anleihen), konnten bei einer mittleren längstmöglichen Laufzeit von 5 Jahren, im Durchschnitt bereits nach 3 Jahren durch den Emittenten gekündigt werden. Hieraus ergibt sich, bei frühestmöglicher Kündigung, eine theoretisch mögliche mittlere Laufzeitverkürzung von 2 Jahren.

---

487 Es blieben 4 von insgesamt 172 untersuchten Umtauschanleihen unberücksichtigt für die keine Angaben vorlagen.

488 Im Offering Circular der durch Suez Lyonnaise des Eaux begebenen Umtauschanleihe heißt es beispielsweise: „*Optional Redemption after certain date: The company shall have the right to redeem in one or more instalments on or after 31st December 2001, up to 50% of the total number of Bonds originally issued and on or after 31st December 2002, any remaining outstanding Bonds, in each case at a redemption price equal to the Accreted Value, thereof, plus Additional Amounts, if any, to but excluding the Redemption Date [...]*"; Offering Circular Suez Lyonnaise des Eaux (Umtauschanleihe wandelbar in Aktien von AXA) vom 06. April 1999, S. 15. Diese Klausel verbindet eine Hard Call-Provision mit der Option auf eine gestaffelte Rückzahlung.

489 So heißt es etwa im Offering Circular der durch die Siemens Nederland N.V. begebenen Umtauschanleihe: „*By giving not less than 15 and not more than 60 days' prior notice by publication in accordance with § 17 [Notices] of the Conditions, the Issuer may, at any time from and including 12. August 2003 redeem all or any part of the Notes, at their Amortised Principal Amount, if the XETRA-Quotation [...] times the then valid Exchange Ratio, on any 15 of the 30 consecutive Stock Exchange Trading Days immediately prior to the date of the notice, exceeds 115 per cent of the Amortised Principal Amount. No redemption in part may be made if after that redemption less than € 400,000,000 in aggregate nominal amount of the Notes remains outstanding*"; Offering Circular der Siemens Nederland N.V. (Umtauschanleihe wandelbar in Aktien der Infineon Technologies AG) vom 04. August 2000, S. 5.

490 Es blieben 4 von insgesamt 172 untersuchten Umtauschanleihen unberücksichtigt, für die keine Angaben vorlagen.

491 Ebenso.

Tatsächlich verkürzte sich die Laufzeit bei jenen Umtauschanleihen, welche durch den Emittenten gekündigt wurden, im Schnitt um 1,5 Jahre.[492]

Zwischen 1987[493] und 2003 fand eine klare *Entwicklung zu Soft Call-Provisions* statt – während von 1987 bis 1998 nur etwa 20% der Umtauschanleihen ein aktienkursabhängiges Kündigungsrecht vorsahen, waren es zwischen 1999 und 2003 bereist etwa 66%. Gleichzeitig nahm der Einsatz von Hard Call-Provisions von 58% (1987-1998) auf 12% (1999-2003) ab. Im Fall der außerplanmäßigen Tilgung durch den Emittenten sehen Anleihenbedingungen gelegentlich eine Rückzahlung über 100% bzw. gestaffelte Rückzahlungssätze vor. Dies soll dem Investor auch für den Fall einer vorzeitigen Rückzahlung eine angemessene Verzinsung bieten.[494]

Neben Hard- und Soft Call-Provisions behält sich der Emittent oftmals ein Kündigungsrecht für den Fall vor, dass nur mehr ein geringer Teil, idR 10-15% des Gesamtnennbetrags der Schuldverschreibung die ursprünglich ausgegeben wurde, ausständig ist (sog. *„clean up call"*).[495] Dies soll dem Schuldner ermöglichen, laufende Kosten aus einer großteils bereits umgetauschten Anleihe zu minimieren. Einen ähnlichen Zweck verfolgen Regelungen, welche dem Anleihenschuldner das Recht einräumen, Schuldverschreibungen im Markt oder anderweitig zu kaufen. Aufgrund der oft geringen Liquidität von Umtauschanleihen sind einem sol-

---

492 29 Umtauschanleihetranchen (17% aller untersuchten Tranchen) wurden durch den Emittenten gekündigt.

493 Siehe FN. 432.

494 Die Anleihenbedingungen der im Mai 1998 durch die Dresdner Finance B.V. begebenen Umtauschanleihe (wandelbar in Aktien der General Electric Co.) sahen bspw. vor, dass die Schuldverschreibung ab dem 07. Mai 2001 zu 115,9, ab dem 07. Mai 2002 zu 121,9 und ab dem 07. Mai 2003 zu 128,2 jederzeit (Hard Call-Provision) zurückgezahlt werden konnte.

Seltener treten Klauseln auf, welche eine im Zeitablauf abnehmende Rückzahlung festsetzen. Eine solche Ausgestaltung trat etwa bei der im September 1987 durch die Associated Newspapers Holdings plc begebenen Schuldverschreibung (wandelbar in Reuters Holdings plc) auf. Der Emittent setzte bei der jederzeit kündbaren Anleihe für September 1987 eine Rückzahlung von 106% an. Der Rückzahlungsbetrag sank bis zum planmäßigen Tilgungszeitpunkt am September 1993 auf 100%. Mit Hilfe einer solchen Klausel kann ein Emittent Investoren zu einer möglichst raschen Wandlung anhalten.

495 *„Redemption at the Option of the Issuer: The Bonds may be redeemed at the option of the Issuer in whole, but not in part, at their Accreted Principal Amount as at the relevant date fixed for redemption together with accrued interest to such date [...] at any time if prior to the date on which the relevant notice of redemption is given by the Issuer 85% or more in aggregate principal amount of the Bonds has been redeemed, exchanged or purchased and cancelled"*; Offering Circular Storebrand ASA (Umtauschanleihe wandelbar in Aktien der Orkla ASA) vom 05. März 2002, S. 28.

chen Rückkauf aber enge Grenzen gesetzt. Darüber hinaus weisen rund 15%[496] der untersuchten Umtauschanleihen ein Kündigungsrecht des Schuldners für den Fall einer wesentlichen Änderung der Steuergesetzgebung im Sitzstaat des Emittenten auf (sog. „*tax changes call*"). Ein solches Recht soll verhindern, dass dem Emittenten eine unvorhergesehene und unzumutbare Belastung in Folge einer Änderung der Steuergesetzgebung entstünde.[497]

Kündigungsrechte, welche dann ausgeübt werden, wenn sich Umweltfaktoren negativ entwickeln, stellen ein *Instrument der Risikovorsorge* dar. So kann der Schuldner im Fall einer Soft Call-Klausel seine Opportunitätskosten bei ungünstiger, d.h. einer positiveren als erwarteten Entwicklung des Basiswert-Aktienkurses, begrenzen.

3.3.1.5.2. Gläubigerkündigungsrechte

Neben Kündigungsrechten für Emittenten sehen Anleihenbedingungen auch *Gläubigerkündigungsrechte* vor. Außerordentliche Kündigungsrechte von Investoren finden sich bei beinahe allen internationalen Anleihen.[498] Sie dienen dem Gläubiger grundsätzlich dann, wenn der Emittent seinen Verpflichtungen nicht nachkommt oder ein Vermögensverfall eintritt. Als wohl wichtigster Kündigungsgrund ist hierbei der Verzug des Emittenten anzuführen. So genannte „*cross-default*"-Klauseln vereinbaren, dass dem Gläubiger das Recht zusteht, die Anleihe vorzeitig zu kündigen, falls der Emittent mit Zins- oder Tilgungszahlungen für eine andere Anleihe in Verzug gerät.[499] Ebenso wird die Einleitung eines Ausgleichs- oder Konkursverfahrens regelmäßig als Kündigungsgrund genannt. Nach österreichischem und deutschem Recht steht das außerordentliche Kündigungsrecht jedem einzelnen Anleihengläubiger zu. Dies steht im Gegensatz zu einigen anderen Rechtsordnungen, wie etwa der angloamerikanischen Vertragspraxis,

---

496 Es blieben 4 von insgesamt 172 untersuchten Umtauschanleihen unberücksichtigt, für die keine Angaben vorlagen.

497 Die entsprechende Klausel des Offering Circular, der durch Daily Mail and General Trust plc begebenen Umtauschanleihe, lautet: „*Redemption for Taxation Reasons: The Bonds may also be redeemed at the option of the Issuer in whole, but not in part, at any time [...] as a result of any change in, or amendment to, the laws or regulations of the United Kingdom or any political subdivision or any authority thereof or therein having power to tax, or any change in the application or official interpretation of such laws or regulations [...] and such obligation cannot be avoided by the Issuer taking reasonable measures available to it [...]*"; Offering Circular Daily Mail and General Trust plc (Umtauschanleihe wandelbar in Aktien von Reuters Holdings plc) vom 05. Juni 1997, S. 15.

498 Vgl. *Siebel* (1997), S. 500.

499 *Siebel* merkt hierzu an, dass in der Formulierung von „cross-default"-Klauseln und insbesondere bezüglich der Einschränkungen eine bemerkenswerte Vielfalt festzustellen ist, vgl. *Siebel* (1997), S. 508.

nach welcher das Recht zur Kündigung üblicherweise einem *„trustee"* zusteht. Ebenso ist nach schweizerischem Recht der Anleihenvertreter bzw. nach französischem Recht der *„représentant de la masse"* zur Kündigung ermächtigt.[500]

Kündigungsrechte aus der Nichterfüllung einer anleihenvertraglich vereinbarten Leistung des Emittenten sind grundsätzlich von solchen Gläubigerkündigungsrechten zu unterscheiden, welche eine Absicherung des Anleiheninhabers für den Fall bewirken sollen, dass der Aktienkurs des Basiswerts nicht über den Umtauschpreis ansteigt.[501] Solche *Put-Optionen* erfüllen den Zweck einer *Renditegarantie* und dienen dazu, die Nachfrage risikoaverser Investoren zu steigern.[502] Im Gegenzug erhöht sich auch das finanzielle Risiko des Emittenten, der sich im Falle ungenügender Liquiditätsreserven gegebenenfalls mit teurem Kapital refinanzieren muss.[503] Put-Optionen für Investoren treten jedoch relativ selten auf und waren nur bei rund 15% der untersuchten Umtauschanleihen Gegenstand des Anleihenvertrags.[504]

3.3.1.6. Emissions- und Rückzahlungspreis

Der *Emissionspreis* ist bei Ausgabe der Titel durch einen Investor aufzubringen. Er wird in Prozent der Nominale angesetzt und kann grundsätzlich einen Wert von 100% (Emission zu pari), einen niedrigeren (Disagioemission), oder einen höheren Wert (Agioemission) annehmen. Das Optionsrecht des Investors auf Wandlung in den Basiswert kann entweder in einem Aufgeld bei Emission oder in einem niedrigeren als dem marktüblichen Couponsatz Berücksichtigung finden. Grundsätzlich kann eine Umtauschanleihe auch mit einem Disagio bzw. im Extremfall auch als *„Deep Discount"-Anleihe* oder *„Zero-Bond"* begeben werden. Der Vorteil für den Emittenten liegt hierbei in einer geringeren Liquiditätsbelastung während der Laufzeit der Anleihe. Der *Rückzahlungspreis* übt infolge seines späten Anfalls einen relativ geringen Einfluss auf die Effektivverzinsung aus. Bei

---

500 Vgl. *Siebel* (1997), S. 504.

501 Im Offering Circular der durch die Lagardère SCA begebenen Umtauschanleihe heißt es: *„Redemption at the Option of the Bondholders: The Issuer shall, at the option of the holder of any Bond, redeem such Bond on December 15, 2003 at the price equal to its Accreted Principal Amount plus accrued interest to the date fixed for redemption provided that the value of a T-Online Share on each of 10 out of 15 consecutive Trading Days ending on December 2, 2003 shall have been equal to or less than Euro 12.75."* (implied initial exchange price at issuance: Euro 12.75 per T-Online Share); Offering Circular Lagardère SCA (Umtauschanleihe wandelbar in Aktien von T-Online) vom 27. Juni 2002, S. 8 u. 31.

502 Vgl. *Zwyssig* (1992), S. 198.

503 Ebenda, S. 199.

504 Es blieben 4 von insgesamt 172 untersuchten Umtauschanleihen unberücksichtigt für die keine Angaben vorlagen.

planmäßiger Kündigung ist es deshalb nahe liegend, ihn bei pari anzusetzen. Bei vorzeitiger Tilgung kann er gegebenenfalls über pari festgelegt werden.[505]

Emissionspreise:	**Anzahl Emissionen**	**in %**
Emissionspreis = 100%	141	82%
Emissionspreis < 98%	11	6%
Emissionspreis > 102%	3	2%
98% <= Emissionspreis <= 102% (nicht 100%)	9	5%
Für 8 Anleihen lagen keine Angaben vor.		
Rückzahlungspreise:	**Anzahl Emissionen**	**in %**
Rückzahlungspreis = 100%	119	69%
100% < Rückzahlungspreis <=110%	27	16%
110% < Rückzahlungspreis <=120%	15	9%
Rückzahlungspreis > 120%	6	3%
Für 5 Anleihen lagen keine Angaben vor.		

Tabelle 1: Emissions- und Rückzahlungspreise bei Umtauschanleihen[506]

Wie Tabelle 1 zeigt, wurden 82% der Umtauschanleihen zu pari begeben. Daneben gab es aber auch 11 Emissionen, welche mit einem deutlichen Abschlag von der Nominale ausgegeben wurden, 3 hiervon betrafen Zero-Bonds.[507] Wie der Anteil der Anleihen mit einem Emissionspreis größer 102% zeigt, ist die Berücksichtigung des Optionswerts in Form eines Agios von zu vernachlässigender Bedeutung. Folglich wird die Option vor allem in einem niedrigen Couponsatz berücksichtigt. Wie der Emissionspreis, wird auch der Rückzahlungspreis von Umtauschanleihen zum überwiegenden Teil zu pari festgelegt. Demnach wichen aber immerhin 28% der Umtauschanleihen davon ab und gewährten dem Investor zumindest einen Teil der Verzinsung erst am Ende der Laufzeit. Der überraschend hohe Anteil von Umtauschanleihenemissionen mit Rückzahlungen über pari könnte indizieren, dass ein Teil der Emittenten laufende Zinsaufwendungen (neben einer Reduktion um das Optionsentgelt) liquiditätsschonend an das Ende der Anleihenlaufzeit verschieben wollte.

---

505 Ein Bsp. wurde in FN. 494 ausgeführt.

506 Einzelne Umtauschanleihetranchen wurden als separate Emissionen gewertet; Quelle: *Bloomberg*.

507 Der Anteil der Disagioemissionen erscheint, verglichen mit einer Studie von *Zwyssig* zu Wandelanleihenemissionen in der Schweiz zwischen 1957 u. 1991 relativ hoch. *Zwyssig* stellte für die Schweiz fest, dass Discountemissionen bei Wandelanleihen quasi nicht vorkommen; vgl. *Zwyssig* (1992), S. 150.

3.3.1.7. Couponsatz

Der *Coupon-, oder Anleihenzinssatz* wird vom Schuldner zu bestimmten Terminen entrichtet und liegt bei festverzinslichen Wertpapieren als Prozentsatz für die gesamte Laufzeit fest. Der überwiegende Teil der untersuchten Umtauschanleihen (84%) wurde mit fixem Coupon begeben, lediglich 2% der Anleihen wurden mit einem variablen Zinssatz ausgestattet.[508] 12% der Anleihen betrafen Null-Kupon Anleihen, oder Zero-Bonds.[509] Der hohe Anteil an festverzinslichen Emissionen ist nicht weiter verwunderlich, werden doch Umtauschanleihen, ebenso wie Wandelanleihen, vor allem dann emittiert, wenn ein tiefes Zinsniveau vorherrscht und der Emittent ein begründetes Interesse daran hat, dieses zu fixieren. Außerdem besteht bei Bedarf praktisch jederzeit die Möglichkeit fixe Zinszahlungen in variable zu swapen.

Abbildung 19 stellt die Couponsätze von Umtauschanleihen[510] den Umlaufrenditen von Industrieobligationen gegenüber. Daraus wird der Vorteil einer Umtauschanleihe im Vergleich zu einer herkömmlichen Industrieobligation ersichtlich: Aufgrund des niedrigeren Couponsatzes ergibt sich für den Emittenten eine vergleichsweise geringere Liquiditätsbelastung während der Anleihenlaufzeit. Das Umtauschrecht, welches vor allem in einem niedrigeren Coupon Berücksichti-

---

508 Die vier Umtauschanleihentranchen mit variablem Zinssatz wurden allesamt seit Ende 2002 emittiert. Drei davon begab die Deutsche Bank, eine die Kreditanstalt für Wiederaufbau (KfW) in Deutschland.

Die erste Transaktion mit variablem Zinssatz, obwohl durch die Deutsche Bank AG emittiert, betraf eine Privatisierung. Die Deutsche Bank kaufte den noch verbleibenden 5,5% Anteil der portugiesischen Privatisierungsgesellschaft IPE an der Mautgesellschaft Brisa Auto-Estradas de Portugal und begab ihrerseits eine Umtauschanleihe, deren Anleiheteil an die Bonität von Brisa gekoppelt wurde; *„Brisa bond deal is a first for Europe"*, in *The Financial News* vom 01. Dezember 2002.

Auch die folgenden 2 Umtauschanleihetranchen (eine Emission, welche auf 2 Tranchen aufgeteilt wurde) mit variabler Verzinsung sind als eher „außergewöhnlich" zu bezeichnen. In dieser Transaktion verkaufte Vivendi Universal Optionsscheine mit dem Basiswert USA Interactive an die Deutsche Bank. Diese „verpackte" die Optionsscheine in zwei Tranchen einer Umtauschanleihe mit variabler Verzinsung. Als Begründung für den Verkauf von Vivendi an die Deutsche Bank wurden Steuerüberlegungen angeführt; *„Vivendi provides Deutsche Bank with Europe's first large equity deal of 2003"*, in *Euroweek* vom 14. Februar 2003.

Die bisher letzte variabel verzinste Umtauschanleihe wurde durch die KfW (wandelbar in Aktien der Deutschen Post AG) im Dezember 2003 begeben.

509 Es blieben 4 von insgesamt 172 untersuchten Umtauschanleihen unberücksichtigt, für die keine Angaben vorlagen.

510 Die dargestellten Werte entsprechen jeweils dem Median der Couponsätze der pro Kalenderjahr emittierten Umtauschanleihen (exklusive Null-Kupon Anleihen).

gung findet, stellt, neben der Effektivverzinsung, einen entscheidenden wertbildenden Faktor dar.

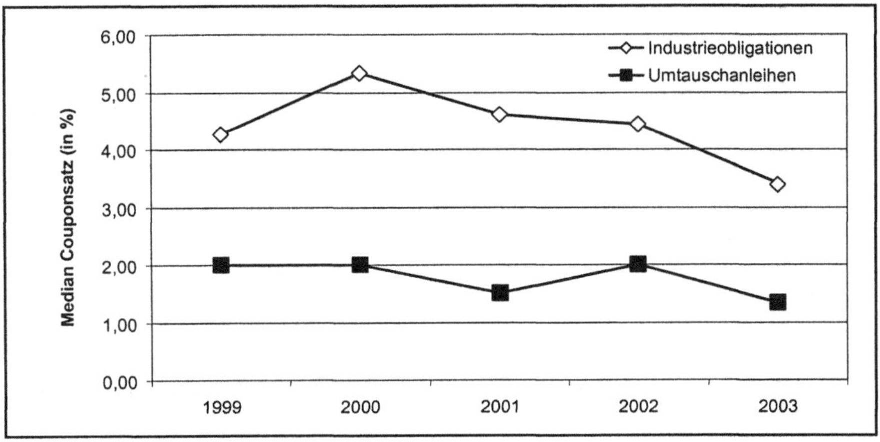

Abbildung 19: Vergleich: Couponsatz Umtauschanleihen vs. Umlaufrendite Industrieobligationen[511]

Die gebräuchlichste *Zinsperiode* bei Umtauschanleihen ist die jährliche Zinszahlung, welche bei rund 73% der Anleihen vereinbart wurde. 11% der Schuldverschreibungen werden halbjährlich, 2% quartalsweise[512] und 12% endfällig, als Null-Kupon Anleihe, verzinst. Daneben gibt es aber auch einige abweichende Ausgestaltungsformen. Als Beispiel kann die durch die Rallye SA ausgegebene Umtauschanleihe (wandelbar in Aktien von Casino Guichard-Perrachon) angeführt werden. Laut Anleihebedingungen wurden Zinszahlungen zunächst für eine Periode von drei Jahren ausgesetzt. Am Anfang des vierten Jahres sollten die aufgelaufenen Zinsen in Summe beglichen werden, bevor mit einer regulären, einmal jährlichen Zinszahlung fortgefahren würde.[513] Wie dieses Beispiel zeigt, können

511 Industrieobligationen: 5-jährige Laufzeit, AA-Rating; Quellen: *Dealogic/Bondware* und *Bloomberg*.

512 Dies betrifft die 3 in FN. 508 beschriebenen, variabel verzinsten Umtauschanleihen der Deutschen Bank.

513 Im öffentlichen Übernahmeangebot der Rallye SA für Aktien von Casino, in welchem die beiden Umtauschanleihentranchen beschrieben werden, heißt es: „*Intérêt: Sous réserve des dispositions applicables en cas d'échange au gré du porteur exposées ci-après, ces obligations porteront un intérêt annuel de 4,5%. L' intérêt sera capitalisé annuellement pour les années 1998, 1999 et 2000 et payé en numéraire le 1er janvier 2001, puis payé annuellement le 1er janvier de chacune des années suivantes*" ; Offre Publique d'Echange De La Société Ral-

Zinszahlungen individuell an die Liquiditätserfordernisse des Emittenten angepasst werden.

3.3.1.8. Besicherung

Im Allgemeinen gilt für internationale Anleihen: Je höher das „Standing" des Emittenten einzuordnen ist, desto geringer sind die bestellten Sicherheiten. *Siebel* merkt hierzu treffend an: *„Mit den Anleihesicherheiten ist es wie mit den sonstigen Sicherheiten. Je ausführlicher die entsprechenden Klauseln, je umfangreicher die Sicherheiten sind, desto argwöhnischer sollte der Anleger werden. Wenn der Emittent schwach wird, [...] helfen auch die Sicherheiten nicht viel, zumal bei schlechtem wirtschaftlichem Umfeld."*[514] Diese Aussage gilt grundsätzlich auch für Umtauschanleihen.

Realsicherheiten sind im Zusammenhang mit Options-, Wandel- und Umtauschanleihen quasi bedeutungslos.[515] Eine Ausnahme bildete die Emission der Generale Internationale Finance Luxembourg SA.[516] In diesem Fall wurde die Verbindlichkeit des Emittenten mit den als Basiswert unterliegenden Aktien sowie mit einem Barbetrag iHd Nominale der Anleihe besichert.[517] Eine solche Ein-

---

lye vom September 1997, S. 6. Zum Hintergrund der begebenen Umtauschanleihe siehe die Erläuterungen in FN. 440.

514 *Siebel* (1997), S. 427.

515 Für Sicherheiten bei Options- und Wandelanleihen siehe etwa *Zwyssig* (1992), S. 157.

516 Die Generale Internationale Finance Luxembourg SA ist eine Finanzierungstochtergesellschaft der Société Generale de Belgique, welche wiederum eine 100%-ige Tochtergesellschaft des französischen Versorgungsunternehmens Suez ist. Zu den Hintergründen der Emission siehe FN. 483.

517 Im Offering Circular heißt es: *„Security and Deposit Arrangements: The obligation of the Issuer in respect of the Bonds, including the Exchange Rights, will be secured by:*

(a) a charge by SGB [Société Generale de Belgique SA] in favour of the Trustee, for the benefit of the Bondholders, over the Shares comprising the initial Exchange Property; and

(b) a charge by the Issuer in favour of the Trustee, for the benefit of the Bondholders, over the Cash Deposit

Under the terms of the Trust Deed, SGB will irrevocably undertake, inter alia, to charge in favour of the Trustee, for the benefit of the Bondholders, any future property comprising the Exchange Property.

Both the Shares initially comprising the Exchange Property and the Cash Deposit will be deposited with the Depositary and held subject to the charges in favour of the Trustee and on the other terms of the Deposit Agreement.

Under the terms of the Trust Deed and the Deposit Agreement, the security over the Exchange Property and the Cash Deposit will be released only upon the exchange or the redemption of the Bonds in accordance with their terms. Pending the exchange or the redemp-

schränkung der Bewegungsfreiheit des Emittenten ist jedoch äußerst selten, kann aber für eine erfolgreiche Platzierung einer Anleihe dann erforderlich sein, wenn der Emittent den Anleiheninvestoren unbekannt ist.[518] Obwohl Emittenten im Emissionszeitpunkt meist über einen genügend großen Anteil am Underlying zur Sicherstellung verfügen,[519] bedingen sie sich zur Erhöhung ihrer finanziellen Flexibilität in den Anleihenbedingungen oftmals das Recht aus, vor Wandlung frei über die Basiswertaktien zu verfügen.[520]

Garantien einer Muttergesellschaft für die Emission eines Tochterunternehmens sind bei internationalen Umtauschanleihe regelmäßig anzutreffen. Eine solche Vereinbarung ist ein gebräuchliches Mittel, um einem Anleihenschuldner, der selbst nicht über ein ausreichendes „Standing" und einen entsprechenden Marktzugang verfügt, bessere Konditionen zu ermöglichen. Damit können Tochter-

---

tion of the Bonds, all dividends or other income distribution in respect of the Exchange Property will accrue to SGB and all interest in respect of the Cash Deposit will accrue to the Issuer"; Offering Circular Generale Internationale Finance Luxembourg SA (die Emission wurde durch das Mutterunternehmen Société Generale de Belgique SA garantiert und ist in Aktien der Arbed SA wandelbar; die Anleihe wurde nach englischem Recht begeben) vom 21. Juni 1996, S. 97.

518 Häufiger tritt eine Erklärung des Emittenten auf, dass die Aktien des Underlying in einem Sperrkonto hinterlegt wurden. So heißt es im Offering Circular der Bâloise Holding: *„In order to enable the conversion of the Bonds and the ability of the Issuer to deliver the necessary number of Shares, 343,791 registered Shares of SBV AG have been deposited in a blocked account with Swiss Bank Corporation, Zurich."*; Listing Prospectus Bâloise Holding (Anleihe wandelbar in Aktien der UBS AG bzw. SBV AG) vom 31. März 1998, S. 1.

Zu dieser Themenstellung merkte *Antonio Tasso Bragança*, Mitarbeiter von Goldman Sachs International im Bereich Equity Capital Markets, ergänzend an: *„It is the favourite solution for investors, as if shares underlying the security are in an escrow account, investors know that the minimum they get in case of issuer's default is value of the shares."*

519 Siehe Kapitel 3.3.2.7.

520 So heißt es beispielweise in den Anleihenbedingungen einer durch die französische Accor-Gruppe begebenen Umtauschanleihe: *„The Issuer is not required under the Condition of the Notes to set aside any Shares to secure its obligation to deliver Shares on exercise of Exchange Rights, or to deposit any Shares with a custodian or escrow agent for so long as an Note is outstanding. The obligations of the Issuer under the Notes to deliver Shares (or pay their Cash Value) on exercise of Exchange Rights are unsecured. The Issuer will, however, undertake to procure that it or one of its wholly-owned subsidiaries either owns or is entitled to acquire such number of Shares as would enable the Exchange Rights relating to Notes of an aggregate principal amount not less than the then aggregate outstanding principal amount of Notes to be satisfied in full at the then current Exchange Ratio [...]"*; Offering Circular Accor (Anleihe wandelbar in Aktien der Compass Group plc) vom 24. März 1999, S. 11.

unternehmen vom Standing ihrer Muttergesellschaft profitieren.[521] Während die Garantie in Österreich in § 1356 (Ausfallsbürgschaft) bzw. § 1357 ABGB (Mitschuldnerschaft) und in der Schweiz nach Art. 492 ff OR geregelt ist, beruht sie in Deutschland auf dem Grundsatz der Vertragsfreiheit und ist weder im BGB, noch im dHGB festgeschrieben.[522]

Neben der Garantie für internationale Umtauschanleihen stellt die *Negativklausel* die wichtigste Form der Besicherung von Umtauschanleihen dar. Meist wird sie in Kombination mit der *Gleichrangigkeitsklausel (pari passu)* verwendet. Diese Klausel gilt als *„Standardklausel in der Anleihepraxis [...]. Sie ist in den Anleihebedingungen zahlreicher Euro-Anleihen verschiedener Rechtswahl und Gestaltung anzutreffen.“*[523] Gemeinsames Merkmal der unterschiedlichen Ausgestaltungsformen ist die Zusage, im Falle einer Besicherung anderer Verbindlichkeiten, die Anleihengläubiger gleichzeitig und gleichrangig an den Sicherheiten teilhaben zu lassen. Die Negativklausel ist insofern problembehaftet, als sich einerseits die Frage nach ihrer wirksamen Überwachung stellt, und andererseits oftmals Umgehungsmöglichkeiten, wie Sale and Lease-Back Vereinbarungen, oder die Belastung von Vermögenswerten von Tochterunternehmen, offen bleiben.[524] Zuletzt ist auch darauf hinzuweisen, dass in der Praxis die Mehrzahl der Negativklauseln Ausnahmebestimmungen enthalten.[525]

---

521 Im Offering Circular der Siemens Nederland N.V. heißt es beispielsweise: *„Die Siemens Aktiengesellschaft (die Garantin) hat in einer Verpflichtungserklärung vom 04. August 2000 (die Verpflichtungserklärung)*

(a) die unbedingte und unwiderrufliche Garantie für die Zahlung von Kapital, Zinsen und etwaigen sonstigen Beträgen, die nach diesen Anleihenbedingungen von der Anleiheschuldnerin zu zahlen sind, und

(b) die unbedingte und unwiderrufliche Garantie für die Lieferung der auf den Namen lautenden Stückaktien der Infineon Technologies AG [...] übernommen [...].

Die Garantie ist eine unmittelbare, unbedingte und unbesicherte Verpflichtung der Garantin [...] und hat den gleichen Rang wie alle nicht nachrangigen und unbesicherten Verpflichtungen der Garantin [...].

Die Verpflichtungserklärung stellt einen Vertrag zugunsten der jeweiligen Anleihegläubiger als begünstigte Dritte gemäß § 328 (1) BGB dar, so dass ausschließlich die jeweiligen Anleihegläubiger Erfüllung der Verpflichtungserklärung unmittelbar gegen die Garantin durchsetzten können“; Offering Circular Siemens Nederland N.V. (wandelbar in Aktien der Infineon Technologies AG) vom 04. August 2000, S. 9 u. 10.

522 *Siebel* (1997), S. 443 u. 446.

523 *Horn* (1972), S. 304.

524 Vgl. *Siebel* (1997), S. 443, 446 u. 458.

525 Eine bei unter englischem Recht begebenen Umtauschanleihen häufig auftretende Klausel lautet wie folgt: *„Negative Pledge*

(a) Negative Pledge: So long as any Bond remains outstanding [...], neither the Issuer nor the Guarantor will create or permit to subsist any mortgage, charge, pledge,

Eine oft gemeinsam mit einer Negativklausel auftretende *Gleichrangigkeitsklausel (pari passu)*, ist eine privatrechtliche Übereinkunft zum Rang der Forderung aus der Schuldverschreibung. „Pari passu"-Klauseln gehören zur üblichen Praxis bei internationalen Anleihen und sollen verhindern, dass den Gläubigern anderer Forderungen im Insolvenzfall eine vorrangige Befriedigung gewährt wird.[526] Der Wert der Klausel wird insofern in Frage gestellt, als auch hier Umgehungen nicht ausgeschlossen werden können; Etwa dadurch, dass der Emittent Forderungen Dritter aus anderen Emissionen möglicherweise vorzeitig zurückzahlt.[527] Insbesondere Kreditinstitute verfolgen als Emittenten das Motiv, Anleihen nachrangig auszugestalten, um damit ihre Anrechnungsfähigkeit als Quasieigenkapital sicherzustellen.[528] Diese Gestaltungsmöglichkeit steht prinzipiell auch

---

lien or other form of encumbrance or security interest upon the whole or any part of its undertaking, property, assets or revenues present or future to secure any Relevant Debt, or to secure any guarantee of or indemnity in respect of any Relevant Debt, unless, at the same time or prior thereto, the Issuer's or the Guarantor's obligations, as the case may be, under the Bonds and the Trust Deed (i) are secured equally and rateably therewith to the satisfaction of the Trustee, or (ii) have the benefit of such other security, guarantee, indemnity or other arrangement as the Trustee in its absolute discretion shall deem to be not materially less beneficial to the Bondholders or as shall be approved by an Extraordinary Resolution [...] of the Bondholders.

(b) Relevant Debt: For the Purpose of this Condition, "Relevant Debt" means any present or future indebtedness of the Issuer, the Guarantor or any other person in the form of, or represented by, bonds, notes, debentures, loan stock or other securities of the Issuer, the Guarantor or such other person which are, or are capable of being, quoted, listed or ordinarily traded on any stock exchange, over-the-counter or other securities market";

Offering Circular SwissRe Finance (Bermuda) Ltd. (die Emission wurde durch das Mutterunternehmen Swiss Reinsurance Company garantiert und ist in Aktien der ING Groep N.V. wandelbar) vom 16. Juni 1998, S. 5.

526 Eine typische Formulierung lautet etwa: „*The Bonds and Coupons constitute direct, unconditional [...], unsecured and unsubordinated obligations of the Issuer and shall at all times rank pari passu without any preference on priority among themselves. The obligations of the Issuer in respect of the Bonds and Coupons [...] shall at all times rank at least pari passu with all other present and future direct, unconditional, unsecured and unsubordinated obligations of the Issuer from time to time outstanding, other than obligations preferred by mandatory provisions of applicable law*"; Offering Circular SwissRe Finance (Bermuda) Ltd. (die Emission wurde durch das Mutterunternehmen Swiss Reinsurance Company garantiert und ist in Aktien der ING Groep N.V. wandelbar) vom 16. Juni 1998, S. 4.

527 Vgl. *Siebel* (1997), S. 474 f. Der Wirkungsbereich der „Pari passu"-Klausel ist auch insofern schmal, als in den meisten Rechtsordnungen die Rangstellung von Forderungen im Konkurs gesetzlich zwingend geregelt ist, vgl. *Siebel* (1997), S. 474 f.

528 Für Deutschland siehe § 10 KWG, für Österreich siehe § 23 Abs 8 Z 1 iVm § 45 Abs 4 BWG. Zur Diskussion der Anrechnungsfähigkeit von Finanzierungstiteln mit Wandlungsrecht auf Aktien als Nachrangs- und Ergänzungskapital in Österreich siehe bspw. *Jud/Schummer* (1995), S. 413 ff.

bei Umtauschanleihen offen. Dennoch sind *Nachrangigkeitsklauseln* bei Exchangeables von zu vernachlässigender Bedeutung. Unter den untersuchten Obligationen befanden sich lediglich zwei nachrangige Schuldverschreibungen.[529] Im Vergleich zu gewöhnlichen Schuldverschreibungen stehen dem Umtauschanleihenemittenten neben der Nachrangigkeit noch weitere Möglichkeiten offen, eine Anleihe möglichst eigenkapitalähnlich auszugestalten.[530]

Tabelle 2 gibt über das *Rating der Umtauschanleihenemittenten* Auskunft. Hierbei fällt die allgemein gute Bonität der Schuldner auf. Von den seit 1987[531] in Europa begebenen Umtauschanleihen wurde bis Beginn 2004 keine einzige Not leidend. Außerdem befand sich unter den untersuchten Umtauschanleihen keine einzige Obligation, welche dem spekulativen Junk-Bond-Bereich (S&P-Rating: B oder niedriger) zuzuordnen gewesen wäre. Aus der zeitlichen Untergliederung des Untersuchungszeitraums in 2 Perioden (1987 bis 1998 und 1999 bis 2003) geht jedoch hervor, dass im zweiten Zeitabschnitt, der „Boomphase" der Umtauschanleihen, immer mehr Emittenten mit einem schlechteren Rating auf dem Markt auftraten. Die Häufigkeit von Schuldnern mit Rating BBB oder BB nahm gegenüber dem Zeitraum von 1980 bis 1998 deutlich zu. Dies kann unter anderem damit erklärt werden, dass Umtauschanleihen zwischen 1999 und 2003 häufig von Telekommunikationsunternehmen eingesetzt wurden. Diese versuchten mit Hilfe von Exchangeables Beteiligungen zu veräußern um damit ihren hohen Verschuldungsgrad zu reduzieren.

---

529 Dies betrifft die Umtauschanleihe der United Newspapers Capital ltd, wandelbar in Aktien der Reuters Holdings plc, emittiert im Juni 1989 und die Umtauschanleihe der Ciba-Geigy Corp, wandelbar in Aktien der Alza Corp, begeben im März 1991.

In einer Pressemeldung merkte der Group Financial Controller von United Newspapers, Robert Broadley an: „*...the company viewed the share issue as an efficient way of raising funds given the current interest rate environment. He said the group was getting close to its peak borrowing level and the issue, through United Newspapers Capital Ltd, was useful in this respect*", „*United says no special plan for share issue funds*", in *Reuters News* vom 08. Juni 1989.

530 Der Emittent kann beispielsweise den Umtauschpreis und die Umtauschfrist so wählen, dass eine Wandlung durch den Anleiheinvestor sehr wahrscheinlich wird. Die Emission bekommt dann einen „eigenkapitalähnlicheren" Charakter, vorausgesetzt der Umtauschpreis wurde über dem Buchwert der Beteiligung festgesetzt. Außerdem kann der Schuldner die Anleihe mit einer Umtauschpflicht ausstatten (siehe Kapitel 3.3.2.4).

531 Siehe FN. 432.

Rating	AAA	AA	A	BBB	BB	B	nv[1)]
Gesamtperiode (1987-2003):							
in % Emissionen	9%	32%	19%	15%	9%	0%	17%
Anzahl Emissionen	16	55	32	25	15	0	29
Periode I (1987-1998):							
in % Emissionen	11%	44%	14%	9%	2%	0%	21%
Anzahl Emissionen	7	29	9	6	1	0	14
Periode II (1999-2003):							
in % Emissionen	8%	25%	22%	18%	13%	0%	14%
Anzahl Emissionen	9	26	23	19	14	0	15

Erklärung zu den Ratingstufen von Standard & Poor's:

AAA: Extrem starke Zinszahlungs- und Tilgungskraft des Emittenten.

AA: Sehr starke Zinszahlungs- und Tilgungskraft des Emittenten.

A: Gute Zinszahlungs- und Tilgungskraft; der Schuldner ist aber anfälliger für negative Wirtschaftsentwicklungen als mit AAA oder AA bewertete Emittenten.

BBB: Ausreichende Zahlungsfähigkeit; Bei negativer Wirtschafts- oder Umfeldentwicklung kann die Zahlungs- und Tilgungsfähigkeit stärker beeinträchtigt werden als in höheren Ratingklassen.

BB: Noch ausreichende Zinszahlungs- und Tilgungsfähigkeit; es sind aber Gefährdungselemente vorhanden, die zu Abstufungen führen können.

B: Derzeit noch ausreichende Zinszahlungsfähigkeit; starke Gefährdungselemente vorhanden.

C: Starke Tendenzen zu Zahlungsschwierigkeiten.

D: Emittent zahlungsunfähig.

1) Emittent weder von S&P, Moody's oder Fitch geratet, bzw. keine Angabe in Bloomberg vorhanden.

Tabelle 2: Rating von Umtauschanleihenemittenten[532]

3.3.1.9. Mittelverwendung

Auch die Verwendung des Anleihenerlöses kann unter dem Gesichtspunkt der Verpflichtung des Emittenten gesehen werden. So schreibt auch die Börsenzulassungsprospektrichtlinie[533] in Schema B für den Prospekt für die Zulassung von Schuldverschreibungen zur amtlichen Notierung an einer Wertpapierbörse unter Z 2.4.6. eine Angabe über den „*Zweck der Anleihe und vorgesehene Verwendung*

532 Quelle: *Bloomberg*; Soweit verfügbar, wurde auf das langfristige Rating von *Standard & Poor's* in lokaler Währung zurückgegriffen. Falls dies nicht verfügbar war, wurde ein vergleichbares Rating der Anbieter *Moody's* oder *Fitch* herangezogen.

533 RL 80/390/EWG vom 17.03.1980.

des Erlöses der Anleihe" vor.[534] Allerdings muss angemerkt werden, dass in der Praxis die Angaben in den Verkaufs- und Angebotsunterlagen bei Umtauschanleihen, wie auch bei anderen Anleihen, meist so allgemein gehalten werden, dass man fast alles unter den Verwendungszweck subsumieren könnte.[535] Nur selten findet man präzisere Angaben.[536] Verschiedentlich werden gewisse Zwecke als mögliche Verwendungsformen angeführt.[537]

3.3.2. Aktienkomponenten

3.3.2.1. Umtauschobjekt

Emittenten von Umtauschanleihen stehen im Gegensatz zu Emittenten von Wandelanleihen die Wahl eines *Umtauschobjekts* als spezifischer Gestaltungsparameter offen. Bei rund 3/4 (73%) der untersuchten Umtauschanleihentranchen waren der Anleihenemittent und das Underlying in verschiedenen Industriesektoren tätig. In rund 1/4 (27%) der Fälle deckten sich die Branchenhintergründe.[538]

Wie Abbildung 20 zeigt, und die vorhergehende Feststellung bereits vermuten ließ, weicht die *Branchenverteilung* der Basiswerte deutlich von jener der Emit-

---

534 Zur Börsenzulassungsprospektrichtlinie siehe etwa *Lutter* in Europäisches Unternehmensrecht[4], S. 546 ff.

535 Eine typische Formulierung lautet wie folgt: *„The net proceeds from the issue of the Bonds, which are expected to amount to approximately € 263,925,000, will be used by Bank Austria Creditanstalt for general corporate purposes of the Group"*; Offering Circular für die Umtauschanleihe der Bank Austria Creditanstalt AG (wandelbar in Aktien der Wienerberger AG) vom 12. Januar 2004, S. 34.

536 *„The net proceeds of the offering, after deduction of underwriting discounts and expenses payable by the Company, amount to approximately € 1,041,250,000 and will be applied in the reduction of the net debt of the Group";* Offering Circular der Suez (wandelbar in Aktien der Fortis SA) vom 21. Mai 2003, S. 6.

537 *„Die Emittentin wird den Nettoerlös aus dieser Emission von CHF 343,000,000 für allgemeine geschäftliche Zwecke, gegebenenfalls auch für Akquisitionen, verwenden";* Prospekt der EMS-International Finance (Guernsey) Limited (wandelbar in Aktien der Lonza Group AG) vom 25. April 2002, S. 7.

538 Aus Vereinfachungsgründen wurden Emittenten und Basiswerte zunächst gemäß ihrem überwiegenden Tätigkeitsbereich den folgenden 13 aggregierten Industriesektoren zugeteilt: (1) Banken/Finanzdienstleitungsunternehmen, (2) Versicherungen, (3) Investmentfonds, (4) Konglomerate/Holdinggesellschaften, (5) Automotive-/Transport-/Verteidigungsunternehmen, (6) Maschinenbau-/Stahl-/Bau-/Verpackungsunternehmen, (7) Erdöl-/Chemie-/Pharmaunternehmen, (8) Telekom-/Computer-/Softwareunternehmen, (9) Medien-/Dienstleistungsunternehmen, (10) Handelsunternehmen (Retail), (11) Versorgungsunternehmen, (12) Staatsnahe Unternehmen, (13) Sonstige Unternehmen.

tenten von Umtauschanleihen ab. Beteiligungen an Telekom-/Computer- und Softwareunternehmen wurden deutlich häufiger mit Hilfe eines Exchangeables veräußert, als Unternehmen dieser Branche das Instrument des Exchangeable selbst aktiv genützt hätten. Gleiches gilt für Unternehmen aus dem Erdöl-, Chemie-oder Pharmabereich bzw. Medien- und Dienstleistungsunternehmen. Im Unterschied dazu traten vor allem Unternehmen aus dem Bank-/Finanzdienstleistungsbereich, Konglomerate/Holdinggesellschaften und Versorgungsunternehmen als Emittenten von Umtauschanleihen auf.

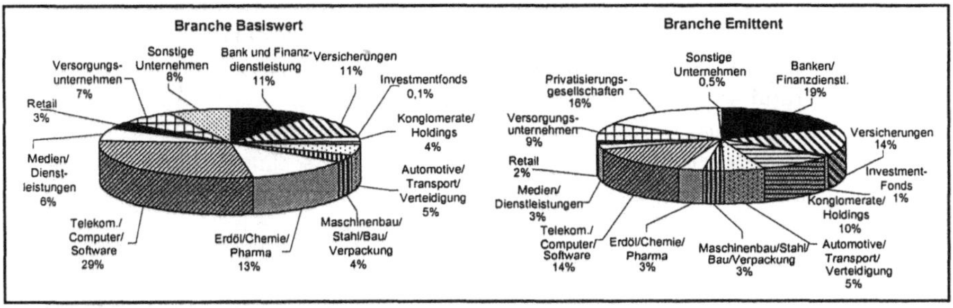

Abbildung 20: Umtauschanleihen: Branchenaufteilung Basiswerte und Emittenten[539]

Grundsätzlich kommen als *Wandelobjekt* einer Option nicht nur Unternehmensanteile in Frage. Genauso können etwa Rohstoffe, Indices, Zinssätze, etc. einem Optionsgeschäft unterliegen. Entsprechend der Definition von Umtauschanleihen,[540] wurden im Rahmen dieser Arbeit jedoch nur solche Schuldverschreibungen in die Untersuchungsgruppe aufgenommen, welche in Unternehmensanteile wandelbar sind.[541] Wie Tabelle 3 zeigt, verfügen rund 4/5 der begebenen Umtauschanleihentranchen über ein einzelnes Unternehmen als Basiswert – d.h. der Emittent begibt zu einem bestimmten Zeitpunkt eine oder auch mehrere Tranchen einer Umtauschanleihe, welche aber ein und dasselbe Underlying aufweisen.[542] Übersteigt

539 Die Grafik stellt eine Aufteilung des Emissionsvolumens nach Branchen dar. Die zugrunde liegenden Daten werden im Anhang in den Tabellen 4 und 8 angegeben, Quellen: *Dealogic/Bondware* und *Bloomberg*.

540 Siehe Kapitel 2.1.1.

541 Deshalb wurden auch 25, im Zeitraum zwischen 1980 und 2003, ausschließlich durch Banken emittierte Indexanleihen, nicht in die Untersuchung mit aufgenommen. Im Fall einer Wandlung wird bei Indexanleihen ein Barbetrag, keinesfalls aber die dem Index unterliegenden Aktien selbst, geliefert.

542 Möchte der Emittent unterschiedliche Investorengruppen ansprechen, kann es sinnvoll sein, eine Emission in mehrere Tranchen aufzuteilen. In einem solchen Fall bietet der Schuldner

der Kapitalbedarf des emittierenden Unternehmens den gewünschten Veräußerungswert einer einzelnen Beteiligung oder möchte das Unternehmen sich zu einem Zeitpunkt von mehreren Beteiligungen trennen, so kann es einerseits mehrere Tranchen auflegen, welche in jeweils ein anderes Portfoliounternehmen wandelbar sind, andererseits eine Umtauschanleihentranche begeben, welcher mehrere Basiswerte unterliegen. Wie obige Tabelle zeigt, wurde bei rund 5% des emittierten Umtauschanleihenvolumens (13% der begebenen Tranchen) von der ersten Möglichkeit und bei rund 8% des Volumens (5% der begebenen Tranchen) von der zweiten Möglichkeit Gebrauch gemacht. Eine Sonderstellung nehmen jene Emissionen ein, welche nach Wahl des Investors entweder in Aktien des Emittenten, oder eines hiervon verschiedenen Unternehmens wandelbar sind (3 Emissionen, welche rund 4% des begebenen Volumens repräsentieren).[543] Diese können als Hybridinstrument zwischen Wandel- und Umtauschanleihen bezeichnet werden.[544] Von Investoren werden solche Finanzierungsinstrumente häufig als „exotisch“ eingestuft, weshalb sie über einen eingeschränkten Abnehmerkreis verfügen.[545]

---

mehrere Tranchen einer Umtauschanleihe, welche aber alle in ein und denselben Basiswert wandelbar sind, zum Verkauf an.

543 Dies betrifft zum einen die Umtauschanleihe der EMS-Chemie Holding AG (wandelbar in Aktien der Lonza Group AG oder in eigene Aktien). In einer Pressemeldung zu dieser Emission hieß es: *„EMS holds some 10 percent in Lonza. [...] A Swissfirst official said the offering was the first Swiss dual convertible offering. Based on the premium, the offering can be converted into Lonza shares at a price of 126.50 francs per share, or into EMS shares at a price of 7,285 francs per share. If EMS is de-listed from the bourse, the conversion price would be set at 121 francs per Lonza share. [...] The lower conversion price in the event of a delisting – which means that bond holders get Lonza at a cheaper price than if both stocks are listed – is a concession to purchasers of the bond who would have only one choice and not two if EMS were delisted. Swissfirst said that the dual conversion was designed to offer a share with low market correlation – EMS – and one with high correlation. „There is very little correlation between EMS and current market conditions, a low correlation might be considered positive by investors," said the Swissfirst official"*; *„EMS sets 300 mln Sfr bond convertible"*, in Reuters News vom 09. Juli 2002.

Laut Kotierungsprospekt erfolgt die Bereitstellung des Basiswerts durch bereits ausgegebene Aktien von Lonza oder EMS bzw. nach Wahl der Emittentin aus einem in Zukunft zu diesem Zweck zu schaffenden bedingten Kapital der EMS, Kotierungsprospekt für die 2% Wandelanleihe EMS-Chemie Holding AG vom 23. Juli 2002, S. 5.

544 Innerhalb der 3 Emissionen, welche in Anteile des Emittenten oder ein drittes Unternehmen wandelbar sind, nimmt die Umtauschanleihe der Vivendi Environnement, wandelbar in Aktien der Muttergesellschaft Vivendi SA, oder eigene Aktien, wiederum eine Sonderstellung ein. Im Falle eines IPOs von Vivendi Environnement berechtigt die Anleihe zu einem begünstigten Bezug von Aktien des Schuldverschreibungsemittenten. Somit wurde eine „Going Public Anleihe“ eines Tochterunternehmens mit einer herkömmlichen Wandelanleihe eines Mutterunternehmens verbunden.

545 Zu der Umtauschanleihe der Swiss Life Finance Ltd., wandelbar in Aktien HSBC Holdings plc oder in eigene Aktien hieß es in einer Pressemeldung: *„While the Swiss Re bond sold well*

Basiswert	Anzahl Em.[1)]	in %	Emissions-volumen (in €)	in %
Einzelnes Unternehmen	139	81%	78.935	83%
Mehrere Unternehmen	33	19%	15.725	17%
hiervon:				
a) Tranche wandelbar in mehrere Untern.	8	5%	7.200	8%
b) Tranche wandelbar in Emittent und weiteres Untern.	3	2%	3.355	4%
c) Mehrere Tranchen wandelbar in je ein Unternehmen	22	13%	5.170	5%
Total	**172**	**100%**	**94.660**	**100%**

Tabelle 3: Unterteilung von Umtauschanleihen nach Wandelobjekt[546]

3.3.2.2. Umtauschfrist

Für den Wert einer Umtausch-, oder einer Wandel-/Optionsanleihe spielt es eine entscheidende Rolle, wie lange dem Investor ein Recht auf Wandlung zugestanden wird. Mit der Festsetzung der Umtauschfrist kann der Emittent das Finanzierungsinstrument eigen- oder fremdkapitalähnlicher auszugestalten. Ist der Schuldner an einer frühen Wandlung bzw. Desinvestition interessiert, wird er eine *kurze Umtauschfrist* in Verbindung mit einem entsprechend niedrigen Ausübungspreis festsetzen. Er steigert somit die Wahrscheinlichkeit aus der Beteiligungsveräußerung einen raschen Buchgewinn zu generieren um damit das buchmäßige Eigenkapital zu erhöhen. Gleichzeitig sinkt auch das Refinanzierungsrisiko und der Emittent erleichtert außerdem die Prognostizierbarkeit seiner zukünftigen Kapitalstruktur. Wählt der Schuldner hingegen eine *lange Umtauschfrist*, fällt, in Abhängigkeit von der Entwicklung des Basiswerts, ein Veräußerungsgewinn gegebenenfalls erst später an. Die Emission trägt somit eher Fremdkapitalcharakter.

Bei den untersuchten Umtauschanleihen beginnt die Umtauschfrist im Median bereits 40 Tage nach dem Emissionsdatum zu laufen und endet rund 9 Tage (Medi-

on issue and has traded comfortably since that day, many market participants found the Swiss Re bond difficult to evaluate. This meant „it took (the structure) awhile to get a broad acceptance" said Roberta Hosegood, fund manager at Credit Suisse Asset Management. [...] Many fund managers say the flexibility makes the issue a defensive investment – an attractive attribute. Investors don't have to rely on the performance of just one stock. But Paul Glynn, head of convertible research at ABN Amro believes that the uncertainty that comes with trying to assess such exotic structures ensures that these issues trade below what they are worth in the secondary market. „Based on experience, the convertibles market typically undervalues exotics such as these and we expect this case to be no different," he said"; „Swiss Life's Convertible Bond Makes Some Investors Hesitate", in *The Wall Street Journal Europe* vom 06. Juni 2001.

546 Quelle: *Dealogic/Bondware* und *Bloomberg*.

an) vor der planmäßigen Fälligkeit der Schuldverschreibung.[547] Die mittlere Umtauschfrist von 4,6 Jahren (Median) entspricht beinahe der mittleren längstmöglichen Laufzeit von Umtauschanleihen von 5,1 Jahren (Median). Für gewöhnlich gewährt der Emittent dem Investor damit eine (im Vergleich zur Laufzeit) lange Umtauschfrist.[548] Daraus kann gefolgert werden, dass der Exchangeable Bond Schuldner seine Entscheidung für eine eigen-, oder fremdkapitalähnlichere Emission nicht mit der Wahl der Umtauschfrist, sondern bereits mit der Wahl der längstmöglichen Laufzeit trifft.

3.3.2.3. Ausübungs-/Umtauschpreis

Der *Ausübungs-* oder *Umtauschpreis (exchange price)* bezeichnet jenen Wert, zu welchem der Erwerber einer Umtauschanleihe das Recht erhält Aktien des als Basiswert unterliegenden Unternehmens innerhalb einer definierten Frist oder zu einem definierten Zeitpunkt zu erwerben.[549] Die Festsetzung des Ausübungspreises hängt zum einen von den angestrebten Transaktionszielen, zum anderen von den Eigenschaften des Basistitels ab. Ebenso wie eine lange Umtauschfrist wirkt sich auch ein, (im Vergleich zum Aktienkurs) im Zeitpunkt der Emission, tiefer Ausübungspreis generell positiv auf die Umtauschwahrscheinlichkeit aus. Dies trägt zu einer eigenkapitalähnlichen Ausgestaltung bei. Gleichzeitig hat der Emittent bei Festsetzung des Umtauschpreises insbesondere die Volatilität des Basiswerts und die Marktgängigkeit der zugrunde liegenden Titel zu berücksichtigen.[550] Wird der Ausübungspreis im Verhältnis zur Volatilität und zur Umtauschfrist hoch angesetzt, sinkt die Wahrscheinlichkeit einer Ausübung, das Optionsrecht verliert an Wert und die zugrunde liegende Umtauschanleihe erhält zunehmend Fremdkapitalcharakter.

Darüber hinaus ist mit der Festsetzung des Ausübungspreises auch eine *Signalwirkung* verbunden. Legt das Management einen sehr tiefen Umtauschpreis fest, kann bei Investoren der Eindruck entstehen, dass der Emittent selbst nur mit einem geringen Titelwachstum rechnet. Ein, in Abhängigkeit von der Laufzeit der Anleihe und der Volatilität des Basiswerts, hoher Ausübungspreis kann hingegen den Glauben an eine positive Wertentwicklung der zugrunde liegenden Aktien

---

547 Quellen: *Bloomberg* und Offering Circulars.

548 Ähnliches gilt auch für Wandel- und Optionsanleihen. *Herzog* stellte für schweizerische Wandelanleihen fest, dass diese eine durchschnittliche Laufzeit von 10,3 Jahren und eine durchschnittliche Wandelfrist von 10,1 Jahren aufweisen; vgl. *Herzog* (1991), S. 56 u. 61. Ebenso auch *Zwyssig* (1992), S. 137 u. 170.

549 Vgl. *Drukarczyk* (1993), S. 601.

550 Für die wesentlichen Einflussgrößen auf die Höhe eines Optionspreises siehe etwa *Perridon/Steiner* (2002), S. 328.

ausdrücken.[551] Trotzdem sollte die Höhe des Ausübungspreises, zumindest aus theoretischer Sicht, keinen Einfluss auf die Platzierbarkeit einer Umtauschanleihe haben, da bei einer korrekten Bewertung des Optionsrechts durch den Emittenten bzw. seine Emissionsbank diesem Faktor Rechnung getragen wird.

Wie Abbildung 21 zeigt, wurde der Ausübungspreis bei Umtauschanleihen zwischen 1996 und 2003 im Mittel zwischen 117 und 128% des Aktienkurses des Basiswerts im Zeitpunkt der Emissionsankündigung festgelegt. Über den gesamten Untersuchungszeitraum betrachtet betrug die mittlere Prämie 124% des Vergleichskurses.[552] Wie zu erwarten war, wurde kein einziger Exchangeable mit einem Abschlag (Prämie < 100%) auf einen Referenzkurs ausgegeben. Dies würde auch der Zielsetzung einer Beteiligungsveräußerung zu einem höheren Kurs, als dem Preis bei Emission der Anleihe, klar widersprechen. Während des Untersuchungszeitraumes wurden trotzdem vereinzelt Exchangeables mit bloß marginalen Aufschlägen auf den Referenzkurs emittiert.

---

551 Insbesondere wenn der Emittent auch nach einem angenommenen vollständigen Umtausch weiterhin eine Beteiligung am Basiswert hält, wird der Schuldner eine negative Signalwirkung nach Möglichkeit vermeiden wollen. Aus diesem Grund wird bei Ankündigung einer Umtauschanleihe durch Vertreter des Emittenten (oder nach Absprache mit diesem auch durch Vertreter des Basiswerts) dem Underlying das Vertrauen ausgesprochen.

Ein Sprecher der belgischen Fortis-Bank verlautete beispielsweise bei Emission eines Exchangeables durch das französische Versorgungsunternehmen Suez (wandelbar in Fortis): *„They [Suez] are keeping the 15 percent and they have no plans to sell any more. [...] Whatever they [Suez] are doing it's always in agreement with Fortis".* Im Falle einer vollständigen Konversion hätte sich der Anteil von Suez an Fortis von 19,7 auf 15% reduziert; *„Fortis says Suez has no plans for more stock sales"*, in *Reuters News* vom 14. Juni 2000.

Ebenso wurde von Frau *Haas* (ÖIAG) und Herrn *Piribauer* (ÖIAG) bekräftigt, dass man mit der Festsetzung der Umtauschpreise bei den durch die ÖIAG begebenen Umtauschanleihen den Glauben an die positive Wertentwicklung der Portfoliounternehmen der ÖIAG zum Ausdruck bringen wollte. Im Fall der ersten durch die ÖIAG emittierten Umtauschanleihe (wandelbar in Telekom Austria [TA], Umtauschpreis: 13 €, Referenzpreis bei Emission: 10,14 €) ist auch anzumerken, dass ein Verkauf der Titel unter 9 € als *„nicht angemessen"* gesehen wurde (Anmerkung: Der Preis der TA bei ihrem IPO im Jahr 2000 betrug 9 €).

552 Als Vergleichs-, oder Referenzkurs wurde entweder der in offiziellen Mitteilungen des Emittenten, oder der im Offering Circular/Verkaufsprospekt genannte Kurs verwendet. Enthielten diese Quellen keinen Referenzkurs, wurde der Schlusskurs am Tag vor der Ankündigung einer Umtauschanleihe als Vergleichskurs angesetzt.

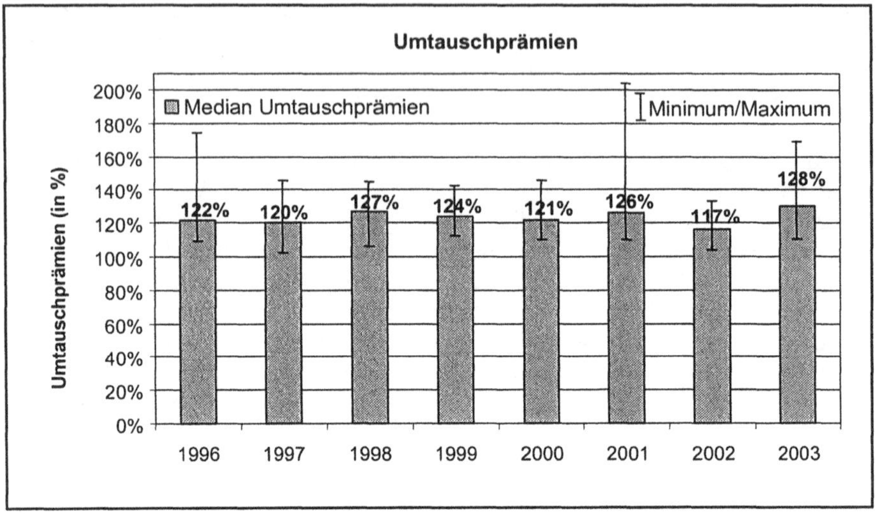

Abbildung 21: Umtauschprämien (1996-2003)[553]

Die minimalen Prämien im Zeitraum zwischen 1996 und 2003 beliefen sich auf 102-116%. Mit 102% entsprach die niedrigste Prämie beinahe dem Aktienkurs des Basiswerts im Zeitpunkt der Emission.[554] Im Gegensatz dazu lag die höchste Prämie der untersuchten Umtauschanleihen bei 203%, d.h. der Umtauschkurs wurde mehr als doppelt so hoch angesetzt wie der Referenzkurs bei Emission.[555]

---

553 Die Grafik stellt den Median, sowie die jährlichen Minima und Maxima der Prämien aller in einem Kalenderjahr emittierter Umtauschanleihen dar. Die Umtauschprämie wurde wie folgt definiert:

$$(3.3-1) \qquad Umtauschprämie = \frac{Umtauschpreis}{Vergleichskurs}$$

Zur Bestimmung des Referenzkurses siehe FN. 552. Die zugrunde liegenden Daten werden im Anhang in Tabelle 10 angegeben; Quellen: *Dealogic/Bondware*, *Bloomberg*, Emissionsprospekte/Offering Circulars, Presserecherche.

554 Dies galt für die beiden 1997 angekündigten Umtauschanleihetranchen der Rallye SA (wandelbar in Aktien der Casino Guichard-Perrachon & Cie SA). Die beiden Umtauschanleihentranchen waren Teil des öffentlichen Übernahmeangebots der Rallye-Gruppe für Casino, Offre Publique d'Echange De La Société Rallye vom September 1997. Zum Hintergrund der begebenen Umtauschanleihe siehe auch die Erläuterungen in FN. 440.

555 Umtauschanleihe der Sogerim SA (Finanzierungstochtergesellschaft der Telekom Italia, wandelbar in Telecom Italia Mobile SpA [TIM] oder SEAT Pagine Gialle), welche im Januar 2001 angekündigt wurde. Da der Investor zwischen einer Wandlung in TIM oder SEAT frei wählen konnte, und die Prämie auf TIM mit 131% angesetzt wurde, wirkte sich die „teure"

Grundsätzlich kann die Festsetzung des Ausübungspreises auch *variabel* erfolgen. De facto ist dies bei Exchangeables jedoch unüblich. Eine Sonderstellung nimmt hier die als *MILES*™ Anleihe[556] bezeichnete Emission der Allianz AG vom Januar 2001 ein. Diese ist nach Wahl des Emittenten in Aktien von Portfoliogesellschaften der Allianz[557] wandelbar. Der Umtauschpreis bzw. die Anzahl der zu liefernden Aktien wird laut Offering Circular variabel bestimmt und ergibt sich aus dem Aktienkurs des Basiswerts im Verhältnis zur Entwicklung des DAX-Aktienindex während einer Periode vor Umtausch.[558]

3.3.2.4. Umtauschpflicht

Umtauschanleihen können, ebenso wie Wandelanleihen, mit einer Wandelpflicht ausgestattet werden.[559] In diesem Fall werden die Schuldverschreibungen auch als *Mandatory Exchangeables* bezeichnet. Jedoch nur etwa 3% aller untersuchten Anleihentranchen wurden als Umtauschpflichtanleihen emittiert.[560] Stattet ein Emittent eine Obligation mit einer Mandatory-Klausel aus, so verpflichtet er sich zur Aktienlieferung. Zum Emissionszeitpunkt bleibt somit lediglich der Zeitpunkt der Wandlung offen. Aus diesem Grund billigen Rating-Agenturen Umtauschanleihen mit Pflichtwandlung bei der Bewertung des Emittenten eine *Eigenkapital-*

Option auf SEAT nicht weiter negativ auf die Platzierbarkeit der Anleihe aus. In einer Pressemitteilung hieß es: *„Seat Option seen expensive: Analysts said Seat's valuation seemed more expensive than TIM's, meaning investors were likely to opt for exchange into the latter. "We pretty much ignored the Seat option," said an analyst at a German bank"; „T.Italia to refinance debt with novel exchangeable"*, in *Reuters News* vom 29. Januar 2001.

556 Die Abkürzung steht für „Market Index-Linked Equity Securities".

557 E.ON AG, BASF AG, Munich Re bzw. bestimmte andere Unternehmen.

558 Innovative Strukturen wie diese sollen, nach Meinung der Emissionsbank UBS Warburg, sowohl Investoren, welche die Entwicklung eines Index verfolgen, als auch herkömmliche Investoren konvertibler Anleihen anziehen. Gegenteilige Stimmen merkten hierzu an: *„It is a Dax future with stock settlement and of more interest to the index arbitrage community than convertible investors"*(Michael O'Connor, director of convertible bond research at Deutsche Bank)*; „Allianz MILES Is Innovative, But Is It A Convertible?"*, in *Dow Jones International News* vom 15. Dezember 2000.

Laut einem Sprecher der Allianz AG wollte das Unternehmen mit dieser Emission auch den Glauben an die Outperformance der als Basiswert unterliegenden Unternehmen gegenüber dem DAX ausdrücken. Bei Emission galt es als wahrscheinlich, dass der Schuldner Titel des Outperformers unter den Basiswerten zur Tilgung seiner Verbindlichkeit heranziehen würde, um somit eine möglichst geringe Anzahl von Aktien liefern zu müssen, *„Allianz Securities Issue Seeks to Cash In on Big Equity Holdings"*, in *Bestwire* vom 12. Dezember 2000.

559 Siehe Kapitel 2.2.2.4 zu Wandelanleihen mit Wandelpflicht.

560 Von insgesamt 172 untersuchten Umtauschanleihetranchen wurden 6 mit Wandelpflicht ausgestattet. Für 6 der 172 Tranchen lag keine genaue Information darüber vor, ob die entsprechende Anleihe mit einer Wandelpflicht ausgestattet war.

komponente (equity credit) zu.[561] Mit einer Pflichtumtauschanleihe kann ein Emittent einerseits ein *klares Signal zur Desinvestition* setzen.[562] Andererseits kann der Einsatz eines solchen Instruments, insbesondere bei Emittenten mit hohem Verschuldungsgrad, aber auch als ein Indiz dafür gesehen werden, dass das begebende Unternehmen seinen maximalen Verschuldungsgrad erreicht hat und zu *aggressiven Schritten des Schuldenabbaus* gezwungen ist.[563]

3.3.2.5. Aktionärsrechte

Von besonderem Interesse für den Investor einer Umtauschanleihe ist, ab wann er *Aktionärsrechte am Basiswert* ausüben darf – insbesondere wann sein Anspruch auf Dividendenzahlungen, auf Liquidationserlös bzw. auf die Ausübung eines Stimmrechts besteht.

Grundsätzlich werden Emittenten von Umtauschanleihen, wie auch Emittenten von Wandelanleihen, anstreben, für ein und dieselbe Periode nicht sowohl Zinsen zu bezahlen, als auch dem Investor für das gleiche zur Verfügung gestellt Kapital

---

561 Zum Einsatz von konvertiblen Anleihen mit Pflichtwandlung meinte etwa *Douglas Decker*, Head of Convertible Bond Research bei Barclays Capital: *„We would expect to see more mandatories in Europe. It solves a problem for issuers who want to ensure conversion at maturity, and they get equity credit from the ratings agencies as no cash is paid out"; „Mandatory equity-linked securities look set to grow in Europe"*, in *eFinancial News* vom 05. August 2002.

562 Ein Unternehmenssprecher von Suez merkte zum „Dual Placing" (hierbei wurde die Umtauschanleihe mit einer Wandelpflicht ausgestattet) eines großen Teils der restlichen Beteiligung an Fortis an: *„These transactions illustrate the group's willingness to sell non-strategic assets before the issue of the 2003-2004 action plan"; „Update 1 – Suez cuts stake in Fortis, shares gain"*, in *Reuters News* vom 24. April 2003.

563 Die Emission einer Pflichtumtauschanleihe durch France Telecom im August 2002 (wandelbar in Aktien des Schweizer Halbleiterherstellers STMicroelectronics) wurde mit Bezug auf die eingeschränkten Finanzierungsmöglichkeiten des Emittenten, auf Grund dessen hoher Verschuldung, kommentiert *(„France Telecom could not issue a traditional convertible as it does not want increase its Euros 60bn debt burden..")*. Weiters ist für diese Emission anzumerken, dass ein Secondary Offering als Möglichkeit der Beteiligungsveräußerung ausschied, da der Emittent mit zwei weiteren Großaktionären ein *„Lock-Up Agreement"* getroffen hatte; *„Mandatory equity-linked securities look set to grow in Europe"*, in *eFinancial News* vom 05. August 2002.

Das französische Versorgungsunternehmen Suez begab im April 2003, ebenfalls mit der Zielsetzung des Schuldenabbaus, eine Pflichtumtauschanleihe (wandelbar in einen Teil seiner Beteiligung am belgisch-niederländischen Finanzdienstleistungsunternehmen Fortis). Ein Unternehmenssprecher meinte: *„This structure will immediately allow us to reduce the net debt of the group by € 1.8 bn"; „Suez raises € 1.8 bn from Fortis block and mandatory to ease debt worries"*, in *Euroweek* vom 25. April 2003.

den Vorteil der *Dividendenberechtigung* am Basiswert zukommen zu lassen.[564] Aus diesem Grund muss in den Anleihenbedingungen festgelegt werden, wann die Couponzahlungen enden und eine Dividendenberechtigung am Underlying besteht. Nach üblicher Praxis wird das Dividendenrecht des Investors *vor* Umtausch und ein Recht auf Zinszahlungen *nach* Umtausch ausgeschlossen.[565] Demnach profitiert der Emittent vor Umtausch regelmäßig weiterhin von den Dividendenzahlungen des Basiswerts.[566] In Abhängigkeit von der Ausschüttungspolitik des Underlying und der Höhe sowie dem zeitlichen Anfall der Zinszahlungen aus der Anleihenverpflichtung kann der mit einer Umtauschanleihe zusammenhängende jährliche Cash Flow somit positiv für den Emittenten ausfallen.

Das *Stimmrecht* der zugrunde liegenden Aktien des Basiswerts verblieb bei den untersuchten Anleihen, ähnlich wie die Dividendenberechtigung, bis zum Wandlungszeitpunkt fast ausschließlich beim Emittenten.[567] In den Anleihebedingungen weist der Emittent deshalb oftmals auf mögliche Interessenskonflikte hin.[568] Von einer laufenden Einflussnahme des Emittenten auf die Unternehmensleitung des Basiswerts nahmen nur einzelne Umtauschanleihenemittenten Abstand. So

---

564 Für Untersuchungen zu Dividendenberechtigungen bei Options- und Wandelanleihen siehe *Zwyssig* (1993), S. 183 ff. bzw. *Herzog* (1991), S. 66 f.

565 Eine typische Regelung lautet etwa wie folgt: „*No payment shall be made upon exercise of Exchange Rights for interest accrued on the Bonds (in respect of which the relevant Exchange Rights are being exercised) from the Interest Payment Date next preceding the Exercise Date [...].Following exercise of Exchange Rights, all dividends on the relevant Shares to be delivered will be payable to the party that would receive such dividend according to market practice for a sale of the Shares executed on the relevant Exercise Date to be delivered in the same manner as such Shares. Any such dividends will be paid to the account specified by the Bondholder in the relevant Exchange Notice [...]. No rights to dividends on Shares will accrue to Bondholders prior to the exercise of Exchange Rights*"; Offering Circular für die Umtauschanleihe der Union Bank of Switzerland Finance N.V. (wandelbar in Aktien der Novartis AG) vom 22. April.1996, S. 8.

566 Eine gegenteilige Regelung bei einer durch das französische Versorgungsunternehmen Suez im April 2003 emittierten Umtauschanleihe (mit Pflichtumtausch) sah vor, dass der Emittent Dividendenzahlungen des Basiswerts (Fortis) an die Anleihengläubiger weiterleitet, „*Suez raises Euros 1.9 bn in tight market*", in *Financial News* vom 04. Mai 2003.

567 Eine mögliche Formulierung wäre etwa: „*The Guarantor will be entitled to exercise the voting rights attaching to the Shares or other securities comprising Exchange Property on all matters submitted to the shareholders of Arbed or holders of any other securities comprising Exchange Property. The Bondholders shall have no voting or other rights attaching to the Shares or any other part of the Exchange Property prior to exchange*"; Offering Circular der Generale Internationale Finance Luxembourg SA (Emission wurde durch das Mutterunternehmen Société Generale de Belgique SA garantiert und ist in Aktien der Arbed SA wandelbar) vom 21. Juni 1996, S. 12.

568 „*It is possible that, in exercising such voting rights, the Guarantor may act contrary to the best interest of the Bondholders*"; Offering Circular der Generale Internationale Finance Luxembourg SA vom 21. Juni 1996, S. 12.

setzte etwa die schwedische SCA Gruppe in den Anleihenbedingungen zu der von ihr emittierten Umtauschanleihe fest, dass sie Stimmrechte aus den unterliegenden Aktien während der Laufzeit der Umtauschanleihe nicht ausüben werde.[569] Das Management der SCA Gruppe setzte damit ein deutliches Signal, seine Kreuzbeteiligung mit Industrivärden, welche öffentlich kritisiert wurde, zu reduzieren.[570]

Das privatisierte englische Versorgungsunternehmen National Grid ging 1999 noch einen Schritt weiter: In einem *„Dual Placing"* bot das Unternehmen rund ein Drittel seiner Beteiligung an Energis, seiner Telekommunikationstochter, zum Kauf an. Vor der Transaktion verfügte der Emittent über einen 74,3%-Anteil am Basiswert. Mit Platzierung der Aktien und bei angenommener vollständiger Konversion der Anleihe reduzierte sich der Beteiligungsanteil auf unter 50%.[571] Die generierten Mittel sollten für die Finanzierung der weiteren Expansion im Kerngeschäftsfeld Elektrizitätswirtschaft eingesetzt werden. Bemerkenswert ist, dass die

---

569 *„The Managing Board of the Issuer passed a resolution on 5 May 1997 (the "Resolution"), that, unless required by law, including fiduciary duties, or by a competent court to do so, the Issuer will not , so long as any Exchange Rights remain exerciseable, exercise any voting rights attributable to the number of AB Industrivärden Shares in the Exchange Entitlement from time to time or, if less, the numbers of AB Industriväreden Shares then held by it. The Board of Directors has passed a similar resolution.*

If and to the extent that, despite the Resolution, the Issuer may or may be required to exercise, or refrain from exercising, any voting rights attributable to securities comprising any part of the Exchange Entitlement, it is possible that the Issuer may act contrary to the best interest of the Bondholders"; Offering Circular der Umtauschanleihe der SCA Group Holding B.V. (wandelbar in Aktien der AB Industrivärden) vom 07. Mai 1997, S. 12.

570 *„Our cross-ownership with Industrivärden has been criticised but now our stake doesn't stick out as much as it did"*, Sverker Martin-Lof (SCA's chief executive) in *„SCA to reduce stake in Industrivärden"*, in *Dagens Industri* vom 17. April 1997.

Das holz- und papierverarbeitende Unternehmen SCA veroptionierte mit Emission der Umtauschanleihe, welche unter englischem Recht begeben wurde, rund 8% der Stimmrechte an der Investmentgruppe Industrivärden. Bei vollständiger Wandlung würde sich der Anteil von SCA an Industrivärden von 14 auf 6% des stimmberechtigten Kapitals verringern, *„Press Digest – Sweden – April 17"*, in *Reuters News* vom 17. April 1997.

Im gleichen Schritt wurden auch personelle Konsequenzen getroffen. *„SCA's chief executive Sverker Martin-Lof is to leave Industrivarden's board after just one year. He will be replaced by Cardo's Lennart Nilsson. SCA's chairman Bo Rydin will remain on the Industrivarden board."* Industrivärden, welche zu diesem Zeitpunkt rund 24% der Stimmrechte an SCA kontrollierte, sah umgekehrt hingegen keine Veranlassung seine Beteiligung an SCA zu reduzieren, *„SCA to reduce stake in Industrivärden"*, in *Dagens Industri* vom 17. April 1997.

571 Zum Begriff *„Dual Placing"* siehe Kapitel 3.3.1.3.

Rund 19,9% an Energis wurden mittels *„Secondary Offerings"* veräußert. Für weitere 4,9% emittierte National Grid einen Exchangeable mit Umtauschpflicht in Energis. Nach Veräußerung und angenommener vollständiger Konversion der Anleihe würde der Anteil der National Grid Gruppe an Energis auf 49,5% fallen, *„Britain's National Grid Spells out Details Of Energis Offering"*, in *Dow Jones Business News* vom 22. Januar 1999.

Stimmrechte an jenen Aktien, welche dem *Mandatory Exchangeable Bond* als Basiswert zu Grunde gelegt wurden, bereits *vor* einem Umtausch vom Emittenten an die Anleiheninvestoren abgetreten wurden.[572] National Grid setzte somit so-

---

572 In den Anleihenbedingungen, der unter englischem Recht begebenen Anleihe, heißt es wie folgt: „*Voting Rights*

(i) *Each Bondholder will have voting rights with respect to each Energis Share which forms part of the Relevant Proportion of the Relevant Property which such Bondholder would subject to the conditions referred to in Condition 6(a)(ii) [Right of early redemption by Bondholders and consequent acquisition of Energis Shares – Redemption Right] being satisfied, acquire pursuant to the Conditional Share Acquisition Agreement as if such Bondholder had acquired 0.8333 of those Energis Shares* [Anmerkung: Die Anzahl der Aktien des Basiswerts je Umtauschanleihe beträgt im Fall einer freiwilligen Wandlung durch den Anleiheinhaber 0,8333. Im Fall eines Zwangsumtauschs am Ende der Laufzeit durch den Emittenten beträgt die Anzahl der Energis-Aktien je Anleihe, in Abhängigkeit vom Aktienkurs des Underlying, zwischen 0,8333 und 1] *prior to the date upon which votes fall to be cast. NGGT [National Grid Group Telecoms Limited] will notify the Depositary of any resolution to be proposed at a General Meeting of Energis and NGGT shall, at the same time, notify the Depositary of the number of Energis Shares comprised in the Relevant Property and the Relevant Proportion attributable to each Bond.*

Each Bondholder shall initially be entitled to exercise voting rights in respect 0.8333 of an Energis Share for each Bond held by him.

NGGT has agreed with the Depositary that it will endeavour to provide to the Depositary sufficient [...] written requests containing voting instructions by which each Bondholder may give instructions to the Depositary for NGGT to vote for or against each and any resolution specified in the agenda for the meeting, which the Depositary shall send to any person who is a Bondholder on the record date established by the Depositary for that purpose [...].

(iii) *The Depositary shall notify NGGT of the voting instructions received from Bondholders [...].*

(iv) *NGGT will exercise or cause to be exercised the voting rights in respect of the Energis Shares so that a portion of the Energis Shares will be voted for and a portion of the Energis Shares will be voted against any resolution specified in the agenda for the relevant meeting in accordance with the voting instructions it has received.[...].*

(vi) *If NGGT is advised [...] that it is not permissible under law to vote or cause to be voted such Energis Shares in accordance with the procedure above, NGGT shall not vote or cause to be voted such Energis Shares.*

(vii) *Where NGGT is to vote in respect of each and any resolution in the manner described above NGGT shall notify the Chairman of Energis and appoint a person designated by him as a representative of NGGT to attend such meeting and vote the Energis Shares in the manner required by the Deposit and Custody Agreement.[...].*

(x) *Voting rights will cease to be exercisable by Bondholders after a Takeover Event even if the consideration offered and deemed accepted includes shares or other securities";*

Offering Circular der Umtauschanleihe der National Grid Group plc (wandelbar in Aktien der Energis plc) vom 29. Januar 1999, S. 40-41.

wohl durch die Höhe der veräußerten Beteiligung, als auch durch die besondere Ausgestaltung der Anleihe (Umtauschpflicht und Abtreten der Stimmrechte) einen entschlossenen Schritt zur Desinvestition.

Die beiden geschilderten Fälle, SCA und National Grid, sind, ob ihrer Regelungen zu Aktionärsrechten aus Basiswertaktien, als Ausnahmen zu bezeichnen. In den überwiegenden Fällen untersuchter Anleihen übte der Emittent bis zur Wandlung durch den Investor weiterhin seine Aktionärsstellung aus.

3.3.2.6. Schutzklauseln für Anleiheninvestoren

3.3.2.6.1. Einleitung

Schutzklauseln sollen Umtauschanleiheninvestoren davor bewahren bzw. dafür entschädigen, dass die Zielgesellschaft an ihre Aktionäre Teile ihres *Firmenwerts ausschüttet*, ohne dabei auch die Umtauschanleihengläubiger zu berücksichtigen. Des Weiteren sehen Anleihenbedingungen Vereinbarungen für Fälle von *Umgründungsmaßnahmen* (insbesondere Verschmelzung, Spaltung), oder *Kapitalmaßnahmen* (insbesondere Kapitalerhöhung) des Basiswerts vor, welche die potentielle Aktionärsstellung von Umtauschanleiheninvestoren beeinträchtigen können. Nicht zuletzt regeln Schutzklauseln die Stellung der Obligationäre für den Fall einer Übernahme des Underlying. Zu den häufigsten Schutzklauseln für Umtauschanleihengläubiger zählen *Dividendenschutzklauseln, Verwässerungsschutzklauseln* und *Klauseln für den Schutz bei Übernahmeangeboten.*

3.3.2.6.2. Dividendenschutzklauseln

Dividendenschutzklauseln sehen, entgegen den Bestimmungen zu Dividendenberechtigungen des Umtauschanleihengläubigers,[573] Regelungen für den Fall außerordentlicher Dividendenzahlungen durch den Basiswert vor. Eine solche Auszahlung kann entweder als Bar- oder als „Stock-Dividende“ (Ausgabe neuer Beteiligungspapiere) erfolgen. In beiden Fällen wird, ceteris paribus, der Kurs des Basiswerts in Höhe der Sonderauszahlung sinken und somit auch den Wert der Umtauschanleihe nachhaltig beeinträchtigen.

Die untersuchten Umtauschanleihen verfügten beinahe ausschließlich über Regelungen, welche den Umtauschanleiheninvestor vor einem Vermögensverlust durch

---

573 Siehe Kapitel 3.3.2.5.

eine außerordentliche Dividende schützen sollen.[574] Die in den Anleihenbedingungen hierzu vorgesehenen Regelungen sind jedoch äußerst unterschiedlich. Zum einen sehen Bestimmungen von unter österreichischem oder deutschem Recht begebenen Umtauschanleihen zumeist eine *formelmäßige Anpassung des Umtauschverhältnisses oder des Umtauschpreises* vor.[575] Zum anderen wird in unter englischem oder französischem Recht begebenen Schuldverschreibungen meist bestimmt, dass der Betrag, der eine „Normaldividende" übersteigt, als *außerordentliche Dividende dem Umtauschanleiheninvestor zufließen soll.*[576] Die

---

574 In den meisten Offering Circulars/Emissionsprospekten wurde zur Definition einer außerordentlichen Dividende einen Schwellenwert von 5% des Kurswerts des Underlying festgelegt.

575 Eine Dividendenschutzklausel einer unter deutschem Recht begebenen Anleihe lautet wie folgt: „*Anpassung für Ausschüttungen: Falls die Gesellschaft an ihre Aktionäre (i) Vermögen (auch in der Form eines Aktienrückkaufes, bei dem die Gesellschaft ihren Aktionären Verkaufsoptionen gewährt, aber mit der Ausnahme etwaiger außerordentlicher Dividenden) oder Schuldverschreibungen, Options- oder Wandelrechte [...]) oder (ii) eine außerordentliche Dividende ausschüttet, [...] wird das Umtauschverhältnis gemäß der nachstehenden Formel angepasst:*

$$E' = E \times \frac{M}{M - F} \qquad (3.3-2)$$

wobei:

E' = *das angepasste Umtauschverhältnis,*

E = *das Umtauschverhältnis am Stichtag,*

M = *der durchschnittliche Marktpreis, und*

F = *im Falle (i), der angemessene Marktwert der Ausschüttung am Stichtag [...] pro Aktie [...] im Falle von (ii): die außerordentliche Dividende, berechnet pro Aktie ist, wobei in den Fällen (i) und (ii) $F \geq 0$ sein muss"*;

Offering Circular der Umtauschanleihe der Siemens Nederland N.V. (wandelbar in Aktien der Infineon Technologies AG) vom 04. August 2000, S. 20.

Soll laut Anleihenbedingungen anstatt des Umtauschverhältnisses der Umtauschpreis angepasst werden, so lautet die Formel wie folgt:

$$E' = E \times \frac{M - F}{M} \qquad (3.3-3)$$

wobei in Abweichung von der Formel zur Anpassung des Umtauschverhältnisses

E' = den angepassten Umtauschpreis,

E = den Umtauschpreis am Stichtag angibt;

Offering Circular der Umtauschanleihe der ÖIAG (wandelbar in Voestalpine AG) vom 26. September 2003, S. 31.

576 Eine typische Regelung einer unter englischem Recht begebenen Anleihe lautet: „*...any interim or final cash dividends are declared and paid in respect of ING Shares or other securities comprising Exchange Entitlement which exceed the higher of (x) the aggregate of (1) 5 per cent of the official price of the ING DRs on the Amsterdam Stock Exchange or, as the case may be, the Current Market Value of the ING DRs (if no such official price is available) or of such other securities, in each case on the Amsterdam business day immediately preced-*

Klauseln ziehen deutlich unterschiedliche Folgen für die Schuldverschreibungsgläubiger nach sich: Während bei einer Weiterleitung der außerordentlichen Dividende an den Umtauschobligationär diesem, gleich einem Aktionär, zwar der Vorteil der Ausschüttung zugesprochen wird, kann sich jedoch der Wert der Umtauschoption, bei fehlender gleichzeitiger Anpassung des Umtauschverhältnisses und des Umtauschpreises, nachhaltig verringern.[577]

3.3.2.6.3. Verwässerungsschutzklauseln

Verwässerungsschutzklauseln (dilution adjustment) sollen den Anleihengläubiger vor den verschiedensten Formen einer Veränderung des Grundkapitals des Bezugsunternehmens schützen.[578] Unter die dafür relevanten Ereignisse sind vor allem Kapitalerhöhungen aus Gesellschaftsmitteln, Aktiensplits, Reverse Splits, Kapitalherabsetzungen, Kapitalerhöhungen durch die Ausgabe neuer Aktien gegen Einlagen und die Ausgabe von Wertpapieren mit Bezugs-, Options- oder Wandlungsrechten auf Aktien oder Genussscheine des Basiswerts zu reihen.[579] Beispielhaft soll auf den *Verwässerungsschutz bei einer Kapitalerhöhung durch die Ausgabe neuer Aktien gegen Einlagen* eingegangen werden.

---

ing the date on which the dividend is declared and (2) the amount of all dividends (the "Previous Year's Dividends") per ING Share or, as the case may be, other security declared and paid in respect of the last preceding financial year for which dividends have been paid in respect of ING Shares or other securities comprising Exchange Entitlement and (y) twice the amount of such Previous Year's Dividends [...] then the [...] other assets received in relation to the Relevant Event, so far as attributable to the Exchange Entitlement, shall be included as part of the Exchange Entitlement provided that, in the case of any event described [...], only such excess over the Previous Year's Dividends shall be included as part of the Exchange Entitlement..."; Offering Circular der Umtauschanleihe der SwissRe Finance (Bermuda) Ltd. (wandelbar in Depository Receipts der ING Groep N.V.) vom 16. Juni 1998, S. 12-13.

Wie Abbildung 13 auf Seite 101 vermuten lässt, unterliegen die meisten Umtauschanleihenemissionen englischem, französischem oder deutschem Recht. Aus diesem Grund wird in diesem Kapitel auf Regelungen von unter diesen Rechtsordnungen begebenen Umtauschanleihen prioritär eingegangen. Englisches Recht wurde außer von Emittenten aus Großbritannien auch von zahlreichen schweizerischen oder skandinavischen Schuldnern eingesetzt. Unter den 3 durch österreichische Emittenten bisher begebenen Umtauschanleihen wurden 2 hiervon unter österreichischem Recht und eine Anleihe unter englischem Recht begeben.

577 Die Vermögensbeeinträchtigung wird bei einer deutlich im Geld („*in the money*") liegenden Option nur gering sein. Bei einer „*at the money*" liegenden Option kann die Position des Obligationärs aber deutlich beeinträchtigt werden.

578 Für die anlegerschutzrechtlichen Grundlagen hierzu siehe Kapitel 2.3.3.

579 Klauseln, welche Regelungen für den Fall einer Spaltung oder Verschmelzung des Underlying vorsehen, werden zumeist ebenso unter „*Verwässerungsschutzklauseln*" eingeordnet. Auf Grund der Vielzahl möglicher Klauseln soll auf eine Erläuterung von Anleihenbedingungen zu diesen Fällen jedoch verzichtet werden.

Verwässerungsschutzklauseln sind (ebenso wie Dividendenschutzklauseln) verschiedenartig ausgestaltet, je nachdem, ob die Anleihen nach deutschem/österreichischem Recht oder nach englischem/französischem Recht emittiert wurden.

Während die Bedingungen erstgenannter Anleihen zumeist wieder eine *formelmäßige Anpassung des Umtauschverhältnisses oder des Umtauschpreises* vorsehen,[580] bestimmen Klauseln zweitgenannter Anleihen meist, dass dem Umtauschanleiheninvestor der monetäre Gegenwert des Bezugsrechts oder die neu zu erwerbenden Aktien zukommen sollen.[581]

---

580 Eine Verwässerungsschutzklausel einer unter deutschem Recht begebenen Anleihe lautet etwa wie folgt: „*Kapitalerhöhung. Wenn die Gesellschaft unter Einräumung eines unmittelbaren Bezugsrechts an ihre Aktionäre ihr Kapital durch die Ausgabe neuer Aktien gegen Einlage erhöht (§§ 182, 186 dAktG), wird das Umtauschverhältnis gemäß der nachstehenden Formel angepasst:*

$$(3.3-4) \qquad E' = E \times \frac{1}{\frac{No}{Nn} \times \left(1 - \frac{I+D}{K}\right) + \frac{I+D}{K}}$$

wobei:

E' = das angepasste Umtauschverhältnis,

E = das Umtauschverhältnis am Stichtag,

No = die Anzahl von ausstehenden Aktien vor Kapitalerhöhung,

Nn = die Anzahl von ausstehenden Aktien nach Kapitalerhöhung,

I = der Ausgabepreis der neuen Aktien,

D = der Dividendennachteil der neuen Aktien (nicht diskontiert) gegenüber Altaktien [...],

K = der Durchschnitt der letzten drei cum-Preise der Aktie, gewichtet nach dem Umsatz;

Ein Anpassung des Umtauschverhältnisses findet nicht statt, wenn bei Anwendung der obigen Formel E' kleiner als E wäre"; Offering Circular der Umtauschanleihe der Siemens Nederland N.V. (wandelbar in Aktien der Infineon Technologies AG) vom 04. August 2000, S. 19.

Soll laut Anleihenbedingungen anstatt des Umtauschverhältnisses der Umtauschpreis angepasst werden, so lautet die Formel wie folgt:

$$(3.3-5) \qquad E' = E \times \left[\frac{No}{Nn} \times \left(1 - \frac{1+D}{K}\right) + \frac{I+D}{K}\right]$$

wobei in Abweichung von der Formel zur Anpassung des Umtausch verhältnisses gilt:

E' = der angepasste Umtauschpreis,

E = der Umtauschpreis am Stichtag;

Siehe Offering Circular für die Umtauschanleihe der ÖIAG (wandelbar in Voestalpine AG) vom 26. September 2003, S. 29.

581 Eine Klausel einer unter englischem Recht begebenen Anleihe lautet: „*If further ING Shares or other securities or options, warrants or rights to subscribe or purchase further ING*

Ebenso wie die verwendeten Dividendenschutzklauseln können auch die von Umtauschanleihenemittenten eingesetzten Verwässerungsschutzklauseln einem *theoretisch korrekten Schutz nicht entsprechen.* Ein solcher würde neben der Anpassung des Umtauschpreises auch die *gleichzeitige* Anpassung des Umtauschverhältnisses erforderlich machen.[582] Eine Entschädigung durch *Einräumung eines direkten Bezugsrechts*, wie sie bei Wandelanleihen vereinzelt zum Einsatz kam, ist auf Grund des Auseinanderfallens der Stellung des Anleihenemittenten und des Underlying nicht möglich.[583] Aber auch die Anwendung eines *indirekten Bezugsrechts*, bei welchem das Bezugsrecht zunächst treuhändisch ausgeübt wird, um somit bei einem späteren allfälligen Umtausch dessen Ausübung anteilsmäßig zu ermöglichen, ist bei Umtauschanleihen quasi bedeutungslos.[584]

Shares or other securities , shall be offered by way of rights to holders of ING Shares or other securities comprising the Exchange Entitlement ("Rights Issue"), then the Issuer may, at its option, and by notice to the Trustee not later than the seventh day prior to the latest day for accepting or taking up any such rights either:

(i) *on an arm's length basis in good faith, sell sufficient rights to enable the whole of the balance of such rights to be taken up, with any excess proceeds of sale being added to the Exchange Entitlement; or*

(ii) *add to the Exchange Entitlement such number of ING Shares or other securities or options, warrants or rights as would have been subscribed or purchased if sufficient rights had been sold on an arm's length basis in good faith to enable the whole of the balance of such rights to be so taken up together with an amount equal to what would have been any such excess sale proceeds as aforesaid. [...] Any ING Shares or other securities or options, warrants or rights taken up pursuant to this paragraph and any excess proceeds of sale [...] shall become part of the Exchange Entitlement"*; Offering Circular der Umtauschanleihe der SwissRe Finance (Bermuda) Ltd. (wandelbar in Depository Receipts der ING Groep N.V.) vom 16. Juni 1998, S. 11-12.

582 Nur bei gleichzeitiger Änderung beider Größen um einen „*Verwässerungsfaktor*" (Verhältnis zwischen dem Aktienkurs nach der Kapitalerhöhung und dem Aktienkurs vor der Kapitalerhöhung) würden sämtliche Parameter des Umtauschrechts konstant gehalten werden. Zur Diskussion eines theoretisch korrekten Verwässerungsschutzes siehe auch *Zwyssig* (1993), S. 175. Zu einer Analyse von Ausgestaltungen von Verwässerungsschutzklauseln bei Wandel- und Optionsanleihen deutscher Emittenten siehe auch *Janssen* (1982), S. 105 ff.

583 *Zwyssig* stellte bei seiner Untersuchung schweizerischer Options- und Wandelanleihen fest, dass eine Entschädigung durch Einräumung eines *direkten* Bezugsrechts bei Wandelanleihen bis Mitte der achtziger Jahre noch vereinzelt verwendet wurde, während das *indirekte* Bezugsrecht bereits 1992 seit mehr als zehn Jahren nicht mehr eingesetzt wurde; vgl. *Zwyssig* (1993), S. 179.

Für die Emission von Optionsanleihen in Deutschland stellte *Entrup* fest, dass diese in der Regel unter Ausschluss des Bezugsrechts emittiert werden; vgl. *Entrup (1995)*, S. 88.

584 Zum relativ komplizierten *indirekten* Verwässerungsschutz merkt *Herzog* an, dass dieser in den sechziger- und siebziger Jahren eine beschränkte Anwendung gefunden hat und seither nicht mehr benützt worden ist; vgl. *Herzog* (1991), S. 66.

3.3.2.6.4. Klauseln für den Schutz bei Übernahmeangeboten

Klauseln für den Schutz bei Übernahmeangeboten (event risk protection) bestimmen ausnahmslos, dass der Emittent das alleinige Ermessen hinsichtlich der Annahme und auch jeglicher alternativer Gegenleistung eines Übernahmeangebots, betreffend den Basiswert hat.[585] Dadurch sichert sich der Emittent die Freiheit über ein Übernahmeangebot und somit gegebenenfalls über die Aktionärsstruktur des Basiswerts eigenhändig zu entscheiden. Außerdem behält er sich, wie das in Abbildung 22 unten dargestellte Beispiel[586] zeigt, zumeist eine *Übernahmeprämie bei Verkauf seines Pakets „en bloque"* vor. Der Umtauschanleiheninvestor partizipiert, je nach Ausgestaltung der „Event Risk Protection"-Klausel, oftmals nur bis zum Preis des Underlying bei Annahme eines Übernahmeangebots durch den Anleihenemittenten.

Wie der in Abbildung 22 dargestellte Renditevergleich zeigt, ist die Verzinsung für den Investor einer Umtauschanleihe unabhängig davon, ob der Emittent ein Angebot mit 10%iger oder 40%iger Übernahmeprämie annimmt (wenn nicht gleichzeitig der Aktienkurs des Basiswerts im Umfang der Übernahmeprämie in die Höhe schnellen sollte [die blaue bzw. blau punktierte Linie entsprechen einander]). Ein Investor, welcher direkt in Aktien des Übernahmekandidaten investiert, partizipiert hingegen in voller Höhe von einer angebotenen Übernahmeprämie (violette bzw. rot punktierte Linie). Nur in einem relativ engen Paritätskorridor (65-86%) bei Annahme des Übernahmeangebots genießt der Investor einer Umtauschanleihe bei einem Übernahmeangebot mit 10%iger Übernahmeprämie gegenüber einem „herkömmlichen" Aktionär des Basiswerts (Zielunternehmen der Übernahme) einen Renditevorteil. Dieser Vorteil ist im dargestellten Beispiel auf eine in den Umtauschanleihenbedingungen vereinbarte „Übernahmeprämien-Ausgleichszahlung" zurückzuführen. Im Vergleich zu einem Umtauschanleiheninvestor, welcher in eine gleich ausgestaltete Anleihe, jedoch ohne „Event Risk Protection", investiert (gelbe Linie), ist der Anleiheinvestor mit Übernahmeklausel (blaue bzw. blau punktierte Linie) bis zu einer Parität von 155% bei Annahme eines Übernahmeangebots, ob einer „Übernahmeprämien-Ausgleichszahlung" besser gestellt.

---

585 Selbst der Offering Circular der National Grid Group, laut welchem den Umtauschgläubigern bereits vor Umtausch ein Stimmrecht zugestanden wird (siehe Kapitel 3.3.2.5 und FN. 572), sieht vor, dass *„Voting rights will cease to be exercisable by Bondholders after a Takeover Event even if the consideration offered and deemed accepted includes shares or other securities,"*; Offering Circular der Umtauschanleihe der National Grid Group plc (wandelbar in Aktien der Energis plc) vom 29. Januar 1999, S. 41.

586 Das Beispiel basiert auf der Klausel für den Schutz bei einem Übernahmeangebot einer durch die ÖIAG emittierten Umtauschanleihe, Offering Circular der Umtauschanleihe der ÖIAG (wandelbar in Voestalpine AG) vom 26. September 2003, S. 37-41.

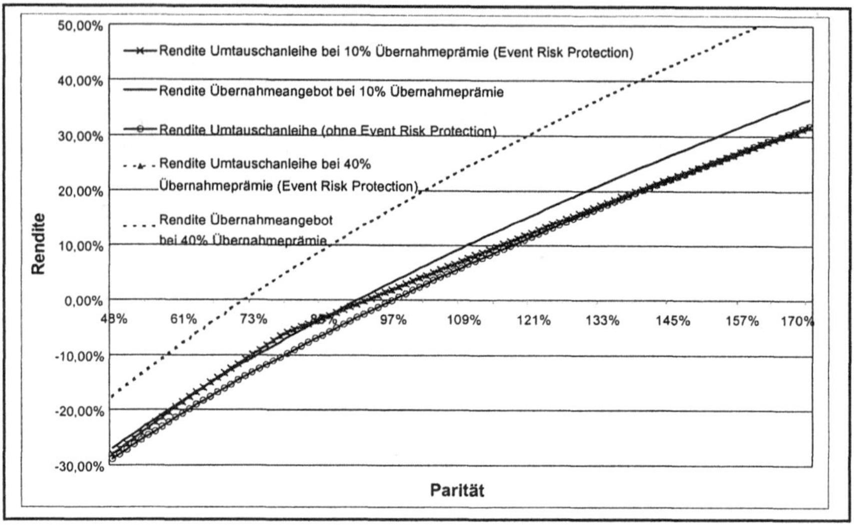

Abbildung 22: Renditevergleich: „Event Risk Protection"-Klausel[587]

In Unterschied zum skizzierten Beispiel sehen Umtauschanleihenbedingungen auch oft vor, dass die *Gegenleistung* eines Übernahmeangebots selbst *zum Um-*

---

[587] Die Parität (in %) wurde hierbei wie folgt definiert:

$$(3.3-6)\qquad \frac{\text{Umtauschverhältnis am Annahmetag} \times \text{Durchschnittspreis am Annahmetag}}{\text{Nennbetrag der Umtauschanleihe}}$$

Die dargestellte Paritätsbandbreite (X-Achse) entspricht einem Aktienkurs am Annahmetag von 20-70 €. (der Referenzkurs bei Ausgabe der Anleihe betrug 32,5 €, der ursprünglich festgelegte Umtauschpreis 41,275 €). Die Anleihe wurde zu 100% und einer Nominale von 50.000 € emittiert.

Für das Beispiel wurden folgende Annahmen getroffen: (1) Die Umtauschanleihe wird bei Emission gekauft und bis zum Annahmetag des Übernahmeangebots gehalten. (2) Es werden zwei ausschließliche Barangebote gemacht. Ein erstes Barangebot enthält eine Übernahmeprämie von 10% zum Aktienkurs am Angebotstag. Ein konkurrierendes Angebot enthält eine Übernahmeprämie von 40%. (3) Die Übernahmeangebote werden nach 2 Jahren Laufzeit der Anleihe gestellt (die Gesamtlaufzeit der Anleihe beträgt 3 Jahre). (4) Das Umtauschverhältnis am Annahmetag entspricht dem Umtauschverhältnis bei Emission (1.211,3870 Aktien je Umtauschanleihe).

Die dargestellte Verzinsung entspricht der jährlich endfälligen Verzinsung vor Steuern des Investors. Die Renditen für Umtauschanleihen (blaue, blau punktierte, sowie gelbe Linie) beinhalten jeweils auch die jährliche Verzinsung der Umtauschanleihe iHv 1,5%. Die Renditen der Übernahmeangebote (rot punktierte und violette Linie) entsprechen den Renditen eines Aktionärs der Voestalpine AG, welcher seine Aktien zum Emissionszeitpunkt der Umtauschanleihe erworben hat und bis zum Zeitpunkt des Übernahmeangebots hält (Dividendenzahlungen der Voestalpine AG wurden im dargestellten Beispiel vernachlässigt).

tauschobjekt wird.[588] Zu beachten ist hierbei, dass während eines ausstehenden Übernahmeangebots das Umtauschrecht des Gläubigers regelmäßig ausgesetzt wird.[589]

Aus Sicht des Anleiheninvestors ist ebenfalls zu beachten, dass ein – im Zuge eines Übernahmeangebots oder in Anwendung einer anderen Schutzklausel – durch den Anleihenemittenten erhaltener *Barbetrag* oft sehr unterschiedliche Verwendung findet. Anleihenbedingungen sehen hierfür etwa eine Reinvestition in das Underlying selbst, eine Veranlagung in ein übernehmendes Unternehmen, eine Investition in ein Peerunternehmen des Basiswerts oder einen breiten Aktienindex vor.[590]

---

588 „*If the Issuer accepts, or is deemed to accept, an Offer (or if the Relevant Securities are subject to compulsory acquisition), then, with effect from the Final Date, the Exchange Entitlement will consist, in whole or in part, of the cash consideration, if any, and any other consideration received for the Relevant Securities acquired under the Offer or pursuant to such compulsory acquisition*"; Offering Circular der Umtauschanleihe der SwissRe Finance (Bermuda) Ltd. (wandelbar in Depository Receipts der ING Groep N.V.) vom 16. Juni 1998, S. 14.

589 So heißt es bspw. im Offering Circular der SwissRe Finance Ltd.: „*The Exchange Rights shall be suspended from (i) the Specified Date until the acceptance of the relevant Offer is withdrawn or the relevant Offer lapses or the Final Date or (ii) the date any vote is cast in relation to any applicable scheme of arrangement, reorganisation, amalgamation or reconstruction which is approved by the required majority until the same is approved or rejected by the relevant judicial or other authorities. The Issuer will give notice of any suspension of Exchange Rights and of the nature of the Exchange Entitlement after the Final Date in accordance with Condition 15 [Condition 15: Notices]. For the purpose of this paragraph: [...] "Specified Date" means, in relation to any Offer, the sixth Amsterdam business day following that on which such Offer is first capable of acceptance or, if the period during which such Offer is open is less than six Amsterdam business days, the last day of such Offer period; [...] "Final Date" means, in relation to any Offer, the date such Offer becomes or is declared unconditional in all respects*"; Offering Circular der Umtauschanleihe der SwissRe Finance (Bermuda) Ltd. (wandelbar in Depository Receipts der ING Groep N.V.) vom 16. Juni 1998, S. 14.

590 In den Anleihenbedingungen der Lagardère Gruppe heißt es: „*Any cash amount included in the Offer Consideration in respect of Exchange Property and to be added to and form part of the Exchange Property shall be applied as soon as practicable (net of any costs and expenses incurred) by the Issuer to the extent possible:*

(x) in purchasing additional listed equity securities (if any) included in the Offering Consideration; or

(y) if and to the extent that the cash amount cannot be applied as stated in (x) above, in purchasing listed equity securities of the person making the Offer, provided such person is incorporated or established under the laws of an OECD member state; or

(z) if and to the extent that the cash amount cannot be applied as stated in (y) above, in purchasing investment representing the Deutsche Börse AG Composite DAX Index (or successor index),

3.3.2.7. Sicherstellung des Umtauschobjekts

Umtauschanleiheninvestoren wollen bei Zeichnung der konvertiblen Anleihe Gewissheit darüber haben, dass ihnen zum Zeitpunkt der Ausübung ihres Umtauschrechts die versprochenen Aktien des Basiswerts zugeteilt werden können. Hierfür müssen diese Titel entweder bereits im Emissionszeitpunkt bestehen, oder es muss sichergestellt sein, dass sie bis zum Umtauschzeitpunkt bereitgestellt werden können. Wie in Kapitel 2.3.2 ausgeführt und in Abbildung 4 dargestellt, stehen dem Emittenten einer Umtauschanleihe theoretisch vier Möglichkeiten der Bereitstellung des Basiswerts zur Verfügung (auf welche hier nicht nochmals eingegangen werden soll).

Eine Untersuchung der Beteiligungsanteile der Umtauschanleihenemittenten an den Zielgesellschaften ergab, dass diese Möglichkeiten praktisch deutlich eingeschränkt sind. Schuldner von Umtauschanleihen verfügen im Emissionszeitpunkt über einen *mittleren Anteil von rund 16%*[591] am Eigenkapital des Underlying. Nur knapp jeder fünfte Emittent hielt einen Anteil von zumindest 50%, nur drei aus hundert verfügten über 75% oder mehr des Grundkapitals des Basiswerts. Hieraus wird ersichtlich, dass die Möglichkeit der Sicherung der Bezugsrechte *unter Mitwirkung der Zielgesellschaft*, etwa durch ein genehmigtes oder ein bedingtes Kapital der Zielgesellschaft,[592] dem Großteil der Emittenten faktisch verschlossen bleibt.[593] Die Sicherstellung der Umtauschobjekte erfolgt in der Unternehmenspraxis somit maßgeblich mit *„alten" Aktien aus dem Bestand des Emittenten.*[594]

---

and which shall in each case be added to and form part of the Exchange Property"; Offering Circular Lagardère SCA (Anleihe wandelbar in Aktien von T-Online) vom 27. Juni 2002, S. 26 f.

591 Für 108 von insgesamt 172 Umtauschanleihetranchen konnte die Höhe der Beteiligung des Emittenten am Basiswert ermittelt werden; Quellen: Geschäftsberichte, Pressemeldungen (*Factiva*), Offering Circulars/Emissionsprospekte.

592 Siehe hierzu Kapitel 2.3.2.3.

593 Die genaue Herkunft der Sicherungstitel lässt sich nur schwer eruieren. Aus Pressemitteilungen oder Offering Circulars/Emissionsprospekten ergaben sich jedoch keine Hinweise darauf, dass eine Sicherstellung von Optionsrechten mit „neuen" Aktien erfolgte.

594 Unter jenen 105 Umtauschanleihetranchen, für die sowohl die Beteiligungshöhe des Emittenten am Underlying zum Emissionszeitpunkt, als auch der mittels der Umtauschanleihe veroptionierte Beteiligungsanteil bekannt war, befand sich lediglich eine Emission, bei welcher der veroptionierte Anteil die Beteiligung des Emittenten vor der Emission überstieg. Dies betraf die Umtauschanleihe der norwegischen Finanzdienstleistungsgruppe Storebrand. Im Geschäftsbericht von Storebrand heißt es hierzu: *„Note 10: Exchangeable Bond: In March 2002 Storebrand ASA issued a EUR 160 million exchangeable bond with a fixed EUR coupon of 2.25%. The bond was issued at par. Each EUR 1000 bond carries the right of conversion to 43.54 shares in Orkla ASA. The bonds are repayable on 8 March 2006 at a price of 105.81 assuming the holder has not exercised the right to convert to Orkla shares at an earlier date. For Storebrand ASA the exchangeable bond represents a combination of a bond and the is-*

	Emissionen exkl. "Dual Placings"[1]			"Dual Placings"[2]				
	Anteil **vor** Exch.	Anteil Exch.	Anteil **nach** Exch.	Anteil **vor** Dual Placing	Anteil Exch.	Anteil Equity Placing	Anteil Veräußerung (gesamt)	Anteil **nach** Dual Placing
Median	14,4%	4,2%	7,4%	20,3%	5,0%	8,5%	17,0%	0,0%
(Ø)	23,9%	5,9%	18,3%	31,2%	9,1%	11,7%	20,8%	10,5%
Maximum	77,0%	35,9%	70,0%	100,0%	27,5%	39,8%	67,3%	80,0%
Minimum	0,1%	0,1%	0,0%	1,8%	0,3%	0,6%	1,8%	0,0%

Quellen: *Dealogic/Bondware*, *Bloomberg*, Emissionsprospekte/Offering Circulars, Presse, Geschäftsberichte

1) Umfasst 88 Umtauschanleihetranchen. Für insgesamt 106Tranchen waren sowohl der Beteiligungsanteil vor der Emission, als auch die veroptionierte Beteiligungshöhe ermittelbar. Der Anteil nach der Umtauschanleihe gibt den hypothetischen Beteiligungsanteil nach angenommener vollständiger Konversion an. Von insgesamt 106 Tranchen wurden 18 als Dual Placings begeben.

2) Umfasst 18 Umtauschanleihetranchen.

Tabelle 4: Beteiligungsanteile von Emittenten vor Emission und unterliegende Anteile an Zielgesellschaften bei Umtauschanleihenemissionen

In Tabelle 4 werden die Beteiligungsanteile von Umtauschanleihenemittenten vor und nach[595] der Emission eines Exchangeable Bond, getrennt nach herkömmlichen Umtauschanleihen und solchen, welche im Zuge eines „*Dual Placing*“[596] begeben wurden, angegeben. Erwartungsgemäß ist der Beteiligungsanteil des Emittenten (vor Emission) bei Emissionen exklusive Dual Placings im Mittel mit 14,4% deutlich geringer als bei Dual Placings mit 20,3%. Dies verwundert nicht weiter, da auch die gesamte platzierte Beteiligungshöhe bei Dual Placings mit 17,0% (im Mittel werden 5,0% über eine Umtauschanleihe und 8,5% über die Emission von Aktien veräußert) deutlich höher ist, als die im Mittel alleine mit ei-

---

sue of a call option on Orkla shares. The option is covered partly (54%) by Storebrand ASA's own holding of Orkla shares and the balance is covered by the purchase of a call option on Orkla shares from Storebrand Livsforsikring AS [...]. The principal amount of the bond issue and the fixed rate interest payments, both denominated in EUR, have been converted through a swap transaction to a floating rate loan denominated in Norwegian krone. The foreign exchange risk arising on any premium in the event of cash redemption of the loan at final maturity has been hedged by the purchase of a EUR call option. If bonds are converted to Orkla shares, the swap transaction will in itself represent a EUR position. This possible position risk has been hedged by purchasing a EUR put option"; Geschäftsbericht Storebrand Group 2002, S. 65.

595 Unter Annahme einer vollständigen Ausübung der unterliegenden Umtauschrechte.

596 Zum Begriff des „*Dual Placing*“ siehe Kapitel 3.3.1.3.

ner Umtauschanleihe platzierte 4,2%ige Beteiligung. Dual Placings werden folglich vor allem zur *Veräußerung größerer Aktienpakete* und zur *vollständigen Veräußerung* einer Beteiligung eingesetzt. Im Mittel beträgt der Anteilsbesitz nach einem Dual Placing 0%, während nach Begebung einer Umtauschanleihe der Emittent sich noch einen Minderheitsanteil von 7,4% behält. In Abhängigkeit von der Unternehmensgröße des Underlying werden mit Hilfe von Exchangeables gegebenenfalls auch nur sehr kleine relative Beteiligungsanteile (Minimum: 0,1%) veroptioniert. Dies trifft insbesondere für von Banken strukturierte Umtauschanleihen, welche primär keinen Veräußerungszweck verfolgen, zu. Der größte bisher einer Umtauschanleihe unterliegende Beteiligungsanteil betrug knapp 36%.[597] Im Gegensatz dazu wurden mit der parallelen Ausgabe von Aktien und Umtauschanleihen bereits bis zu 67% der Unternehmensanteile veräußert.[598]

In 10% aller untersuchten Fälle schloss der ursprüngliche Eigentümer der Basistitel zum Zweck der Emission der Umtauschanleihe einen *Vertrag mit einem Dritten*.[599] Dieser Dritte, regelmäßig eine im Emissionsgeschäft tätige Bank, begibt sodann die Anleihe in eigenem Namen. Damit können mehrere Zielsetzungen verfolgt werden: Zum einen kann ein Unternehmen, welches als Emittent über einen ungenügenden Bekanntheitsgrad verfügt, vom *Standing* eines Emissionshauses profitieren. Zum anderen kann die gute *Bonität* einer Bank genutzt werden. Darüber hinaus wird eine Emission mit Hilfe einer Bank in gewissen Fällen auch aus

---

597 Dies betraf die im Juni 1989 durch die United Newspapers Capital Ltd. (Finanzierungstochtergesellschaft der Daily Mail & General Trust plc) begebene Umtauschanleihe (wandelbar in Aktien der Reuters Holding plc). Daily Mail & General Trust machte zwischen 1987 und 1997 insgesamt 6 mal von dem Instrument der Umtauschanleihe Gebrauch und reduzierte hiermit seine Beteiligung an Reuters von zunächst über 60% in 1988 auf unter 2% in 1998; *„Credit Suisse First Boston has led a 50m bond issue for Associated Newspapers"*, in *Financial Times* vom 14. August 1987 bzw. Geschäftsbericht Daily Mail & General Trust plc 1998.

598 *„Dual Placing"* der französischen Rhone-Poulenc SA, mit welchem, in Vorbereitung der späteren Fusion mit der deutschen Höchst AG zu Aventis, Anteile des Spezialchemieunternehmens Rhodia SA veräußert wurden. Gleichzeitig gab auch Höchst einen 45%-Anteil am schweizerischen Spezialchemieunternehmen Clariant mittels eines Dual Placings ab. Die Transaktion wurde in der Presse als Beispiel für einen *„M&A-driven exchangeable"* bezeichnet; *„Second half promises new excitement in convertibles"*, in *Corporate Finance* vom 01. August 1999.

599 Betrifft insgesamt 16 der 172 untersuchten Umtauschanleihetranchen. Hierunter befinden sich auch 3 Tranchen, bei denen der ursprüngliche Eigentümer der Anteile dem Underlying entspricht (diese 3 Tranchen stellen somit eher mit Hilfe einer Bank platzierte Wandelanleihen dar [betrifft die Anleihe der Mediobanca SpA, wandelbar in Anteile der Società Assicuratrice Industriale SpA vom August 1995, sowie 2 Tranchen der Deutsche Bank Finance NV, wandelbar in Aktien der Novartis AG vom November 2001]). Diese 3 Tranchen werden bei der Untersuchung der Ankündigungseffekte auf Umtauschanleihenemissionen folglich nicht weiter berücksichtigt.

steuerlichen Gründen gewählt.[600] Als Beispiel für die zweite Zielsetzung können die im Dezember 2002 emittierten Anleihentranchen der UBS AG, wandelbar in Anteile der Yukos Oil Co OAO, angeführt werden. Die russische Menatep Gruppe, zum Zeitpunkt der Emission Eigentümer von 61% an Yukos, war von Standard & Poor's mit CCC geratet und verfügte damit über eine ungenügende Bonität um selbst als Emittent einer Umtauschanleihe aufzutreten. Deshalb griff das Unternehmen auf die mit AA+ geratete schweizerische UBS zurück.[601] In der Regel wir die emittierende Bank als *Treuhänder* des ursprünglichen Eigentümers auftreten und wird die Rolle als Stillhalter der Option abgegolten bekommen.[602]

3.4. Emissionsmotive von Umtauschanleihenemittenten

Im wesentlichen liegen die Motive für Umtauschanleihen zum einen in der beabsichtigten Desinvestition einer Beteiligung und zum andern in der Finanzierung des Emittenten.[603] Auf Grund der inhärenten Multifunktionalität von Umtauschanleihen kann jedoch nicht völlig klar zwischen diesen beiden Zielsetzungen unterschieden werden. Trotzdem überwiegen bei den durch die Emittenten angegebenen Gründen bzw. den durch die Finanzpresse ausgemachten Motiven in den meisten Fällen die eine oder andere Absicht. Wie Abbildung 23 zeigt, konnte bei rund einem Fünftel der untersuchten Umtauschanleihentranchen aus den Pressemitteilungen im Zuge der Emission kein besonderes Emissionsmotiv ausgemacht werden. Bei rund 37% der Tranchen überwiegt das Desinvestitionsmotiv.

---

600 Aus einem solchen Beweggrund emittierte beispielsweise die italienische Assicurazioni Generali, zur Reduktion ihrer Beteiligung an dem Lebensversicherungsunternehmen Alleanza Assicurazioni, im Mai 1997 eine Umtauschanleihe mit Hilfe der italienischen Mediobanca, *„Three new equity-linked bond issues: Is this the start of a revival?"*, in *International Herald Tribune* vom 26. Mai 1997.

601 Nachdem Menatep bereits im Juli 2001 erfolgreich mittels UBS AG eine in Yukos wandelbare Anleihe begeben hatte, wandte man sich im Dezember 2002 erneut dem Instrument der Umtauschanleihe zu. Menatep, welche im Juli 2001 61% an Yukos hielt, merkte zu seinen Beweggründen an: *„Around year 2007 we will remain with just a controlling stake of Yukos (51%). But that does not mean we will be selling 10% tomorrow"*; *„Interview: Menatep to grow TMT unit on cheap asset buys"*, in *Dow Jones International News* vom 18. Dezember 2001.

602 Zum Begriff der Treuhand siehe *Koziol/Welser* (2001), S. 196 ff. Für eine Diskussion der Frage, was im Fall des Verkaufs einer konvertiblen Anleihe mit Hilfe eines Treuhänders mit Sicherstellungstiteln geschieht, welche bis zum Schluss der Umtauschfrist nicht gewandelt werden, siehe etwa *Herzog* (1991), S. 71.

603 In dieser Arbeit wird, im Unterschied zu *Ghosh/Varma/Woolridge* (1990), nicht dem Ursprung eines mit Hilfe einer Umtauschanleihe veroptionierten Beteiligungsanteils nachgegangen. *Ghosh* et al. können für den Beteiligungsursprung keinen signifikanten Einfluss auf die Ereignisrendite nachweisen. Die in dieser Arbeit gewählte Einteilung von Emissionsmotiven entspricht nicht der von *Ghosh* et al.

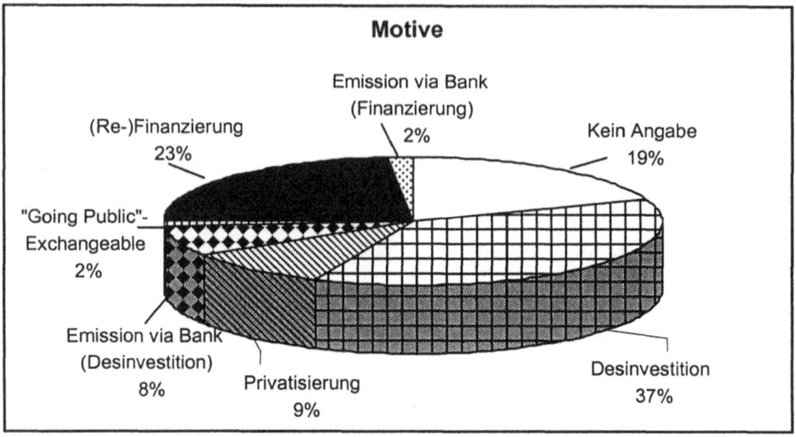

Abbildung 23: Emissionsmotive von Umtauschanleihenemittenten[604]

Wie die folgenden Auszüge aus Pressemitteilungen deutlich machen, sind die genauen Hintergründe erwartungsgemäß sehr divers:[605]

- *„The moves were driven by a desire to reduce exposure to Henderson and its trusts, not by corporate governance concerns […]. If Witan had sold in the market it would have had to accept a discount to the trusts' net asset values."*[606]
- *„The transaction helped Dresdner optimise its shareholding portfolio. […] Dresdner is thought to own nearly 12% of Munich Re's shares […]. Indeed, in a statement the bank said it wished to remain "a significant shareholder" in Munich Re."*[607]
- *„National Grid […] plans to raise Pounds 1 billion through the sale of one- third of its 74.3% stake in Energis […]. The money raised may be used to finance further overseas growth in its core electricity business."*[608]
- *„The structure was ideal for British Aerospace (BAe), which was looking to dispose of this non-core asset […]. Some in the market were suggesting*

---

604 Die Grafik stellt eine Aufteilung der Umtauschanleihentranchen nach Emissionsmotiven dar. Die zugrunde liegenden Daten werden im Anhang in Tabelle 12 angegeben. Quellen: mit Hilfe von *Factiva* ausgewertete Pressemitteilungen.

605 Für eine Auflistung möglicher Hintergründe von Beteiligungsverkäufen siehe Kapitel 4.3.2.2.

606 *„Witan To Reduce Its Stake In Henderson"*, in *The Independent* (London) vom 30. Juli 1993.

607 *„Eurobonds Maintain Momentum"*, in *Financial Times* vom 5. September 1996.

608 *„Energis To Be Floated?"*, in *European Telecommunications* vom 29. Januar 1999.

a straight share offer from BAe might have been more successful, but that would have landed BAe with a hefty capital gains tax bill."[609]

- *„Suez had been looking to divest its stake in Union Miniere to focus on its core utility businesses [...]. The choice of a [...] bond issue to dispose of its interest in Union Miniere is a consequence of Suez's failure to find a single buyer for the stake."*[610]
- *„A straight equity sale was also not an option as the three owners of STMicroelectronics have a lock-up agreement in place."*[611]
- *„BP said it was selling the stake because it had no representation on the board of directors of Lukoil and no control over its assets."*[612]
- *„A spokesman for Carlton played down the importance of the issue, describing it as a treasury operation which helps cash in a low-yielding asset."*[613]

Zumeist lagen die Hintergründe von primär als Beteiligungsveräußerungen zu wertenden Exchangeables im Bereich der Fokussierung der Unternehmenstätigkeit („Fokus-Hypothese"), in einzelnen Fällen auch im Verkauf einer verlustbringenden Unternehmensbeteiligung („Losing Operations-Hypothese").[614] Die Entscheidung für eine Umtauschanleihe als Veräußerungsmethode scheint in einigen Fällen durch die Limitierung möglicher Alternativen beeinflusst zu sein. Eine Einschränkung kann sich hierbei etwa durch das Scheitern des Verkaufs des gesamten Aktienpakets an einen einzelnen Käufer, oder durch eine vertragliche Verkaufsbeschränkung („Shareholder-Agreement") unter bestehenden Aktionären ergeben. Außerdem bringt eine Exchangeable Bond-Emission, im Vergleich zu einem direkten Verkauf, den Vorteil einer zeitlichen Verlagerung der Steuerbelastung aus einem Anteilsverkauf.

In 9% der untersuchten Umtauschanleihentranchen emittierten Staaten oder staatsnahe Organisationen Exchangeables zur *Privatisierung* des Underlying, in 8% der Fälle wurde eine Umtauschanleihe zum Zweck der Beteiligungsveräußerung mit

---

609 *„Second half promises new excitement in convertibles"*, in *Corporate Finance* vom 1. August 1999.

610 *„Questions Loom Over Union Miniere – Sale of Stake Doesn't Ease Analyst's Concern About Belgian Miner's Shares"*, in *The Wall Street Journal Europe* vom 4. Januar 2001.

611 *„Mandatory equity-linked securities look set to grow in Europe"*, in *eFinancial News* vom 5. August 2002.

612 *„Companies & Finance International – Lukoil shares hit by BP plan to sell stake"*, in *Financial Times* vom 30. Januar 2001.

613 *„City – Carlton seeks 311 m cash from bonds"*, in *The Daily Telegraph* vom 30. November 2001.

614 Siehe hierzu Kapitel 4.3.2.2.

Hilfe einer *als Emittent auftretenden Bank* begeben,[615] 2% der untersuchten Tranchen wurden, da der Basiswert zum Zeitpunkt der Emission noch nicht börsennotiert war, als sog. *Going Public Exchangeables* konzipiert.[616] Fasst man die Emissionsmotive „Desinvestition“, „Privatisierung“, „Emission via Bank (Desinvestition)“ und „Going Public Exchangeable“ zusammen, stellt man fest, dass Umtauschanleihen in Europa in mehr als der Hälfte der untersuchten Fälle als Desinvestitionsinstrument genutzt wurden.

Diesem überwiegenden Emissionsgrund stehen rund 25% der Anleihen gegenüber, welche vor allem zum Zweck der *Unternehmensfinanzierung* begeben wurden. In 2% der Fälle wurde eine als „Umtauschanleihe“ bezeichnete Anleihe mit Hilfe einer Bank begeben, welche inhaltlich aber eher einer Wandelanleihe entsprach.[617] Die von Emittenten angegebenen Zielsetzungen sind bei primär zu Finanzierungszwecken begebenen Anleihen ebenso vielseitig wie bei Exchangeables mit Veräußerungsmotiv:

- *„The group [United Newspapers] was getting close to its peak borrowing level and the issue, through United Newspapers Capital Ltd, was useful in this respect.[618] The main purpose of the issue was to refinance United Newspapers' stake in Reuters in a tax-efficient manner.[619] United is effectively using its 12.1 m Reuters shares as collateral in raising the money."*[620]
- *„[...] the amount (from the bond) fills our war chest, which allows us act relatively quickly in respect to further development of the company without needing a capital increase with an undesirable dilutive effect."*[621]
- *„The Tecnost deal, although exchangeable into shares of a subsidiary, was done more for cost than strategic reasons. If all the bonds are converted, Tecnost's stake in Telecom Italia is only reduced from 54 per cent to 52 per cent. But the company has been able to raise cash for a much lower cost than in the corporate bond market. It will offer a coupon of 1 per cent and a yield to maturity of 3-3.5 per cent, while its previous bond issues currently yield nearer to 6 per cent [...]. There is also very strong*

615 Siehe hierzu Kapitel 3.3.2.7 Sicherstellung des Umtauschobjekts.

616 Zu hierbei beachtenswerten börsegesetzlichen Zulassungsbestimmungen siehe Kapitel 2.4.2.1.

617 Diese Anleihen werden bei der Untersuchung der Ankündigungseffekte von Umtauschanleihen nicht berücksichtigt. Siehe auch FN. 599.

618 *„United Says No Special Plan For Share Issue Funds"*, in *Reuters News* vom 8. Juni 1989.

619 *„Credit Suisse First Boston Launches A Share Issue For United Newspapers"*, in *Financial Times* vom 9. Juni 1989.

620 *„United Newspapers In 105 M Share Issue"*, in *The Times* vom 9. Juni 1989.

621 *„Swiss Life says bond issue helps war chest"*, in *Reuters News* vom 8. April 1998.

demand from investors for convertible products right now which means we could achieve pricing that is attractive."[622]

- *„Rallye had issued the bond inorder to retain its interest in Casino, rather than to dilute it. In anticipation of Casino's secondary share sale, which would have seen its 52% controlling stake reduced, Rallye issued a five-and-a-half year exchangeable bond into Casino shares. The exchangeable issue released cash for Rallye to then buy up Casino's shares in the supermarket group's secondary offering, thereby deferring the moment its stake would be diluted."*[623]
- *„The Swiss insurer issued the securities [...] because it was cheaper than simply selling the shares on the open market [...]. For tax purposes, a straight equity sale would have been a costlier mean to refinance an expiring note."*[624]

Wie oben angeführte Auszüge aus Unternehmens- und Pressemitteilungen zeigen, werden Umtauschanleihen, ebenso wie Wandelschuldverschreibungen,[625] häufig mit der Absicht einer günstigen Kapitalbeschaffung emittiert. In seltenen Fällen werden Exchangeables auch zur Akquisitionsfinanzierung[626] oder zur Finanzierung einer Teilnahme an einer Kapitalerhöhung[627] verwendet und dienen damit, im Gegensatz zu einer Beteiligungsveräußerung, der unmittelbaren Schaffung oder Wahrung des Einflusses.[628] Das Argument der „billigen" Finanzierung wird auch bei Desinvestitionsabsicht häufig als Möglichkeit zukünftig an Wertsteigerungen des Basiswerts zu partizipieren, angeführt. Da die Opportunitätskosten eines niedrigen Umtauschpreises für die Aktionäre des emittierenden Unter-

622 *„Euro Markets – Equity linked issuance tops Euros 24 bn this year – The attraction of raising capital..."*, in *Financial Times* vom 29. September 2000.

623 *„Europe's corporates see uptake in exchangeables"*, in *The Financial News* vom 12. Februar 2001.

624 *„Zurich Taps Exchangeables For Efficiency"*, in *Insurance Finance & Investment* vom 25. Juni 2001.

625 Vgl. etwa *Herzog* (1991), S. 206 ff. u. 215 ff. Zu den Motiven von Wandelanleihenemittenten siehe *Pilcher* (1955), *Brigham* (1966), *Hoffmeister* (1977), *Stein* (1992), *Billingsley/Smith* (1996), *Graham/Harvey* (2001) u. *Bancel/Mittoo* (2004).

626 Siehe FN. 440.

627 Dieses Motiv wurde für die im Oktober 1993 durch die CIR International SA begebene Anleihe (wandelbar in Anteile der Ing C Olivetti & C SpA) bzw. für die im Januar 2001 emittierte Umtauschanleihe der Rallye SA (wandelbar in Casino Guichard-Perrachon SA) angegeben.

628 Natürlich ist dieser Effekt zunächst auf die Zeit bis zu einem Umtausch begrenzt. Danach kann eine Kontrolle über den veroptionierten Beteiligungsanteil nur bei Ausübung einer Cash-or-share Option gewahrt werden.

nehmens jedoch weder real anfallen, noch buchhalterisch erfasst werden,[629] werden diese zumeist auch nicht ausreichend wahrgenommen. In vollkommenen Märkten haben Umtauschanleihen gegenüber ihren Finanzierungsalternativen[630] jedoch keine Kostenvorteile. Werden Exchangeables korrekt bewertet, entspricht der Vorteil der billigen Fremdmittelaufnahme genau den Opportunitätskosten, welche durch einen günstigen Verkauf der Basiswertaktien entstehen.[631] Umtauschanleihen können daher grundsätzlich nicht als Kombination von günstigem Fremdkapital und einem Beteiligungsverkauf über Marktwert bezeichnet werden.

3.5. Zusammenfassung der Ausgestaltung von Umtauschanleihen

Ein Vergleich zwischen der Entwicklung europäischer Aktien und dem Gesamtemissionsvolumen konvertibler Anleihen zeigt, dass die starke Zunahme von Equity-linked Emissionen in Europa mit dem Aufwärtstrend an den europäischen Börsen einhergeht. Neben dem allgemeinen Bewertungsniveau am Aktienmarkt stellen aber auch das Zinsniveau und die Volatilität an den Aktienmärkten wesentliche exogene Einflussfaktoren für Emissionen von Wandel- und Umtauschanleihen dar. 2001 überschritt das Gesamtemissionsvolumen von Wandel- und Umtauschanleihen in Europa erstmals die 50 Mrd. €-Grenze. Diese Entwicklung scheint nachfrageseitig wesentlich durch die zunehmende Deregulierung von Hedge-Fonds beeinflusst zu sein. Das Angebot von Umtauschanleihen wiederum erhält einerseits durch eine zunehmende Shareholder Value-Orientierung von Unternehmen und den damit einhergehenden Verkauf von Unternehmensrandbereichen sowie das opportunistische Verhalten von Unternehmen bei niedrigem Zins- bzw. hohem Volatilitätsniveau Zustrom. Steuerliche Überlegungen sind darüber hinaus in einzelnen Fällen von wesentlicher Relevanz.

Vergleicht man die in Europa emittierten Umtauschanleihen mit Wandelanleihen, so wird deutlich, dass Exchangeables beinahe ausschließlich ein Instrument von Großunternehmen sind. Dies kommt in einem deutlich höheren mittleren Emissionsvolumen zum Ausdruck.[632] Deutsche und französische Emittenten zeichneten seit 1987 für mehr als die Hälfte des Emissionsvolumens von Exchangeables in Europa verantwortlich. Umtauschanleihen wurden in diesem

---

629 Dies gilt nicht für den unwahrscheinlichen Fall, dass der Ausübungs-/Umtauschpreis unter dem Buchwert der unterliegenden Aktien angesetzt wurde.

630 Schuldverschreibung des Emittenten plus short Call-Option auf den Basiswert.

631 Die Untersuchung zu einem Underpricing von Exchangeables (siehe Kapitel 4.3.2.3) widerspricht der These einer systematisch falschen Preisfindung bei Umtauschanleihen.

632 300 Mio. € bei Umtauschanleihen versus 91 Mio. € bei Wandelanleihen (Median).

Zeitraum in Europa vor allem von Banken, Versicherungen, Konglomeraten und Holdinggesellschaften als Instrument des Beteiligungsmanagements bzw. von staatsnahen Unternehmen als Privatisierungsinstrument eingesetzt. Sie wurden beinahe ausschließlich im Markt für internationale Anleihen bzw. Euroanleihen begeben. Knapp ein Viertel der untersuchten Umtauschanleihen wurde zunächst im Wege einer Privatplatzierung emittiert. Dies schließt jedoch eine spätere Börsennotierung nicht aus. Innerhalb Europas kann die Luxemburger Börse als der eindeutig dominierende Listingplatz für Exchangeables bezeichnet werden.

Eine Analyse der *Anleihenkomponenten* europäischer Umtauschanleihen zeigt, dass diese für gewöhnlich mit einer geringeren längstmöglichen Laufzeit als Wandelanleihen ausgestattet werden. Da Exchangeables häufig Kündigungsrechte aufweisen, entspricht die längstmögliche Laufzeit oftmals nicht der tatsächlichen Laufzeit. Für einen Emittenten stellt ein solches Recht ein Instrument der Risikovorsorge dar, mit welchem er Opportunitätskosten begrenzen kann. Während der Untersuchungsperiode zeichnete sich eine klare Entwicklung zu aktienkursabhängigen Kündigungsrechten, sog. Soft Call-Provisions, ab. Kündigungsrechte des Investors in Form von sog. Put-Optionen, welche den Zweck einer Renditegarantie erfüllen, treten im Gegensatz dazu relativ selten auf. Betrachtet man die Bonität der Emittenten, bestätigt sich obige Feststellung, dass Umtauschanleihen in Europa vor allem durch Großunternehmen begeben wurden: die Schuldner weisen eine allgemein sehr gute Bonität auf. Hierbei ist jedoch anzumerken, dass in Perioden starker Emissionstätigkeit auch zunehmend Emittenten mit schlechterem Rating auf dem Markt auftraten.

Betrachtet man die *Aktienkomponenten* emittierter Anleihen, wird deutlich, dass lediglich bei rund einem Viertel der untersuchten Fälle der Emittent und der Basiswert in der gleichen Branche tätig sind – dies lässt den verstärkten Einsatz des Instruments zum Zweck der Portfoliobereinigung vermuten. Im Mittel wurde das Underlying zu rund 124% des Referenzkurses im Zeitpunkt der Emission „verkauft". Dass es sich hierbei zunächst lediglich um eine Veroptionierung und keine endgültige Trennung handelt wird auch dadurch deutlich, dass der Emittent weiterhin beinahe ausschließlich seine Aktionärsrechte (Stimmrecht bzw. Anspruch auf Dividendenzahlungen aus den zugrundeliegenden Aktien) wahrnimmt. Der Anleihenschuldner kann damit seinen Einfluss auf den Basiswert fortführen. In diesem Zusammenhang kann es zu Interessenskonflikten zwischen dem Emittenten und den Obligationären kommen. Aus diesem Grund sind Schutzklauseln (bspw. dividend-, dilution- bzw. event risk protection), welche den Investor vor einem möglichen Vermögensverlust schützen sollen, von besonderer Bedeutung. Eine Untersuchung bestehender Klauseln macht jedoch deutlich, dass diese teils sehr unterschiedliche Folgen für Obligationäre haben können. Für den Emittenten stellen Preiseffekte des Underlying indirekte und damit oft vernachlässigte Kosten einer Emission dar. Zieht man in Betracht, dass Schuldner von Umtauschanleihen mit Hilfe dieses Instruments im Mittel rund 4,2% des Basiswerts platzieren und danach weiterhin eine rund 7,4%ige Beteiligung halten[633], wird deutlich, dass Kapitalmarktreaktionen auf die Ankündigung einer Umtauschanleihe wesentlicher Bestandteil der Gesamtkosten einer Emission sind.

Die von europäischen Emittenten angegebenen *Motive* für eine Umtauschanleihenemission sind sehr unterschiedlich. Dennoch können mehr als die Hälfte der untersuchten Exchangeables dem primären Beweggrund „Desinvestition" zugeordnet werden. Hierunter sind auch knapp 10% enthalten bei denen die Anleihe zum Zweck der Privatisierung eingesetzt wird. Nur rund ein Viertel aller Emittenten begibt eine Obligation primär zur Unternehmens(re)finanzierung. In seltenen Fällen werden Exchangeables auch zur Akquisitionsfinanzierungen oder zur unmittelbaren Wahrung eines Einflusses, etwa zur Finanzierung der Teilnahme an einer Kapitalerhöhung, verwendet.

---

633 Betrifft Emissionen exklusive Dual Placings, bei Annahme einer vollkommener Konversion der Anleihe.

4. Finanzierungstheoretische Erklärungsansätze und Ergebnisse bisheriger empirischer Untersuchungen zu Desinvestitions- und Finanzierungsmaßnahmen

4.1. Einleitung

Ziel dieses Kapitels ist es Hypothesen über die zu erwartenden Kursreaktionen auf Umtauschanleihenemissionen aufzustellen. Hierzu werden zunächst die grundlegenden finanzierungstheoretischen Konzepte dargestellt und auf ihren Erklärungsbeitrag im Hinblick auf das Auftreten von und die zu erwartenden Reaktionen auf Umtauschanleihen untersucht. Insbesondere werden die *neoklassische* und die *agency-theoretische* Betrachtungsweise beleuchtet. Von Interesse sind hierbei Aussagen zu Desinvestitions- und Finanzierungsentscheidungen, da beide Aspekte bei Umtauschanleihen Berücksichtigung finden. Den theoretischen Erkenntnissen werden *Ergebnisse relevanter empirischer Studien,* insbesondere solcher zu Veräußerungsmaßnahmen und konvertiblen Anleihen, gegenübergestellt. Aus der Synthese von theoretischen Erkenntnissen, empirischen Ergebnissen, den in Kapitel 3 gewonnenen Einsichten zu den praktischen Ausgestaltungsformen von Exchangeables und den Motiven von Emittenten von Umtauschanleihen werden schließlich eigene *Hypothesen* formuliert.

4.2. Überlegungen aus Sicht der Neoklassischen Theorie

4.2.1. Kapitalmarkteffizienz und Nachfrageeffekte

Die neoklassische Finanzierungstheorie stellt in ihren Modellen[634] den Kapital gebenden Investor in den Mittelpunkt ihrer Überlegungen. Dieser steht vor dem Entscheidungsproblem, denjenigen Anteil seines Geldes, den er nicht auf gegenwärtigen Konsum verwenden möchte, für die Anlage in unterschiedliche Finanzierungstitel aufzuteilen. Die kapitaltheoretische Forschung reduziert die Anzahl einzubeziehender Aspekte auf zwei aus dem Marktzusammenhang erklärbare Größen, welchen für den Wert von Finanzierungstiteln wesentliche Bedeutung

---

[634] Dazu zählen insbesondere die Portfoliotheorie von *Markowitz*, das CAPM von *Sharpe/Lintner/Mossin*, die Arbitrage Pricing Theory (APT) von *Ross* u.a., sowie die Irrelevanzthesen von *Modigliani/Miller*, vgl. *Perridon/Steiner* (2002), S. 21.

zukommt: *Rendite* und *Risiko*. Um aber zu eindeutigen Aussagen kommen zu können, wurden sehr rigide Prämissen getroffen. Hierzu zählen insbesondere folgende Annahmen:[635]

- Existenz eines vollkommenen Kapitalmarkts auf dem keine Reibungsverluste durch Transaktionskosten, Steuern oder Marktzutrittsbeschränkungen auftreten;
- Risikoaversion der Investoren, die zur Übernahme eines steigenden Risikos nur bei entsprechender Erhöhung der erwarteten Rendite bereit sind; Investoren unterscheiden sich nur durch das Ausmaß der Risikoaversion;
- Hohe Informationseffizienz des Marktes, die dann gegeben ist, wenn alle Marktteilnehmer trotz Unsicherheit dieselben Erwartungen hegen, weil alle Informationen ohne Friktionen zugänglich sind und vollständig Berücksichtigung finden;
- Reduktion der Betrachtung auf ein einperiodisches Grundmodell;

Der Frage der *Informationseffizienz*, welche von *Fama* in drei Stufen eingeteilt wird,[636] ging man in empirischen Untersuchungen auf die Spur. Für einen streng informationseffizienten Kapitalmarkt wird vorausgesetzt, dass dieser alle relevanten Informationen und damit auch alle nicht öffentlich zugänglichen Informationen (Insiderinformationen) umgehend verarbeitet und in den Marktpreisen berücksichtigt. Empirische Studien konnten eine schwache und halb-strenge Informationseffizienz von Kapitalmärkten, nicht jedoch eine strenge Effizienz nachweisen.[637]

In Abhängigkeit von der Nachfragefunktion nach Aktien können unterschiedliche Kursreaktionen auf den Verkauf eines Aktienpakets erwartet werden. Auf vollkommenen Kapitalmärkten[638] gelten alle Wertpapiere gleichen Risikos als perfekte Substitute füreinander. Folglich gehen die *„Substitutions-Hypothese“*[639] bzw. die *„Efficient Market-Hypothese (EMH)“*[640] davon aus, dass eine Erhöhung der Anzahl ausstehender Titel auf den Marktwert dieser Titel keinen Einfluss hat. Die Nachfragekurve nach Aktien wird als vollkommen elastisch angenommen. Auch im Zuge einer Emission neu angebotene Titel stellen bloß einen geringen Anteil aller verfügbaren Wertpapiere dar. Somit lässt, einen unveränderten Zahlungs-

---

635 Vgl. *Perridon/Steiner* (2002), S. 21.

636 Vgl. *Fama* (1970), S. 383.

637 Vgl. *Copeland/Weston* (1992), S. 352.

638 Zum Unterschied zwischen vollkommenen und effizienten Kapitalmärkten siehe etwa *Copeland/Weston* (1992), S. 330 ff.

639 Vgl. *Scholes* (1972), S. 181 f.

640 Vgl. *Fama* (1970), S. 383 ff., ebenso *Harris/Gurel* (1986), S. 815 u. *Brealey/Myers* (2000), S. 354 ff.

strom der unterliegenden Finanzierungstitel vorausgesetzt, eine bloße Veränderung der Anzahl der Aktien keinen Kurseffekt erwarten. Werden hingegen neue, öffentlich zugängliche Informationen über den Cash Flow der Titel bekannt, ist gemäß Efficient Market-Hypothese mit einer unverzüglichen Kursreaktion zu rechnen.

Sind Kapitalmärkte jedoch nicht vollkommen, so kann der Verkauf eines großen Aktienpakets zwei Effekte nach sich ziehen: Zum einen wird der Marktpreis, falls im Zuge des Angebots neue Informationen zugänglich werden, diese verarbeiten. Zum anderen kann es auch zu einem (vorübergehenden) Kursrückgang der unterliegenden Wertpapiere kommen, da der Paketkäufer mit dem Kauf gewisse Kosten (etwa einen Liquiditätsdiskont) verbindet. Dieser Effekt wurde in der Literatur auch als *„Price Pressure-Hypothese (PPH)"* bekannt.[641] Wie die Price Pressure-Hypothese geht auch die *„Imperfect Substitutes-Hypothese (ISH)"*, oder auch *„Distribution Effekt-Hypothese"*[642] von einer fallenden Nachfragekurve von Finanzierungstiteln aus. Während erstere bloß eine kurzfristig fallende Nachfragefunktion annimmt, und damit eine vorübergehend negative Kursreaktion als Folge eines Verkaufs einer größeren Menge von Wertpapieren prognostiziert (bevor der Kurs wieder zum ursprünglichen Gleichgewichtspreis zurückkehrt) geht die Imperfect Substitutes-Hypothese von einer langfristig fallenden Nachfragefunktion und somit von einem permanenten Kursrückgang bei Neuemission von Wertpapieren aus. [643]

4.2.2. Ergebnisse empirischer Untersuchungen zu Block Trades und Secondary Offerings

Im Rahmen dieser Arbeit sind insbesondere Untersuchungen zu Kapitalmarktreaktionen auf die Platzierungen von Aktienpakten (*Block Trades* bzw. *Secondary Offerings*)[644] von großer Bedeutung. Diese können bei Desinvestitionen eines Be-

---

641 Vgl. *Kraus/Stoll* (1972), S. 569 ff.

642 Vgl. *Harris/Gurel* (1986), S. 815.

643 Die ISH („supply effect") wird bei *Mikkelson/Partch* mittels dem relativen platzierten Beteiligungspaket überprüft; vgl. *Mikkelson/Partch* (1985), S. 166 f.

644 Zu den hier verwendeten Begriffen:

„block sale, trade, or transaction. A trade in a specific security (or portfolio of securities) which is larger than normal for the particular market, given the ruling market conditions [...];

secondary distribution, issue, or offering (USA): The sale of blocks of already issued securities to investors. This typically occurs when a large holder of a line of securites wishes to dispose of his stake.[...] Such large transactions are sometimes underwritten or carried out on a purchase-and-sale basis. The New York Stock Exchange has specific rules about the price and distribution methods allowed for such transactions. When an offer is underwritten teiligungsanteils als Alternative zu Umtauschanleihen gesehen werden. Sie können aber auch – wie bei einem Dual Placing – mit der Emission einer Umtauschanleihe abgestimmt werden.[645] In Zusammenhang mit Block Trades wurden folgende Fragestellungen untersucht:[646] Ist ein Sinken eines Marktpreises bei Verkauf eines Aktienpakets auf einen Liquiditäts-, einen Informationseffekt, oder beide Effekte zurückzuführen? Ist es möglich durch das Fallen des Aktienkurses Gewinne zu erwirtschaften? Wie lange dauert ein möglicher Preiseffekt an?

Erste empirische Untersuchungen zu Kapitalmarktreaktionen auf Secondary Offerings bzw. Block Trades wurden von *Scholes* (1972) und *Kraus/Stoll* (1972) durchgeführt. *Scholes* stellt in seiner Untersuchung von 345 Secondary Distributions im Zeitraum zwischen 1961 und 1965 einen abnormen Kursrückgang des unterliegenden Unternehmens von 2,2% bis 14 Tage nach dem Secondary Offering (minus 0,5% am Tag des Offering) fest.[647] Dieser (permanente) Kursrückgang wird von den Autoren einem Informationseffekt zugeordnet, da eine Unterteilung nach Verkäuferkategorien einen stärker negativen Effekt bei Verkäufen durch Unternehmensinsider und Fonds, im Vergleich zu Banken und Versicherungen (bei welchen bloße Portfolioumschichtungen als nicht durch zusätzliche Informationen veranlasst angenommen wurden), ergibt. Die Price Pressure-Hypothese kann durch *Scholes* nicht bestätigt werden. Die Größe des veräußerten Aktienpakets (gemessen sowohl als absolutes Volumen in USD, als auch in Prozent aller ausstehender Aktien) hat auf die beobachtete negative Emissionsrendite keinen signifikanten Einfluss.

Im Gegensatz dazu finden *Kraus/Stoll* (1972) in ihrer Untersuchung zu Paketverkäufen an der New Yorker Börse starke Evidenz für die Preisdruck-Hypothese.[648] Sie stellen fest, dass Aktienkurse im Zuge des Pakethandels im Durchschnitt um rund -1,14% nachgeben, sich aber noch am selben Tag wieder um rund +0,71% erholen. Somit können sowohl *Scholes* als auch *Kraus/Stoll* einen permanenten Kursrückgang nachweisen, zweite können zusätzlich noch einen Preis-

---

it may well be registered with the Security and Exchange Commission"; vgl. *Moles/Terry* (1997), S. 48 f. u. 487 f.

Hierzu ist anzumerken, dass ein Secondary Offering im Unterschied zu einem Block Trade immer durch den Verkäufer initiiert wird. Die Genehmigung eines Secondary Offerings durch die NYSE setzt voraus, dass das zu platzierende Aktienpaket zu groß ist, um im normalen Handel aufgenommen werden zu können. Registrierte Secondary Offerings sind deshalb größer als Block Trades; vgl. *Mikkelson/Partch* (1985), S. 168 u. *Holthausen/Leftwich/Mayers* (1987), S. 238.

645 Zum Begriff des *Dual Placing* siehe Kapitel 3.3.1.3.

646 Vgl. *Copeland/Weston* (1992), S. 370 ff.

647 Vgl. *Scholes* (1972), S. 192.

648 Vgl. *Kraus/Stoll* (1972), S. 587 f.

druckeffekt am jeweiligen Handelstag ermitteln. Eine Untersuchung von *Dann/Mayers/Raab* (1977) ergibt, dass sich bei Anwendung einer „Trading Rule" für Paketverkäufe an der NYSE eine annualisierte Rendite von mehr als 200% erwirtschaften lässt.[649] Dies wird als klares Zeichen dafür ausgelegt, dass eine strenge Effizienz von Kapitalmärkten zurückzuweisen ist.

Nachfolgende Studien bestätigen obige Ergebnisse und einen *negativen Kurseffekt* für das einem *Paketverkauf* unterliegende Unternehmen weitgehend. Eine Untersuchung von Secondary Offerings durch *Mikkelson/Partch* (1985) kommt zum Ergebnis, dass „Secondaries" – unabhängig vom Verkäufer oder dem Umfang der angebotenen Aktien – zu Kursabschlägen führen.[650] Trotzdem sind Kursrückgänge bei Verkäufen durch Insider, oder bei der Platzierung größerer Pakete stärker ausgeprägt, was sowohl auf einen Informationseffekt,[651] als auch auf einen Preisdruckeffekt (PPH) schließen lässt. *Holthausen/Leftwich/Mayers* (1987) untersuchen Bewegungen großer Aktienpakete an der NYSE und unterscheiden danach, ob diese durch den Käufer oder den Verkäufer initiiert werden.[652] Sie stellen fest, dass Block Trades, welche durch den Verkäufer angestoßen werden, zu überwiegend temporär negativen Kursreaktionen führen. Zu einem kleineren Teil können sie auch permanent negative Effekte nachweisen.[653] Diese fallen, in Abhängigkeit von der Größe des Aktienpakets,[654] stärker negativ aus. Im Unterschied dazu führen Bewegungen großer Pakete, welche durch den Käufer veranlasst werden, zu permanenten Kurssteigerungen. Die Autoren führen den oben genannten negativen Effekt auf das Erkaufen von Liquidität bei der Platzierung großer Pakete zurück (PPH), können aber für die beobachtete Asymmetrie der Preiseffekte keine schlüssige Erklärung anführen. *Asquith/Mullins* (1986) veranschaulichen sehr deutlich, wie sich die Platzierung eines Aktienpakets auf den Markt-

---

649 Vgl. *Dann/Mayers/Raab* (1977), S. 3 ff.

650 Vgl. *Mikkelson/Partch* (1985), S. 193.

651 Die Autoren weisen einen signifikant negativen Effekt bei der Typisierung des Verkäufers als Insider nach. Der Anteil des Verkäufers vor und nach Verkauf am Gesamtunternehmen hat jedoch keinen signifikanten Einfluss; vgl. *Mikkelson/Partch* (1985), S. 182.

652 Vgl. *Holthausen/Leftwich/Mayers* (1987), S. 237 ff.

653 Eine „temporäre" Kursreaktion wurde hierbei als Veränderung zwischen dem Kurs bei Transaktion (Pb) und dem Schlusskurs am selben Tag (Pc) definiert. Eine „permanente" Veränderung hingegen wurde durch den Schlusskurs am Tag der Transaktion (Pc) im Verhältnis zum Kurs vor Transaktion (Pp) gemessen; vgl. *Holthausen/Leftwich/Mayers* (1987), S. 241 f. Bei einer nachfolgenden Studie mit verfeinerter Methodik stellen die Autoren für Block Trades, welche durch Verkäufer initiiert werden, vor allem einen permanenten Preiseffekt, aber nur einen geringen temporären Preiseffekt fest; vgl. *Holthausen/Leftwich/Mayers* (1990), S. 85.

654 Gemessen in Prozent ausstehender Aktien bzw. als Vielfaches des „normalen" Handelsvolumens; vgl. *Holthausen/Leftwich/Mayers* (1987), S. 265.

wert des Eigenkapitals eines Unternehmens auswirken kann: Sie weisen nach, dass bei Secondary Offerings der Rückgang des Börsenwerts im Ankündigungszeitpunkt im Mittel rund 43% der zu platzierenden Aktien ausmacht.[655]

Von Interesse erscheint hier auch eine Studie von *Barclay/Holderness* (1989), in der sie der Frage nachgehen, warum für einige Paketverkäufe deutliche Kursabschläge am zu verkaufenden Unternehmen hingenommen werden müssen, während andere Paketplatzierungen zu einer Prämie erfolgen.[656] Sie kommen zum Schluss, dass Aktienpakete, welche bloß einen geringen Prozentsatz aller ausstehenden Aktien des unterliegenden Unternehmens umfassen, zu Kursabschlägen verkauft werden müssen, während solche Pakete, welche einen signifikanten Teil des Aktienkapitals ausmachen, mit deutlichen Kursaufschlägen veräußert werden können.[657] Wird mit einem Paket lediglich ein insignifikanter Anteil an den Stimmrechten eines Unternehmens transferiert, so ist der Käufer in der Regel somit nicht bereit eine Prämie zu bezahlen.

Barclay/Holderness (1991) können in ihrer Untersuchung von 106 *Paketkäufen*[658] die Beobachtung von *Holthausen/Leftwich/Mayer* (1987), im Hinblick auf den *positiven Kurseffekt* für das zu kaufende Unternehmen, bestätigen. Sie weisen für den Zeitpunkt der Ankündigung des Paketkaufs einen Kurseffekt von +5,1% nach und zeigen einen Anstieg von +9,8% für Unternehmen, welche in Folge komplett übernommen werden.[659] Die Autoren machen eine signifikante Zunahme im Wechsel der Unternehmensleitungen der Zielunternehmen aus. Gleichzeitig führen die Transaktionen typischerweise jedoch zu keiner gesteigerten Konzentration der Eigentumsverhältnisse. Aus diesem Grund können Wertsteigerungen zumindest teilweise auf verbesserte Management- und Kontrollqualitäten der Paketkäufer zurückgeführt werden.

---

655 Vgl. *Asquith/Mullins* (1986), S. 73.

656 Für ein Sample von 63 Paketverkäufen an der NYSE/AMEX (welche zumindest 5% der ausstehenden Aktien umfassen) stellen sie eine durchschnittliche Prämie von rund 20% fest; vgl. *Barclays/Holderness* (1989), S. 378 f. u. 383 f.

657 In ihrem Sample macht der mit einem Paket transferierte Anteil am Eigenkapital im Durchschnitt rund 21% aus, vgl. *Barclays/Holderness* (1989), S. 378.

658 Paketkäufe an der NYSE, welche zumindest 5% der ausstehenden Aktien umfassen.

659 Vgl. *Barclays/Holderness* (1991), S. 861 ff.

Autor	Unter-suchungs-gegenstand	Zeitraum/ Anzahl	Über-rendite	% neg.	Signifi-kanz	Ø Anteil am EK	Ø Betrag Emission (Mio)
Scholes (1972)	Secondary Distributions (USA)	1961-65 n=345	-0,59% $(t_{-1}-t_0)$	63	***	2,16%	USD 5
Kraus/Stoll (1972)	Block Trades[1] (USA)	1968-69 n=1121	-1,48%[1] $(t_{-1}-t_0)$	74	insig.	nv	nv
Mikkelson/ Partch (1985)	Secondary Distributions (USA)	1972-81 n=467	-2,87%[2] $(t_{-1}-t_0)$	72	***	8,10%	USD 32
Asquith/Mullins (1986)	Common Stock Offer. (USA)	1963-81 n=85[3]	-2,0%[3] $(t_{-1}-t_0)$	nv	***	5,20%	nv
Holthausen/ Leftwich/ Mayers (1987)	Block Trades (USA)	1982 n=228[4]	-0,34%[5] (t_0)	nv	nv	nv	nv
Holthausen/ Leftwich/ Mayers (1990)	Block Trades (USA)	1982-84 n=5450[4]	-0,34%[6] (t_0)	nv	nv	0,15%	nv
Hudson/ Jen-sen/ Pugh (1993)	Secondary Offerings (USA)	1974-89 n=193[7]	-2,65%[7] $(t_{-1}-t_0)$	nv	***	nv	nv
Gemmilll (1996)	Block Trades (GB)	1987-92 n=2977[8]	-0,218% (t_0)	86	***	nv	GBP 2

* signifikant auf dem 10%-Niveau

** signifikant auf dem 5%-Niveau

*** signifikant auf dem 1%-Niveau (Signifikanzbezeichnungen gelten auch für alle nachfolgenden Tab.)

1) "Minus Ticks": Annahme: durch Verkäufer initiiert, vgl. *Kraus/Stoll* (1972), S.572 f.
2) "Registered Distributions"; Preiseffekt "Non-Registered Distributions": -0,4% (Ø Vol. Non-Reg. Distributions: 3,486.000 USD);
3) Es wurden 266 Common Stock Offerings untersucht, 85 hiervon Secondarys (Überrendite bezieht sich nur auf Sec.Off.);
4) Jeweils gleiche Anzahl "Uptick" und "Downtick"-Transaktionen;
5) Permanenter Preiseffekt; Temporärer Preiseffekt: -0,99%, Gesamter Preiseffekt: -1,33%;
6) Permanenter Preiseffekt; Temporärer Preiseffekt: -0,06%, Gesamter Preiseffekt: -0,40%;
7) Durchgeführte Secondarys an NYSE und AMEX; angegebene Überrendite ist Rendite der NYSE-Transaktionen;
8) Anzahl von Block-Sales;

Tabelle 5: Übersicht über Kursreaktionen auf die Ankündigung von Block Trades und Secondary Offerings

4.2.3. Übertragbarkeit auf Umtauschanleihen

Die Erkenntnisse über „Secondary Offerings“ und Verkäufe großer Aktienpakete („Minus Tick Block Trades“) können auf Umtauschanleihen und Kursreaktionen des Basiswerts angewendet werden, da es sich hier ebenso um durch Verkäufer initiierte Transaktionen handelt. Studien zu Käufen von Aktienpaketen („Plus Tick Block Trades“) können hingegen, ob der Tatsache, dass diese durch den Käufer angeregt werden, nicht herangezogen werden. Aufgrund eines Zusammenhangs zwischen der Nachfrage nach Aktien des Basiswerts und dem Angebot von Umtauschanleihen,[660] lassen sowohl die Price Pressure-, als auch die Imperfect Subsitutes-Hypothese bei Ankündigung eines Exchangeables eine *negative Kursreaktion des Underlying* erwarten. Bei erstgenannter Hypothese wäre die Reaktion bloß von vorübergehender Wirkung.

Es stellt sich die Frage, ob ein Kurseffekt von permanenter Wirkung ist (Informationseffekt bzw. langfristig fallende Nachfragekurve) oder eine Kapitalmarktreaktion bloß auf einen vorübergehenden Preisdruckeffekt zurückzuführen ist.[661] Von Interesse ist auch warum ein Beteiligungsverkauf mittels Exchangeable einem Paketverkauf und einer hiermit eventuell generierbaren Prämie der Vorzug gegeben wird.[662] Offen ist zunächst ebenso, ob es Emittenten von Umtauschanleihen, im Vergleich zu Unternehmen welche Secondary Offerings oder Paketverkäufe durchführen, besser gelingt dem Kapitalmarkt zu vermitteln, dass ihr Angebot nicht in einer negativen Information über den Basiswert begründet liegt.

---

660 *„The distribution of convertibles depends largely on the characteristics of the issue [...] and on the underlying liquidity - and 'borrow-ability' - of the stock, to enable it to be shorted."* Hedge Fonds nützen bei der Emission von konvertiblen Anleihen Arbitragemöglichkeiten, indem sie den Basiswert leerverkaufen, *„Will the convertible bull run continue?"*, in *Euroweek*, vom 29. August 2003.

661 Aufgrund der Erhebung von Tagesschlusskursen wird in der eigenen empirischen Untersuchung ein kurzfristiger (intraday) Price Pressure-Effekt nicht überprüft werden.

662 Während Paketkäufe von rund 21% der ausstehenden Aktien an der NYSE im Durchschnitt 20% Prämie erlösen (siehe FN. 656 u. 657), steht europäischen Umtauschanleihen im Schnitt nur eine Eigenkapitalbeteiligung von durchschnittlich 5,9% gegenüber (siehe Tabelle 4).

4.3. Überlegungen aus Sicht der Neoinstitutionalistischen Agency-Theorie

4.3.1. Theoretische Grundlagen

4.3.1.1. Prinzipal-Agent-Beziehungen

Die neoklassische Finanzierungstheorie unterliegt der rigiden Prämisse eines vollkommenen Kapitalmarkts bzw. der Voraussetzung eines freien und kostenlosen Informationszugangs durch alle Marktteilnehmer. Die Reduktion auf die Aspekte Rendite und Risiko lässt jedoch zwei wesentliche Fragen unbeantwortet:[663] Einerseits kann die Neoklassik das Bestehen finanzieller Institutionen, wie Banken oder Versicherungen nur ungenügend erklären (diese sind in der neoklassischen Finanzierungstheorie grundsätzlich nicht vorgesehen, da alle Verträge direkt über den Markt abgeschlossen werden können). Andererseits kann keine Begründung für die in der Realität bestehende Vielzahl von Finanzierungsinstrumenten, wie etwa konvertible Anleihen im Allgemeinen bzw. Exchangeable Bonds im Speziellen, angeführt werden. Aus diesem Grund sind zur Untersuchung von Umtauschanleihen die Erklärungsbeiträge der neoklassischen Theorie um solche der *Vertragstheorien*, welche auch als *neoinstitutionalistische Finanzierungstheorie* bezeichnet wird, zu erweitern. Grundlage aller neoinstitutionalistischen Ansätze, unter welche die Agency-Theorie, die Transaktionskosten-Theorie, sowie die Property Rights-Theorie gereiht werden, sind Austausch- bzw. Vertragsbeziehungen zwischen zwei oder mehreren Parteien.[664] Von besonderer Bedeutung für diese Arbeit sind Beiträge der *Agency-Theorie*, deren Ausgangspunkt in der für die moderne Aktiengesellschaft typischen Trennung zwischen Eigentum und Entscheidungsmacht liegt.

Im Rahmen dieser Trennung kommt es zur Delegation von Verfügungsrechten: Eine Person oder Personengruppe (*Prinzipal*) engagiert eine andere Person oder Personengruppe (*Agent*), damit diese im Interesse des Prinzipals Leistungen erbringt.[665] Entgegen der neoklassischen Theorie, welche die Gewinnmaximierung als primäres Unternehmensziel festsetzt, geht die Agency-Theorie von der individuellen Nutzenmaximierung aus. Ziel der Agency-Theorie ist es, Verträge und Finanzierungsbeziehungen so auszugestalten, dass es zu einer weitgehenden Über-

---

663 Vgl. *Perridon/Steiner* (2002), S. 527.

664 Für einen Überblick über vertragstheoretische Ansätze der Unternehmens- und Finanzierungstheorie siehe *Nemec* (1999), S. 9 ff.

665 Vgl. *Jensen/Meckling* (1976), S. 305 ff.

einstimmung zwischen den Interessen von Prinzipal und Agent kommt. Problemquellen sind dabei insbesondere die Beziehungen zwischen dem Management und den Kapitalgebern des Unternehmens (insbesondere den Aktionären) bzw. Beziehungen der verschiedenen Kapitalgeber untereinander.

4.3.1.2. Asymmetrische Informationen

Wird in der neoklassischen Finanzierungstheorie unterstellt, dass alle Marktteilnehmer die gleichen Informationen besitzen, so ist diese Forderung in der Realität kaum haltbar. Vielmehr kann beobachtet werden, dass Marktteilnehmer unterschiedliche Informationen über die Qualität der angebotenen Güter haben. In einem solchen Fall spricht man von *Informationsasymmetrien*. Diese können in zwei unterschiedlichen Formen auftreten:[666] Einerseits können vor oder bei Vertragsabschluss Unsicherheiten über die Qualität des Vertragspartners oder den Verhandlungsgegenstand bestehen (*Hidden Information-Problem*). Andererseits können auch Unsicherheiten über das Verhalten des Agent nach Vertragsabschluss auftreten (*Hidden Action-Problem*).

4.3.1.3. Hidden Information-Problem und Signalling

Das Problem der *Hidden Information* tritt dann auf, wenn der Agent über Informationen verfügt, die dem Prinzipal nicht zur Verfügung stehen. Für den Prinzipal besteht somit die Gefahr, dass der Agent die wirkliche Situation vor Vertragsabschluss verschleiert und seinen eigenen Nutzen erhöht.[667] Überträgt man diesen Gedanken auf Finanzierungsentscheidungen, ist es denkbar, dass das Management über den wahren Wert des Unternehmens besser informiert ist als andere Kapitalmarktteilnehmer (etwa Anleger oder Kreditgeber).[668] Bei der Ausgabe von Finanzierungstiteln kann die Unternehmensleitung den Wert dieser möglicherweise besser einschätzen als die potentiellen Zeichner. Bestehende Informationsasymmetrien können vor allem durch drei Maßnahmen abgebaut werden:[669] Zum einen kann die schlechter informierte Marktseite die Qualität des Produkts selbst oder mit Hilfe Dritter überprüfen (*Screening*).[670] Zum anderen kann der Prinzipal

---

666 Vgl. *Hartmann-Wendels* (1990), S. 229.

667 Wie *Akerlof* in dem von ihm beschriebenen „Market for Lemons" zeigt, ist in Folge adverser Selektion ein vollständiges Marktversagen möglich, vgl. *Akerlof* (1970), S. 489 ff.

668 *Stiglitz/Weiss* zeigen, dass die Unsicherheit der Kreditgeber über die Qualität der Schuldner zu einer Kreditrationierung führen kann, vgl. *Stiglitz/Weiss* (1981), S. 393 ff.

669 Vgl. *Perridon/Steiner* (2002), S. 530.

670 Hierunter fallen etwa die Auswertung von Pressemitteilungen, von Jahresabschlussinformationen und von Prüfungsberichten von Wirtschaftsprüfern und Banken; vgl. *Perridon/Steiner* (2002), S. 530.

dem Agent mehrere Alternativen anbieten, aus denen der Agent eine auswählt (*Self Selection*). Die Auswahl des Agent ermöglicht es dem Prinzipal die Qualität des Vertragsgegenstandes zu beurteilen. Zuletzt kann der Agent sich auch selbst um die Verbreitung glaubwürdiger Informationen bemühen (*Signalling*).

Finanzierungsentscheidungen können folglich, über die bloße Aufnahme neuen Kapitals hinaus, als *Signal* zur Übermittlung neuer Informationen interpretiert werden. Jede Handlung und Äußerung der Unternehmensführung kann durch Marktteilnehmer auf ihren „versteckten" Informationsgehalt hin untersucht werden. Grundsätzlich können alle Arten von Kapitalstrukturentscheidungen als Signalinstrument verstanden werden, das dazu dient, schlechter informierten Unternehmensoutsidern, wie etwa Eigen- oder Fremdkapitalgebern, Informationen zu übermitteln, um damit vorhandene Informationsasymmetrien aufzuheben. Dass ausgerechnet Finanzierungsentscheidungen zur Signalisierung der realen Aussichten eines Unternehmens herangezogen werden, setzt das Fehlen einer anderen, günstigeren Art des Wissenstransfers, das Bestehen eines Anreizes zur Signalübermittlung, sowie die eindeutige Verständlichkeit des Signals voraus.[671] Außerdem ist erforderlich, dass beim Verbreiten unwahrer Informationen höhere Kosten als erhoffte Vorteile entstehen und es sich deshalb für Unternehmen nicht lohnt irreführende Signale auszusenden.[672]

4.3.1.4. Hidden Action-Problem und Agency-Kosten

Unsicherheiten über das Verhalten des Agent nach Vertragsabschluss (*Hidden Action-Problem*) gehen darauf zurück, dass ein Vertragspartner eventuell nicht die vereinbarten Entscheidungen trifft oder im Fall der Unternehmensfinanzierung die Kapitalgeber nicht beurteilen können, ob die Handlungen des Managements den Interessen der Kapitalgeber entsprechen. Dieses Problem ist eng mit dem Phänomen eines „*Moral Hazard*" verbunden, welches ein Ausnützen diskretionärer Handlungsspielräume durch einen Vertragspartner nach Vertragsabschluss umschreibt.

In Abhängigkeit davon, ob durch das Verhalten des Managements der Marktwert des Eigen- oder des Fremdkapitals gemindert wird, spricht man von Agency-Kosten des Eigenkapitals und von Agency-Kosten des Fremdkapitals. *Agency-Kosten des Eigenkapitals* treten primär dann auf, wenn ein Unternehmen über eine reichliche Ausstattung an finanziellen Mitteln bzw. einen hohen Cash Flow verfügt und folglich die Gefahr besteht, dass auch Investitionen mit negativem Bar-

---

671 Vgl. *Herzog* (1991), S. 91 f.

672 Vgl. *Spremann* (1996), S. 721.

wert getätigt werden („*Überinvestitionsproblem*").[673] Diese Kosten können durch die Erhöhung des Verschuldungsgrades und den Ersatz von Eigen- durch Fremdkapital reduziert werden. Die fixen Zahlungsverpflichtungen des Fremdkapitals zwingen Manager dazu vertraglichen Verpflichtungen nachzukommen, da sie für den Fall einer Insolvenz den Verlust von Arbeitsplatz und Reputation befürchten müssen.[674] Die Bedeutung des Verschuldungsgrades nimmt dabei mit zunehmender Zersplitterung des Eigenkapitals zu.[675]

Die *Agency-Kosten des Fremdkapitals* resultieren daraus, dass mit steigendem Verschuldungsgrad die Ausfallwahrscheinlichkeit zunimmt und potentielle Insolvenzkosten den Marktwert des Eigenkapitals mindern. Außerdem steigt der Anreiz riskante Investitionsprojekte zu realisieren, da Eigenkapitalgeber an den positiven Zahlungsstromabweichungen überproportional partizipieren, während den Gläubigern für eine gestiegene Insolvenzwahrscheinlichkeit keine entsprechende Abgeltung angeboten wird. Im Fall eines steigenden Verschuldungsgrades kann es zu Kreditrestriktionen und damit zum Unterlassen von Investitionen mit positivem Barwert kommen („*Unterinvestitionsproblem*").[676] Diese Kosten können grundsätzlich durch vertragliche Garantien des Prinzipals schädigende Handlungen zu unterlassen (*Bonding*), durch Stellen von Sicherheiten, kurze Laufzeiten der Verbindlichkeiten, die Ausstattung mit Gläubigerkündigungsrechten, der Vereinbarung von Zusatzrechten wie Options- und Wandlungsrechten auf das Eigenkapital der Gesellschaft oder die vertragliche Vereinbarung von Mindesteigenkapitalquoten und Kapitalstrukturkennzahlen reduziert werden.[677]

4.3.1.5. Unternehmenskontrolle und Konflikte zwischen Interessensgruppen

Neben den impliziten Agency-Kosten haben Finanzierungsentscheidungen zur Folge, dass sie Einfluss auf bestehende und neu geschaffene Vertragsbeziehungen in einem Unternehmen ausüben. Bei der Emission von Finanzierungstiteln erhält das Management die Verfügungsgewalt über neue Mittel. Die Kapitalgeber können sich jedoch nicht sicher sein, ob sich die Unternehmensführung nach der Mittelaufnahme auch in ihrem Sinne verhalten wird. Aus diesem Grund kommt es zu

---

673 Vgl. *Jensen/Meckling* (1976), S. 305 ff. u. *Jensen* (1986), S. 323 ff.

674 Vgl. *Grossman/Hart* (1982), S. 107 ff.

675 Vgl. *Perridon/Steiner* (2002), S. 533.

676 Vgl. *Drukaczyk* (1993), S. 310.

677 Vgl. *Perridon/Steiner* (2002), S. 533 f.

Interessenskonflikten zwischen Management, Aktionären und Gläubigern.[678] In dieser Arbeit sind die folgenden zwei Aspekte von vorrangigem Interesse:

- Konflikte zwischen dem Management und den Aktionären, welche aus der Trennung von Eigentum und Kontrolle herrühren und
- Konflikte zwischen Aktionären und Fremdkapitalgebern (Kapitalgebergruppen)

4.3.1.5.1. Konflikte zwischen Management/Aktionären

In Aktiengesellschaften sind die Entscheidungsbefugnisse und das Eigentum am Unternehmen nicht in der gleichen Person vereint. Durch diese Trennung entstehen Kosten.[679] Eine Reduktion dieser Kosten wirkt sich positiv auf den Aktienkurs des Unternehmens aus. Verfügt das Unternehmen über ein Aktienoptionsprogramm profitiert hiervon auch das Management. Wie *Jensen* (1986) ausführt, kann es in Abhängigkeit von der Ausgestaltung eben dieses Anreizsystems auch zu Konflikten zwischen den Eigenkapitalgebern und dem Management kommen.[680] Demnach kann das Management versucht sein, das Unternehmen über seine optimale Größe hinaus wachsen zu lassen und Investitionsobjekte mit negativem Kapitalwert anzunehmen. Dieses Konfliktpotential besteht insbesondere bei „reifen" Unternehmen, welchen es nicht möglich ist den ganzen zur Verfügung stehenden Free Cash Flow gewinnbringend zu reinvestieren (*„Free Cash Flow-Problem"*). Vor diesem Hintergrund reduzieren Maßnahmen, welche zu einer Verminderung der dem Management zur Verfügung stehenden Mittel führen, die Gefahr einer ineffizienten Kapitalallokation und sollten somit von Investoren als positive Nachricht aufgefasst werden. Folglich sollte etwa eine Dividendenerhöhung oder ein Aktienrückkauf zu einer positiven Kursreaktion führen. Ebenso kann die Ausgabe von Finanzierungstiteln, welche durch zukünftig höhere Zahlungsverpflichtungen (Zinsen für Schuldverschreibungen) zur Verminderung des Free Cash Flow beitragen, als mögliche Lösung für das beschriebene Überinvestitionsproblem angesehen werden.[681]

---

678 Interessensgruppen wie Kunden, Lieferanten, etc. bleiben bei dieser Betrachtung ausgeklammert.

679 Vgl. *Jensen/Meckling* (1976). Siehe auch Kapitel 4.3.1.4.

680 Vgl. *Jensen* (1986), S. 323 ff.

681 Trotzdem ist eine zu erwartende Kursreaktion auf die Emission eines Finanzierungstitels von der spezifischen Situation des Emittenten abhängig. Nimmt etwa ein junges, wachstumsstarkes Unternehmen, welches über ausreichende Investitionsmöglichkeiten mit positivem Kapitalwert verfügt, Kapital auf, so kann auch bei der Aufnahme von neuem Eigenkapital eine positive Kursreaktion erwartet werden; vgl. *Stulz* (1990), S. 4.

4.3.1.5.2. Konflikte zwischen Aktionären/Gläubigern

Neben dem Konflikt zwischen dem Management und den Aktionären widmen sich *Jensen/Meckling* (1976) in ihrem Artikel auch dem Konflikt zwischen den Aktionären und den Gläubigern. Sie diskutieren die Auswirkung von Fremdkapital auf das Investitionsverhalten und argumentieren, dass Fremdkapital die Aktionäre zu *risikoreicheren* Investitionen motivieren kann. Eine höhere Varianz der Unternehmenserträge kommt über den Optionscharakter des Eigenkapitals jedoch nur den Aktionären zu Gute. Somit kann es zu einer Vermögensverschiebung von den Gläubigern zu den Aktionären kommen.[682] Da die Agency-Kosten des Fremdkapitals aber durch die Aktionäre zu tragen sind,[683] haben diese (bzw. das Management) einen Anreiz Kosten durch glaubwürdige Selbstbeschränkung (bonding) zu senken.[684] Theoretisch können diese Agency-Kosten durch ein Abstimmen der Interessen der Eigen- und Fremdkapitalgeber eliminiert werden. Hierzu müssten die Aktionäre einen proportionalen Anteil am Fremdkapital und die Gläubiger ihrerseits wiederum einen Anteil am Eigenkapital erwerben.[685] Auch eine Konversionsklausel einer Wandel- oder Optionsanleihe kann als Instrument zur Reduktion von Agency-Kosten gesehen werden.[686] Die Wandlungsmöglichkeit von Anleihen soll dabei den Anreiz der Aktionäre, über die Annahme risikoreicherer Projekte eine Umverteilung zu Ungunsten der Fremdkapitalgeber zu erreichen, beschränken. Zum Erreichen dieser Zielsetzung eignen sich Umtauschanleihen jedoch nicht. Da Schuldner und Underlying auseinanderfallen, läuft ein Risikoausgleich ins Leere.

4.3.1.5.3. Vermögensverschiebung als Folge von Interessenskonflikten

Eine *Vermögensverschiebung* ist grundsätzlich nicht nur, wie im vorherigen Kapitel dargestellt, von Gläubigern zu Aktionären möglich, sondern kann prinzipiell zwischen zahlreichen Stakeholdern eines Unternehmens erfolgen. Insbesondere von Bedeutung sind

---

682 Vgl. *Merton* (1974), S. 449 ff.

683 Die Fremdkapitalgeber werden das Verhalten der Aktionäre antizipieren und für das Bereitstellen von Kapital einen entsprechenden Preis verlangen.

684 Vor diesem Hintergrund sind insbesondere die Besicherung von Umtauschanleihen (Kapitel 3.3.1.8), das eventuelle Einräumen von Aktionärsrechten (Kapitel 3.3.2.5), die Schutzklauseln für Anleiheninvestoren (Kapitel 3.3.2.6) bzw. die Sicherstellung des Umtauschobjekts (Kapitel 3.3.2.7) zu sehen.

685 Siehe etwa *Barnea/Haugen/Senbet* (1985).

686 Siehe hierzu insbesondere *Green* (1984) bzw. auch *Gebhardt* (1988) u. *Fischer/Zechner* (1990).

- ein Vermögenstransfer von den *Aktionären* (des Emittenten) zu den *Zeichnern einer* Umtauschanleihe („neue" Gläubiger), falls die Umtauschanleihe mit einem „Underpricing" emittiert wird,[687]
- ein Vermögenstransfer von den *„alten" Fremdkapitalgebern* zu den *Aktionären* (des Emittenten), falls sich die Risikobehaftung der jeweiligen Zahlungsströme im Zuge einer Neuemission ändert bzw.
- ein Vermögenstransfer zwischen dem *Fiskus* und den *Aktionären* (des emittierenden Unternehmens) aufgrund von veränderten Steuerzahlungen.

4.3.2. Für Umtauschanleihen relevante Signalling-Modelle und Vermögensverschiebungseffekte

4.3.2.1. Finanzierungsentscheidung als Signal

4.3.2.1.1. Entscheidung zwischen Eigen- und Fremdkapital

In Kapitel 4.3.2 werden jene theoretischen Modelle und Überlegungen erläutert, welche mögliche Erklärungsansätze für Kursreaktionen bei der Ankündigung von Umtauschanleihen liefern. Zunächst wird auf theoretische Erklärungsbeiträge eingegangen, welche sich mit Finanzierungsentscheidungen beschäftigen: Hier werden im ersten Schritt Signal-Modelle für Eigen- und Fremdkapitalfinanzierung beleuchtet. Diese werden in einem zweiten Schritt um solche zu hybriden Finanzierungsformen erweitert. Danach werden Überlegungen zur Signalwirkung von Refokussierungs- und Desinvestitionsmaßnahmen angestellt. Abschließend werden mögliche Vermögensverschiebungseffekte bei Exchangeables behandelt.

Die Auswirkung asymmetrisch verteilter Informationen auf das Finanzierungsverhalten wurde zunächst von *Ross* (1977) untersucht. Er verband mit der Emission von Finanzierungstiteln erstmals ein Signal des Managements über die zukünftigen Erträge bzw. den wahren Unternehmenswert.[688] Bedingung seines Modells, welches auf einer Welt vollkommener Märkte aufbaut und von Transaktionskosten und Steuern absieht, ist, dass dem Markt die Entlohnungsfunktion des Managements bekannt ist, und dessen Vergütung Anreize enthält die wahren zukünftigen Unternehmenserträge zu signalisieren. Das Management kann durch die Erhöhung der Unternehmensverschuldung seine Zuversicht zukünftig höhere Erträge zu erwirtschaften und folglich auch höhere Zinszahlungen leisten zu können,

---

[687] Bei „Overpricing" kommt es zu einer Vermögensverschiebung von den Zeichnern einer Umtauschanleihe zu den Aktionären des emittierenden Unternehmens.

[688] Vgl. *Ross* (1977), S. 25.

ohne dabei Konkurs erleiden zu müssen, signalisieren. Aus diesem Grund stellt eine Fremdkapitalemission eine positive Nachricht dar und sollte zu einer positiven Kursreaktion führen. Umgekehrt ist eine Eigenkapitalemission als schlechte Nachricht zu werten.

Anders als bei *Ross* wird im Modell von *Leland/Pyle* (1977) nicht der Verschuldungsgrad, sondern die Eigenkapitalquote als Signal des wahren Unternehmenswerts gesehen.[689] Der Unternehmer-Eigentümer teilt seine Einschätzung der Firmenqualität mit jenem Anteil am Eigenkapital des Unternehmens mit, welchen er selbst in Händen behält. Je höher dieser Anteil ausfällt, desto höher sollte auch der wahre Firmenwert sein. Zum Modell von *Leland/Pyle* ist anzumerken, dass die Voraussetzung eines Unternehmer-Eigentümers und dessen Anreizstruktur nicht direkt auf große Aktiengesellschaften übertragen werden kann.

Das Modell von *Myers/Majluf* (1984) übte für die nachfolgende Signalling-Literatur einen großen Einfluss aus. Hierin wird Informationsasymmetrie zwischen den Altaktionären und den neuen Kapitalgebern unterstellt. Diese führt zu einer Reihung vorhandener Finanzierungsalternativen durch das Management. Demnach ziehen Unternehmen die Innen- der Außenfinanzierung vor. Wenn externe Mittel aufgenommen werden müssen, wird zunächst der Finanzierung durch Fremdmittel der Finanzierung durch Eigenmittel der Vorzug gegeben (*„Pecking Order-Hypothese“*).[690] Entscheidet sich das Unternehmen eine Investition zu unterlassen bzw. kein neues Eigenkapital aufzunehmen, signalisiert die Unternehmensführung, dass der Wert des Unternehmens über dem sich bei Emission von Eigenkapitaltiteln ergebenden Marktwert liegt und das Unternehmen unterbewertet ist. Da das Management bei einem zu hohen Verschuldungsgrad rentable Investitionsprojekte nicht durchführt, da deren Rückflüsse eher den Fremdkapitalgebern als den Eigenkapitalgebern zufließen, kommt es zu einem Unterinvestitionsproblem.[691] Eine Eigenkapitalemission tritt schließlich nur dann auf, wenn eine zusätzliche Fremdkapitalemission nicht möglich ist oder deren Kosten (bspw. Insolvenzkosten) deren Nutzen übersteigen.[692] Mit zunehmender Risikobehaftung der Fremdkapitaltitel wird der Markt eine Überbewertung des Unternehmens antizipieren und seine Bewertung bei der Ankündigung der Emission neuer Finanzierungstitel nach unten korrigieren. Somit werden die Marktteilnehmer die Emission

---

689 Vgl. *Leland/Pyle* (1977), S. 371 ff.

690 Vgl. *Myers/Majluf* (1984), S. 187 ff.

691 Eine mögliche Lösung des Unterinvestitionsproblems sieht *Myers* in der Ausgestaltung der Fristigkeit des Fremdkapitals. Bei kürzerer Laufzeit bestehe für das Management ein geringerer Anreiz nicht zu investieren, insbesondere dann, wenn die Rückzahlung der Mittel den Rückflüssen aus der Investition zeitlich vorgelagert ist; vgl. *Myers* (1977), S. 147 ff.

692 Vgl. *Myers/Majluf* (1984), S. 207-209.

neuer Aktien eher als schlechte Nachricht auffassen und mit Kursabschlägen reagieren.

Zu einem ähnlichen Ergebnis kommen *Narayanan* (1988) und *Blazenko* (1987). *Narayanan* geht davon aus, dass auch Unternehmensinsider den genauen Wert eines Investitionsprojektes nicht kennen, jedoch grundsätzlich dann emittieren und investieren, wenn sie von einem positiven Nettobarwert ausgehen.[693] Trotzdem besteht aber die Möglichkeit, dass im Fall einer Überbewertung auch Investitionen mit einem negativen Nettobarwert durchgeführt werden (Überinvestitionsproblem). Dies gilt grundsätzlich sowohl für Projekte mit Eigen-, als auch Fremdkapitalfinanzierung. Da Fremdkapital den Altaktionären von „guten" Firmen mehr nützt als die Emission neuer Aktien kann die Unternehmensführung den wahren Wert der Investition mit der Emission von Fremdkapital signalisieren und sich somit von „schlechten" Firmen abheben. Das Management ist eher an einer Eigenkapitalemission interessiert, da hierdurch zumindest ein Totalverlust für ihre Altaktionäre vermieden werden kann. Folglich stellt die Emission von Fremdkapital wiederum eine positive Nachricht, eine Eigenkapitalemission hingegen eine negative Nachricht dar.

Blanzenko (1987) geht im Unterschied zu *Narayanan* davon aus, dass Unternehmensleiter aufgrund ihrer Risikoaversion eine Finanzierung mit Eigenkapital gegenüber einer Fremdfinanzierung bevorzugen.[694] Kennen die Marktteilnehmer die Präferenz des Managements, so wird eine Emission von Fremdkapital im Unterschied zur Emission neuer Aktien positiv aufgefasst, da diese annahmegemäß nur dann durchgeführt wird, wenn die Rückflüsse aus dem Investitionsprojekt als besonders sicher gelten bzw. das Eigenkapital des Unternehmens unterbewertet ist.

Miller/Rock (1985) wählen in ihrem Modell zur Erklärung von Kapitalmarktreaktionen auf Finanzierungsentscheidungen einen anderen Ansatz: Die Reaktion auf die Emission von Finanzierungstiteln wird nicht durch die Veränderung der Kapitalstruktur oder die Wahl eines bestimmten Finanzierungsinstruments, sondern durch die Erwartung der Marktteilnehmer über einen zukünftigen Finanzierungsbedarf bestimmt.[695] Übersteigt die Aufnahme neuer Mittel die Erwartungen der Investoren, so wird dies als Signal dafür gewertet, dass die Nettodividende bzw. der Netto Cash Flow geringer als erwartet ausfallen. Je höher ein unerwarteter externer Mittelbedarf ist, desto stärker negativ sollte somit eine Kursreaktion sein. Umgekehrt suggeriert eine unerwartet geringe Aufnahme zu-

---

693 Vgl. *Narayanan* (1988), S. 47.

694 Vgl. *Blazenko* (1987), S. 845.

695 Vgl. *Miller/Rock* (1985), S. 1031 ff.

sätzlichen Kapitals (etwa in Form einer überraschend hohen Dividendenzahlung, oder als Rückkauf eigener Aktien) eine positive Erwartungshaltung bzgl. des zukünftigen Netto Cash Flows. Dies ließe eine positive Kursreaktion erwarten. Aufgrund der staatlichen Regulierung und der stärkeren Kontrolle gewisser Wirtschaftssektoren, wie etwa von Banken und Versicherungen (betreffend die Eigenkapitalausstattung) bzw. auch von Versorgungsunternehmen, können Finanzierungsmaßnahmen dieser Unternehmen von Marktteilnehmern leichter antizipiert werden als solche von nicht regulierten Bereichen. Dementsprechend sollten Emissionen von Finanzierungstiteln durch Banken oder Versicherungen einen geringeren Signalcharakter aufweisen und zu weniger stark ausgeprägten Kursreaktionen führen.[696] Zum Erklärungsansatz von Miller/Rock ist kritisch anzumerken, dass die Erwartungen der Kapitalmarktteilnehmer generell nur sehr schwer erfasst werden können und sich dieses Modell somit nur eingeschränkt zur Prognose zukünftiger Kursreaktionen heranziehen lässt.[697]

4.3.2.1.2. Konvertible Anleihen im Lichte des Signalling

Die dargestellten Signal-Modelle zeigen differenzierte Möglichkeiten der Informationsübertragung wie die Mittelaufnahme, die Wahl der Finanzierungsform oder die Erwartungshaltung der Marktteilnehmer auf. Als Tendenz ist erkennbar, dass die *Außenfinanzierung* eher als *negatives* Signal und die Ausgabe von *Schuldverschreibungen* im Vergleich zur Emission von Eigenkapitaltiteln eher als *positives* Indiz zu werten ist. Die bisherigen Betrachtungen ließen als mögliche Finanzierungsformen lediglich Fremdkapital, Eigenkapital oder eine Kombination hieraus zu, erklären aber nicht, warum die Verwendung konvertibler Anleihen im Vergleich hierzu vorteilhafter sein sollte.

Constantinides/Grundy (1987) versuchen den Einsatz von Wandelanleihen gegenüber reinen Aktienemissionen mit deren Vorteilhaftigkeit in der Signalisierung guter Geschäftsaussichten zu begründen.[698] Sie schlagen vor Wandelanleihen als Äquivalent zur Ausgabe von Aktien und Put-Optionen zu sehen.[699] Bei einem ungünstigen Kursverlauf hätte der Wandelobligationär das Recht die Aktie zurückzugeben und die Rückzahlung eines festen Betrags zu verlangen. Weist ein Unternehmen ungünstige Ertragsaussichten auf, so erhöht sich der Wert der Put-Option.

---

696 Vgl. *Entrup (1995)*, S. 66 u. 72.

697 Zumeist wird die Hypothese von *Miller* und *Rock* anhand des Umfangs der aufgenommenen Mittel (relativ zur Kapitalisierung vor Mittelaufnahme) gemessen. Hierbei wird angenommen, dass eine größere Emission gleichzeitig auch einen höheren unerwarteten Finanzierungsbedarf bedeutet. Zu den empirischen Ergebnissen siehe Kapitel 4.4.4.1.

698 Vgl. *Constantinides/Grundy* (1987).

699 Entsprechend der Put-Call-Parity; siehe etwa *Copeland/Weston* (1992), S. 476.

Da eine konvertible Anleihe in einem solchen Fall nicht zu den gleichen Konditionen begeben werden kann wie in jenem Fall, in dem das Management von einer Unterbewertung ausgeht, werden Unternehmen mit schlechten Aussichten von der Verwendung von Wandelanleihen absehen, da sie von der Ausübung der Option ausgehen müssen. Aus diesem Grund sehen die Autoren in der Verwendung von Wandelanleihen ein glaubhaftes Signal für positive Ertragsaussichten. Diese Argumentation kann zunächst nur die Vorteilhaftigkeit von Wandelanleihen gegenüber einer direkten Ausgabe von Aktien erklären. Es ist noch nicht erkennbar warum Unternehmen nicht weiterhin positive Ertragsaussichten mit Hilfe von Fremdkapitalemissionen signalisieren sollten. Die Erklärung hierfür sehen *Constantinides/Grundy* darin, dass Situationen denkbar sind, in denen ein kostenloses Signalgleichgewicht durch die Emission von Wandelanleihen, nicht aber mittels gewöhnlicher Anleihen erreicht werden kann. Demnach schließen sie von der Ausstattung einer Wandelanleihe, insbesondere der Höhe des *Wandelpreises* und dem *Nennwert* der Anleihe, auf die Güte eines hiermit finanzierten Projektes.

Auch *Brennan/Kraus* (1987) verstehen eine konvertible Anleihe als Signalinstrument.[700] Sie konstruieren ebenso Situationen in welchen Informationsasymmetrien kostenlos mit Hilfe von Wandelanleihen gelöst werden können, während eine Lösung mittels einfacher Fremd- und Eigenkapitalaufnahme nicht möglich ist.[701] Wandelschuldverschreibungen stellen insbesondere dann die ideale Lösung dar, wenn sich Informationsungleichgewichte auf die Varianz des Firmenwerts beziehen. Gleich wie bei *Constantinides/Grundy* haben auch im Modell von *Brennan/Kraus* insbesondere der *Nennwert* der Anleihe und der *Aktienanteil* Signalcharakter. Je höher der Nennwert der Schuldverschreibung und je geringer der Aktienanteil (somit je fremdkapitalähnlicher die Anleihe), desto positiver sind die durch die Unternehmensführung signalisierten Informationen. Zu einem ähnlichen Schluss kommt auch *Kim*. Er interpretiert das *Wandlungsverhältnis* („*conversion ratio*"), d.h. die Anzahl der Aktien welche der Obligationär im Falle einer Wandlung für die Aufgabe der Schuldverschreibung erhält, als Signal über die zukünftige Ertragserwartung des Emittenten. Hiernach ist ein hohes Wandlungsverhältnis Ausdruck einer niedrigen zukünftigen Ertragserwartung, da es den Wunsch Risiko zu teilen signalisiert.[702]

---

700 Vgl. *Brennan/Kraus* (1987), S. 1225 ff.

701 In einem solchen Fall werden Projekte mit positivem Nettobarwert durchgeführt, während Vorhaben mit negativem Nettobarwert zurückgewiesen werden. Trotzdem ist anzumerken, dass eine Wandelanleihe nur eine Finanzierungsalternative zum Erreichen eines Signalgleichgewichtes ist (andere Möglichkeiten sind etwa nachrangige Anleihen und Kombinationen aus Anleihen und Optionsscheinen); vgl. *Brennan/Kraus* (1987), S. 1232 u. 1238.

702 Vgl. *Kim* (1990), S. 229 ff.

Umfragen zu den Motiven von Emittenten konvertibler Anleihen nimmt *Stein* (1992) als Ausgangspunkt dafür, den Einsatz von Wandelanleihen primär unter der Zielsetzung der Erhöhung des Eigenkapitalanteils eines Unternehmens zu sehen.[703] Wandelschuldverschreibungen stellen seiner Meinung nach ein attraktives Bindeglied zwischen Eigen- und Fremdkapital dar, welches einerseits die negativen Konsequenzen einer Eigenkapitalemission auf den Unternehmenswert und andererseits die Nachteile einer steigenden Insolvenzwahrscheinlichkeit einer Fremdkapitalemission verhindern kann. *Stein* nimmt an, dass es „gute", „mittlere" und „schlechte" Unternehmen gibt, denen die Finanzierungsformen Eigen-, Fremd- und Hybridkapital zur Verfügung stehen. Er konstruiert einen Gleichgewichtszustand, bei dem alle Unternehmen ihre Projekte finanzieren können und gleichzeitig keine Insolvenzkosten tragen müssen. „Gute" Unternehmen ziehen demnach Fremdkapital zur Finanzierung heran, „schlechte" Unternehmen Eigenkapital und „mittlere" Unternehmen Hybridkapital. Ein Unternehmen mittlerer Qualität will keine direkte Eigenkapitalemission durchführen, da es negative Ankündigungseffekte vermeiden will. Eine Fremdkapitalemission wiederum erscheint ob ihrer potentiellen Insolvenzkosten unattraktiv. *Stein* geht vereinfachend davon aus, dass die Wandelanleihen eines „mittleren" Unternehmens immer in Aktien gewandelt werden (entweder freiwillig oder zwangsweise durch das Ausüben einer Emittenten-Call-Option).[704] Das Modell impliziert somit, dass die Ankündigung einer Wandelanleihe, im Vergleich zu einer Eigenkapitalemission vergleichbarer Größe, zu keinem negativen Ankündigungseffekt führen sollte. Das Management sendet ein glaubhaftes Signal aus indem es von einer positiven Ertragsentwicklung ausgeht. Dies sichere eine Wandlung und verhindere gleichzeitig, dass das Untenehmen mit einer Verbindlichkeitsrückzahlung konfrontiert wird.[705]

Im Unterschied zu *Steins* Modell, in dem konvertible Anleihen als Lösung eines Finanzierungsproblems im Zeitpunkt der Emission gesehen werden, sieht *Mayers* (1998) Wandelschuldverschreibungen als Lösung eines zukünftigen Finanzierungsproblems.[706] Er geht davon aus, dass die Aufnahme von Kapital mit Kosten verbunden ist und es aus diesem Grund ratsam erscheint viele kleine Emissio-

---

703 *Stein* bezog sich hierbei vor allem auf die Umfragen von *Pilcher* (1955), *Brigham* (1966) und *Hoffmeister* (1977), bei welchen das Motiv einer verzögerten Eigenkapitalerhöhung dominierte; vgl. *Stein* (1992), S. 12. Für neuere Studien zu den Motiven von Wandelanleihenemittenten siehe etwa *Billingsley/Smith* (1996) u. *Graham/Harvey* (2001). Für aktuelle Hintergründe zu Emissionen von Convertibles in Europa siehe insbesondere *Bancel/Mittoo* (2004).

704 *Stein* geht vereinfachend davon aus, dass alle konvertiblen Anleihen mit einer Emittenten-Call-Option ausgestattet sind. Der Call-Option kommt damit in *Steins* Modell große Bedeutung zu. Zu Emittentenkündigungsrechten siehe Kapitel 3.3.1.5.1.

705 Vgl. *Stein* (1992), S. 15.

706 Vgl. *Mayers* (1998), S. 83 ff.

nen zu vermeiden bzw. diese zu größeren Emissionen zu bündeln. Wandelanleihen mit Call-Option des Emittenten dienen dazu, die Emissionskosten zukünftiger, sequentieller Finanzierungsschritte zu reduzieren. Eine Wandlung belässt Mittel in einem Unternehmen, erhöht die Eigenkapitalausstattung und ermöglicht somit die Aufnahme weiterer Fremdmittel. Gleichzeitig wird ein Überinvestitionsproblem vermieden, da bei Unterbleiben einer Wandlung (und somit im Fall einer nicht werthaltigen künftigen Investitionsmöglichkeit) die aufgenommenen Mittel wieder zurückgezahlt werden. Hierbei kommt, im Fall einer Unsicherheit betreffend die Fälligkeit einer zukünftigen Investitionsmöglichkeit der *Call-Option des Emittenten*, ähnlich wie im Modell *Steins,* große Bedeutung zu. Mit ihrer Hilfe kann der Emittent die Konversion erzwingen und gemäß seines Finanzierungsplans vorgehen. *Mayers* Modell wird durch die Beobachtung signifikant steigender Investitionsmaßnahmen und einer bedeutenden Aufnahme neuen, langfristigen Fremdkapitals um den Zeitpunkt eines Emittenten-Calls gestützt. Diese empirische Beobachtung kann als Hinweis auf die Verwendung konvertibler Anleihen zur Finanzierung von Realoptionen gewertet werden.

4.3.2.1.3. Kritik an Signalling-Modellen

Aufgrund der oft unterschiedlichen Prämissen in den angeführten Modellen können allgemeingültige Aussagen nur schwer abgeleitet werden. Als wesentliche Kritikpunkte an signaltheoretischen Überlegungen werden vorgebracht, dass diese Modelle

- unterschiedliche Annahmen über die Präferenzen und Risikoneigungen von Managern treffen,
- in der Regel nur Informationsprobleme zwischen zwei Gruppen betrachten und darüber hinausgehende Asymmetrien unbeachtet bleiben,
- Signalen uneinheitliche Informationen beimessen oder

der materielle Aspekt gegenüber einem bloßen „Signalaspekt" oft zu geringe Beachtung findet.[707]

4.3.2.2. Refokussierung und Desinvestition als Signal und mögliche Lösung für ein FCF-Problem[708]

Unternehmen, welche Zahlungsmittelüberschusse generieren, können diese neben Sach- und immateriellen Vermögenswerten auch in Finanzanlagen und Beteiligungen investieren. Auf Grund kartellrechtlicher Beschränkungen waren am Markt für Unternehmen und Unternehmensbeteiligungen lange Zeit *branchenfremde Unternehmenszusammenschlüsse* vorherrschend. In Abwesenheit operati-

---

707 Vgl. *Nemec* (1999), S. 66.

708 Zum Free Cash Flow-Problem siehe Kapitel 4.3.1.5.1.

ver Überschneidungen wurden vor allem Synergien beim Ausüben allgemeiner Managementfunktionen (insbesondere bei Ineffizienz des bestehenden Managements), sowie eine sinkende Konkurswahrscheinlichkeit als potentielle Synergiequellen konglomerater Fusionen und Unternehmenskäufe angeführt. Nachdem das Ersetzen eines ineffizienten Managements aber als genereller Bestandteil des Marktes für Unternehmensübernahmen angeführt werden kann, zweitgenannter Vorteil vielmehr zu einer Vermögensverschiebung als zu einer Unternehmenswertsteigerung führt,[709] die beschriebenen Synergien in der Unternehmenspraxis oft ausblieben und Studien zeigten, dass die Performance von Konglomeraten jene fokussierter Unternehmen über einen längeren Betrachtungszeitraum nicht übertreffen[710] bzw. diversifizierte Unternehmen häufig mit einem Bewertungsabschlag an der Börse gehandelt werden,[711] regte sich zunehmend Kritik an von Unternehmen eingeschlagenen Diversifikationsstrategien.[712] Die sich formierende *„Managerialism-Theorie"* sah in Unternehmenszusammenschlüssen folglich vielmehr die Wurzel als die Lösung für Agency- und Free Cash Flow-Probleme.[713]

Um sich vor drohenden feindlichen Übernahmen zu schützen, nahmen amerikanische Unternehmen oftmals sog. „poison-pill provisions" in ihren Unternehmensstatuten auf. Unternehmen in Kontinentaleuropa und vor allem in Deutschland bauten umfangreiche Beteiligungsnetzwerke auf, um eine unerwünschte externe Einflussnahme zu verhindern.[714] Dennoch wurden, vor allem in den USA der 80er und 90er Jahre des letzten Jahrhunderts, Konglomerate häufig Ziel feindlicher Übernahmen, mit einer hierauf folgenden Veräußerung einzelner Segmente bis

---

709 Ein Absenken der Varianz der Unternehmenserträge kommt primär den Fremdkapitalgebern zu Gute. Gleichzeitig sinkt jedoch, wie die Optionspreistheorie zeigt, der Wert des Eigenkapitals, womit es zu einer Vermögensverschiebung von den Aktionären zu den Gläubigern eines Unternehmens kommt; vgl. *Copeland/Weston* (1992), S. 710. Wie *Comment* und *Jarrell* zeigen, weisen Konglomerate auch keine höhere Verschuldungskapazität als fokussierte Unternehmen auf bzw. wenden sie sich nicht weniger häufig als diese an den externen Kapitalmarkt; *Comment/Jarrell* (1995), S. 86.

710 Vgl. *Copeland/Weston* (1992), S. 710.

711 *Berger/Ofek* ermitteln von 1986 bis 1991 für Konglomerate in den USA einen durchschnittlichen Diversifikationsabschlag von 13 bis 15%; *Berger/Ofek* (1995), S. 39. Kritisch hierzu *Campa/Kedia* (2002). Zu Bewertungsabschlägen diversifizierter Unternehmen siehe auch *Lamont/Polk* (2001).

712 Zu den in der Literatur diskutierten Vor- und Nachteilen von Diversifikations- und Konzentrationsstrategien, sowie insbesondere zu empirischen Untersuchungen siehe auch *Lang/Stulz* (1994), *Markides* (1995), *John/Ofek* (1995), *Servaes* (1996), *Hatfiel/Liebeskind/Opler* (1996), *Lins/Servaes* (1999), *Gilson* et al. (2001).

713 Vgl. *Copeland/Weston* (1992), S. 709.

714 Vgl. *Hellwig/Laux/Müller* (2002), S. 71.

hin zu einer vollständigen Aufspaltung oder Liquidation von Unternehmen.[715] Neben dem Markt für Unternehmensanteile als Auslöser von Restrukturierungsmaßnahmen konnte sich unternehmensintern die Zielsetzung einer Unternehmenswertsteigerung („*Shareholder Value-Orientierung*") etablieren. Damit wuchs die Bereitschaft bestehende Beteiligungsstrukturen neu zu überdenken.[716]

Refokussierungsbemühungen und Beteiligungsveräußerungen sollten Vermögenswerte außerhalb von Kerngeschäftsfeldern einer besseren Verwertung zuführen.[717] Hierbei frei werdende Mittel sollten entweder für eine Stärkung der Unternehmensschwerpunkte oder für eine Ausschüttung an die Aktionäre verwendet werden. Die *Motive* von Desinvestitionen können grundsätzlich sehr unterschiedlich sein. Sie umfassen etwa die Absicht

- Vermögensgegenstände oder Anteilsrechte einer höherwertigen Verwendung zuzuführen, etwa falls das Kaufobjekt für den Käufer von höherem Wert als für den Verkäufer ist („*Good News Information*"),
- bestehende negative Synergien aufzulösen, Agency-Kosten zu reduzieren und Entscheidungswege zu vereinfachen („*Agency Problem Resolution*"),[718]
- Managementkompetenzen und verfügbare Mittel auf Kerngeschäftsfelder mit Branchenexpertise zu konzentrieren bzw. im Zuge einer vorhergehenden Akquisition übernommene ungewollte Vermögensgegenstände/ Anteilsrechte abzustoßen („*Focus-Hypothese*"),[719]
- bei nicht ausreichendem Schutz der Fremdkapitalgeber diesen einen Vermögensverlust zu Gunsten der Eigenkapitalgeber des Unternehmens zuzufügen („*Bondholder Wealth Expropriation-Hypothese*"),[720]

---

715 Vgl. *Weston/Siu/Johnson* (2001), S. 192 ff.

716 *Rappaport* meint hierzu: "*In many cases, the question is simply whether the needed restructuring will be done by incumbent management or by new management after a takeover*"; *Rappaport* (1986), S. 168.

717 "*Divestitures enable selling firms to salvage a portion of their investements by selling to other firms that could exploit the opportunities more effectively*"; *Loh/Rathinasamy* (1997), S. 695.

718 Wird im Zuge einer Desinvestition eine neue Gesellschaft gegründet bzw. eine solche an der Börse eingeführt (Equity Carve-Out, Spin-Off, Split-Up bzw. auch Tracking Stock) eröffnet eine verbesserte *Performancemessung* und *Incentivierung* des Managements zusätzliche Wertsteigerungspotentiale. Außerdem ermöglicht eine, im Zuge einer Börsennotierung, erhöhte Fungibilität den Einsatz dieser Titel als *Akquisitionswährung*. Da bei Umtauschanleihen der Basiswert im Zeitpunkt der Emission aber in aller Regel bereits börsennotiert ist, sind diese Potentiale zur Steigerung des Shareholder Value für diese Arbeit von zu vernachlässigender Bedeutung.

719 Eine solche Maßnahme kann auch die rechtliche Auflage einer Übernahme oder Fusion sein.

720 Vgl. *Copeland/Weston* (1992), S. 508.

- eine Cash-Restriktion, welche etwa durch Verluste einer Unternehmenseinheit verursacht wird, durch den Verkauf dieser Einheit und dem hieraus generierten Mittelzufluss aufzuheben *(„Losing Operations-Hypothese")* oder
- ein positives Markt- und Bewertungsumfeld auszunutzen *(„Window of Opportunity-Hypothese").*[721]

Die oben angeführten Motive lassen allesamt *positive* Kursreaktionen des veräußernden Unternehmens erwarten. Somit stellen hiermit begründete Refokussierungs- und Desinvestitionsschritte, im Sinne einer am Shareholder Value orientierten Unternehmensführung, positive *Signale* und potentielle *Wertsteigerungspotentiale* dar. Desinvestitionsmaßnahmen sind keineswegs immer in einem Revidieren vorhergegangener Diversifikations- und Erweiterungsstrategien begründet, sondern können auch Teil der langfristigen Unternehmensplanung sein. Neben einer Steigerung des Marktwerts des Eigenkapitals sind aber auch *negative* Auswirkungen auf den Shareholder Value des Verkäufers denkbar, falls eine Desinvestitionsmaßnahme etwa eine negative Einschätzung des Managements betreffend die Aussichten des Unternehmens signalisiert *(„Bad News Information")*. Ebenso ist auch denkbar, dass eine Verkaufsmaßnahme zu keiner Kursreaktion führt, wenn hiermit keine neuen Informationen an den Kapitalmarkt gelangen *(„No Effekt-Hypothese").*[722]

Eine Desinvestition einer Unternehmensbeteiligung führt neben einer (möglichen) Änderung der Vermögens- und Finanzierungsstruktur des Verkäufers auch zu einer Änderung der Aktionärsstruktur des Verkaufsobjekts. *Shleifer/Vishny* (1986) gehen in ihrer modelltheoretischen Arbeit dem Zusammenhang zwischen der Aktionärsstruktur und dem Unternehmenswert nach. Sie betonen die Kontrollfunktion (*monitoring function*) von Aktionären, welche über einen signifikanten Anteil am Stimmrechtskapital verfügen.[723] Demnach hat die Präsenz eines Großaktionärs einen positiven Einfluss auf den Unternehmenswert. Ein Großaktionär kann bei Managementversagen und gravierenden Agency-Problemen einen Wechsel des Managementteams veranlassen, eine Übernahme des Unternehmens durchführen, oder eine solche mit Hilfe seines Aktienpakets zumindest erleichtern. Besteht hingegen eine „atomistische" Aktionärsstruktur, kommt es zu einem sog. *„Free Rider-Problem"*: Für Aktionäre, welche bloß über einen insignifikanten Anteil am Eigenkapital verfügen, besteht ein geringer Anreiz die Tätigkeit

---

721 Für weitere Motive siehe etwa *Weston/Siu/Johnson* (2001), S. 348 ff. Für die englischen Begriffe der Desinvestitionsmotive siehe *Denning* (1988), S. 33 f.

722 Vgl. *Denning* (1988), S. 33 f.

723 In ihrem Modell gehen die Autoren von einem Aktionär aus, der über $\alpha < 0{,}5$ aller ausstehenden Aktien verfügt. Der Rest befindet sich im Streubesitz; vgl. *Shleifer/Vishny* (1986), S. 465.

des Managements zu überwachen.[724] Aus diesem Grund sollte das Aufstocken des Anteils eines Großaktionärs die Wahrscheinlichkeit einer Übernahme steigern und den Firmenwert erhöhen. Umgekehrt wirkt sich eine Reduktion eines Anteilsbesitzes wertmindernd aus.[725]

Mikkelson und *Ruback* (1991) stellen für sog. „Targeted Repurchases“[726] negative Ankündigungsreaktionen fest. Sie führen weiter aus, dass dieses Ereignis nicht in Isolation zu sehen ist, sondern gemeinsam mit dem Zeitpunkt des Anteilskaufs analysiert werden muss. Über beide Zeitpunkte betrachtet sei eine positive Gesamtrendite zu beobachten. Die Reaktion bei Ankündigung eines „Targeted Repurchases“ sei demnach als „Enttäuschung“ und Revidieren der (positiven) Markterwartung über eine Übernahme durch einen Großinvestor zu werten.[727] Da der Miteinbezug des Zeitpunkts des Beteiligungserwerbs in die Analyse von Umtauschanleihen den Rahmen dieser Arbeit sprengen würde, wird dieser Gedanke hier nicht weiter verfolgt.

Zusammenfassend hat eine Reduktion eines konzentrierten Anteilsbesitzes somit potentiell zwei negative Auswirkungen auf den Wert des Verkaufobjekts: Einerseits gibt ein Großaktionär seine Kontrollfunktion auf. Nimmt man an, dass dessen Anteile zu Streubesitz werden und dieser Umstand eine Übernahme erschwert, sinkt auch die Wahrscheinlichkeit einer werterhöhenden Übernahme.

4.3.2.3. Umtauschanleihen und Vermögensverschiebungseffekte

Weist eine Umtauschanleihe bei Emission ein sog. *„Over- oder Underpricing“* auf,[728] kann es zu einem Vermögenstransfer zwischen den *Zeichnern der Titel* (Umtauschanleihe) und den *Aktionären* des begebenden Unternehmens kommen. Das „Underpricing-Phänomen“, welches in der Literatur vor allem im Zusammenhang mit der Erstemission von Aktien hinreichend erörtert wurde, misst die Differenz zwischen dem Emissionspreis und der ersten Wertpapiernotierung (oder ei-

---

724 Vgl. *Shleifer/Vishny* (1986), S. 463. Ähnlich argumentiert auch *Pound.* Dieser konstatiert bei Vorliegen von Großaktionären und institutionellen Anlegern eine erleichterte Entscheidungsfindung bei sog. „Proxy contests“ in den USA; vgl. *Pound* (1988), S. 244.

725 Vgl. *Shleifer/Vishny* (1986), S. 464.

726 Bei einem „Targeted Repurchase“ kauft ein Unternehmen eigene Aktien von einem Großaktionär zurück; vgl. *Mikkelson/Ruback* (1991), S. 544. Damit reduziert ein Großaktionär seinen Anteilsbesitz.

727 Vgl. *Mikkelson/Ruback* (1991), S. 545.

728 Zu Over- und Underpricing siehe Kapitel 4.3.1.5.3.

ner Notierung im weiteren Zeitablauf).[729] Ein solches Phänomen wird vor allem als das Resultat einer asymmetrischen Informationsverteilung angesehen.[730] Darüber hinaus kann es aber für die Kursstabilität und Kursentwicklung im Sekundärmarkt bzw. für die erfolgreiche Platzierung von Finanzierungstiteln durchaus notwendig und wünschenswert sein. Grundsätzlich ist ein Underpricing auch bei konvertiblen Anleihen anzutreffen.[731] Im Gegensatz zu Wandel- oder Optionsanleihen kann ein Vermögensverlust der Aktionäre eines Umtauschanleihenemittenten jedoch nicht dadurch ausgeschlossen werden, dass den Anteilseignern des emittierenden Unternehmens ein Bezugsrecht auf die Obligation eingeräumt wird. Hierauf besteht in der Regel kein Anspruch.[732] Somit kann bei Emissionen von Exchangeable Bonds eine negative Kursreaktion als Folge eines Vermögenstransfers von den Aktionären zu den Anleihenzeichnern alleine dadurch verhindert werden, dass die Umtauschanleihe zu einem marktgerechten Ausgabekurs begeben wird.[733]

Tabelle 6 stellt das für das Sample[734] feststellbare Over- oder Underpricing, nach Untergruppen differenziert, dar.[735] Hierbei fällt auf, dass bei knapp drei

---

729 Vgl. *Achleitner* (2000), S. 563 f. Ein Underpricing wird dann angenommen, wenn für den Zeitpunkt der Emission eine signifikant positive (Über-)Rendite festgestellt wird. Die Rendite wird hierbei zumeist wie folgt definiert:

$$(4.3-1) \qquad R_t = \left(\frac{P_t}{P_{t-1}}\right) - 1$$

wobei:

R_t = die Rendite, die ein Over- oder Underpricing misst,

P_t = der Schlusskurs am Ende des Handelstages t (wobei t=1 dem 1. Handelstag der neu emittierten Wertpapiere entspricht),

P_{t-1} = der Schlusskurs am Handelstag t-1;

Ein Overpricing kann umgekehrt dann bestimmt werden, wenn R_t signifikant negativ ist. Für Studien zu „Underpricing-Phänomenen" und Meßmethoden siehe etwa *Cook/Officer* (1996), S. 70 f., *Mauer/Senbet* (1992), S. 68 f. oder *Habib/Ljungqvist* (2001), S. 433 ff.

730 Ebenda. Wie *Achleitner* anmerkt, ist ein Underpricing-Phänomen mit einem neoklassischen Marktgleichgewicht, bei dem alle Marktteilnehmer über den gleichen Informationstand verfügen, nicht vereinbar.

731 Für eine Untersuchung von Underpricing bei Optionsanleihenemissionen deutscher Unternehmen und deren Auswirkung auf Kapitalmarktreaktionen auf die Ausgabe der Finanzierungstitel siehe *Entrup (1995)*, S. 51 ff.

732 Siehe Kapitel 2.3.2.2.

733 Umgekehrt würde ein Overpricing einen Vermögenstransfer von den Anleihenzeichner zu den Aktionären des Emittenten bedeuten. Hierfür wäre eine positive Kursreaktion zu erwarten.

734 Von insgesamt 172 Umtauschanleihentranchen (siehe Kapitel 3.2) konnten 129 in die Analyse eines Over- oder Underpricings miteinbezogen werden.

Viertel der Umtauschanleihenemissionen (74%) keine nennenswerte (-2% ≤ R ≤ +2%) Emissionsrendite feststellbar ist. Bei rund 22% der Obligationen konnte ein geringes (+2% < R ≤ +10%) Underpricing, bei knapp 3% ein geringes Overpricing (-5% < R < -2%) festgestellt werden. Lediglich bei einer Emission wurde ein hohes Underpricing (+10% < R) festgestellt.[736] Dies lässt die Vermutung zu, dass eine etwaige Kursreaktion des emittierenden Unternehmens nicht auf ein Under- oder Overpricing-Phänomen zurückgeführt werden kann.

	Anzahl[1)]	Anmerkung[2)]
R < -5%	0	Overpricing
-5% < R < -2%	4	Geringes Overpricing
-2% ≤ R ≤ 0%	33	Kein Overpricing
0% < R ≤ +2%	62	Kein Underpricing
+2% < R < +5%	23	Geringes Underpricing
+5% ≤ R ≤ +10%	6	Underpricing
+10% < R	1	Hohes Underpricing
Summe	129	
Mittelwert Over-/Underpricing:		1,1%
Median Over-/Underpricing:		0,4%
Maximum Over-/Underpricing:		12,9%
Minimum Over-/Underpricing:		-4,5%

Quelle: Bloomberg

1) Wurden durch einen Emittenten mehrere Tranchen aufgelegt, so wurde jede Tranche als eigene Emission gewertet.

2) $R = (P_1/P_0)-1$

P_1 = Schlusskurs am ersten Tag der Börsennotierung eines Exchangeables

P_0 = Emissionspreis eines Exchangeables

Es wurden insgesamt 129 Umtauschanleihetranchen in die Auswertung miteinbezogen bezogen. Lagen zwischen der Ankündigung und der ersten Börsennotiz des Exchangeables mehr als 6 Monate, so wurde die Tranche ausgeschlossen.

Tabelle 6: Over- und Underpricing bei Umtauschanleihenemissionen

735 Die Unterteilung des Samples ist arbiträr, folgt aber, aus Gründen der Vergleichbarkeit, im wesentlichen der Einteilung von *Entrup*; vgl. *Entrup (1995)*, S. 52. Eine Schwierigkeit bei der Messung eines Over- oder Underpricing für Exchangeables ergibt sich daraus, dass die Börsennotierung von Umtauschanleihen oft erst in erheblichem zeitlichen Abstand zu der Bekanntgabe der Emission erfolgt. Im Offering Circular/Offering Prospectus weist der Schuldner häufig lediglich auf seine Absicht zur Börsennotiz hin. Aus diesem Grund wurden Emissionen, für welche mehr als 6 Monate zwischen der Ankündigung und der ersten Kursnotiz der konvertiblen Anleihe lagen, aus der Untersuchung ausgeschlossen. Somit wurde für 129 der insgesamt 172 Umtauschanleihetranchen eine Emissionsrendite ermittelt.

736 Dies betrifft die in Norilsk wandelbare Anleihe der UBS, vom Dezember 2003.

Wenn sich die Risikoposition der Alt-Gläubiger durch die Emission neuer Finanzierungstitel verschlechtert, kann es zu einer Vermögensverschiebung zwischen den *Aktionären* und den *Alt-Gläubigern* kommen. Dies ist bspw. dann möglich, wenn der Erlös einer Fremdkapitalemission für die Finanzierung von Dividendenzahlungen herangezogen wird.[737] In diesem Fall stehen einer gestiegenen Anzahl an gleichrangigen Fremdkapitalgeberansprüchen unveränderte Unternehmensaktiva gegenüber. Damit verringert sich der relative Anspruch der Gläubiger auf die Vermögenswerte des Unternehmens. Während die Zeichner von neuem Fremdkapital einen fairen Marktpreis bezahlen, vermindert sich der Wert der Alt-Schulden aufgrund des gestiegenen Risikos. Unter der Annahme eines gleichbleibenden Gesamtunternehmenswerts kommt es zu einem Vermögenstransfer von den Alt-Gläubigern zu den Aktionären des emittierenden Unternehmens (*„Bondholder Wealth Expropriation-Hypothese"*).[738] Bei einer entscheidenden Verschlechterung der Risikoposition der bisherigen Fremdkapitalgeber sollte es folglich im Falle einer Fremdkapitalemission zu einer positiven Kursreaktion kommen. Umgekehrt verbessert sich bei der Aufnahme von neuem Eigenkapital die Risikoposition der Unternehmensgläubiger gegenüber den Aktionären. Aus diesem Grund ist auf die Ankündigung einer Eigenkapitalemission eine negative Aktienkursreaktion des Emittenten zu erwarten.

Eine Vermögensverschiebung zwischen dem *Fiskus* und den *Aktionären* (des Emittenten)[739] ist grundsätzlich dann möglich, wenn sich mit Emission der Schuldverschreibung die Kapitalstruktur des Schuldners verändert, und das Steuersystem nicht finanzierungsneutral ist, d.h. die Finanzierung durch Eigen- oder Fremdkapital bevorzugt wird. Das österreichische, wie auch das deutsche Steuersystem, begünstigen auf Grund der steuerlichen Abzugsfähigkeit von Fremdkapitalzinsen, welcher keine vergleichbare Abzugsfähigkeit kalkulatorischer Zinsen gegenübersteht, die Finanzierung mit Fremdkapital.[740] Aus diesem Grund sollte der Kapitalmarkt auf die Ankündigung einer Fremdkapitalemission grundsätzlich positiver

---

737 Hierfür wird vorausgesetzt, dass die Alt-Gläubiger für einen solchen Fall keine Vorkehrungen (etwa in den Anleihenbedingungen) getroffen haben; vgl. *Copeland/Weston* (1992), S. 508 f.

738 Vgl. *Copeland/Weston* (1992), S. 508.

739 Da die Ausgabe einer Umtauschanleihe in aller Regel durch „alte" Aktien besichert wird (siehe Kapitel 2.3.2 und 3.3.2.7), kann es im Zuge der Schuldverschreibungsemission beim Basiswert zu keiner Veränderung der Kapitalstruktur kommen. Eine solche Änderung ist lediglich beim begebenden Unternehmen möglich, falls dieses die Emission nicht zur Refinanzierung bestehenden Fremdkapitals einsetzt, oder es zu einem Umtausch und somit zu einem (zeitverzögerten) Veräußerungserlös kommt.

740 Siehe *Swoboda* für die Auswirkung von Steuern auf Finanzierungsentscheidungen unter unterschiedlichen Steuersystemen; vgl. *Swoboda* (1994), S. 46 ff.; für die Diskussion in Deutschland siehe etwa *Drukarczyk* (1993), S. 177 ff.

reagieren, als auf die Bekanntgabe einer Eigenkapitalemission.[741] Die Ausgabe von, buchhalterisch als Fremdkapital zu charakterisierenden, Umtauschanleihen[742] erhöht im Emissionszeitpunkt zunächst die Summe des ausstehenden Fremdkapitals und damit den Verschuldungsgrad.[743] In Abhängigkeit von der Ausgestaltung eines Exchangeable und der sich damit ergebenden Wahrscheinlichkeit eines späteren Umtausches ist aber zu berücksichtigen, dass ein, im Fall der Wandlung realisierter Veräußerungserlös, nach Abzug von Steuern auf Unternehmensebene das buchmäßige Eigenkapital erhöht.[744]

4.4. Ergebnisse bisheriger empirischer Untersuchungen zu Desinvestitions- und Finanzierungsmaßnahmen

4.4.1. Einleitung

In diesem Kapitel werden die Ergebnisse aus relevanten, bisher durchgeführten Ereignisstudien („*Event Studies*") vorgestellt. Die meisten Ereignisstudien gehen der Frage nach, ob eine zum Ereigniszeitpunkt beobachtete Rendite statistisch signifikant von einer zu erwartenden Rendite abweicht. Mit Hilfe multipler Regressionsanalysen wird hierbei versucht Erklärungen für die beobachteten Kursreaktionen zu finden. Da nationale Kapitalmärkte unterschiedliche Rahmenbedingungen aufweisen, können abweichende Beobachtungen einen ersten Hinweis auf unterschiedliche gesetzliche Bestimmungen geben. Die Ergebnisse empirischer Untersuchungen werden in tabellarischer Form dargestellt und im Text diskutiert. Weisen die angeführten Studien wesentliche methodische Unterschiede auf, so wird hierauf eingegangen. Die Ergebnisse werden den angeführten Signalling-Modellen[745] bzw. möglichen Vermögensverschiebungseffekten[746] gegenübergestellt und dienen als Grundlage und Vergleich für die eigene empirische Untersuchung.

---

741 Dies gilt aber nur dann, wenn der Markt davon ausgeht, dass die Kapitalstruktur nach Emission auch in Zukunft beibehalten wird. Würden die Marktteilnehmer bloß von einer vorübergehenden Veränderung oder Abweichung von einer Zielkapitalstruktur ausgehen, würde die temporäre Veränderung an Relevanz verlieren. In diesem Fall wäre keine Kursreaktion zu erwarten.

742 Siehe Kapitel 2.5.1.

743 Falls der Anleiheerlös nicht allein zur Refinanzierung bestehender Verbindlichkeiten eingesetzt wird.

744 Siehe FN. 742.

745 Siehe Kapitel 4.3.2.

746 Siehe Kapitel 4.3.2.3.

4.4.2. Ergebnisse zu Desinvestitionsmaßnahmen

Desinvestitionsmaßnahmen, welche unter Restrukturierungsmaßnahmen der Geschäftsfeldstruktur (Portfolio Restructuring) gereiht werden,[747] können grob in Spaltungen (Spin-Offs) und Verkäufe (Divestitures) eingeteilt werden.[748] Während *Spaltungen* in der Regel zu einer Sonderdividende in Form von Anteilen an einem Tochterunternehmen an die Unternehmenseigner des abspaltenden Mutterunternehmens führen,[749] werden bei einem *Verkauf* Vermögenswerte oder Anteile eines Unternehmens bzw. Unternehmensteils an außenstehende Dritte verkauft. Somit kommt es im zweiten Fall beim verkaufenden Unternehmen zu einem Mittelzufluss, welcher etwa in Form von Barmitteln oder auch Aktien des kaufenden Unternehmens erfolgen kann. Als Sonderform eines Verkaufs kann ein sog. *Equity Carve-Out* bezeichnet werden: Hierbei wird ein Minderheitsanteil an einer neu gegründeten Tochtergesellschaft bzw. an einer bereits bestehenden Gesellschaft an außenstehende Dritte verkauft. Im Unterschied zu einem herkömmlichen Verkauf wird bei einem Equity Carve-Out ein Unternehmensteil in die (teilweise) Selbstständigkeit entlassen und neue Aktionäre üben fortan Kontroll- und Mitspracherechte an diesem Tochterunternehmen aus. Eine *Umtauschanleihe* kann als zeitverzögerte Desinvestitionsmaßnahme bezeichnet werden, wobei die Wahrscheinlichkeit einer Desinvestition bestehender Unternehmensanteile von der jeweiligen Ausgestaltung der Anleihenkonditionen abhängt.[750]

Wie Tabelle 7 zeigt, führen Desinvestitionsmaßnahmen im Zeitpunkt der Ankündigung der Restrukturierungsmaßnahme beinahe durchgehend zu positiven Kursreaktionen der veräußernden Unternehmen (die Überrenditen bewegen sich hierbei in einem 2- bis 3-tägigen Zeitfenster zwischen +0,92% und +2,6%),[751] während der Käufer für gewöhnlich keine signifikante Kursreaktion verzeichnet.[752] Eine genauere Analyse bisheriger Ereignisstudien zeigt jedoch, dass Informationen, die bei einem Verkauf mit an die Öffentlichkeit dringen, im Vergleich zur Desinvestitionsmaßnahme an sich, von großer Bedeutung für Kapitalmarktreaktionen sind. So können *Denning/Shastri* (1990) für ein Sample von De-

---

747 Siehe Abbildung 1, S. 2.

748 Vgl. *Copeland/Weston* (1992), S. 678 f.

749 Während bei einer Abspaltung das ursprüngliche Unternehmen weiter existiert, geht dieses bei einer Aufspaltung unter.

750 Siehe hierzu Kapitel 3.3. Ausstattungsmerkmale von Umtauschanleihen.

751 Da Kapitalmarktreaktionen auf die Ankündigung von Equity Carve-Outs und Spin-Offs bzw. Erklärungen hierfür ähnlich wie jene für Divestments sind, wird in dieser Arbeit auf eine eigenständige Darstellung empirischer Arbeiten zu diesen Restrukturierungsmaßnahmen verzichtet. Für einen aktuellen Überblick siehe etwa *Copeland/Weston/Shastri* (2004), S. 786 ff.

752 Siehe etwa *Kose/Ofek* (1995), S. 117, oder auch *Roy/Manley* (1997), S. 219.

sinvestitionen, bei welchen keine weiteren Informationen bekannt gegeben werden, auch keine signifikanten Kursreaktionen feststellen.[753]

Eine Untersuchung von *Denning* (1988) zeigt, dass das *Motiv* für eine Desinvestitionsentscheidung einen wichtigen erklärenden Faktor für die beobachtbare Überrendite im Ankündigungszeitpunkt darstellt. Erfolgt die Desinvestition auf Grund von Verlusten im abzustoßenden Unternehmensteil, so ist die Ankündigungsreaktion mit +4,36%[754] deutlich positiver als in solchen Fällen, in denen ein Verkauf auf Agency-Konflikte zurückzuführen ist.[755]

Im Unterschied dazu stellen *Guedes/Parayre* (1997) fest, dass bei Verkauf von underperformenden Unternehmenseinheiten („Loser Companies"), im Unterschied zu gut performenden Sparten („Winner Companies"), keine signifikant positiven Kursreaktionen feststellbar sind.[756] *Guedes* und *Parayre* schließen daraus, dass Kapitalmarktteilnehmer einen Verkauf schlecht rentierender Unternehmensteile bereits vorzeitig antizipieren, weshalb eine bloße Verkaufsankündigung keine neue Information mehr bedeutet. In einer Untersuchung von *Kose/Ofek* (1995) stellen diese fest, dass Verkäufe von Sparten, welche nicht zum Kernbereich der Unternehmenstätigkeit gerechnet werden, deutlich positivere Reaktionen hervorrufen als Verkäufe von Kernaktivitäten.[757] Sie sehen darin eine Bestätigung der *„Fokus-Hypothese"*, die besagt, dass eine Konzentration der unternehmerischen Aktivitäten von Kapitalmarktteilnehmern grundsätzlich begrüßt wird.[758]

Von Relevanz erscheint neben dem Motiv für einen Verkauf auch die *Bekanntgabe des Verkaufspreises* bzw. die *Mittelverwendung*. So stellen *Sicherman/Pettway* (1992) fest, dass eine Verkaufsankündigung, bei welcher der Verkaufspreis be-

---

753 Die Autoren schließen Verkäufe aus ihrem Sample aus, bei welchen entweder mehrere Desinvestitionen gleichzeitig, oder andere bedeutende Informationen, wie etwa Unternehmensergebnisse, veröffentlicht wurden; vgl. *Denning/Shastri* (1990), S. 732 f.

754 Ankündigungsreaktion in einem Zeitfenster von t_{-6} bis t_{+6}; vgl. *Denning* (1988), S. 35.

755 Als Agency-Konflikte gelten Unterinvestitionsprobleme oder Motive zur Steigerung der Unternehmensleistung. In diesem Fall beträgt die Ankündigungsrendite +1,36%, ist aber nicht signifikant von Null unterschiedlich; vgl. *Denning* (1988), S. 33 f.

756 Vgl. *Guedes/Parayre* (1997), S. 1085.

757 Vgl. *Kose/Ofek* (1995), S. 124 f. Ebenso *Schlingemann/Stulz/Walkling* (1999), S. 17 f.

758 Ebenso *Roy/Manley* (1997), S. 219 f. Für eine Untersuchung zu den Charakteristika von desinvestierenden Unternehmen und jenen der verkauften Sparten siehe *Schlingemann/Stulz/Walkling* (1999) u. (2002). Sie stellen fest, dass sich veräußernde Unternehmen meist in einer angespannten finanziellen Lage befinden. Wie die Autoren zeigen, hängt die Entscheidung welche Unternehmenssparten abgestoßen werden, weniger von der relativen Performance einer Sparte (im Vergleich zu seinen Peers) ab, als vielmehr vom Umstand einer leichten Veräußerbarkeit.

kannt gegeben wird, eine positivere Kursreaktion des Verkäufers hervorruft.[759] *Lang/Poulsen/Stulz* (1995) bemerken darüber hinaus, dass in ihrem Sample von Verkäufen nur dann eine positive Ankündigungsreaktion feststellbar ist, wenn der Kaufpreis an die Aktionäre, etwa in Form einer Sonderdividende, ausgeschüttet wird.[760] Hierin kann eine Bestätigung des von *Jensen* beschriebenen Free Cash Flow-Problems gesehen werden. Außerdem beobachten *Clubb/Stouraitis* (2002), dass in Abhängigkeit vom Verschuldungsgrad vor einer Desinvestition, insbesondere bei Unternehmen in angespannter finanzieller Lage, eine Verwendung der generierten Mittel für einen Schuldenabbau positive Kursreaktionen hervorruft.[761] Dies scheint zunächst der Signalling-Hypothese zu widersprechen, dass Finanzierungsentscheidungen, welche zu einer Fremdkapitalzunahme führen, positivere Kursreaktionen hervorrufen als solche welche eine Abnahme des Verschuldungsgrades zur Folge haben.[762] Jedoch kann dies als Anzeichen für das Überschreiten eines optimalen Verschuldungsgrades und einer damit einhergehenden steigenden Insolvenzgefahr gesehen werden, welche eben durch eine konsequente Schuldenreduktion gebannt werden kann. Ist eine Veräußerungsmaßnahme Teil eines *Desinvestitionsprogramms*, so beobachten *Kose/Ofek* (1995), dass eine erste Maßnahmen eines Programms oder die Ankündigung eines solchen eine höhere Kursreaktion zur Folge hat, als hierauf folgende Desinvestitionen.[763]

Nicht zuletzt haben die *Anteilsverhältnisse* am verkaufenden Unternehmen und Kauf- bzw. Verkaufsaktivitäten von Unternehmensinsidern Einfluss auf eine feststellbare Überrendite. So bemerken *Hirschey/Zaima* (1989) positivere Ankündigungsreaktionen auf Desinvestitionen für jene Unternehmen, in welchen Unternehmensinsider über mindestens 5% der Anteile verfügen. Im Unterschied dazu können sie für Unternehmen, welche sich überwiegend in Streubesitz befinden, keine signifikanten Reaktionen beobachten.[764] Außerdem weisen Unternehmen mit „Net-Buy Aktivitäten" von Unternehmensinsidern vor einem Verkauf deutlich positivere Kursreaktionen auf, als Unternehmen mit „Net-Sell Aktivitäten".[765]

---

759 Vgl. *Sicherman/Pettway* (1992), S. 128.

760 Vgl. *Lang/Poulsen/Stulz* (1995), S. 37. Werden die Mittel aus einem Verkauf reinvestiert, beobachten die Autoren eine negative Überrendite. Da die Angaben zur Mittelverwendung bei Umtauschanleihen meist sehr allgemein gehalten sind (siehe Kapitel 3.3.1.9), wird auf eine Untersuchung der Preiseffekte in Abhängigkeit von der Verwendung der generierten Mittel verzichtet.

761 Vgl. *Clubb/Stouraitis* (2002), S. 672 u. 681. Ebenso *Schlingemann/Stulz/Walkling* (1999), S. 19.

762 Siehe Kapitel 4.3.2.1.1.

763 Vgl. *Kose/Ofek* (1995), S. 120.

764 Vgl. *Hirschey/Zaima* (1989), S. 977.

765 Ebenda, S. 976.

Autor	Untersuchungs-gegenstand	Zeitraum/ Anzahl	Über-rendite[1)]	% neg.	Signifi-kanz	Ø Kauf-preis (Mio)
Denning (1988)	Divestitures[2)] (USA)	1970-82 (n=50)	-0,137%[3)] (t_{-6}-t_{+6})	nv	insig.	nv
Hirschey/Zaima (1989)	Divestitures (USA)	1975-82 (n=64)	+1,64%[4)] (t_{-1}-t_0)	nv	***	USD 207
Denning/Shastri (1990)	Divestitures (USA)	1970-81 (n=50)	-0,01% (t_{-6}-t_{+6})	nv	insig.	> USD 10
Sicherman/ Pettway (1992)	Divestitures (USA)	1981-87 (n=278)	+0,92%[5)] (t_{-1}-t_0)	nv	***	USD 189
Lang/Poulsen/ Stulz (1995)	Divestitures (USA)	1984-89 (n=93)	+1,41%[6)] (t_{-1}-t_0)	nv	***	USD 121
Kaiser/Stouraitis (1995)	Divestitures (EUROPE)	1984-93 (n=188)	+2,87%[7)] (t_{-15}-t_0)	nv	nv	> GBP 5
Kose/Ofek (1995)	Divestitures (USA)	1986-88 (n=258)	+1,50%[8)] (t_{-2}-t_0)	40	***	USD 368
Roy/Manley (1997)	Divestitures (USA)	1981-91 (n=174)[9)]	+1,20% (t_{-1}-t_0)	44	***	nv
Guedes/Parayre (1997)	Divestitures (USA)	1967-87 (n=370)	+1,60%[10)] (t_{-1}-t_0)	45	***	nv
Kim (1997)	Divestitures/ internat. Aktivitäten (USA)	1980-94 (n=121)	+0,43% (t_{-1}-t_{+1})	nv	*	nv
Borde/Madura/ Akhigbe (1998)	Divestitures/ internat. Aktivitäten (USA)	1979-91 (n=111)	+2,28% (t_{-1}-t_{+2})	44	***	USD 184
Gleason/Mathur/ Singh (2000)	Divestitures (USA)	1980-96 (n=244)	+0,65% (t_{-1}-t_0)	nv	***	nv
Mulherin/Boone (2000)	Divestitures (USA)	1990-98 (n=139)	+2,60% (t_{-1}-t_{+1})	nv	***	nv
Clubb/Stouraitis (2002)	Divestitures (UK)	1984-94 (n=187)	+1,10% (t_{-1}-t_0)	nv	nv	81 GBP

1) Die angegebenen Überrenditen bezeichnen immer Ankündigungsrenditen verkaufender Unternehmen;
2) "Divestitures" bezeichet sowohl den Verkauf von Vermögenswerten (bis hin zu Unternehmens-sparten), als auch den Verkauf von Unternehmensanteilen an Tochterunternehmen (bei letzterer Methode wird meist eine Übertragung von mindestens 50% der Anteile vorausgesetzt);
3) Überrendite gibt Reaktion im Ankündigungszeitpunkt an, falls der Verkäufer keinen Grund für Desinvestition angibt; Erfolgt der Verkauf auf Grund von Verlusten im abzustoßenden Unternehmensteil ("Losing Operations") so beträgt die Überrendite im Ankündigungszeitpunkt +4,36% (**); bei Desinvestition auf Grund von Agency-Konflikten (Unterinvestition, Steigerung der Management-Leistung) beträgt der Ankündigungseffekt +1,36% (insig.);
4) Überrendite im Zeitraum von t_{-15} - t_0: +3% (***); fürden Zeitraum von t_{-1} - t_0 beträgt die Über-rendite für Unternehmen mit "Net-Buy"-Aktivitäten von Unternehmensinsidern vor Verkauf +2,22% (***), für Unternehmen mit "Net-Sell"-Aktivitäten allerdings nur +1,14% (**); die Über-rendite von Unternehmen, an welchen "Unternehmensinsider" mindestens 5% halten beträgt +2,83% (***), Unternehmen mit breit gestreutem Anteilsbesitz weisen hingegen lediglich +0,82% (insig.) auf;
5) Überrendite für den Zeitraum von t_{-10} - t_{+10}: 1,54% (***);
6) Überrendite im Zeitfenster t_{-5} - t_{+5}: +2,80% (***); Ankündigungsrendite bei Ausschüttung des Verkaufserlöses an die Aktionäre: +5,65% (***), Rendite bei Reinvestition der Mittel im Unter-nehmen: +0,65% (insig.);
7) Reaktion auf die Ankündigung eines Verkaufs einer inländischen Tochtergesellschaft in Kontinentaleuropa; Reaktion auf den Verkauf einer ausländischen Tochter (in Kontinentaleuropa): -1,42%;
8) Überrendite im Ankündigungszeitpunkt für den Käufer: +0,4% (insig.)
9) Anzahl desinvestierender Unternehmen;
10) Verkäufe von Sparten, welche als "Loser" qualifiziert wurden: +0,42% (n=42, insig.), Verkäufe von"Winnern": +2,5% (n= 34, ***);

Tabelle 7: Kapitalmarktreaktionen auf Desinvestitionsmaßnahmen

4.4.3. Ergebnisse zur Aufnahme von Eigen- und Fremdkapital

Smith (1986) fasst in seinem Übersichtsartikel die Resultate von Ereignisstudien zu diversen Finanzierungstransaktionen am amerikanischen Kapitalmarkt zusammen.[766] Hierin stellt er für *Eigenkapitalemissionen* (Stammaktien) in den USA einen signifikant negativen Ankündigungseffekt fest. Dieser fällt mit -3,14% für Industrieunternehmen deutlich negativer aus, als für Versorgungsunternehmen („Utilities": –0,75%), was als Bestätigung der Hypothese von *Miller/Rock* (1985)[767] über die Prognostizierbarkeit von Finanzierungstransaktionen gewertet werden kann. Wie Tabelle 8 jedoch zeigt, bedarf die Beurteilung von Kapitalmarktreaktionen auf Emissionen von Eigenkapitaltiteln einer differenzierteren Betrachtung.

Einerseits scheint das *Emissionsverfahren* und damit der Umstand, ob eine Kapitalerhöhung unter Wahrung oder unter Ausschluss des Bezugsrechts der Altaktionäre erfolgt den Kurseffekt wesentlich zu beeinflussen. In den USA weisen Bezugsrechtsemissionen eine deutlich weniger negative Kursreaktion auf. Bei schweizerischen und deutschen Unternehmen ist diese sogar positiv.[768] Dies deutet darauf hin, dass eine Bezugsrechtsausschlussemission, im Vergleich zu einer Bezugsrechtsemission, als Signal für eine Überbewertung gewertet werden kann bzw. mit Hilfe einer Bezugsrechtsemission eine Vermögensverschiebung von den Altaktionären zu den neuen Eigenkapitalgebern wirksam verhindert werden kann. Andererseits weisen etwa *Privatplatzierungen* in den USA positive Ankündigungseffekte auf. *Wruck* führt dies auf eine im Zuge von Privatplatzierungen zunehmende Konzentration in der Aktionärsstruktur zurück. Sie merkt aber an, dass eine Konzentration der Besitzverhältnisse nicht automatisch zu einer Steigerung des Unternehmenswerts führt. Eine Wertsteigerung ist insbesondere vom Konzentrationsniveau nach einer erfolgten Finanzierungstransaktion abhängig.[769] Führt eine Privatplatzierung bloß zu einem „mittleren" Konzentrationsgrad, stellt *Wruck* sogar eine negative Wertentwicklung für das unterliegende Unternehmen fest.[770]

---

766 Vgl. *Smith* (1986), S. 3 ff.

767 Siehe Kapitel 4.3.2.1.1.

768 Die Untersuchungsergebnisse von *Wolfe/Daliakopoulos/Gwilym* weichen hiervon ab. Allerdings stellen die Autoren, obwohl sie für ein 2-Tages-Fenster eine signifikant negative Kursreaktion beobachten, am Ankündigungstag eine positive Rendite von +0,44% fest, *Wolfe/Daliakopoulos/Gwilym* (1999), S. 14.

769 Vgl. *Wruck* (1989), S. 4.

770 Eine „mittlere" Eigentümerkonzentration gibt *Wruck* mit 5% bis 25% an; vgl. *Wruck* (1989), S. 4.

Autor	Untersuchungs-gegenstand	Zeit-raum/ Anzahl	Über-rendite	% neg.	Signifi-kanz	Ø Betrag Emission (Mio)
Asqith/Mullins (1986)	Stammaktien (PO/ PRO/Ind)[1] (USA)	1963-81 (n=128)	-3,0% (t_{-1}-t_0)	82	***	nv
Asqith/Mullins (1986)	Stammaktien (PO/ PRO/PU)[1] (USA)	1963-81 (n=264)	-0,9% (t_{-1}-t_0)	68	***	nv
Masulis/Kowar (1986)	Stammaktien (PO/ PRO/Ind)[1] (USA)	1963-80 (n=388)	-3,25% (t_{-1}-t_0)	nv	***	USD 28
Masulis/Kowar (1986)	Stammaktien (PO/ PRO/PU)[1] (USA)	1963-80 (n=584)	-0,68% (t_{-1}-t_0)	nv	***	USD 50
Mikkelson/Partch (1986)	Stammaktien (PO/Ind)[1] (USA)	1972-82 (n=80)	-3,56% (t_{-1}-t_0)	75	***	USD 39
Zimmermann (1986)	Stammaktien (RO) (CH)	1973-83 (n=77)	+2, 01 %	39	Insig.	nv
Wruck (1989)	Stammaktien (PP)[1] (USA)	1979-85 (n=99)	+1,89%[3] (t_{-1}-t_0)	nv	*	USD 32
Hansen/Crutchley (1990)	Stammaktien (Ind)[1] (USA)	1975-82 (n=109)	-3,65% (t_{-1}-t_0)	nv	***	USD 47
Slovin/Sushka/ Hudson (1990)	Stammaktien (SEO/ Ind)[1] (USA)	1980-85 (n=240)	-2,52% (t_{-1}-t_0)	78	***	USD 54
Eckbo/Masulis (1992)	Stammaktien (PO/ Ind)[1] (USA)	1963-81 (n=389)	-3,34% (t_{-1}-t_0)	83	***	USD 33
Eckbo/Masulis (1992)	Stammaktien (PO/ PU)[1] (USA)	1963-81 (n=646)	-0,80% (t_{-1}-t_0)	67	***	USD 51
Eckbo/Masulis (1992)	Stammaktien (RO/ Ind)[4] (USA)	1963-81 (n=41)	-1,03% (t_{-1}-t_0)	56	**	USD 60
Eckbo/Masulis (1992)	Stammaktien (RO/ PU)[4] (USA)	1963-81 (n=87)	-0,53% (t_{-1}-t_0)	63	**	USD 48
Brakmann (1993)	Stammaktien (RO/ Ind)[1] (GER)	1978-88 (n=126)	+1,13% (t_{-1}-t_0)	37	***	nv
Wolfe/ Daliakopoulos/ Gwilym (1999)	Stammaktien (RO) (GB)	1991-97 (n=15)	-2,67% (t_{-1}-t_0)	nv	***	GBP 173

1) PO (Public Offerings): Bezugsrechtsausschlussemissionen, RO (Rights Offerings): Bezugsrecht-semissionen, PP: Private Placements, Ind.: Industrial Companies, PU: Public Utilities, PRO: Primary Offerings, SEO: Seasoned Equity Offerings;

2) im Ankündigungsmonat

3) +2,52% von t_3-t_2

4) Rights Offering: Angaben bezieht sich auf "Standby rights".

Tabelle 8: Kapitalmarktreaktionen auf die Ankündigung von Eigenkapitalemissionen

Autor	Unter-suchungs-gegenstand	Zeitraum/ Anzahl	Über-rendite	% neg.	Signifi-kanz	Ø Betrag Emission (Mio)
Dann/Mikkelson (1984)	Anleihen (USA)	1970-79 (n=150)	-0,37% $(t_{-1}-t_0)$	53	*	USD 73
Eckbo (1986)	Anleihen (PO/ Ind)[1)] (USA)	1964-81 (n=459)	-0,06% $(t_{-1}-t_0)$	53	insig.	USD 180
Mikkelson/Partch (1986)	Anleihen (PO/ Ind)[1)] (USA)	1972-82 (n=171)	-0,23% $(t_{-1}-t_0)$	56	insig.	USD 153
Mikkelson/Partch (1986)	Anleihen (PP/ Ind)[1)] (USA)	1972-82 (n=80)	-0,57% $(t_{-1}-t_0)$	63	**	USD 25[2)]
Mikkelson/Partch (1986)	Bankkredite (Ind)[1)] (USA)	1972-82 (n=124)	+0,89% $(t_{-1}-t_0)$	47	insig.	USD 43
James (1987)	Anleihen (PO/ Ind)[1)] (USA)	1974-83 (n=90)	-0,11% $(t_{-1}-t_0)$	56	insig.	USD 106
James (1987)	Anleihen (PP/ Ind)[1)] (USA)	1974-83 (n=37)	-0,91% $(t_{-1}-t_0)$	56	insig.	USD 32
James (1987)	Neue Bank-kredite (Ind)[1)] (USA)	1974-83 (n=80)	+1,93% $(t_{-1}-t_0)$	34	**	USD 72
Lummer/McConnell (1989)	Neue Bank-kredite (Ind)[1)] (USA)	1976-86 (n=371)	-0,01% $(t_{-1}-t_0)$	56	insig.	USD 114
Lummer/McConnell (1989)	Verlängerte Bankkredite (Ind)[1)] (USA)	1976-86 (n=357)	+1,24% $(t_{-1}-t_0)$	47	***	USD 121
Hansen/Crutchley (1990)	Anleihen (PO/ Ind)[1)] (USA)	1975-82 (n=188)	+0,11% $(t_{-1}-t_0)$	nv	insig.	USD 106
Entrup (1993)	Anleihen (PO/ Ind)[1)] (GER)	1970-91 (n=78)	+0,06% $(t_{-1}-t_0)$	47	insig.	nv
Akhigbe/Madura/ Spencer (1995)	Nullkupon-Anleihen (USA)	1982-91 (n=84)	-0,06% $(t_{-1}-t_0)$	55	insig.	nv
Wolfe/Daliakopoulos/ Gwilym (1999)	Anleihen (GB)	1992-97 (n=23)	-0,57% $(t_{-1}-t_0)$	nv	*	GBP 213

1) PO: Public Offering; PP: Private Placement; Ind.: Industrial Companies; PU: Public Utilities;
2) Median

Tabelle 9: Kapitalmarktreaktionen auf die Ankündigung von Fremdkapitalemissionen

Wie Tabelle 9 zeigt, können bei der Ankündigung von *Anleihenemissionen* in den USA nur schwach negative oder nicht signifikant von Null verschiedene Kursreaktionen festgestellt werden. Eine Ausnahme bilden hierbei die positiven Überrenditen bei Veröffentlichung von Bankkreditvereinbarungen. Laut einer Studie von *Lummer/McConnell* betreffen diese aber nur Kreditvereinbarungen, die erneuert oder verlängert werden. Die Autoren begründen diese Reaktion damit, dass Banken in langfristigen Kreditbeziehungen besonders gute Kenntnisse über ihre Kunden und eine insiderähnliche Stellung erwerben. Folglich wird eine Kreditverlängerung durch Kapitalmarktteilnehmer als besonderer Vertrauensbeweis und als positive Nachricht gewertet.[771] Eine Untersuchung deutscher und britischer Anleihenemissionen kommt im wesentlichen zu den selben Ergebnissen wie in den USA.

Emissionen von Eigen- und Fremdkapital beeinflussen die Kapitalstruktur des Emittenten in Abhängigkeit davon, ob die generierten Mittel zur Refinanzierung bestehender Aktivitäten oder zur Finanzierung neuer Investitionen herangezogen werden. Aus diesem Grund werden in der Literatur zur Klärung eines Einflusses der Kapitalstruktur auf die zu beobachtende Kursreaktion vor allem jene Ereignisse herangezogen, welche zu einer besonders starken Veränderung der Finanzierungsstruktur führen. Dies trifft etwa für sogenannte *„Exchange Offers"* oder *„Swaps"* zu, bei welchen Eigen- durch Fremdkapital (bzw. vice versa) ersetzt wird und welche als reine Finanzierungstransaktion, ohne gleichzeitige Veränderung der Aktivseite des Unternehmens, bezeichnet werden können. Zahlreiche empirische Studien ergeben einen bloß schwachen Hinweis auf einen positiven Steuereffekt der Fremdfinanzierung bzw. eine Vermögensverschiebung zwischen alten und neuen Gläubigern und einen starken Hinweis für einen negativen Informationsaspekt von Finanzierungsentscheidungen, welche den Anteil des Eigenkapitals in der Finanzierungsstruktur eines Unternehmens erhöhen.[772] Somit bleibt festzuhalten, dass Prognosen über Kursreaktionen auf die Ausgabe von Finanzierungstiteln, die aus Veränderungen der Kapitalstruktur abgeleitet werden, nicht alle beobachtbaren Kursreaktionen erklären können[773] und mit dem Ereignis verbundene zusätzliche Informationen[774] die Kursreaktionen beeinflussen.

---

771 Vgl. *Lummer/McConnell* (1989), S. 101.

772 Vgl. *Copeland/Weston* (1992), S. 520.

773 Unter den in Tabelle 8 angeführten Studien zu Eigenkapitalemissionen konnte lediglich die Studie von *Masulis/Kowar* (1986) einen signifikant positiven Zusammenhang zwischen der Veränderung des Verschuldungsgrads und dem Kurseffekt in t_{-1} bis t_0 nachweisen.

774 Zusätzliche Informationen können bspw. durch die Wahl des Emissionsverfahrens, eine Veränderung der Aktionärsstruktur oder einen mit einer Finanzierungstransaktion einhergehenden Verkauf von Unternehmensanteilen durch das Management übermittelt werden. Für letzteren Punkt siehe etwa *Masulis/Kowar* (1986), S. 116 f.

4.4.4. Ergebnisse zu Emissionen konvertibler Anleihen

4.4.4.1. Ereignisstudien zu Wandelanleihenemissionen in den USA

Eine Vielzahl von Forschungsarbeiten zu konvertiblen Anleihen in den USA setzt sich primär mit den Aktienkursreaktionen auf deren Ankündigung bzw. Ausgabe auseinander. Als relativ gesichert kann eine negative Kursreaktion auf die Ankündigung einer Wandelanleihe in den USA angesehen werden.[775] Diese liegt mit etwa –1,25%[776] zwischen dem Kurseffekt einer Eigen- und dem einer Fremdkapitalemission. Die Kursreaktion fällt umso negativer aus, je eigenkapitalähnlicher eine Wandelanleihe ausgestattet ist.[777]

Zur Bestimmung der *„Eigenkapitalähnlichkeit"* konvertibler Anleihen werden in Studien unterschiedliche Definitionen verwendet: *Brennan/Her* (1993) verwenden für einen empirischen Test des *Brennan/Kraus*-Modells (1987)[778] den Eigenkapitalanteil (f)[779] der konvertiblen Anleihe, sowie den Anteil ausstehender Aktien (α),[780] welcher bei Konversion den Wandelobligationären zufällt.

---

775 Siehe Tabelle 10, S. 195. Für Studien zu Optionsanleihen siehe Tabelle 11 des Anhangs.

776 Ungewichteter Durchschnitt aller in Tabelle 10 angegebener Ereignisstudien.

777 Für Studien zum US-Markt siehe *Brennan/Her* (1993) und *Davidson/Glascock/Schwarz* (1995). *Burlacu* (2000), *Ammann/Fehr/Seiz* (2004) und *Dutordoir/Van de Gucht* (2004) gingen dieser Fragestellung für Wandelanleihen in Europa nach (siehe Kapitel 4.4.4.2).

778 Vgl. *Brennan/Kraus* (1987), S. 1225 ff.

779 (4.3 – 2) $$f = \frac{F}{S_0}$$ *wobei:*

F = *der Wert des Fremdkapitalanteils der Anleihe (Straight Debt Value),*

S_0 = *der Marktwert des Eigenkapitals, welches der Anleihe unter liegt (zwei Tage vor der Ankündigung der Emission);*

f beträgt im Sample von *Brennan* und *Her* im Durchschnitt rund 85%, d.h. 15% des Anleihenwerts bei Emission werden durch die Konversionseigenschaft bestimmt; vgl. *Brennan/Her* (1993), S. 14 f.

780 (4.3 – 3) $$\alpha = \frac{\frac{FV}{CP}}{NS}$$ *wobei:*

FV = *der Nennwert der Anleihenemission,*

CP = *der Ausübungs-/Umtauschpreis,*

NS = *die Anzahl der ausstehenden Aktien des Unternehmens vor der Emission;*

Im Sample von *Brennan* und *Her* bewegt sich α zwischen 3,7 und 52,2% und weist im Mittel einen Wert von 16,3% auf; vgl. *Brennan/Her* (1993), S. 15.

Autor	Untersuchungs-gegenstand	Zeitraum/ Anzahl	Über-rendite	% neg.	Signifi-kanz	Ø Betrag Emission (Mio)
Dann/Mikkelson (1984)	Wandelanleihen (PO)[1] (USA)	1970-79 (n=132)	-2,31% (t_1-t_0)	78	***	USD 52
Dann/Mikkelson (1984)	Wandelanleihen (RO)[1] (USA)	1965-79 (n=38)	-1,23% (t_1-t_0)	74	**	USD 52
Eckbo (1986)	Wandelanleihen (PO/ Ind)[1] (USA)	1964-81 (n=53)	-1,9% (t_1-t_0)	76	***	USD 180
Eckbo (1986)	Wandelanleihen (RO/ Ind)[1] (USA)	1964-81 (n=14)	-0,77% (t_1-t_0)	58	insig.	USD 180
Mikkelson/Partch (1986)	Wandelanleihen (PO/Ind)[1] (USA)	1972-82 (n=33)	-1,97% (t_1-t_0)	78	***	USD 75
Janjigian (1987)	Wandelanleihen (Ind)[1] (USA)	1968-83 (n=234)	-1,71% (t_1-t_0)	nv	***	nv
Koh (1988)	Wandelanleihen (USA)	1980-85 (n=139)	-1,30% (t_1-t_0)	nv	***	nv
Kuhlmann (1988)	Wandelanleihen (Ind)[1] (USA)	1963-86 (n=232)	-1,43% (t_1-t_0)	72	***	nv
Phelps (1988)	Wandelanleihen (PO/ Ind)[1] (USA)	1980-84 (n=37)	-1,2% (t_1-t_0)	68	insig.	nv
Ghosh/Varma/ Woolridge (1990)	Wandelanleihen (USA)	1969-87 (n=662)	-1,39% (t_1-t_0)	69	***	nv
Long/Sefcik (1990)	Wandelanleihen (Ind)[1] (USA)	1965-84 (n=134)	-0,61% (t_1-t_0)	nv	***	nv
Hansen/Crutchley (1990)	Wandelanleihen (USA)	1975-82 (n=67)	-1,45% (t_1-t_0)	nv	***	USD 75
Billingsley/Lamy/ Smith (1990)	Wandelanleihen (USA)	1971-86 (n=104)	-2,04% (t_1-t_0)	nv	***	USD 68
Fields/Mais (1991)	Wandelanleihen (PP)[1] (USA)	1970-87 (n=61)	+1,80% (t_1-t_0)	46	**	USD 14
Brennan/Her (1993)	Wandelanleihen (USA)	1976-85 (n=155)	-2,20% (t_1-t_0)	nv	***	nv
Asquith (1995)	Wandelanleihen (USA)	1980-82 (n=183)	-1,03% (t_1-t_0)	nv	***	USD 54
Davidson/ Glascock/Schwarz (1995)	Wandelanleihen (USA)	1980-85 (n=146)	-1,4% (t_1-t_0)	nv	***	USD 79
Bhabra/Patel (1996)	Wandelanleihen/ Equity Infusion[2] (USA)	1968-88 (n=235)	-1,39%[3] (t_1-t_0)	nv	***	nv
Bhabra/Patel (1996)	Wandelanleihen/ No Equity Infusion[2] (USA)	1968-88 (n=32)	-0,149% (t_1-t_0)	nv	insig.	nv
Lewis/Rogalski/ Seward (1996)	Wandelanleihen (Ind)[1] (USA)	1978-86 (n=422)	-1,32% (t_1-t_0)	66	***	USD 67
Lewis/Rogalski/ Seward (2003)	Wandelanleihen (USA)	1978-92 (n=588)	-1,09% (t_1-t_0)	nv	nv	USD 107

1) PO (Public Offerings): Bezugsrechtsausschlussemissionen, RO (Rights Offerings): Bezugsrechtsemissionen, PP: Private Placements, Ind.: Industrial Companies, PU: Public Utilities;
2) Equity Infusion: Wandelanleihen, die später gewandelt wurden und somit zu einer Zufuhr von Eigenkapital führten;
3) Wandelanleihen, welche später gewandelt wurden, weisen am Tag der Ausgabe eine Überrendite von -0,463 auf (Sign.: **); Wandelanleihen, die später nicht gewandelt wurden, weisen zu diesem Zeitpunkt keine von Null sig.unterschiedliche Überrendite auf;

Tabelle 10: Kapitalmarktreaktionen auf die Ankündigung von Wandelanleihen (USA)

Die Autoren weisen einen, den Erwartungen entsprechenden positiven, signifikanten Zusammenhang zwischen f und der Überrendite im Ankündigungszeitpunkt, sowie einen negativen, signifikanten Zusammenhang zwischen α und der Emissionsrendite nach.[781]

Davidson, Glascock und *Schwarz* (1995) wiederum verwenden zur Ermittlung des Eigenkapitalcharakters einer Wandelanleihe die im Emissionszeitpunkt erwartete Zeit (*T*) bis zu einer Konversion.[782] Da diese zum einen vom Wandlungsverhältnis und zum anderen von der erwarteten Wachstumsrate der Unternehmenserträge abhängt, verbinden die Autoren in ihrer Arbeit den Gedanken *Kims* (1990) mit *Steins* Modell (1992). Es gelingt ihnen zwischen einer Überrendite im Ankündigungszeitpunkt und dem erwarteten Zeitraum bis zur Wandlung (*T*) einen positiven, signifikanten Zusammenhang nachzuweisen.[783] Emissionen mit einem längeren erwarteten Zeitraum bis zu einer Konversion werden somit eher als Fremdkapital wahrgenommen. Im Vergleich zu eigenkapitalähnlichen Anleihen mit bloß kurzer Wandlungsperiode weisen sie daher positivere Ankündigungsreaktionen auf.

Aus einem anderen Blickwinkel wenden sich *Bhabra* und *Patel* (1996) der Frage nach dem Einfluss einer Eigenkapitalähnlichkeit konvertibler Anleihen auf eine Überrendite im Ankündigungszeitpunkt zu. Sie untersuchen Ankündigungseffekte

---

781 Hierbei erklären die beiden Größen *f* und *α* rund 12-14% der Variabilität der Emissionsrendite. Außerdem weist die Verzinsung der Anleihe (relativ zur Verzinsung einer Baa-gerateten Anleihe) einen negativen, signifikanten Zusammenhang mit der Rendite im Ankündigungszeitraum auf. Andere untersuchte erklärende Variable, wie die Laufzeit der Anleihe, die Umtauschprämie (siehe Kapitel 3.3.2.3) oder das Wandlungsverhältnis gemäß *Kims* Modell (siehe Kapitel 4.3.2.1.2) weisen in der Untersuchung von *Brennan* und *Her* keinen signifikanten Zusammenhang mit der Emissionsrendite auf; vgl. *Brennan/Her* (1993), S. 16 ff.

782 (4.3 – 4) $$T = \frac{\ln CP - \ln S_0}{\mu}$$

wobei:

CP = *der Ausübungs-/Umtauschpreis,*

S_0 = *der Aktienkurs vor der Ankündigung der Emission,*

μ = *die Markterwartung der Kurssteigerung;*

T beträgt im Durchschnitt rund eineinhalb Jahre; vgl. *Davidson/Glascock/Schwarz* (1995), S. 427 u. 432.

783 Vgl. *Davidson/Glascock/Schwarz* (1995), S. 437 f. Ihre Erklärung für einen (teilweise) signifikanten positiven Zusammenhang zwischen der Volatilität des Emittenten (σ) und der abnormen Ankündigungsrendite: „*...this finding may imply that large variation in the returns increases the uncertainty that the convertible security will become at-the-money and may send a less equity-like signal*" ist allerdings wenig verständlich. Bekannterweise steigert eine höhere Volatilität des Underlying den Wert der Option und somit den Eigenkapitalcharakter der Emission, weshalb eher ein negativer Zusammenhang zu erwarten wäre.

bei amerikanischen Wandelanleihenemittenten in Abhängigkeit davon, ob eine Anleihe später auch tatsächlich gewandelt wird, oder ob die verbriefte Option wertlos verfällt.[784] Die Autoren kommen zum Schluss, dass Emittenten, deren Anleihen später konvertiert werden, bei Ankündigung negativere Kursreaktionen aufweisen, als Emittenten von „out-of-the-money" endenden Optionen (sog. „Nachahmer"). Der Unterschied zwischen den beiden Gruppen fällt jedoch nicht statistisch signifikant aus. „Nachahmende" Unternehmen weisen, im Vergleich zu Emittenten, welche ihrem Unternehmen erfolgreich Eigenkapital zuführen, zwar unterschiedliche firmenspezifische Charakteristika auf, können jedoch in der Ausgestaltung ihrer Anleihenkonditionen nicht von diesen unterschieden werden.

Die Ergebnisse empirischer Studien zu amerikanischen Wandelanleihenemissionen und die Beobachtung, dass Kapitalmarktreaktionen hierauf zwischen jenen reiner Eigen- und Fremdkapitalemissionen liegen, bestätigen weitgehend die *„Pecking Order-Hypothese"* von *Myers/Majluf* (1984). Nicht im Einklang mit diesem Modell steht jedoch die Beobachtung von *Mikkelson* und *Partch* (1986), dass schlechter geratete Wandelanleihenemittenten bessere Emissionsrenditen aufweisen als Schuldner mit vergleichsweise besserem Rating.[785] Gewissen empirischen Rückhalt findet auch die Hypothese von *Myers* und *Majluf* (1984), dass Emittenten konvertibler Anleihen, ebenso wie Unternehmen, welche Eigenkapital aufnehmen, eine Überbewertung ihres Unternehmens signalisieren bzw. für den Zeitpunkt der Finanzierung ein sog. *„Window of Opportunity"* wählen. *Asqith/Mullins* (1986) können für Eigenkapitalemittenten zeigen, dass diese im Zeitraum vor Emissionen, im Vergleich zum Gesamtmarkt, eine signifikante Überrendite aufweisen, ihre Performance nach erfolgter Emission jedoch bloß durchschnittlich oder sogar unterdurchschnittlich verläuft.[786] Gleichsam gelingt es *Lewis/Rogalski/Seward* (2003) für ein Sample amerikanischer Wandelanleihenemittenten nachzuweisen, dass auch diese im Zeitraum vor der Emission einen Vergleichsindex deutlich übertreffen.[787] *Hansen/Crutchley* (1990) können für das Timing von Wandelanleihenemittenten, im Unterschied zu Emittenten von Fremd- und Eigenmitteln (auf Basis operativer Unternehmenserträge) kein signi-

---

784 Vgl. *Bhabra/Patel* (1996), S. 67 ff.

785 Die Annahme von *Myers/Majluf*, die Kursreaktion würde von der Sensitivität des angebotenen Wertpapiers gegenüber einer Veränderung des Firmenwerts abhängen, würde den gegenteiligen Zusammenhang erwarten lassen; vgl. *Mikkelson/Partch* (1986), S. 51 f.

786 Vgl. *Asquith/Mullins* (1986), S. 74 ff.

787 Vgl. *Lewis/Rogalski/Seward* (2003), S. 165 f. Für das Gesamtsample ergibt sich ein signifikanter negativer Zusammenhang zwischen einer Outperformance vor Emission und einem Ankündigungseffekt. Bei Unterteilung des Gesamtsamples nach „Eigenkapitalähnlichkeit" ergibt sich jedoch nur für „hedge-like" Emissionen ein statistischer Zusammenhang. Bei einer Unterteilung nach Zeiträumen kann eine statistische Signifikanz nur für sog. „Hot issue"-Perioden nachgewiesen werden; vgl. *Lewis/Rogalski/Seward* (2003), S. 172 u. 177.

fikantes Muster ausmachen. Für Fremdkapitalemittenten konnten sie hingegen nachweisen, dass diese für gewöhnlich nach dem Beginn eines Absinkens der Unternehmenserträge Fremdmittel aufnehmen. Eigenkapitalemittenten wiederum nehmen in der Regel vor Beginn eines Ertragsrückgangs neue Mittel auf.[788]

Die Hypothese von *Miller/Rock* (1985), die Erwartungshaltung über die Aufnahme externer Mittel bestimme die Kapitalmarktreaktion hierauf, erfuhr bisher eine nur relativ schwache empirische Bestätigung: Sowohl in Untersuchungen von Eigenkapitalaufnahmen, als auch in solchen von Hybridkapitalemissionen konnte lediglich ein schwach signifikanter Zusammenhang zwischen einer Ereignisrendite und dem Umfang der Kapitalaufnahme nachgewiesen werden.[789] Dies mag auch darauf zurückzuführen sein, dass die Hypothese empirisch nur schwierig zu überprüfen ist bzw. eine klare Abgrenzung zu einer Preisdruck-Hypothese kaum möglich ist.

Bemerkenswert erscheint die Feststellung von *Brennan/Her* (1993), dass die durch das Modell von *Brennan/Kraus* (1987) implizierten erklärenden Variablen[790] für Ankündigungseffekte von *Privatplatzierungen* keinen signifikanten Erklärungsbeitrag liefern können.[791] Dies bestätigt die Hypothese, dass Wandelanleihen bei öffentlichen Platzierungen zwar als Instrument zur Lösung asymmetrischer Informationsprobleme benutzt werden, bei privat platzierten Anleihen aber primär andere Zielsetzungen verfolgt werden. *Fields/Mais* (1991), stellten für privat platzierte Wandelanleihen in den USA fest, dass diese im Unterschied zu öffentlichen Platzierungen[792] und in Übereinstimmung mit Privatplatzierungen von Eigenkapital[793] signifikant positive Ankündigungsrenditen hervorrufen.[794] Sie führen dies sowohl auf eine (potentielle) Änderung der Aktionärsstruktur und eine hiermit einhergehende zunehmende Kontrolle des Managements,[795] als auch auf den generellen Informationsaspekt einer Privatplatzierung zurück. Die Autoren schließen daraus, dass bereits die Entscheidung Finanzierungstitel an eine kleine

---

788 Vgl. *Hansen/Crutchley* (1990), S. 369 f.

789 Siehe etwa *Asqith/Mullins* (1986) für eine Überprüfung der Hypothese bei Eigenkapitalemissionen, für Hybridkapitalemissionen siehe bspw. *Mikkelson/Partch* (1986) oder *Eckbo* (1986).

790 Siehe FN. 779 u. 780.

791 Vgl. *Brennan/Her* (1993), S. 19 u. 26.

792 Siehe Tabelle 10.

793 Siehe Kapitel 4.4.3.

794 Vgl. *Fields/Mais* (1991), S. 1931.

795 *Fields/Mais* weisen einen positiven signifikanten Zusammenhang zwischen dem Anteil potentiell entstehender neuer Stimmrechte und einer Ankündigungsreaktion nach; vgl. *Fields/Mais* (1991), S. 1931.

Gruppe gut informierter Investoren zu verkaufen ein asymmetrisches Informationsproblem verhindern kann.[796]

Entgegen der Feststellung zur Bedeutung des Emissionsverfahrens bei der Aufnahme von Eigenkapital beobachten *Dann/Mikkelson* (1984) auch für Wandelanleihen welche im Bezugsrechtsverfahren begeben wurden signifikant negative Ankündigungsrenditen.[797] Diese sind beinahe nur halb so groß wie jene von Emissionen mit Ausschluss des Bezugsrechts.[798] Aus diesem Grund kann man auch bei Wandelanleihen in den USA zumindest von einer gering signifikanten Bedeutung des Emissionsverfahrens sprechen.

4.4.4.2. Ereignisstudien zu Wandelanleihenemissionen in Japan und Europa

Studien zu Wandelanleihenemissionen in Japan und Europa zeigen teilweise deutliche Unterschiede zu den Ergebnissen für den amerikanischen Kapitalmarkt. Wie *Kang* et al. (1995) und *Kang/Stulz* (1996) belegen, führen Convertibles, welche als Auslandsanleihen konzipiert wurden, in *Japan* zu insignifikanten Kursreaktionen. Im Gegensatz dazu haben Emissionen von Inlandsanleihen ebendort signifikant positive Überrenditen zur Folge.[799] Außerdem unterscheiden sich die für Emittenten von Auslands-Wandelanleihen beobachtbaren Kursreaktionen in Japan deutlich von jenen in Amerika. Die Ursachen hierfür sehen die Autoren einerseits in der Bedeutung japanischer Banken im Emissionsprozess (insiderähnliche Stellung). Andererseits fördere die Aktionärsstruktur japanischer Unternehmen eine langfristige Wertsteigerung.[800] Außerdem emittieren japanische, im Unterschied zu amerikanischen Unternehmen, Eigenkapital oder konvertible Anleihen nicht nach einer Periode signifikanter Aktienkursoutperformance. Dies deutet auf weniger opportunistisches Verhalten im Timing einer Kapitalaufnahme hin.[801]

---

796 In Übereinstimmung mit *Brennan/Her* (1993) stellen *Fields/Mais* fest, dass eine Umtauschprämie keinen signifikanten Erklärungsbeitrag für den Ankündigungseffekt von Privatplatzierungen liefert. Im Unterschied dazu weist in ihrer Untersuchung jedoch die relative Größe einer privaten Emission einen signifikanten Zusammenhang mit der Emissionsrendite auf. Folglich wird die Fähigkeit des Managements größere Tranchen privat platzieren zu können als positives Signal gewertet; vgl. *Fields/Mais* (1991), S. 1931.

797 Vgl. *Dann/Mikkelson* (1984), S. 180.

798 Ein Test der Mittelwertdifferenzen ergibt für die beiden Untersuchungsgruppen einen schwach signifikanten Unterschied (10%-Niveau); vgl. *Dann/Mikkelson* (1984), S. 180.

799 Siehe *Kang* et al. (1995), S. 257 ff. u. *Kang/Stulz* (1996), S. 109 ff. Bei *Kang* et al. weisen die beiden Untergruppen jedoch keine signifikanten Mittelwertdifferenzen auf.

800 Vgl. *Kang* et al. (1995), S. 264 ff.

801 Vgl. *Kang/Stulz* (1996), S. 137.

Autor	Untersuchungs-gegenstand	Zeitraum/ Anzahl	Über-rendite	% neg.	Signifi-kanz	Ø Betrag Emission (Mio)
Kim/Stulz (1992)	Wandelanleihen (EURO)[1] (USA)	1965-87 (n=132)	-0,23%[2] (t_{-1}-t_0)	52	insig.	USD 69
Kim/Stulz (1992)	Wandelanleihen (DOM)[1] (USA)	1965-87 (n=280)	-1,67%[3] (t_{-1}-t_0)	74	***	USD 68
Kang/Kim/Park/ Stulz (1995)	Wandelanleihen (EURO)[1] (Japan)	1977-87 (n=83)	-0,22% (t_{-1}-t_0)	51	insig.	12.285 JPY
Kang/Stulz (1996)	Wandelanleihen (PO/DOM)[1] (Japan)	1985-91 (n=561)	+0,83% (t_{-1}-t_0)	nv	***	24.000 JPY
De Roon/Veld (1998)	Wandelanleihen (NL)	1976-96 (n=47)	+0,23% (t_{-1}-t_{+1})	nv	insig.	NLG 129
Wolfe/ Daliakopoulos/ Gwilym (1999)	Wandelanleihen (PO)[1] (GB)	1992-98 (n=24)	-2,32% (t_{-1}-t_0)	75	***	GBP 134
Burlacu (2000)	Wandelanleihen (FRA)	1981-98 (n=141)	-0,23%[4] (t_{-1}-t_0)	nv	**	nv
Ammann/Fehr/Seiz (2004)	Wandelanleihen (GER/CH)	1996-2003 (n=55)	-1,36% (t_0-t_{+1})	nv	***	USD 373
Dutordoir/Van de Gucht (2004)	Wandelanleihen (EUROPE)	1990-2002 (n=220)	-1,18% (t_{-1}-t_0)	64	***	USD 343

1) PO (Public Offerings): Bezugsrechtsausschlussemissionen, EURO: Eurobond-Issues, DOM: Domestic Issues;
2) Werte für Zeitraum von 1965-Juli 1984 (Änderung Abzugsbesteuerung); Überrendite für Zeitraum Juli 1984-87 (n=34): -1,4%, % neg.: 74, Sign.: ***;
3) Signifikanz der Differenz zwischen Euro- und Domestic-Wandelanleihen: ***

Tabelle 11: Kapitalmarktreaktionen auf die Ankündigung von Wandelanleihen (Japan/Europa)

Emittenten konvertibler Anleihen in *Europa* gleichen betreffend das Timing ihrer Kapitalaufnahme amerikanischen Unternehmen. Ergebnisse zu Emissionen in den Niederlanden,[802] Großbritannien[803] oder in Frankreich[804] belegen, dass diese ebenso nach Perioden signifikanter Outperformance bzw. in einem günstigen „Bewertungsfenster“ erfolgen. Die *Ankündigungsreaktionen* selbst entsprechen in Europa den für die USA festgestellten negativen Kursausschlägen. Hiervon macht die Beobachtung von positiven Renditen im Ankündigungszeitpunkt von Wandel-

802 Vgl. *De Roon/Veld* (1998), S. 1486. *De Roon* und *Veld* können für Optionsanleihen, im Unterschied zu Wandelanleihen, keine Outperformance vor Emission nachweisen.

803 Die kumulierte Überrendite des Emittenten erreicht 10 Tage vor Emission ihren Höhepunkt. Danach sinkt sie ab und wird am Ankündigungstag negativ; vgl. *Wolfe/ Daliakopoulos/ Gwilym* (1999), S. 13.

804 Vgl. *Burlacu* (2000), S. 446.

und Optionsanleihen für die Niederlande zunächst eine Ausnahme. Diese Feststellung kann jedoch durch die zeitgleiche Veröffentlichung von positiven Unternehmensnachrichten und Finanzierungsentscheidungen erklärt werden.[805] *Wolfe, Daliakopoulos* und *Gwilym* (1999), welche nach der Beobachtung von signifikant negativen Ereignisrenditen zum Emissionszeitpunkt von Wandelanleihen in den USA[806] diesen Zeitpunkt zusätzlich zum Ankündigungszeitpunkt auch für britische Emissionen untersuchen, können hierfür jedoch keine signifikanten Ergebnisse feststellen.[807]

Wie die Studien von *Ammann/Fehr/Seiz* (2004) und *Dutordoir/Van de Gucht* (2004) zeigen, hängen Ankündigungsreaktionen auch vom herrschenden *Börsen- und Emissionsumfeld* ab: Bekanntgaben von konvertiblen Anleihen haben in fallenden Aktienmärkten deutlich negativere Kursstürze des Emittenten zur Folge,[808] wohingegen Finanzierungstransaktionen in einem „guten" Emissionsumfeld („hot period") grundsätzlich positiver aufgenommen werden.[809] Interessant erscheint auch die Tatsache, dass die emittentenspezifischen Charakteristika und Anleihenkonditionen in einem unfreundlicheren Kapitalmarktklima („cold period" bzw. „non-hot window") einen deutlich höheren Beitrag zur Erklärung der Ereignisrendite liefern können als in einer sog. „hot period". Dies kann als Hinweis für teilweise irrationales „Herden-Verhalten" angesehen werden.[810]

Eine für den US-amerikanischen Markt beobachtete Abhängigkeit der Kapitalmarktreaktion von der *Eigenkapitalähnlichkeit* einer konvertiblen Anleihe[811] kann auch für Europa bestätigt werden. *Burlacu* (2000) teilt in seiner Untersuchung französischer Wandelanleihen diese gemäß deren Delta (Δ),[812] in drei Klassen

---

805 Vgl. *De Roon/Veld* (1998), S. 1502 f. Für Optionsanleihen sind diese Reaktionen zunächst statistisch signifikant, für Wandelanleihen insignifikant positiv. Nach „Bereinigung" des Samples um Emissionen bei denen gleichzeitig mit der Finanzierungsentscheidung positive Unternehmensnachrichten veröffentlicht wurden, verbleiben die Ereignisrenditen insignifikant positiv.

806 *Dann/Mikkelson* stellen neben einer signifikant negativen Ankündigungsrendite von –2,31% (siehe Tabelle 10) auch für den Emissionszeitpunkt eine signifikant negative Überrendite von –1,54% fest; vgl. *Dann/Mikkelson* (1984), S. 171.

807 Vgl. *Wolfe/Daliakopoulos/Gwilym* (1999), S. 15. Ebenso wenig gelingt dies *Ammann/Fehr/Seiz* bei ihrer Untersuchung von schweizerischen und deutschen Wandel- und Umtauschanleihen; vgl. *Ammann/Fehr/Seiz* (2004), S. 28.

808 Vgl. *Ammann/Fehr/Seiz* (2004), S. 29.

809 Vgl. *Dutordoir/Van de Gucht* (2004), S. 19 f.

810 Ebenda, S. 24 u. 34.

811 Siehe Kapitel 4.4.4.1.

812 Delta misst die Sensitivität der Anleihe gegenüber der Wertentwicklung des Underlying.

(„debt-like", „equity-like" und „mixed") ein.[813] Er stellt, in Abhängigkeit von der Zuordnung zu einer der drei Klassen, unterschiedliche Kursreaktionen im Zeitpunkt der Veröffentlichung aller bewertungsrelevanten Eckdaten einer Emission fest: Wandelanleihen, welche als „equity-like" eingestuft werden, weisen signifikant negative Kapitalmarktreaktionen auf, solche die als „debt-like" charakterisiert werden, sind durch negative, jedoch nicht signifikant von Null unterschiedliche Renditen gekennzeichnet.[814] Die Ergebnisse entsprechen insofern den in Kapitel 4.4.3 dargestellten Resultaten für Eigen- und Fremdkapitalemissionen. Als Widerspruch der „Pecking Order-Hypothese" von *Myers/Majluf* (1984) erscheint jedoch die Beobachtung einer signifikant positiven Ankündigungsrendite für sog. „mixed" Convertibles. Der Autor löst dies jedoch mit einer Erweiterung des herkömmlichen *Myers/Majluf*-Modells auf:[815] Emittenten von „mixed" Convertibles sind gleichzeitig durch gute Investitionsmöglichkeiten und hohe Informationsasymmetrien gekennzeichnet. Sie können die hohen Agency-Kosten einer Fremdkapitalemission dadurch umgehen, dass sie Wandelanleihen mit hohen Umtauschprämien emittieren. Damit können sie ihre Zuversicht in eine positive Unterneh-

---

$$\Delta = e^{-\delta T} N\left\{\frac{\left[\ln(S/B) + \left(r - \delta + \sigma^2/2\right)T\right]}{\sigma T^{1/2}}\right\} \qquad (4.3-5)$$

wobei:

S = *der Aktienkurs des Basiswerts,*

B = *der Ausübungs-/Umtauschpreis,*

r = *die risikolose Renditerate,*

σ = *die Aktienkursvolatilität (berechnet als annualisierte Standard abweichung logarithmierter Aktienkursveränderungen),*

T = *die Restlaufzeit der Option als Bruchteil eines Jahres,*

δ = *die Dividendenrendite des Basiswerts,*

$N(.)$ = *der Flächeninhalt unter der Standardnormalverteilungsdichtefunktion;*

Die Anwendung obiger Formel ist unter der restriktiven Annahme, dass der Wert einer Wandelanleihe der Summe aus einer herkömmlichen Anleihe plus einer europäischen Call-Option entspricht, sowie bei Zutreffen der Annahmen der Black-Scholes-Formel, zulässig. Ein hohes Delta (nahe dem Wert Eins) bedeutet grundsätzlich eine hohe Sensitivität der Anleihe gegenüber dem Basiswert und somit einen eigenkapitalähnlichen Charakter; vgl. *Burlacu* (2000), S. 444.

813 Nachfolgende Studien, wie etwa die von *Ammann/Fehr/Seiz* (2004) oder *Dutordoir/Van de Gucht* (2004), bedienen sich unter anderen Erklärungsvariablen und Größen zur Gruppenbildung ebenfalls der Variable Delta (*Δ*).

814 Vgl. *Burlacu* (2000), S. 451.

815 Er hebt die ursprüngliche Modellannahme, dass bloß Projekte mit positivem Nettobarwert existieren, (realistischerweise) auf und lässt prinzipiell auch solche Projekte zu, die einen negativen NPV aufweisen; vgl. *Burlacu* (2000), S. 453.

mensentwicklung glaubhaft machen und eine Unterbewertung aufheben.[816] Folglich sieht *Burlacu* in der Umtauschprämie eine wesentliche erklärende Variable einer Ankündigungsreaktion: je höher die Prämie festgesetzt wird, desto positiver fällt auch die Reaktion auf die Bekanntgabe der Emission aus.[817]

Wie eine Untersuchung europäischer konvertibler Anleihen zeigt, ist für die Aufnahme durch den Kapitalmarkt von Bedeutung, ob die Schuldverschreibung als Inlands- oder Auslands- bzw. Euroanleihe begeben wird.[818] Die Emission einer *Euroanleihe* hat, im Vergleich zu nationalen Anleihenemissionen, deutlich negativere Kursreaktionen zur Folge. Dies kann damit begründet werden, dass die Anleihenbedingungen von Euroanleihen durch Obligationäre gegebenenfalls schwieriger einzuklagen sind als solche von Inlandsanleihen.[819] *Kim/Stulz* (1992) beobachteten in den USA ebenso signifikante Unterschiede zwischen den Reaktionen auf Inlandsanleihen und Eurobonds.[820] Sie führen diese zumindest teilweise auf eine unterschiedliche steuerliche Behandlung zurück.[821]

---

816 In der Untersuchung *Burlacus* weist die Gruppe der „mixed" Convertibles die höchste Prämie auf. Zugleich ist sie auch, im Vergleich mit den anderen beiden Gruppen, durch die höchste Outperformance gegenüber einem Vergleichsindex im Zeitraum nach der Ankündigung der Wandelanleihe gekennzeichnet; vgl. *Burlacu* (2000), S. 446.

817 In Kombination mit Delta (Δ) kann die Prämie rund 23% der Variabilität der Ankündigungsrendite erklären (verglichen mit lediglich 4% ohne Berücksichtigung der Prämie);
Hierbei definiert *Burlacu* die Prämie wie folgt:

$$P = \frac{IP - \max(BF, EF)}{IP} \qquad (4.3-6)$$

wobei:

IP = *der Emissionspreis der Anleihe,*

BF = *der Bondfloor der Anleihe (Zahlungen der Anleihenkomponenten mit Rendite einer herkömmlichen nicht konvertiblen Anleihe gleicher Qua lität diskontiert),*

EF = *der Equityfloor der Anleihe (Wert der Konversionsoption bei Emission, berechnet als Produkt aus Aktienkurs des bei Emission mal Wandlungsverhältnis);* vgl. *Burlacu* (2000), S. 456.

Ebenso stellen *Dutordoir/Van de Gucht* (2004) einen signifikant positiven Zusammenhang der Prämie mit der Ankündigungsrendite von Wandelanleihenemittenten in West-Europa fest; vgl. *Dutordoir/Van de Gucht* (2004), S. 31.

818 Vgl. *Dutordoir/Van de Gucht* (2004), S. 19. Für die Unterscheidung von Inlands-, Auslands- und Euroanleihen siehe Kapitel 2.2.1.2.

819 Vgl. *Dutordoir/Van de Gucht* (2004), S. 17.

820 Vgl. *Kim/Stulz* (1992), S. 75 ff. Sie stellten fest, dass Eurobonds in den USA bis 1984 geringere absolute und auch nicht durchgehend negative Kursreaktionen zur Folge hatten.

821 Während Inlandsanleihen bis 1984 in den USA einer Zinsabschlagssteuer für ausländische Investoren unterlagen, waren Euroanleihen von dieser befreit. Diese unterschiedliche Be-

4.4.4.3. Studien zur Performance und zu den Charakteristika von Wandelanleihenemittenten in den USA

Während sich frühere Forschungsarbeiten beinahe ausschließlich mit den Ereignisrenditen um die Ankündigung bzw. Emission eines Finanzierungstitels beschäftigten, setzten sich spätere Arbeiten zunehmend auch mit längerfristigen Analysen der Aktienkursperformance, sowie mit Veränderungen der operativen Ertragskraft emittierender Unternehmen auseinander. Den Ausschlag hierfür gaben die Beobachtungen von langfristigen abnormen Renditen im Zeitraum um Finanzierungsentscheidungen in den USA, welche Zweifel an der Informationseffizienz der Kapitalmärkte hervorriefen.[822] Diese Studien zeigen, dass eine Ankündigungsreaktion teilweise nicht stark genug ausfällt um den Inhalt einer veröffentlichten Information vollständig abzubilden.

Die Ergebnisse von längerfristigen Performancestudien von Wandelanleihenemittenten bestätigen die *„Window of Opportunity-Hypothese"*: Wie bereits Ereignisstudien an Hand einer Outperformance der Aktienrenditen vor und einer Underperformance derselben nach einer Emission zeigten, belegen nun auch Untersuchungen der operativen Performance, dass die Aktienkursentwicklung bloß die betriebliche Leistungsfähigkeit wiedergibt und eine Emission hybrider Finanzmittel vor einem Absinken der operativen Rendite erfolgt.[823] Die Kapitalmarktreaktion bei Ankündigung steht dabei in einem signifikant positiven Zusammenhang mit der operativen Performanceveränderung nach einer Emission.[824]

Wie die signifikanten langfristigen negativen Aktienkursveränderungen von Emittenten zeigen, wird ein eventuelles Abfallen der betrieblichen Leistungsfähigkeit im Zeitpunkt der Emission zwar antizipiert, teilweise aber eben nur ungenügend vorweggenommen. Die Gründe hierfür bleiben zumindest teilweise ungeklärt: Möglich ist, dass einerseits die Marktteilnehmer ein Free Cash Flow-Problem unterschätzen, andererseits das Management, wie auch die Finanzanalysten,[825] die

---

handlung führte zu einer Segmentierung des Anleihenmarktes, welche aber mit der Änderung der Steuergesetzgebung 1984 verschwand; vgl. *Kim/Stulz* (1992), S. 76 ff.

822 Siehe etwa *Loughran/Ritter* (1995), *Ikenberry/Lakonishok/Vermaelen* (1995) oder *Spiess/Affleck-Graves* (1995).

823 Siehe *Lee/Loughran* (1998), *McLaughlin/Safieddine/Vasudevan* (1998), *Lewis/ Rogalski/ Seward* (2001) oder *Bae/Jeong/Sun/Tang* (2002). Bemerkenswerterweise ist eine Underperformance der Aktienrenditen, wie *Spiess/Affleck-Graves* (1999) bemerken, nicht bloß auf Emittenten von Eigen- und Hybridkapital beschränkt, sondern erstreckt sich auch auf Unternehmen, welche gewöhnliche Anleihen begeben.

824 Vgl. *Bae/Jeong/Sun/Tang* (2002), S. 351.

825 *Lewis/Rogalski/Seward* (2001) zeigen, dass Analysten vor der Emission einer Wandelanleihe übertriebenen Optimismus aufweisen und diesen nach einer Emission auch erst langsam wieder an die realen Ertragsaussichten anpassen, *Lewis/Rogalski/Seward* (2001), S. 466 ff.

Lage des Unternehmens zu optimistisch einschätzen, oder nicht zuletzt die Unternehmensleitung opportunistisch handelt und eine temporäre Überbewertung zu einer Kapitalaufnahme ausnützt.

Der Zusammenhang zwischen dem *Rating* des Emittenten und der operativen Rendite nach der Emission ist nicht eindeutig: Während *Lee/Loughran* (1995) feststellen, dass die Bonität des Emittenten (ebenso wie der aufgenommene Betrag) keine eindeutige Auswirkung auf die Underperformance nach einer Mittelaufnahme hat,[826] beobachten *McLaughlin/Safieddine/ Vasudevan* (1998), dass Emittenten mit schlechterer Bonität höhere operative Performanceverbesserungen aufweisen. Sie sehen damit die Hypothese *Steins* (1992) bestätigt, dass Unternehmen mit schlechter Bonität aber guten Ertragsaussichten zu Emissionen konvertibler Anleihen gezwungen sein könnten.[827]

---

826 Vgl. *Lee/Loughran* (1998), S. 193 ff.

827 Vgl. *McLaughlin/Safieddine/Vasudevan* (1998), S. 387.

Tabelle 12: Studien zur Performance und zu den Charakteristika von Wandelanleihenemittenten in den USA

Autor	Untersuchungs-gegenstand	Zeitraum/ Anzahl	Analyse/ Methode	Resultate
Lee/ Loughran (1998)	Wandelanleihen (Ind)[1] (USA)	1975-90 (n=986)	[-1 Jahr; +5 Jahre]/ Benchmark-Index, Vergleichsunternehmen (um Größe und MV/Book-Verhältnis angepaßt)	1) Operative Performance: ROS und ROA[2] sinken binnen 4 Jahren nach Emission auf ca. die Hälfte; 2) Aktienkurs-Performance: Outperformance im Jahr vor der Emission, schlechte Performance nach Emission; mögliche Gründe, dass Unternehmen nicht direkt Aktien emittieren: a) Eigenkapitalmärkte stehen Emittenten konvertibler Anleihen nicht offen b) Steuervorteil 3) Charakteristika von Emittenten: Rating bzw. aufgenommener Betrag hat keine eindeutige Auswirkung auf Underperformance nach Emission;
McLaughlin/ Safieddine/ Vasudevan (1998)	Wandelanleihen (USA)	1980-93 (n=828)	[-3 Jahre; +3 Jahre] / Kontrollportfolios	1) Operative Performance: geringe Verbesserung vor Emission, signifikante Verschlechterung nach Emission; Performance nach Emission in negativem Zusammenhang mit Performance vor Ankündigung; 2) Aktienkurs-Performance: signifikante Outperformance vor und Underperformance nach Ankündigung; 3) Charakteristika von Emittenten: Emittenten mit schlechterer Bonität weisen höhere Performanceverbesserungen auf; Emittenten-Call-Option: signifikant positiver Zusammenhang zwischen operativer Performanceveränderung und einer Non-Call-Periode (kürzere Zeit bis zu Call-Möglichkeit signalisiert größeren Optimismus);
Lee/ Figlewicz (1999)	Wandelanleihen/ Conv. Preferred (USA)	1977-88 (n=199)[3]	Vergleich Finanzierungsformen/ Mittelwertdifferenzen, Logit	1) Charakteristika von Emittenten: Wandelanleihenemittenten im Vergleich zu Convertible Preferred-Emittenten in besserer finanzieller Verfassung; Unternehmen mit größerem FCF emittieren eher Wandelanleihen und mindern dadurch potentielle Agency-Probleme;
Spiess/ Affleck-Graves (1999)	Wandelanleihen/ Anleihen (Ind.) (USA)	1975-89 (n=400)[4]	[-5 Jahre; +5 Jahre]/ Vergleichsunternehmen (um Größe und MV/Book-Verhältnis angepaßt)	1) Aktienkurs-Performance: sowohl die Emittenten gewöhnlicher Anleihen, als auch Wandelanleihenemittenten weisen nach Emission signifikante Underperformance auf; zum Teil auf Emittenten, welche nach untersuchter Emission Aktien emittieren zurückzuführen; nicht bloß Emittenten von Eigenkapital oder eigenkapitalähnlichen Titeln weisen nach Emission schlechte Aktienkursperformance auf; vor Kapitalaufnahme weisen sowohl Anleihen-, als auch Wandelanleihenemittenten signifikante Outperformance auf; Anleihen- und Wandelanleihenemittenten weisen Underperformance insbesondere dann auf, wenn Emission in Phase hoher Emissionsvolumina erfolgt; 2) Charakteristika von Emittenten: Underperformance bei Anleihen vor allem durch kleine, risikoreichere Unternehmen getrieben; Wandelanleihenemittenten mit Underperformance nach Emission weisen einheitlichere Charakteristika auf;

Autor	Untersuchungs-gegenstand	Zeitraum/ Anzahl	Analyse/ Methode	Resultate
Lewis/ Rogalski/ Seward (2001)	Wandelanleihen (Ind.) (USA)	1979-90 (n=566)	[-4 Jahre; +4 Jahre]/ Vergleich Emittenten mit: Benchmark-Index, Vergleichs-unternehmen (um Branchenzuge-hörigkeit, Größe und Profitabilität angepaßt)	1) Operative Performance: in den 4 Jahren nach einer Wandelanleihenemission sinken ROA, ROS, Investitionsrate, Market/Book-Verhältnis; vor einer Emission weisen Emittenten eine steigende operative Performance auf; 2) Aktienkurs-Performance: im Jahr vor der Emission weisen Emittenten eine signifikante Outperformance auf, in den 5 Jahren nach der Kapitalaufnahme eine bedeutende Underperformance; Analysten weisen bei Emittenten während der Periode vor einer Emission übertriebenen Optimismus auf und passen diesen Optimismus nach einer Emission nur langsam an die realen Ertragsaussichten an; 3) Charakteristika von Emittenten: Unternehmen welche nicht direkt Eigenkapital aufnehmen können, wenden sich konvertiblen Anleihen zu;
Bae/ Jeong/Sun/ Tang (2002)	Anleihen/ Wandel-anleihen/ Stammaktien (USA)	1985-90 (n=77)[5]	[-5 Jahre; +5 Jahre] Vergleich von Emitten-ten mit Vergleichs-unternehmen (um Größe und MV/Book-Verhältnis angepaßt)	1) Operative Performance: Eigenkapitalemittenten weisen vor Emission die relativ beste operative Performance auf; nach einer Emission nimmt die operative Leistungsfähigkeit bei Unternehmen welche Eigenkapital oder Hybridkapital aufnehmen jedoch signifikant ab; 2) Aktienkurs-Performance: Aktienemittenten weisen für den Zeitraum vor einer Emission eine signifikant positive Überrendite auf, Wandel- und gewöhnliche Anleihenemittenten jedoch nicht; nach der Kapitalaufnahme weisen Emittenten von Eigenkapital und konvertiblen Anleihen eine Underperformance auf, Emittenten von Schuldverschreibungen hingegen nicht; eine operative Performanceveränderung nach einer Emission steht in positiver Relation zu Kapitalmarktreaktionen im Zeitpunkt der Ankündigung, d.h. die Performanceveränderung wird bei Ankündigung zumindest teilweise antizipiert;

1) PO (Public Offerings): Bezugsrechtsausschlussemissionen, RO (Rights Offerings): Bezugsrechtsemissionen, PP: Private Placements, Ind.: Industrial Companies, PU: Public Utilities, EURO: Eurobond-Issues, DOM: Domestic Issues, OFF: Offshore Issues;
2) ROS: Return on Sales, ROA: Return on Assets;
3) Anzahl der Convertible Preferred-Emissionen: 109;
4) Anzahl der Anleihe-Emissionen: 392;
5) Anzahl der Anleihe-Emissionen: 170, Anzahl der Eigenkapitalemissionen: 116;

4.4.4.4. Ereignisstudien zu Umtauschanleihenemissionen

Bisher gingen sechs Studien dem Thema Umtauschanleihen empirisch auf den Grund. Diese Untersuchungen beschränken sich, mit einer Ausnahme, auf den US-Markt. *Ammann/Fehr/Seiz* (2004) setzen sich erstmals mit europäischen E-missionen auseinander. Sie nehmen jedoch ausschließlich solche Anleihen in ihre Untersuchung auf, welche von deutschen und schweizerischen Unternehmen e-mittiert wurden[828] und legen den Fokus ihrer Arbeit auf einen Vergleich zwischen Umtauschanleihen und herkömmlichen Wandelanleihen bzw. auf Unterschiede von in Deutschland und in der Schweiz emittierten Anleihen. Außerdem schränken sie ihre Untersuchung auf Kapitalmarktreaktionen des Underlying ein und schließen damit den für diese Studie wichtigen Aspekt der Finanzierung und potentiellen Restrukturierung der Vermögensbasis des Emittenten aus.[829]

Autor	Unter-suchungs-Gegen-stand	Zeitraum/ Anzahl	Emittent			Basiswert			Ø Wert
			Über-rendite	% neg.	Signifi-kanz	Über-rendite	% neg.	Signifi-kanz	Emis-sion (Mio)
Ghosh/ Varma/ Woolridge (1990)	Umtausch-anleihen (USA)	1969-87 (n=36)	+0,04%[1] $(t_{-1}-t_0)$	56	insig.	-1,11% $(t_{-1}-t_0)$	64	*	USD 90
Barber (1993)	Umtausch-anleihen (USA)	1970-87 (n=37)	-0,17%[2] (t_0-t_{+1})	45	insig.	-1,10% (t_0-t_{+1})	73	**	USD 96
Ghosh/ Varma/ Woolridge (1996)	Umtausch-anleihen/ Calls (USA)	1967-88 (n=15)	-0,49%[3] $(t_{-1}-t_0)$	nv	insig.	-1,61% $(t_{-1}-t_0)$	nv	**	USD 109
Amann/ Fehr/Seiz (2004)	Umtausch-anleihen (GER/CH)	1996-2003 (n=28)	-	-	-	-2,09%[4] (t_0-t_{+1})	nv	***	USD 642
Danielova (2003)	Umtausch-anleihen (USA)	1981-2001 (n=104)	-0,25%[5] $(t_{-1}-t_{+2})$	nv	insig.	-2,86% $(t_{-1}-t_{+2})$	nv	***	USD 415

1) Ø Anteil des Emittenten am Basiswert vor der Emission: 24,8% (Median: 13,7%); Ø mit Umtauschanleihe veräußerter Anteil: 17,0% (Median: 11,3%);
2) Ø Anteil des Emittenten am Basiswert vor der Emission: 22,1%;
3) Ø mit Umtauschanleihe veräußerter Anteil: 9,6%;
4) Ø mit Umtauschanleihe veräußerter Anteil (definiert als Wert der Emission gebrochen durch den Eigenkapitalwert des Underlyings): 2,7%;
5) Ø Anteil des Emittenten am Basiswert vor der Emission: 25,4%; Ø mit Umtauschanleihe veräußerter Anteil: 16,0%;

Tabelle 13: Kapitalmarktreaktionen auf die Ankündigung von Umtauschanleihen

828 Wie Abbildung 13 auf Seite 101 zeigt, machen Emissionen durch Unternehmen mit Sitzstaat in diesen beiden Ländern rund 41% des zwischen 1987 und 2003 in Europa emittierten Exchangeable Bond-Volumens aus.

829 Siehe *Ammann/Fehr/Seiz* (2004).

Empirische Befunde weisen für *Emittenten* einer Umtauschanleihe im *Ankündigungszeitpunkt* einheitlich eine von Null nicht signifikant zu unterscheidende Kursreaktion nach. *Ghosh/Varma/Woolridge* (1996) vermuten, dass dies entweder darauf zurückgeführt werden kann, dass mit der Emission keine neuen, den Emittenten betreffende, Informationen an den Kapitalmarkt gelangen, oder ein positiver Effekt eines (zunächst) zunehmenden Verschuldungsgrades[830] von einem für equity-linked Emissionen typischen negativen Informationsaspekt ausgeglichen wird.[831] Für den Zeitraum vor einer Ankündigung werden für den Emittenten unterschiedliche Beobachtungen gemacht. Während einerseits *Ghosh/ Varma/ Woolridge* (1990) für diese Periode signifikant negative Überrenditen beobachten, diese aber nicht näher erklären,[832] stellt *Danielova* (2003) in Abhängigkeit davon, ob ein Exchangeable mit einer „Cash Payment in lieu of delivery of Shares"-Klausel[833] ausgestattet wird, unterschiedliche Renditen fest: Während Emittenten, welche in den Anleihenbedingungen keinen Barausgleich anstatt der Lieferung von Aktien vereinbaren vor Ankündigung bloß insignifikant negative Überrenditen aufweisen, zeigen Unternehmen mit Barausgleichsmöglichkeit signifikant positive Überrenditen.[834] Sie schließt daraus, dass sich besser performende Unternehmen mit fähigem Management eher für eine flexible Gestaltung der Anleihenbedingungen entscheiden.[835] Innerhalb eines kurzen Zeitfensters nach einer Emissionsankündigung weisen Emittenten bloß insignifikant negative Kursreaktionen auf.[836]

Im Unterschied zum begebenden Unternehmen werden für das *Underlying* durchgehend signifikant negative Überrenditen im *Ankündigungszeitpunkt* gemessen. Diese betragen zwischen rund –1,03 und –2,86%, wobei die in Tabelle 13 angeführten Untersuchungen einen Größeneffekt vermuten lassen.[837] Es fällt auf, dass bei Umtauschanleihen, zumindest in den USA, bei vergleichbarer Größe des zu platzierenden Anteils, Kursausschläge des Basiswerts deutlich weniger negativ als bei Paketverkäufen ausfallen.[838] *Barber* (1993) begründet dies damit, dass der

---

830 Dies gilt für den Fall einer zusätzlichen Mittelaufnahme.

831 Vgl. *Ghosh/Varma/Woolridge* (1990), S. 262.

832 Ebenda, S. 258.

833 Siehe Kapitel 2.3.2.4.3. *Danielova* stellt fest, dass es während der von ihr untersuchten Periode zu einer Zunahme von Bartilgungsklauseln kam; vgl. *Danielova* (2003), S. 18.

834 Vgl. *Danielova* (2003), S. 23.

835 Ebenda, S. 6.

836 Vgl. *Ghosh/Varma/Woolridge* (1990), S. 259.

837 Ein solcher wird durch *Danielova* bestätigt; vgl. *Danielova* (2003), S. 31.

838 *Mikkelson/Partch* (1985) stellen für Secondary Distributions mit einem durchschnittlichen Emissionsvolumen von 32 Millionen USD eine Ankündigungsrendite von –2,87% fest, *Barber* (1993) beobachtet für Exchangeables mit einem Volumen von durchschnittlich

Emittent eines Exchangeables, im Unterschied zu Secondaries, dem Obligationär bei „Verkauf" eine Rückkaufgarantie für den Fall ausspricht, dass der Basiswert nicht den angegebenen Umtauschpreis erreicht.[839] Im Zeitraum vor bzw. nach einer Ankündigung werden für das Underlying uneinheitliche Preiseffekte beobachtet. Einerseits geben *Ghosh/Varma/Woolridge* (1990) an, dass der Basiswert sowohl vor als auch nach der Bekanntgabe einer Umtauschanleihenemission bloß insignifikant negative Überrenditen aufweist.[840] Andererseits ermittelt *Danielova* (2003) vor einer Emissionsankündigung eine signifikante Outperformance bzw. danach eine deutliche Underperformance und sieht darin, ähnlich wie für Wandelanleihenemissionen, eine klare Bestätigung der *„Market Timing-"* bzw. *„Window of Opportunity-Hypothese"*.[841] Diese wird auch durch *Danielovas* Feststellungen, dass der Betrag eines Exchangeables in Abhängigkeit von der Outperformance vor Emissionsbekanntgabe steigt bzw. auf höhere Emissionsvolumina auch höhere operative Ergebnisrückgänge von Basiswerten folgen, bekräftigt.[842], Emittenten von Umtauschanleihen scheinen demnach, zumindest in den USA, im Zeitpunkt der Ankündigung über das Underlying betreffende negative Informationen zu verfügen.[843] In Folge einer Exchangeable Bond-Emission steigt auch die Wahrscheinlichkeit eines weiteren Paketverkaufs durch den Anleihenschuldner.[844]

Die spezifischen *Anleihenbedingungen* dürften, ähnlich wie bei Wandelanleihen, auch bei Umtauschanleihen Informationscharakter aufweisen. So stellt *Danielova* (2003) fest, dass die Vereinbarung einer Barausgleichsklausel[845] nicht nur für eine Überrendite des Emittenten von Bedeutung ist, sondern in Abhängigkeit von der Ausgestaltung dieser Klausel auch beim Basiswert unterschiedliche Ereignisrenditen zu beobachten sind: Anleihen mit ausschließlicher Bartilgungsmöglich-

---

96 Millionen USD hingegen bloß –1,10%. Rechnet man hierzu noch die von *Ghosh/ Varma/ Woolridge* (1996) festgestellte signifikant negative Ereignisrendite im Call-Zeitpunkt von –1,61%, erscheint die Platzierung einer Umtauschanleihe größenbereinigt immer noch weniger negative Kursreaktionen als eine Paketplatzierung auszulösen.

839 Vgl. *Barber* (1993), S. 49.

840 Vgl. *Ghosh/Varma/Woolridge* (1990), S. 259.

841 Vgl. *Danielova* (2003), S. 22.

842 Ebenda, S. 29 f.

843 Die Vermutung asymmetrisch verteilter Informationen wird auch durch die Charakteristika der Basiswerte gestärkt: Diese weisen im Vergleich mit Unternehmen der selben Branche höhere Tobin Q-Werte bzw. höhere Forschungs- und Entwicklungsaufwendungen auf; vgl. *Danielova* (2003), S. 21.

844 Die Wahrscheinlichkeit hierfür ist umso höher, je größer ein verbleibender Anteil des Emittenten nach angenommener vollständiger Konversion ist, je geringer der Anteil institutioneller Investoren am Basiswert ist bzw. je geringer eine temporäre Überbewertung im Zeitraum bis zur Umtauschanleihenemission ausfällt; vgl. *Danielova* (2003), S. 32 f.

845 Siehe Kapitel 2.3.2.4.3.

keit weisen demnach die negativsten Ankündigungsrenditen auf, gefolgt von Anleihen mit Bartilgungsoption und Schuldverschreibungen mit ausschließlicher Aktientilgungsoption. Demnach reflektieren unterschiedliche Tilgungsmöglichkeiten unterschiedlich negative „Informationsniveaus".[846] Ein etwas anderes Bild von der Bedeutung von Umtauschanleihenbedingungen ergibt sich aus der Arbeit von *Ammann/Fehr/Seiz* (2004). Im Unterschied zu den gängigen Beobachtungen bei Wandelanleihen finden sie in ihrem Sample von Umtauschanleihen keinen signifikanten Zusammenhang zwischen einer Ereignisrendite und einer „eigenkapitalähnlichen" Ausstattung[847] eines Exchangeable.[848] Sie können jedoch ihre Beobachtung einer positiveren Aufnahme von Wandelanleihen in steigenden Aktienmärkten auch für Umtauschanleihen bestätigen.[849]

Die These, dass die Ereignisrendite des Basiswerts auf eine potentielle Veränderung der Eigentumsverhältnisse an diesem Unternehmen zurückzuführen sei (*„Ownership Change-Hypothese")*, findet hingegen durch die Ergebnisse bisheriger empirischer Studien nur eine sehr schwache Bestätigung. *Ghosh/Varma/Woolridge* (1990), welche keine systematisch negativen Informationen über die unterliegenden Unternehmen feststellen, meinen, die beobachtbaren Kursbewegungen seien sehr wohl mit der sinkenden Konzentration der Eigentumsverhältnisse konsistent.[850] Sie argumentieren dies einerseits mit fehlenden (öffentlichen) negativen Informationen über Basiswerte und andererseits mit einem bloß insignifikanten Zusammenhang zwischen den Eigentumsverhältnissen des Emittenten vor und nach einem (angenommenen) vollständigen Umtausch und einer Ereignisrendite.[851] Daraus den Schluss zu ziehen, dass die „Informations-Hypothese" bzw. „Market Timing-Hypothese" zu verwerfen sei, ist kritikwürdig und

---

846 Vgl. *Danielova* (2003), S. 6 u. 24. Alle drei Gruppen weisen in der Ankündigungsperiode $[t_{-1}\text{-}t_{+2}]$ signifikant negative Überrenditen auf. *Danielova* gibt jedoch in ihrer Arbeit keinen Test für die Mittelwertdifferenzen der drei Gruppen an. Außerdem sind die Dummyvariablen für diese Gruppen bei Regression gegen die Ereignisrendite nicht signifikant. Die Aussage *Danielovas* zur Bedeutung der Bartilgungsklausel wird jedoch insofern bestätigt, als die drei Gruppen im Jahr nach der Ankündigung unterschiedliche Überrenditen aufweisen. Hierbei bestätigt sich das Bild im Ankündigungszeitpunkt: Basiswerte von Anleihen mit ausschließlicher Bartilgungsmöglichkeit weisen die größte Underperformance auf, Basiswerte von Schuldverschreibungen mit ausschließlicher Aktientilgung hingegen die geringste.

847 Siehe Kapitel 4.4.4.1 und 4.4.4.2.

848 Ihrer Aussage zu Exchangeables, *„...no financing decision regarding debt vs. equity is signaled by the issuer"* [vgl. *Ammann/Fehr/Seiz* (2004), S. 21], muss jedoch widersprochen werden. Der Eigenkapitalzufluss erfolgt bei einer Umtauschanleihe, im Unterschied zu einer Wandelanleihe, zwar nicht durch den Verkauf neuer Anteile, aber durch einen eventuell erzielbaren Buchgewinn aus der Veräußerung von Anteilen.

849 Vgl. *Ammann/Fehr/Seiz* (2004), S. 30.

850 Vgl. *Ghosh/Varma/Woolridge* (1990), S. 261.

851 Ebenda.

zumindest inkonsequent. Zum einen spricht das Fehlen öffentlich zugänglicher negativer Informationen nicht gegen eine asymmetrische Informationsverteilung bzw. eine „Signalwirkung" einer Umtauschanleihenemission und zum anderen kann der Anteil des Emittenten am Underlying sowohl für die eine als auch für die andere Hypothese als relevant angesehen werden.[852]

Die Ergebnisse der Studie *Danielovas* (2003) können als schwache Bestätigung der *„Price Pressure-"* bzw. der *„Imperfect Substitutes-Hypothese"* gesehen werden:[853] *Danielova* stellt zwischen der Ankündigungsreaktion des Underlying und dem Volumen der Emission einen schwachen statistischen Zusammenhang fest und folgert daraus, dass das Emissionsvolumen den Basiswert einem Preisdruck auszusetzen scheint.[854] Trotzdem ist dieses Ergebnis mit Vorsicht zu interpretieren, als eine klare Trennung zwischen einem Informations- und einem Preisdruckeffekt nur schwer zu vollziehen ist.[855]

4.5. Zusammenfassung finanzierungstheoretischer Erklärungsansätze und Ergebnisse bisheriger empirischer Untersuchungen – Ableitung eigener Hypothesen

Zur Erklärung möglicher Kursreaktionen von Emittenten und Basiswerten europäischer Umtauschanleihen werden vor allem die Neoklassische Finanzierungstheorie, sowie die Neoinstitutionalistische Agency-Theorie herangezogen. Gemäß der Neoklassischen Theorie ist ein zu erwartender Preiseffekt von der Ausprägung des Kapitalmarkts abhängig: In einem vollkommenen Kapitalmarkt gilt die Nach-

---

852 Es kann angenommen werden, dass ein Emittent mit größerem Anteil am Basiswert über einen besseren Informationszugang verfügt bzw. bei ihm vorliegenden negativen Informationen versuchen wird über eine Umtauschanleihe einen größeren Anteil zu veräußern. *Ghosh/Varma/Woolridge* konnten zwischen diesen Variablen und einer Ereignisrendite jedoch keinen signifikanten Zusammenhang beobachten; vgl. *Ghosh/Varma/Woolridge* (1990), S. 261. *Danielova* kommt zum gleichen Ergebnis; vgl. *Danielova* (2003), S. 31.

Andererseits kann eine fehlende Signifikanz dieser beiden Variablen aber auch als Widerlegung der „Ownership Change-Hypothese" interpretiert werden: Stößt der Emittent einen größeren Anteil ab, so sollte dies tendenziell zu einer sinkenden Konzentration der Eigentumsverhältnisse und damit zu einem größeren Kontrollverlust führen. Folglich wäre auch in Abhängigkeit von einem platzierten Anteil ein negativer Zusammenhang mit einer Ankündigungsreaktion zu erwarten.

853 Siehe Kapitel 4.2.1.

854 Vgl. *Danielova* (2003), S. 31.

855 Eine Trennung ist insbesondere dann schwierig, wenn Intraday-Preiseffekte nicht untersucht werden, wie dies auch bei *Danielova* (2003) nicht der Fall ist.

fragekurve nach Wertpapieren gleichen Risikos als vollkommen elastisch, weshalb die Efficient Market-Hypothese (EMH) davon ausgeht, dass die Anzahl ausstehender Titel auf deren Preis keinen Einfluss hat. Sind Kapitalmärkte nicht vollkommen, können mit dem Angebot neuer Titel preisbeeinflussende Informationen an den Markt gelangen (Informationseffekt). Darüber hinaus kann eine (kurzfristig) fallende Nachfragekurve zu einem (temporären) Preisverfall führen (Price Pressure-Hypothese [PPH] bzw. Imperfect Subsitutes-Hypothese [ISH]). Bisherige empirische Studien zu Platzierungen von Aktienpakten (Block Trades) bzw. Secondary Offerings bestätigen sowohl einen temporären Preisdruckeffekt, als auch einen „permanenten" Preiseffekt auf Grund veröffentlichter Informationen oder einer langfristig fallenden Nachfragekurve. Da Exchangeables eine (potentielle) Veräußerung des Aktienpakets zur Folge haben, ist auch bei Ankündigung einer Umtauschanleihe ein negativer *Preiseffekt des Underlying* zu erwarten.

Hypothese 1.1.
*Der **Basiswert** einer Umtauschanleihe weist im Zeitpunkt der Ankündigungder Emission eine **negative** Aktienkursreaktion auf.*

Zu klären gilt weiters, wie lange eine solche Reaktion andauert bzw. ob eine solche eher in einem temporären *Preisdruckeffekt*, oder einem *Informationseffekt* begründet liegt.[856] Im Unterschied zur neoklassischen Finanzierungstheorie geht die neoinstitutionalistische Agency-Theorie zwischen den Marktteilnehmern von einer asymmetrischen Informationsverteilung aus. Demnach kann die Emission eines Finanzierungstitels, wie einer Umtauschanleihe, als Information (Signalling) interpretiert werden, welche zum Abbau bestehender Asymmetrien dient (Hidden Information-Problematik). Um der oben angeführten Fragestellung nachzugehen, werden zum einen das Emissionsvolumen und zum anderen der Beteiligungsanteil des Emittenten vor bzw. nach einer Emission als erklärende Variablen eines Kurseffekts herangezogen. Während ein höheres Emissionsvolumen einen höheren Preisdruckeffekt erwarten lässt, sollte ein höherer Beteiligungsanteil des begebenden Unternehmens vor Emission Ausdruck für einen höheren Informationsstand sein. Umgekehrt lässt ein niedriger Beteiligungsanteil nach Emission,[857] eine schlechtere Einschätzung der Lage des Underlying durch den Anleihenemittenten vermuten.

---

856 Ein temporärer Preisdruckeffekt ist gleichbedeutend mit einer *kurzfristig* fallenden Nachfragekurve, während ein Informationseffekt die gleichen Folgen wie eine *langfristig* fallende Nachfragekurve hat.

857 Es gilt die Annahme einer vollständigen Konversion der Umtauschanleihe.

Hypothese 1.2.
Das Emissionsvolumen (Absolutbetrag) bzw. die Höhe des platzierten. Aktien-Pakets (veroptionierte Aktien in Prozent aller ausstehenden Aktien des Basiswerts) haben einen ***negativen*** *Einfluss auf die Kursreaktion des* ***Basiswerts*** *im Ankündigungszeitpunkt.*[858]

Hypothese 1.3.
Je ***größer*** *der Anteil des Emittenten* ***vor*** *Emission ist, umso* ***größer*** *fällt ein Informationseffekt bzw. umso* ***negativer*** *eine Ankündigungsreaktion des* ***Basiswerts*** *aus. Je* ***geringer*** *der Anteil des Emittenten* ***nach*** *Emission ist, umso* ***negativer*** *fällt eine Ankündigungsreaktion aus.*[859]

Die agency-theoretischen Signalling-Modelle von *Myers/Majluf* (1984) und *Lucas/McDonald* (1990) sind für diese Arbeit von besonderer Bedeutung. *Myers* und *Majlufs* Pecking Order-Hypothese geht davon aus, dass Eigenkapital eher zu Zeiten einer Überbewertung des Unternehmens emittiert wird und ein solches Ereignis von Marktteilnehmern, im Vergleich zu Fremdkapitalemissionen, eher als negative Nachricht aufgefasst wird. Ebenso gehen *Lucas/McDonald* davon aus, dass das Management im Interesse der Aktionäre handelt und gegenüber anderen Kapitalmarktteilnehmern einen Informationsvorsprung besitzt. Auch für Exchangeables kann erwartet werden, dass diese vor allem nach einer Periode einer positiven Kursentwicklung bzw. bei Überbewertung des Underlying emittiert werden (*Window of Opportunity*). Da die anderen Marktteilnehmer aufgrund der Emissionsankündigung diese Entwicklung antizipieren, kommt es mit Bekanntgabe zu einem Kursrückgang des Basiswerts.

---

858 Sowohl die Preisdruck-, als auch die Informationshypothese lassen einen negativen Zusammenhang zwischen dem Emissionsvolumen bzw. dem platzierten Aktienpaket und der Kursreaktion des Underlying erwarten. Ebenso geht die (Monitoring-) Hypothese von *Shleifer/Vishny* (1986), welche von einer positiven Kontrollfunktion eines Großaktionärs ausgeht, bei Desinvestition eines größeren Aktienpakets von einer negativen Preisreaktion des Underlying aus.

859 Zur Ermittlung des Anteilsbesitzes nach Emission wird vereinfachend von einer vollständigen Ausübung des verbrieften Umtauschrechts ausgegangen. Da der Anteil des Emittenten vor bzw. nach Emission nicht für alle der untersuchten Ereignisse ermittelt werden konnte, kann diese Hypothese nur an einer reduzierten Stichprobe überprüft werden. Dies schränkt die Aussagekraft der Analyse ein.

Hypothese 2.1.a *Umtauschanleihen werden nach Perioden einer **positiven** Kursentwicklung des **Basiswerts** emittiert. Je **besser** das Underlying vor einer Emission rentiert, umso **negativer** fällt ein Preiseffekt dieses Unternehmens bei Ankündigung eines Exchangeables aus.* ***Hypothese 2.1.b*** *Je **positiver** die Kursentwicklung des **Basiswerts** im Zeitraum **vor** einer Emission ist, umso **größer** fällt das Emissionsvolumen aus.*

Wie empirische Arbeiten zu Preiseffekten von Wandelanleihenemissionen in Europa zeigen,[860] hängt die Entscheidung über die Emission bzw. das Timing einer konvertiblen Anleihe nicht bloß von der Kursentwicklung des jeweiligen Unternehmens, sondern auch vom Börsen- und Emissionsumfeld ab: Ankündigungen konvertibler Anleihen haben demnach in fallenden Aktienmärkten deutlich negativere Kursreaktionen des Emittenten zur Folge, während Emissionen in einem positiven Börsenumfeld grundsätzlich positiver aufgenommen werden.

Hypothese 2.2.a ***Emittenten**, welche Exchangeables nach einer Periode einer **positiven** Entwicklung des Aktienmarktes begeben, weisen im Vergleich zu Unternehmen, welche nach negativer Marktentwicklung emittieren, **positivere** Ankündigungs effekte auf.* ***Hypothese 2.2.b*** *Wird ein Exchangeable nach einer Periode einer **positiven** Marktentwicklung begeben, weist auch der **Basiswert** einen **positiveren** Preiseffekt auf, als im Fall einer Emission nach negativer Marktentwicklung.*

Auf Grund der Multifunktionalität von Exchangeables kann das Vorzeichen einer *Kursreaktion des Emittenten* im Ankündigungszeitpunkt nur relativ schwer prognostiziert werden. Betrachtet man den Finanzierungsaspekt und die buchhalterische Einordnung von Exchangeables als Fremdkapital, lässt sich ein Preiseffekt ähnlich herkömmlichen Anleihenemissionen erwarten. Bisherige empirische Untersuchungen[861] ergaben für Emissionen von Schuldverschreibungen Ankündigungsreaktionen zwischen –0,91% und +0,11%, wobei diese jedoch in der überwiegenden Zahl der Fälle insignifikant ausfallen. Stellt man den Desinvestitionsaspekt des Instruments in den Vordergrund, lassen sich Umtauschanleihen mit Verkäufen (Divestitures) vergleichen. Diese haben beinahe durchgehend sig-

---

860 Siehe *Ammann/Fehr/Seiz* (2004) u. *Dutordoir/Van de Gucht* (2004).

861 Siehe Tabelle 9, S. 192.

nifikant positive Kursreaktionen des Verkäufers zur Folge (in einem 2- bis 3-tägigen Zeitfenster liegen diese zwischen +0,92% und +2,6%).[862] Bisherige empirische Studien zu Exchangeables konnten für das emittierende Unternehmen lediglich insignifikant von Null verschiedene Ankündigungsreaktionen feststellen; dennoch soll ein möglicher Preiseffekt anhand zweier unterschiedlicher Herangehensweisen untersucht werden.

Zum einen kann zur Prognose der Kursreaktion des Umtauschanleihenemittenten auf die *Anleihenbedingungen des Finanzierungsinstruments* zurückgegriffen werden. Diese lassen eine Charakterisierung einer Emission als eher „fremdkapitalähnlich" oder eher „desinvestitionsgetrieben" zu. Ebenso wie in den signaltheoretischen Arbeiten zu Wandelanleihen von *Constantinides/Grundy* (1987) und *Brennan/Kraus* (1987), in welchen – je nach Ausgestaltung der Wandel- bzw. Umtauschprämie bzw. des Eigenkapitalanteils – von einem eher eigen- oder fremdkapitalähnlichen Signal einer Wandelanleihenemission ausgegangen wird, kann auch für Umtauschanleihen eine Signalwirkung dieser Anleihenparameter vermutet werden. Da der Emittent eines Exchangeables für den Fall, dass es zu keiner Wandlung kommt zu einer Rückzahlung des Anleihenbetrags verpflichtet ist, kann er durch die Ausgestaltung des Optionsrechts der Einschätzung über seine eigene zukünftige Ertragsentwicklung wie auch jener des Basiswerts Ausdruck verleihen.

Hypothese 3.1.a
*Je **höher** die Umtauschprämie eines Exchangeables festgelegt wird (somit je fremdkapitalähnlicher die Anleihe ausgestattet wird), desto **positiver** schätzt der Emittent die Ertragsentwicklung seines eigenen Unternehmens ein. Eine **höhere** Umtauschprämie hat somit eine **positivere** Ankündigungsreaktion des **Emittenten** zur Folge.*[863]

Welche Signalwirkung die Festsetzung der Umtauschprämie bzw. des Umtauschpreises für den Basiswert besitzt, ist zumindest aus den bisherigen theoretischen Arbeiten zu Wandelanleihen nicht eindeutig ableitbar. Dennoch kann vermutet werden, dass eine hohe Umtauschprämie den Glauben des Emittenten an eine positive Kursentwicklung des Underlying signalisiert. Es ist jedoch fraglich, ob sich eine solche Einschätzung durch den Anleihenschuldner auch in einer Ankündigungsreaktion des Basiswerts niederschlägt.

---

862 Siehe Tabelle 7, S.189.

863 Da neben der Ausgestaltung des Optionsrechts die Laufzeit der Anleihe als weiterer wesentlicher Stellhebel einer eher eigen- oder fremdkapitalähnlichen Anleihengestaltung zu bezeichnen ist (siehe auch Kapitel 3.3.1.4), wird diese als weitere zusätzliche erklärende Variable in ein Regressionsmodell mitaufgenommen.

> ***Hypothese 3.1.b***
> *Eine **höherer** Umtauschprämie ist Ausdruck einer **positiven** Einschätzung der Ertragsentwicklung des Underlying durch den Emittenten. Dies hat eine **positivere** Ankündigungsreaktion des **Basiswerts** zur Folge.*[864]

Neben der Umtauschprämie bzw. der Laufzeit als wesentliche Bestimmungsgrößen einer Eigen- oder Fremdkapitalähnlichkeit einer konvertiblen Anleihe werden auch weitere *Anleihenklauseln* auf ihren möglichen Signalcharakter hin überprüft. Dies betrifft insbesondere Bartilgungsklauseln,[865] eine Umtauschpflicht,[866] als „exotisch" einzustufende Umtauschanleihen, welchen entweder mehr als ein Unternehmen als Basiswert unterliegt[867] oder welche als Going Public Umtauschanleihe konzipiert wurden,[868] Soft Call-Klauseln[869] oder Gläubiger-Put-Optionen.[870] Eine Prognose deren Wirkung auf eine Ankündigungsreaktion des Emittenten oder des Basiswerts ist jedoch auf Basis der theoretischen Erkenntnisse nicht eindeutig möglich.

Neben den Anleihenbedingungen kann zur Prognose der Kursreaktion des Exchangeable Bond-Emittenten auch das in der Presse oder in Unternehmensmitteilungen geäußerte *Emissionsmotiv* herangezogen werden. Während deutlich mehr als die Hälfte aller begebenen Umtauschanleihentranchen primär zu Desinvestitionszwecken eingesetzt wurden, stellt das Motiv Unternehmensfinanzierung in Europa nur bei einem Viertel aller untersuchten Anleihenemissionen den überwiegenden Emissionsgrund dar. Wie eine Analyse bisheriger empirischer Studien zu Desinvestitionsmaßnahmen ergab, wird ein solcher Restrukturierungsschritt im Zeitpunkt der Ankündigung am Kapitalmarkt beinahe durchgehend positiv aufgenommen.[871] Aus diesem Grund wird ergründet, ob ein solcher Zusammenhang auch für Exchangeable Bond-Emittenten nachweisbar ist.

---

864 Da neben der Ausgestaltung des Optionsrechts die Laufzeit der Anleihe als weiterer wesentlicher Stellhebel einer eher eigen- oder fremdkapitalähnlichen Anleihengestaltung zu bezeichnen ist (siehe auch Kapitel 3.3.1.4), wird diese als weitere zusätzliche erklärende Variable in ein Regressionsmodell mitaufgenommen.

865 Siehe Kapitel 2.3.2.4.3.

866 Siehe Kapitel 3.3.2.4.

867 Siehe Kapitel 3.3.2.1.

868 Siehe FN. 616.

869 Siehe Kapitel 3.3.1.5.1.

870 Siehe Kapitel 3.3.1.5.2.

871 Siehe Kapitel 4.4.2.

Hypothese 3.2.a
*Umtauschanleihen, welche primär zu **Finanzierungs**zwecken begeben werden, weisen eine „**anleihen**ähnliche" Ankündigungsreaktion des **Emittenten** auf. Umtauschanleihenemissionen, bei welchen hingegen das **Desinvestitions-motiv** überwiegt, rufen eine „**desinvestitions**ähnliche" **(positive)** Ankündigungs reaktion des Emittenten hervor.*

Desinvestitionsmaßnahmen werden von Kapitalmarktteilnehmern positiver eingeschätzt, wenn solche Veräußerungen Unternehmensrandbereiche betreffen.[872] Aus diesem Grund werden Emissionen von Umtauschanleihen neben dem angegebenen Emissionsmotiv auch danach überprüft, ob der Emittent und der/die Basiswert(e) in unterschiedlichen, oder derselben Branchen tätig sind. Exchangeables können demnach die Fokussierung des Emittenten (potentiell) fördern, oder diese gleich belassen.

Hypothese 3.2.b
*Sind der Schuldner und das Underlying eines Exchangeable in **verschiedenen** Branchen tätig, weist der **Emittent** eine **positivere** Ankündigungsreaktion als im Fall eines deckungsgleichen Branchenhintergrunds auf.*

Neben den angeführten agency-theoretischen Signal-Modellen ist auch jenes von *Miller/Rock* (1985) von Relevanz. Dieses bestimmt, dass die Reaktion auf die Emission von Finanzierungstiteln durch die Erwartung der Marktteilnehmer über einen zukünftigen Finanzierungsbedarf determiniert wird. Je höher ein unerwarteter externer Mittelbedarf ist, desto stärker negativ sollte somit eine Kursreaktion sein. Da *Banken und Versicherungen* im Vergleich zu Industrieunternehmen stringenteren Bestimmungen betreffend ihre Kapitalausstattung unterliegen, sind für diese, ob der besseren Prognostizierbarkeit ihres Kapitalbedarfs, weniger stark ausgeprägte Kursreaktionen zu erwarten.

---

872 Siehe Kapitel 4.4.2, vor allem FN. 757. Obwohl einige Studien zu Veräußerungsmaßnahmen auch die Bedeutung der Verwendung der generierten Mittel betonen, erscheint eine Untersuchung dieser Einflussgröße im Rahmen der vorliegenden Arbeit nicht zielführend (siehe hierzu auch Kapitel 3.3.1.9).

Hypothese 4.1. *Je **höher** das Emissionsvolumen einer Umtauschanleihe (Absolutbetrag/bzw. relativ zur Marktkapitalisierung des Emittenten vor einer Emission), umso **größer** ist der unerwartete externe Finanzierungsbedarf der emittierenden Gesellschaft und umso **negativer** fällt somit die Kursreaktion des **Emittenten** im Ankündigungszeitpunkt aus.*

Hypothese 4.2. *Umtauschanleihenemissionen von **Emittenten** aus der **Banken** bzw. **Versicherungsbranche** verursachen **weniger große** (absolute) Kursreaktionen, als solche von Industrieunternehmen.*[873]

In vorangegangenen Studien wurde festgestellt, dass auch der *Emissionsmarkt* für die zu beobachtenden Preiseffekte von Relevanz sein kann. Sowohl bei Privatplatzierungen von Eigenkapital, als auch von Wandelanleihen konnten signifikant positive(re) Ankündigungsrenditen festgestellt werden, was zumindest teilweise auf einen generellen (positiven) Informationsaspekt einer Privatplatzierung zurückgeführt wird. Im Gegensatz hierzu werden bei als Euroanleihen emittierten Wandelanleihen, im Vergleich zu nationalen Anleihenemissionen, deutlich negativere Kursreaktionen des Schuldverschreibungsemittenten konstatiert. Dies wird mit einer erschwerten Einklagbarkeit von Anleihenbedingungen von Euroanleihen begründet.[874] Unter Berücksichtigung dieser Erkenntnisse wird auch in der vorliegenden Forschungsarbeit dem Einfluss des Emissionsmarktes auf Preiseffekte nachgegangen.

Hypothese 5.1. ***Emittenten** von **privat** platzierten Umtauschanleihen weisen im Vergleich zu Emittenten öffentlich begebener Anleihen **positivere** Preiseffekte bei Ankündigung auf.*

---

873 Ob die Tatsache, dass eine Umtauschanleihe durch eine Bank oder ein Versicherungsunternehmen emittiert wird, auch auf das Underlying Einfluss hat, ist zunächst fraglich und wird gesondert untersucht.

874 Siehe Kapitel 4.4.4.2 und hier insbesondere FN. 819.

Hypothese 5.2.
***Emittenten** von als **Euro**anleihen platzierten Umtauschanleihen weisen im Vergleich zu Emittenten von Inlandsanleihen **negativere** Preiseffekte bei Ankündigung auf.*[875]

Neben dem Signalling zur Überwindung eines Informationsungleichgewichts wurde in dieser Arbeit auch das von *Jensen/Meckling* (1976) aufgebrachte Hidden Action-Problem und damit ein möglicher Konflikt zwischen unterschiedlichen Interessensgruppen thematisiert.[876] Insbesondere wurde eine Vermögensverschiebung zwischen den Aktionären des Emittenten und den Umtauschanleihenobligationären durch ein Underpricing untersucht. Dies ist für Umtauschanleihen von besonderer Relevanz. Denn im Gegensatz zu Wandel- oder Optionsanleihen kann ein möglicher Vermögenstransfer im Regelfall nicht durch das Einräumen eines Bezugsrechts an die Anteilseigner des emittierenden Unternehmens, sondern alleine durch ein korrektes Pricing des Exchangeables, ausgeschlossen werden. Eine eigene Untersuchung ergab, dass der überwiegende Teil der Umtauschanleihen (knapp drei Viertel) ohne nennenswertes Underpricing emittiert wurde.[877] Lediglich etwa 5% der untersuchten Anleihen wurden mit Underpricing emittiert. Dies legt den Schluss nahe, dass es bei der Emission von Exchangeables nicht zu einem systematischen Underpricing kommt. Liegt dennoch Underpricing vor, kann es zu einem Vermögenstransfer von den Aktionären des emittierenden Unternehmens hin zu den Zeichnern der Umtauschanleihe kommen. Für diese Fälle ist eine negative Kursreaktion der emittierenden Gesellschaft zu erwarten.

Hypothese 6
*Werden Umtauschanleihen mit **Under**pricing begeben, weist der **Emittenten** im Zeitpunkt der Ankündigung der Transaktion eine **negativere** Kursreaktion als Im Fall korrekt gepreister bzw. mit Overpricing begebenen Exchangeables auf.*

875 Die Untersuchung dieser Hypothese wird dadurch eingeschränkt, dass lediglich sieben börsennotierte Emittenten Umtauschanleihen als Inlandsanleihen (domestic bonds) begaben.

876 Insbesondere wurden die Interessensgruppen Aktionäre (des Emittenten), Zeichner der Umtauschanleihe („neue“ Gläubiger), bisherige („alte“) Fremdkapitalgeber bzw. Fiskus mit einbezogen.

877 Siehe Kapitel 4.3.2.3 und hier insbesondere Tabelle 6.

(Unabhängige) Variable[2]	Hypothese		Kapitel	Erwarteter Zusammenhang: Abhängige Var. Ankünd.Rend.[1]		Anmerkung
				Emittent	Underl.	
-	H 1.1.	Price-Pressure (PPH) Informations-Hyp.	4.2.1./ 4.3.1.3.			Ankündigungseffekt Basiswert (absolut) negativ
Emissionsvol./ Platziertes Aktienpaket	H 1.2.	Price-Pressure (PPH)/ Informations-Hyp./ Monitoring-Hyp. (Shleifer/Vishny)	4.2.1./ 4.3.1.3./ 4.3.2.2.		-	
Beteiligungsanteil VOR Emission	H 1.3.	Informations-Hypothese	4.3.1.3.		-	
Beteiligungsanteil NACH Emission	H 1.3.	Informations-Hypothese	4.3.1.3.		+	
Kursentwicklung Basiswert VOR Emission	H 2.1.a	Window of Opportunity-Hypothese	4.4.4.		-	Kursentwicklung vor Emission (absolut) positiv
	H 2.1.b	Window of Opportunity-Hypothese	4.4.4.		+	Abhängige Var.: Emissionsvolumen
Kursentw. Markt (Index)	H 2.2.a H 2.2.b	Window of Opportunity-Hypothese	4.4.4.2.	+	+	
Umtauschprämie	H 3.1.a H 3.1.b	Pecking Order-Hyp. (Myers/Majluf)	4.3.2.1.	+	+	
Emissionsmotiv Desinvestition (Dummy)	H 3.2.a	Fokus-Hypothese/ Pecking Order-Hyp. (Myers/Majluf)	4.3.2.2. u. 4.4.2. 4.3.2.1.	+		Desinvestitionsmotiv: Emissionsrendite (absolut) positiv; Finanzierungsmotiv: FK-ähnl. Reaktion (ins. Reaktion)
Emittent & Basiswert versch. Branchen (Dummy)	H 3.2.b	Fokus-Hypothese	4.4.2.	+		Emissionsrendite (absolut) positiv
Emissionsvol.	H 4.1	Unerwarteter externer Finanzierungsbedarf (Miller/Rock)	4.3.2.1.	-		
Emittent Bank/ Versicherung (Dummy)	H 4.2.	Unerwarteter externer Finanzierungsbedarf (Miller/Rock)	4.3.2.1.			Emissionsrendite Emittent (absolut) niedriger
Privatplatzierung (Dummy)	H 5.1.		4.4.4.1.	+		
Euroanleihe (Dummy)	H 5.2.		4.4.4.2.	-		
Underpricing (Dummy)	H 6		4.3.2.3.	-		

1) Abhängige Variable: Ankündigungsrendite (außer anders angegeben);

2) Darüber hinaus analysierte Variablen: Rating Emittent, Laufzeit, Cash Payment Klausel, Länderdummy, Deutschland vor der Steuerreform, Mandatory Exchangeable, Exotic Exchangeable, Dual Placement, Größe Emittent (MV of Equity), Größe Basiswert (MV of Equity), Volatility (während Regressionsperiode)

Tabelle 14: Zusammenfassung der Hypothesen

5. Empirische Untersuchung der Kursreaktionen auf die Ankündigung von Umtauschanleihen

5.1. Untersuchungsaufbau

5.1.1. Das Konzept der Ereignisstudie

In Kapitel 5.1 wird zunächst die, der eigenen empirischen Untersuchung der Kursreaktionen auf die Ankündigung von Umtauschanleihen zu Grunde liegende *Methode der Ereignisstudie* vorgestellt. In weiterer Folge wird auf die Bestimmung des Ereigniszeitpunktes eingegangen. In Kapitel 3.2 wurde zunächst das Sample untersuchter Umtauschanleihen dargestellt und beschrieben. Darauf aufbauend wird nun auf die Bestimmung des Samples für die Ermittlung von Überrenditen in dieser Arbeit, Signifikanzprüfungsverfahren, methodische Probleme und die generellen Grenzen der Aussagefähigkeit der Analysen eingegangen.

In zahlreichen sog. *„Event Studies"* wurden bisher, insbesondere für den amerikanischen und zunehmend auch für den europäischen Kapitalmarkt, Aktienkursreaktionen auf die Ankündigung von Finanzierungs- und Desinvestitionsmaßnahmen untersucht. Ereignisstudien konnten sich in der wirtschaftswissenschaftlichen Forschung insbesondere im Bereich der Finanzierung als Analysemethode etablieren und werden treffend als *„the most common empirical methodology in corporate governance and finance"*[878] bezeichnet. Die Anwendungen des Konzepts erstrecken sich einerseits auf die Untersuchung der Informationseffizienz von Märkten[879] und andererseits, unter Annahme von Markteffizienz, auf den Einfluss von Ereignissen auf den Unternehmenswert.[880]

5.1.2. Ermittlung des Ereigniszeitpunkts

Die Vorgehensweise einer Ereignisstudie besteht darin, dass in einem Zeitraum um ein unternehmensspezifisches Ereignis, wie etwa die Ankündigung einer Umtauschanleihe, abnorme Aktienkursveränderungen gemessen werden. Diese gelten als ökonomischer Effekt des Ereignisses. Hierfür ist es zunächst erforderlich von der beobachtbaren Rendite eines Wertpapiers im *Zeitpunkt der Veröffentlichung*

---

878 *Shleifer/Vishny* (1997), S. 746.

879 Vgl. *Fama* (1991), S. 1575 ff.

880 Vgl. *Binder* (1998), S. 111.

des Events jenen Renditeanteil zu isolieren, welcher ausschließlich auf das zu untersuchende Ereignis und keinen anderen Einflussfaktor zurückgeführt werden kann. Renditen werden allgemein als logarithmierte, tägliche Aktienrenditen berechnet, wobei Kursdaten um sämtliche Vermögenseffekte, wie Dividenden, Bezugsrechte und Gratisaktien bereinigt werden und zum Aktienkurs des Vortags in Bezug gesetzt werden.[881]

Die möglichst genaue Bestimmung des Zeitpunktes an dem ein Ereignis dem Kapitalmarkt bekannt wird, ist für eine aussagekräftige Analyse von entscheidender Bedeutung.[882] In der eigenen empirischen Untersuchung wurde der jeweilige Ereigniszeitpunkt t_0, ebenso wie das Sample untersuchter Umtauschanleihen zunächst mit Hilfe des Finanzinformationssystems *Dealogic/Bondware* ermittelt. Die Ankündigungstage aus *Dealogic/Bondware* wurden in einem zweiten Schritt mit den Veröffentlichungsdaten von Umtauschanleihenemission in der Finanzpresse verifiziert.[883] Gelegentlich stellen Exchangeables bloß einen Teil eines Restrukturierungsprogramms bzw. Abverkaufs nicht strategischer Beteiligungen dar. In einem solchen Fall ist es möglich, dass der Kapitalmarkt zum Zeitpunkt der Ankündigung eines Restrukturierungsprogramms bereits einen wesentlichen Teil der Kursreaktion auf eine Umtauschanleihe vorwegnimmt.[884] Ebenso kann ein „Durchsickern" von Emissionsplänen vor dem eigentlichen Ankündigungsdatum durch die Kontaktaufnahme des Emittenten mit Banken und Aufsichtsbehörden, trotz allgemeiner Vertraulichkeitsvereinbarungen, nicht völlig ausgeschlossen werden. Außerdem stehen Kapitalmarktteilnehmern im Ankündigungszeitpunkt eines Exchangeables nicht immer die exakt gleichen Informationen zur Verfü-

---

881 Grundsätzlich können neben täglichen auch wöchentliche oder monatliche Renditen herangezogen werden. Da die Kraft der Tests jedoch erheblich nachlässt, fällt der Nachweis der Signifikanz abnormer Renditen hiermit deutlich schwieriger; vgl. *Brown/Warner* (1980 u. 1985).

882 Wie etwa *Brown/Warner* zeigen, sinkt die Fähigkeit einer Ereignisstudie Kursreaktionen zu entdecken beträchtlich, falls der Ereigniszeitpunkt nicht genau festgelegt werden kann und deshalb ein längerer Zeitraum untersucht werden muss. Dies gilt insbesondere bei schwachen Kursreaktionen auf Ereignisse; vgl. *Brown/Warner* (1985), S. 14 f.

883 Hierbei wurde auf das Presseinformationssystem *Factiva* zurückgegriffen. Zu zwei Umtauschanleihenemissionen konnte in *Factiva* keinerlei Pressemitteilung gefunden werden. Aus diesem Grund wurden diese aus der Untersuchung ausgeschlossen. Dies betrifft die Emission der Republique et Canton de Geneve, wandelbar in Banque Cantonale de Geneve vom 31.Mai 1995 und die Anleihe der Cegid SA, wandelbar in Banque de Vizille vom 3. Juli 1997.

884 So hieß es bspw. rund eine Woche vor der Ankündigung einer Umtauschanleihe durch Accor (wandelbar in Compass Group) in einer Pressemitteilung: „*The shares* [of Compass Group] *are also coming under pressure because Accor, the French group rumoured to be one of those interested in Vaux's Swallow hotel chain, is now free to sell its 4.9 per cent shareholding*"; „*Market Report - Prescott threat shunts Railtrack into sidings*", in *The Independent – London*, vom 23. Februar 1999.

gung. Bei der erstmaligen Veröffentlichung von Emissionsplänen wird oftmals lediglich eine Bandbreite für den Umtauschpreis bzw. für den Zinssatz der Anleihe bekannt gegeben. Daraus wird ersichtlich, dass die jeweiligen Emissionsankündigungen für den Kapitalmarkt einen stark unterschiedlichen Informationsgehalt besitzen können. Dieser kann in der Studie jedoch kaum berücksichtigt werden, womit die Aussagekraft dieser Ereignisstudie insgesamt eingeschränkt wird.

Da die Möglichkeit einer Informationsdiffusion vor oder nach dem eigentlichen Ankündigungsdatum der Emission nicht völlig ausgeschlossen werden kann und für eine Reihe von Umtauschanleihen nicht exakt festgestellt werden kann, ob eine Reaktion am Tag t_0, am Tag t_{+1} oder bereits am Tag t_{-1} stattfindet, wird eine *Zeitfenstertechnik* angewandt. Zu diesem Zweck wird die gesamte Ereignisperiode in Zeitfenster um den Ereignistag herum unterteilt. Somit können Kursreaktionen alternativ in unterschiedlichen Zeitfenstern untersucht werden, um auch jene Kursentwicklungen, die auf die Veröffentlichung von Informationen vor oder nach dem eigentlichen Ereignisdatum zurückzuführen sind, zu erfassen.

5.1.3. Bestimmung der Untersuchungsgruppe

Die im Kapitel 3.2 dargestellte Gesamtgruppe von 172 Umtauschanleihentranchen umfasst Schuldverschreibungen, welche zwischen 1987 und 2003 durch europäische Unternehmen emittiert wurden. Hierunter befinden sich neben öffentlich platzierten Anleihen auch privat platzierte Obligationen. Darüber hinaus wurde die Untersuchungsgruppe nicht auf Industriewerte eingeschränkt, sondern umfasst ebenso Emissionen von Banken und Versicherungen. Aus dieser Gruppe wurden zunächst drei konvertible Anleihentranchen auf Grund ihrer Strukturierung ausgeschlossen.[885] Im Fall von Exchangeable Bond-Emissionen mit Hilfe von Banken wurde, falls die weiteren Kriterien erfüllt waren, der ursprüngliche Beteiligungseigentümer und nicht etwa die begebende Bank als Anleihenemittent untersucht.[886] Für eine Aufnahme in die Gruppe zur Untersuchung von Kapitalmarktreaktionen auf Ankündigungen von Exchangeables wurde, getrennt für Emittenten und Underlying, gefordert, dass diese während des Analysezeitraums[887] börsenno-

[885] Dies betrifft mit Hilfe von Finanzinstituten emittierte Anleihen, welche inhaltlich eher Wandelanleihen entsprechen. Siehe auch FN. 599.

[886] Siehe Kapitel 3.3.2.7 und FN. 599 u. 600.

[887] Zum zeitlichen Untersuchungsaufbau siehe auch Abbildung 24, S. 229. Der Analysezeitraum umfasst neben der 61-tägigen Ereignisperiode auch die 230-tägige Regressionsperiode vor der Ereignisperiode bzw. eine Periode von 230 Tagen im Anschluss an die Ereignisperiode (Post-Ereignisperiode). Lagen etwa wegen einer zeitlich kurz vor dem Ereignis stattfindenden Börseneinführung nicht für die gesamte vor dem Ereignis liegende Regressionsperiode Kursdaten vor, wurde alternativ auf die Post-Ereignisperiode als Regressionsperiode zurück-

tiert waren und für diese Periode tägliche Kursdaten im Finanzinformationssystem Bloomberg vorlagen. Außerdem mussten die untersuchten Unternehmen während der Untersuchungsperiode einen regelmäßigen Aktienhandel aufweisen und der Zeitraum der Umtauschanleihenemission hinreichend genau bestimmbar sein. 102 Emittenten-Ereignisse, sowie 155 Basiswert-Ereignisse erfüllten diese Anforderungen. Schließlich wurde die Ereignisperiode von Emittenten und Underlying anhand von Pressemitteilungen im Informationssystem Factiva darauf hin untersucht, ob gleichzeitig mit Ankündigung einer Umtauschanleihe weitere wesentliche Informationen[888] veröffentlicht wurden. Im Zuge dieses letzten Schritts mussten weitere 6 Emittenten- und 3 Basiswerte aus der Untersuchung ausgeschlossen werden. Demnach konnten insgesamt 96 Emittenten- und 152 Basiswert-Ereignisse in die endgültige Untersuchung miteinbezogen werden.

5.1.4. Schätzung der Überrenditen

Ziel einer Ereignisstudie ist es, eine Kursreaktion, von der angenommen wird, dass sie durch ein bestimmtes Ereignis ausgelöst wird,[889] zu beobachten und soweit möglich zu erklären. Hierfür ist es zunächst notwendig, nach Ankündigung des untersuchten Ereignisses jenen Anteil der Rendite zu isolieren, der allein auf das Ereignis und nicht auf andere Einflussfaktoren zurückzuführen ist – d.h. es muss bestimmt werden, wie sich der Aktienkurs verändern müsste, wenn kein Ankündigungseffekt vorliegen würde. Diese Vergleichsgröße kann mit unterschiedlichen Verfahren berechnet werden. Mögliche Varianten zur Bestimmung einer *„Normalrendite"* sind die Mittelwertbereinigung, die Bereinigung um eine Marktrendite, die Bereinigung nach dem Marktmodell bzw. die Bereinigung nach dem Capital Asset Pricing Modell (CAPM).[890] Wie *Brown/Warner* zeigen, liefern die verschiedenen Varianten aber nahezu identische Ergebnisse.[891] Das Verfahren zur Schätzung der erwarteten Rendite, welches wohl die meiste Verbreitung ge-

---

gegriffen. Bei 2 Emittenten und 11 Basiswerten von Exchangeables musste auf diese alternative Regressionsperiode zurückgegriffen werden.

888 Als wesentliche Informationen gelten die zeitgleiche Ankündigung substantieller Kapitalmaßnahmen, die Veröffentlichung von Jahres-, Halbjahres- oder Quartalsergebnissen, die Ankündigungen von Übernahmen, materielle Beteiligungsveräußerungen bzw. Restrukturierungsmaßnahmen.

889 Das jeweilige Ereignis wird als exogen in bezug auf den Marktwert des unterliegenden Unternehmens angenommen – d.h. eine Änderung des Unternehmenswerts wird durch das Ereignis hervorgerufen; vgl. *Campbell/Lo/MacKinlay* (1997), S. 157.

890 Für einen Überblick zu unterschiedlichen Ansätze siehe etwa *Campbell/Lo/MacKinlay* (1997), S. 153 ff.

891 Vgl. *Brown/Warner* (1980), S. 205 ff. u. *Brown/Warner* (1985), S. 3 ff.

funden hat und auch zur Feststellung von Überrenditen[892] in dieser Arbeit herangezogen wird, ist das Marktmodell.

Das *Marktmodell* geht von einer linearen Beziehung zwischen der Rendite einer einzelnen Aktie und der Rendite eines Marktportfolios, welches idR durch einen Aktienindex repräsentiert wird, aus.[893] Neben der Marktrendite gibt es keine weitere die Aktienrendite bestimmende Größe. Die erwartete Rendite ergibt sich nach dem Marktmodell als:

$$(5.1-1) \quad \tilde{R}_{it} = \hat{a}_i + \hat{b}_i \tilde{R}_{mt} + \tilde{\varepsilon}_{it}$$

$\tilde{R}_{it}$ = Rendite des Wertpapiers *i* am Tag *t*

$\hat{a}_i$ = konstante Renditekomponente (unabhängig von der Marktendite)

$\hat{b}_i$ = Maß für die Abhängigkeit von der Marktrendite

$\tilde{R}_{mt}$ = Marktrendite am Tag t

$\tilde{\varepsilon}_{it}$ = Zufalls- bzw. Störterm

Die Koeffizienten $\hat{a}_i$ und $\hat{b}_i$ werden mittels einer OLS-Regression geschätzt. Die um Markt- und Risikoeinflüsse bereinigte Überrendite (AR_{it}) für das Wertpapier *i* am Tag *t* berechnet sich dann wie folgt:

$$(5.1-2) \quad AR_{it} = \tilde{R}_{it} - \left(\hat{a}_i + \hat{b}_i \times \tilde{R}_{mt}\right)$$

Bei der Methode der *Kleinste-Quadrate-Schätzung* wird vorausgesetzt, dass der Störterm (ε) normalverteilt mit Erwartungswert Null und konstanter Varianz (homoskedastisch) ist und die Störungen zu verschiedenen Zeitpunkten ebenso unkorreliert sind (keine Autokorrelation), wie der Störterm und die erklärenden Variablen. Sind diese Voraussetzungen gegeben, bedeutet dies, dass $\hat{a}_i$ und $\hat{b}_i$ unverzerrte Schätzwerte der Grundgesamtheit und auch effizient und konsistent sind. Ist der Störterm normalverteilt, sind auch die geschätzten Parameter normalverteilt.[894] Die Annahmen der OLS-Regression wurden in EViews überprüft.[895] Erwartungsgemäß muss die Nullhypothese der Normalverteilung der Residuen

---

892 In dieser Arbeit wird der Begriff der „Überrendite" unabhängig von einem Vorzeichen der jeweiligen Rendite verwendet. Gelegentlich werden Überrenditen auch als „abnorme", oder „abnormale Renditen" bezeichnet; vgl. etwa *Löffler* (2001), S. 147.

893 Vgl. *Sharpe* (1963), S. 281.

894 Vgl. *Hartung* (2002), S. 577.

895 Als Test auf Normalverteilung wurde die Teststatistik nach *Jarque/Bera* angewendet. Das Vorliegen von Heteroskedastizität wurde mit dem Test nach *White,* das Vorliegen von Autokorrelation mit dem *Breusch-Godfrey*-Test überprüft.

aus den OLS-Regressionsmodellen in zahlreichen Fällen verworfen werden. Bei fehlender Normalverteilung der Residuen sind die Schätzer aus der Regression zwar unverzerrt und konsistent, aber nicht effizient. Dies hat zur Folge, dass es Schätzfunktionen mit größerer Präzision gibt und in kleinen Stichproben mit großer Abweichung von der Normalverteilung die t-Statistiken zur Beurteilung der Signifikanz nicht mehr adäquat sind. Außerdem liegt für zahlreiche Regressionen das Problem der Heteroskedastizität des Störterms vor. Dies führt dazu, dass die geschätzten Regressionskoeffizienten nicht mehr effizient sind und keine minimale Varianz aufweisen.[896] Damit sind die Standardfehler verzerrt und die t-Tests nicht zuverlässig. Dies gilt grundsätzlich auch bei vorliegender Autokorrelation der Fehler (ε), die ebenso in zahlreichen Regressionen festgestellt wurde. Bei vorliegender positiver Autokorrelation wird die Varianz der Residuen unterschätzt und die t-Tests haben nicht das angegebene Signifikanzniveau. Aus diesem Grund wird im nachfolgenden Kapitel auf unterschiedliche alternative Verfahren zur Überprüfung der statistischen Signifikanz von Überrenditen eingegangen.

Die in der vorliegenden Untersuchung verwendeten logarithmierten Aktienrenditen wurden um Dividendenzahlungen und Aktiensplits bereinigt. Als *Marktportfolio* und Vergleichsmaßstab für das Sample europäischer Umtauschanleihenemittenten und deren Basiswerte wurden lokale Aktienmarktindizes[897] herangezogen.[898] Bis auf eine Regression[899] sind alle nach dem F-Test auf dem 1%-Niveau signifikant.

---

896 Vgl. *Kmenta* (1971), S. 250.

897 Bspw. DAX 100, FTSE 350, SBF 250 Index, Swiss Market Index (SMI), Stockholm All-Share Index (SAX), etc.

898 Testweise wurden die OLS-Regressionen zur Ermittlung der erwarteten Renditen auch mit einem europäischen Aktienindex (DJ STOXX 600) als Marktrendite durchgeführt. Die Regressionen ergaben, dass lokale Aktienindizes durchwegs einen höheren Beitrag zur Erklärung der Unternehmensrenditen aufweisen. Aus diesem Grund wurden in weiterer Folge ausschließlich lokale Aktienindizes als Marktrenditen verwendet. Damit liegt den Überrenditen im weiteren Verlauf dieser Arbeit stets ein lokaler Vergleichsindex zu Grunde. Für eine weitergehende Diskussion zur Frage einer Segmentierung bzw. Integration von Kapitalmärkten iVm. Asset Pricing Modellen siehe etwa *Copeland/Weston/Shastri* (2004), S. 844 ff.

899 Der französische Aktienindex (SBF 250 Index) lieferte zur Erklärung der Unternehmensrendite der französischen Vinci SA., sowohl in der Regressionsperiode von t_{-260} bis t_{-31}, als auch in der alternativen Regressionsperiode von t_{+31} bis t_{+260}, lediglich einen insignifikanten Beitrag, weshalb das Ereignis aus der weiteren Untersuchung ausgeschlossen wurde.

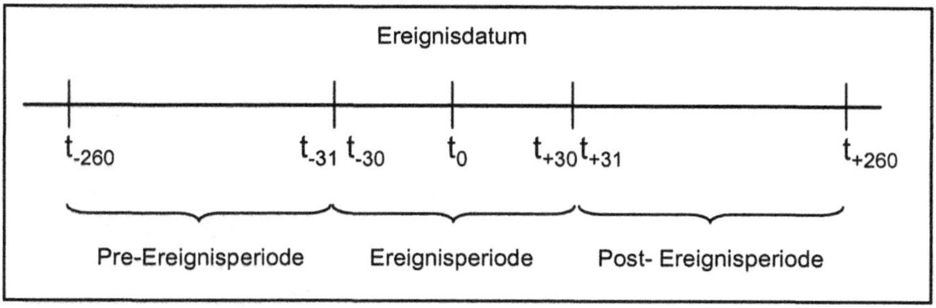

Abbildung 24: Überblick: Untersuchungsperiode

In Anlehnung an den Untersuchungsaufbau von *Brown/Warner* (1985), *Corrado* (1989) bzw. *Entrup* (1995) umfasst die Regressionsperiode einen Zeitraum von t_{-260} bis t_{-31} und somit 230 Tage. Die Ereignisperiode selbst reicht von t_{-30} bis t_{+30} und beinhaltet inklusive t_0 insgesamt 61 Tage.

Da die Möglichkeit einer Informationsdiffusion vor oder nach dem eigentlichen Ankündigungsdatum der Emission nicht völlig ausgeschlossen werden kann, wird eine *Zeitfenstertechnik* angewendet. Um einen möglichst umfassenden Rückschluss aus dem Ereignis einer Umtauschanleihenemission ziehen zu können, sind die ermittelten Überrenditen über zwei Dimensionen zu aggregieren: zum einen über die Ereignisse bzw. Wertpapiere und zum anderen innerhalb eines Zeitfensters. Die über das Zeitfenster von t_1 bis t_2 kumulierte Überrendite des Unternehmens i ergibt sich wie folgt:

$$(5.1-3) \quad CAR_{i(t_1,t_2)} = \sum_{t=t_1}^{t_2} AR_{it}$$

Die durchschnittliche Überrendite über alle in die Untersuchung mit einbezogenen Ereignisse N ist definiert als:

$$(5.1-4) \quad AAR_{(t_1,t_2)} = \frac{1}{N}\sum_{i=1}^{N} AR_{i(t_1,t_2)}$$

Die über alle Ereignisse N und innerhalb des Ereignisfensters von t_1 bis t_2 kumulierte Überrendite ergibt sich schließlich als:

$$(5.1-5) \quad CAAR_{(t_1,t_2)} = \frac{1}{N}\sum_{i=1}^{N} CAR_{i(t_1,t_2)}$$

5.1.5. Statistiken zur Prüfung der Signifikanz von Überrenditen

5.1.5.1. Einfacher t-Test

In Signifikanzprüfungsverfahren wird eine Überrendite als Differenz zwischen der beobachteten Rendite und der nach dem Marktmodell zu erwartenden Rendite daraufhin geprüft, ob sie statistisch signifikant ist.[900] In dieser Arbeit werden, dem Versuchsaufbau *Corrados* folgend, drei Prüfverfahren zum Test der Signifikanz einer Kursreaktion verwendet.[901] Dies sind der einfache t-Test, der t-Test unter expliziter Unabhängigkeitsannahme bzw. das Rangplatztestverfahren nach *Corrado*. Der einfache t-Test stellt die simpelste Möglichkeit der Signifikanzprüfung dar.[902] Hierbei werden die Überrenditen der einzelnen Ereignisse (AR_{it}) zu einer durchschnittlichen Überrenditenreihe (AAR_t) kumuliert. Für diese wird dann auf jeden beliebigen Tag der Ereignisperiode ein einfacher t-Test angewendet, indem der beobachtete Mittelwert der einzelnen Überrenditen am jeweiligen Untersuchungstag durch die Standardabweichung der durchschnittlichen Überrenditen in der Regressionsperiode dividiert wird.[903]

Die Teststatistik für einen einzelnen Tag (t) ergibt sich wie folgt:

$$(5.1-6) \quad J_{1t} = \frac{AAR_t}{\hat{S}(AAR_t)}$$

$$(5.1-7) \quad \hat{S}(AAR_t) = \sqrt{\left(\sum_{t=-260}^{t=-31}\left(AAR_t - \overline{AAR}\right)^2 / 229\right)}$$

$$(5.1-8) \quad \overline{AAR} = \frac{1}{229}\sum_{t=-260}^{t=-31} AAR_t$$

AAR_t = durchschnittliche Überrendite (aus N Ereignissen) am Tag t

---

900 Die hierfür gültige Null- und Alternativhypothese lautet bei allen Signifikanzprüfungsverfahren wie folgt:

H_0: Die durchschnittliche Überrendite ist gleich Null.

H_A: Die durchschnittliche Überrendite ist ungleich Null.

Da grundsätzlich sowohl positive als auch negative Kursreaktionen möglich sind, ist eine einseitige Fragestellung nicht angemessen.

901 Vgl. *Corrado* (1989), S. 386 ff.

902 Bei beiden Signifikanzprüfungsverfahren wird von einer Regressionsperiode von t_{-260} bis t_{-31} (260 Tage) und einer Ereignisperiode von t_{-30} bis t_{+30} (61 Tage) ausgegangen.

903 Vgl. *Brown/Warner* (1985), S. 7 f.

$\overline{AAR}$	=	Mittelwert der durchschnittlichen Überrenditen (aus N Ereignissen) in der Regressionsperiode von t_{-260} bis t_{-31}
$\hat{S}(AAR_t)$	=	Standardabweichung der durchschnittlichen Überrenditen (aus N Ereignissen) in der Re-gressions periode von t_{-260} bis t_{-31}
N	=	Anzahl der untersuchten Ereignisse

Die Teststatistik für ein Zeitfenster von T Tagen von t_1 bis t_2 (wobei $T = t_2 - t_1 + 1$) berechnet sich als:

$$(5.1-9) \quad J_{1(t_1,t_2)} = \sum_{t=t_1}^{t_2} AAR_t \Big/ \sqrt{T \cdot \hat{S}^2(AAR_t)}$$

Dieser Teststatistik liegt die Annahme zu Grunde, dass die durchschnittliche Überrenditenreihe AAR_t unabhängig und gleichverteilt ist.[904] Unter der Nullhypothese[905] ist die Teststatistik studentverteilt. Da die Anzahl der Freiheitsgrade 200 übersteigt[906] kann die Teststatistik durch eine Normalverteilung approximiert werden. Auf Grund von Portfoliobildungen ist AAR_t in der Regel normalverteilt und die Teststatistik anwendbar. Durch die Bildung einer durchschnittlichen Überrenditenreihe aus dem „Ereignis-Portfolio“ berücksichtigt der einfache t-Test auf Ereigniscluster zurückzuführende bestehende Abhängigkeiten zwischen den unternehmensspezifischen Überrenditen (AR_{it}).[907] Jedoch ist, wie *Corrado* anführt, die Fähigkeit des Tests betragsmäßig kleine Überrenditen nachzuweisen relativ gering.[908]

5.1.5.2. t-Test unter expliziter Unabhängigkeitsannahme

Der t-Test unter expliziter Unabhängigkeitsannahme beruht zwar auf restriktiveren Annahmen, ist jedoch auch mit einer größeren Fähigkeit betragsmäßig kleine Überrenditen aufzuspüren, ausgestattet. Der Test setzt die Normalverteilung, sowie die Unabhängigkeit der jeweils standardisierten, ereignis- bzw. unternehmensspezifischen Überrenditenreihen (AR_{it}) voraus. Die Teststatistik für das Ereignisfenster von T Tagen von t_1 bis t_2 ergibt sich als:[909]

---

904 Vgl. *Brown/Warner* (1985), S. 7 f.

905 Die durchschnittliche Überrendite am Tag t bzw. im Zeitfenster t_1 bis t_2 entspricht Null.

906 Die Regressionsperiode umfasst 230 Tage.

907 Vgl. *Brown/Warner* (1985), S. 8.

908 Vgl. *Corrado* (1989), S. 387. Siehe auch *Brown/Warner* (1985), S. 21.

909 In dieser Studie wird eine von *Brown/Warner* (1985) abweichende, aber häufiger benutzte Teststatistik angewendet. Siehe hierfür auch etwa *Fields/Mais* (1991) oder

$$(5.1-10)\quad J_{2(t_1,t_2)} = \frac{1}{\sqrt{N}} \sum_{i=1}^{N} \sum_{t=t_1}^{t_2} \frac{AR_{it}}{S'_{iT}}$$

$$(5.1-11)\quad S'_{iT} = \left\{ \hat{\sigma}_i^{\,2} \left[T + \frac{T^2}{A} + \frac{T^2 \left(\overline{R}_{mT} - \overline{R}_m\right)^2}{\sum_{t=1}^{A} \left(R_{mt} - \overline{R}_m\right)^2} \right] \right\}^{1/2}$$

S'_{iT}	=	angepasste Standardabweichung der Überrenditereihe AR_{it}
$\hat{\sigma}_i^{\,2}$	=	Mittlere Quadratsumme der Residuen (MSE) der OLS-Regression zur Schätzung der Parameter $\hat{a}_i$ und $\hat{b}_i$ des Marktmodells
T	=	Anzahl der Tage des Zeitfensters von t_l bis t_2 $(T = t_2 - t_1 + 1)$
A	=	Anzahl der Tage in der Regressionsperiode (230)
$\overline{R}_{mT}$	=	Mittelwert der Marktrendite während der Ereignisperiode T
$\overline{R}_m$	=	Mittelwert der Marktrendite während der Regressionsperiode
R_{mt}	=	Marktrendite am Tag t der Regressionsperiode

Wenn die unternehmensspezifischen Überrenditen (AR_{it}) normalverteilt und unabhängig voneinander sind, kann die Verteilung der Teststatistik ($J_{2(t_1,t_2)}$) durch die Standardnormalverteilung approximiert werden.[910] Da dieses Testverfahren strengere Verteilungsannahmen betreffend der individuellen Überrenditenreihen stellt und diese nicht immer erfüllt werden,[911] sind die Ergebnisse dieser Teststatistik kritisch zu behandeln.

5.1.5.3. Rangplatztestverfahren nach Corrado

Das nichtparametrische Testverfahren nach Corrado (1989) setzt, im Unterschied zu den vorgestellten t-Tests und einigen anderen nicht parametrischen Tests, die Symmetrie bzw. Normalverteilung der Überrenditereihen nicht für eine korrekte

---

Ammann/Fehr/Seiz (2004). Da eine Differenz zwischen der Marktrendite der Ereignisperiode und der durchschnittlichen Marktrendite der Regressionsperiode die Varianz der Überrendite beeinflussen kann, wird in dieser Version des Testverfahrens die im t-Test angewandte Standardabweichung weiter korrigiert.

910 Vgl. *Brown/Warner* (1985), S. 29.

911 Siehe Kapitel 5.1.4.

Testspezifikation voraus. Außerdem wird die Teststatistik im Vergleich zu parametrischen Testverfahren weniger durch einen Anstieg der Varianz der Überrenditen um den Ereigniszeitpunkt beeinflusst.[912] Damit weist das Rangplatztestverfahren nach Corrado eine bessere Spezifikation unter der Nullhypothese und eine stärkere Fähigkeit auf Überrenditen unter der Alternativhypothese aufzuspüren. Das Testverfahren transformiert zunächst die empirische Überrenditereihen in eine Gleichverteilung. Jeder Überrendite einer Ereigniszeitreihe wird sowohl für die Regressions- als auch die Ereignisperiode ein Rangplatz von 1 bis 291 zugewiesen.[913] Unter der Nullhypothese, dass der Mittelwert der Überrenditen Null beträgt, sollte sich für alle Ereignisse ein mittlerer erwarteter Rangplatz von 146 ergeben.

Die Teststatistik hierfür lautet:

$$(5.1-12)\quad J_{3(t)} = \frac{1}{N}\sum_{i=1}^{N}(K_{it} - \overline{K})/S'(K)$$

$$(5.1-13)\quad S'(K) = \sqrt{\frac{1}{k}\sum_{t=1}^{k}\left(\frac{1}{N}\sum_{i=1}^{N}\left(K_{it} - \overline{K}\right)\right)^2}$$

K_{it} = Rang von k Überrenditen für die Rangplätze vergeben werden, (k setzt sich aus der Anzahl der Tage der Regres sionsperiode A und der Anzahl der Tage der Ereignisperiode T zusammen

$\overline{K}$ = der erwartete durchschnittliche Rangplatz ($\overline{K} = \frac{1}{2} + \frac{1}{2}k = \frac{1}{2} + \frac{1}{2}(A+T) = \frac{1}{2} + \frac{1}{2}(230+61) = 146$)

5.1.6. Uni- und multivariate Analysemethoden zur Bestimmung von Einflussgrößen auf Überrenditen

5.1.6.1. Test auf Gleichheit von Kursreaktionen in Untergruppen

Um zu testen, ob eine einzelne Merkmalsausprägung einen wesentlichen Einfluss auf beobachtbare Überrenditen hat, werden nach Untersuchung der Gesamtgruppe der Basiswerte und Emittenten, zunächst Untergruppen gebildet. Diese werden, falls es lediglich zwei Untergruppen gibt, mittels Mann-Whitney-U-Test (bzw. Wilcoxon-Rangsummentest) danach untersucht, ob sie signifikant unterschied-

---

912 Vgl. *Corrado* (1989), S. 386.

913 Eine Regressionsperiode von 230 Tagen plus einer Ereignisperiode von 61 Tagen ergibt insgesamt 291 zu verteilende Rangplätze.

liche Kursreaktionen aufweisen. Die Teststatistik setzt hierbei weder eine Normalverteilung in den Untersuchungsgruppen, noch eine gleiche Varianz der beiden Grundgesamtheiten voraus. Anstatt der konkreten Beobachtungswerte werden nur die den beiden Untergruppen zugeordneten Rangzahlen benutzt und deren Summen verglichen.[914] In jenen Fällen, in denen es mehr als zwei Untergruppen gibt, wird eine Verallgemeinerung des Wilcoxon-Rangsummentest, die Kruskal-Wallis Teststatistik herangezogen. Gelingt der Nachweis einer Signifikanz nicht völlig zweifelsfrei, wird gegebenenfalls auch noch die van der Waerden-Teststatistik angeführt.[915] Die Auswertung erfolgt mittels Statistikprogramm EViews.

5.1.6.2. Regressionsanalysen

Um den Einfluss unternehmens-, markt- oder emissionsspezifischer Faktoren auf Ereignisrenditen zu testen, werden neben der Gruppenbildung oftmals uni- und multivariate Regressionsanalysen angewendet. Dies ist insbesondere beim Bestehen mehrerer konkurrierender Hypothesen betreffend den Ursachen für abnorme Renditen sinnvoll.[916] Hierbei gilt einerseits festzustellen welche Variablen die einzelnen Hypothesen möglichst gut abbilden und andererseits welche Merkmalsausprägungen bei der Bewertung einer Emissionsankündigung am Kapitalmarkt entscheidendes Gewicht besitzen. Ein allgemeines Modell für eine multivariate OLS-Regression lautet wie folgt:

$$(5.1-14)\quad CAR_{i(t_1,t_2)} = a + b_1 x_{i(t_1,t_2)_1} + b_2 x_{i(t_1,t_2)_2} + \ldots + b_k x_{i(t_1,t_2)_k} + e_{i(t_1,t_2)}$$

$CAR_{i(t_1,t_2)}$	=	über das Zeitfenster von t_1 bis t_2 kumulierte Überrendite des Unternehmens *i* (abhängige Variable)
a	=	Interzept
b	=	Regressionsparameter *1* bis *k*
x	=	unabhängige Variablen *1* bis *k* mit der Merkmalsausprägung des Unternehmens *i* während des Zeitfensters t_1 bis t_2
e	=	Residuum des Unternehmens *i* während des Zeitfensters t_1 bis t_2

---

914 Für eine weiterführende Behandlung des Mann-Whitney-U-Test bzw. Wilcoxon-Rangsummentest siehe etwa *Hartung* (2002), S. 513 ff.

915 Diese Teststatistik entspricht der Kruskal-Wallis Teststatistik, mit dem Unterschied, dass die Rangplätze in eine Normalverteilung überführt werden.

916 Vgl. *MacKinlay* (1997), S. 33.

Wie bei der (univariaten) Regression zur Ermittlung der Überrenditen (AR_{it}) gelten auch bei der multivariaten OLS-Regression die in Kapitel 5.1.4 geschilderten allgemeinen Voraussetzungen bezüglich der Eigenschaften des Störterms (e). Insbesondere das Problem der Querschnittskorrelation bzw. Heteroskedastizität gilt dann als wahrscheinlich, wenn die Schätzer der abnormen Renditen diese Eigenschaften besitzen.[917] Das mögliche Vorliegen von Autokorrelation in den Residuen der Regressionsgleichung wird in der eigenen Untersuchung dadurch kontrolliert, dass eine Variable (*TIME*) in die Regressionsgleichung mitaufgenommen wird.[918] In der Literatur werden verschiedene Verfahren vorgeschlagen um das Problem der Heteroskedastizität zu kontrollieren: So werden bspw. die Anwendung einer WLS-Regression[919] bzw. die Verwendung von standardisierten, kumulierten Überrenditen als abhängige Variable[920] angeregt. In dieser Arbeit wird die verzerrende Wirkung der Heteroskedastizität auf die Standardfehler der Regression durch die Verwendung von heteroskedastizitäts-konsistenten Schätzwerten nach *White* berücksichtigt.[921]

Multikollinearität stellt bei Verwendung mehrerer erklärender Variablen, neben Querschnittskorrelation und Heteroskedastizität, ein weiteres zu berücksichtigendes Problem dar. Dieses tritt dann auf, wenn die verwendeten erklärenden Variablen nicht unabhängig voneinander sind. Um Multikollinearität zu verhindern, sollte das Regressionsmodell sorgfältig entworfen sein und nach Möglichkeit keine Variablen enthalten die per se hohe Korrelationen aufweisen. In den eigenen Regressionsmodellen wird dem Vorliegen von Multikollinearität mittels Überprüfung der Korrelationsmatrix der erklärenden Variablen nachgegangen.[922]

---

917 Vgl. *Binder* (1998), S. 116.

918 Diese beschreibt den zeitlichen Verlauf der Umtauschanleihenemissionen. Wurden Exchangeables am gleichen Tag angekündigt, nimmt die Variable *TIME* den gleichen Wert an.

919 Siehe etwa *Karafiath* (1994), S. 279 ff.; siehe auch *Dutordoir/Van de Gucht* (2004), S. 30.

920 Vgl. etwa *Mikkelson/Partch* (1986), S. 31 ff.; siehe auch *Löffler* (2001), S. 155.

921 Die Verwendung von mit ihrer Schätzperioden-Standardabweichung standardisierten Überrenditen sollte den Einfluss von möglicherweise unterschiedlichen Renditeverteilungen minimieren. Diese Methode führte in der eigenen empirischen Untersuchung jedoch nicht zum gewünschten Ergebnis. Aus diesem Grund werden in den Regressionsmodellen heteroskedastizitäts-konsistente Schätzwerte nach *White* verwendet.

922 Zum Aufdecken von Multikollinearität gibt es keine eindeutige Methode. Trotzdem kann bei Korrelation der Regressoren und hierbei die Werte 0,8 bzw. 0,9 übersteigende Korrelationskoeffizienten Multikollinearität als ernsthaftes Problem bezeichnet werden.

5.2. Untersuchungsergebnisse

5.2.1. Überrenditen der einzelnen Untergruppen

5.2.1.1. Ergebnisse für die Gesamtgruppe der Basiswerte

Zunächst werden die undifferenzierten Ergebnisse der Gesamtgruppe, getrennt nach Umtauschanleihenemittenten und Basiswerten, dargestellt. Wie in Kapitel 4.5 in der Hypothese 1.1. ausgeführt, lassen finanzierungstheoretische Erklärungsansätze im Ankündigungszeitpunkt eines Exchangeable einen negativen Preiseffekt für das Underlying erwarten. Wie die folgende Grafik und Tabelle zeigen, kann dies empirisch eindeutig bestätigt werden:

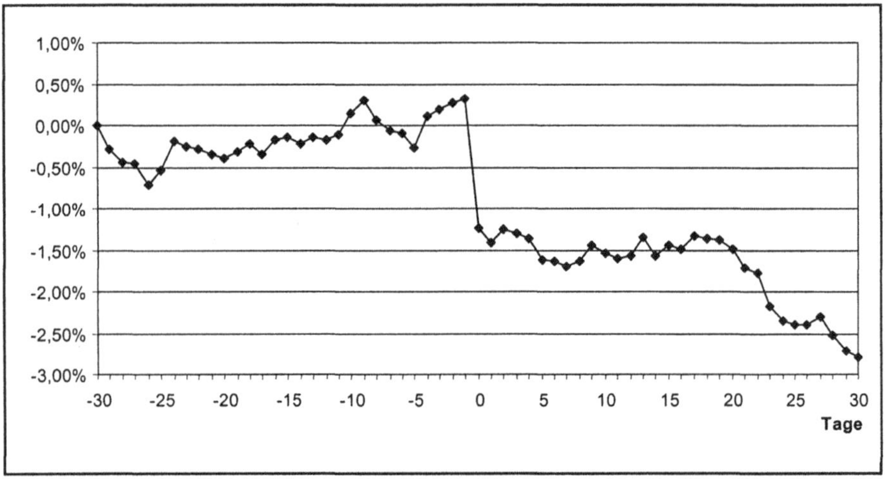

Abbildung 25: Kumulierte durchschnittliche Überrendite für die Gesamtgruppe der Basiswerte[923]

In der Ereignisperiode ist *vor dem Ankündigungstag* für die Basiswerte einer Umtauschanleihe zunächst keine Entwicklung der Überrenditen erkennbar. Die durchschnittliche Überrenditenreihe fällt am Beginn der 61-tägigen Ereignisperiode zunächst negativ ab und steigt dann bis zum Ankündigungszeitpunkt wieder kontinuierlich an. An den Tagen t_{-9} und t_{-8}, sowie t_{-4} ist dieser Anstieg auch statistisch signifikant.

923 N=152.

Tag/Zeit-fenster	Ø (kum.) Überrendite (in %)	Anteil neg. Überrenditen (in %)	Einfacher t-Test	t-Test (expl.Unab-hängigkeit)	Rang-platztest (Corrado)
t_{-30} bis t_{-21}	-0,343%	53,0%	-0,69	-0,86	-0,52
t_{-20} bis t_{-11}	0,231%	50,1%	0,47	0,64	0,97
t_{-10}	0,252%	50,0%	1,61	1,45	0,78
t_{-9}	0,167%	50,7%	1,06	2,90 ***	0,48
t_{-8}	-0,251%	59,2%	-1,60	-2,70 ***	-1,61
t_{-7}	-0,120%	51,3%	-0,76	-0,97	-0,43
t_{-6}	-0,030%	52,6%	-0,19	0,34	0,48
t_{-5}	-0,176%	52,6%	-1,12	-1,07	-0,35
t_{-4}	0,383%	48,7%	2,44 **	2,23 **	1,00
t_{-3}	0,075%	48,7%	0,48	0,58	0,43
t_{-2}	0,079%	54,6%	0,51	0,77	0,11
t_{-30} bis t_{-2}	0,267%	51,7%	0,32	0,55	0,43
t_{-10} bis t_{-2}	0,379%	52,0%	0,81	1,24	0,30
t_{-1}	0,052%	53,9%	0,33	0,40	0,02
t_0	-1,562%	74,3%	-9,96 ***	-10,88 ***	-7,26 ***
t_{-1} bis t_0	-1,510%	64,1%	-6,81 ***	-7,41 ***	-5,12 ***
t_{+1}	-0,163%	55,3%	-1,04	-0,55	-0,88
t_0 bis t_{+1}	-1,725%	64,8%	-7,78 ***	-8,07 ***	-5,75 ***
t_{-1} bis t_{+1}	-1,673%	61,2%	-6,16 ***	-6,35 ***	-4,69 ***
t_{+2}	0,145%	48,0%	0,93	1,50	1,75 *
t_{+3}	-0,037%	54,6%	-0,24	-0,70	-0,47
t_{+4}	-0,062%	50,7%	-0,39	-0,82	-0,43
t_{+5}	-0,255%	54,6%	-1,62	-1,75 *	-0,89
t_{-5} bis t_{+5}	-1,520%	54,2%	-2,92 ***	-3,04 ***	-2,10 **
t_{+6}	-0,022%	50,0%	-0,14	-0,38	-0,34
t_{+7}	-0,057%	53,9%	-0,36	-0,60	-0,41
t_{+8}	0,066%	47,4%	0,42	0,19	0,41
t_{+9}	0,184%	46,7%	1,17	0,90	0,85
t_{+10}	-0,104%	50,0%	-0,66	-0,73	-0,52
t_{+2} bis t_{+10}	-0,141%	50,7%	-0,30	-0,79	-0,01
t_{-10} bis t_{+10}	-1,435%	52,8%	-2,00 **	-2,02 **	-1,58
t_{+11} bis t_{+20}	0,058%	51,8%	0,12	0,51	1,04
t_{-20} bis t_{+20}	-1,146%	51,9%	-1,14	-0,86	-0,14
t_{+21} bis t_{+30}	-1,302%	54,7%	-2,63 ***	-3,20 ***	-2,34 **
t_{+2} bis t_{+30}	-1,386%	52,5%	-1,64	-1,95 *	-0,77
t_{-30} bis t_{+30}	-2,791%	52,5%	-2,28 **	-2,17 **	-1,28

Erläuterungen:
*** Testwert auf dem 1%-Niveau signifikant
** Testwert auf dem 5%-Niveau signifikant
* Testwert auf dem 10%-Niveau signifikant

Tabelle 15: Überrenditen und Signifikanzwerte für die Gesamtgruppe der Basiswerte

Der unter dem t-Test mit expliziter Unabhängigkeitsannahme hoch signifikante positive Anstieg (1%-Signifikanzniveau) an den Tagen t_{-9} und t_{-8} ist allerdings unter Vorbehalt zu sehen, da die Annahmen der Teststatistik, wie in Kapitel 5.1.5.2 ausgeführt, nicht immer erfüllt sind. Rund 51% der Überrenditen in t_{-9} und sogar 59% der Überrenditen in t_{-8} sind negativ, was die Aussagekraft an diesen zwei Tagen weiter schmälert. Für t_{-4} zeigt allerdings auch der konservativere einfache t-Test eine auf dem 5%-Niveau signifikant positive Überrendite von knapp 0,4% an. Es ist nicht erkennbar, welche Gründe in der Periode vor einer Ankündigung für einen Kursanstieg der Basiswerte verantwortlich sind.

Der Preiseffekt *am Ankündigungstag* (t_0) und in der engeren Ereignisperiode fällt eindeutig aus: Kann für die Basiswerte in t_{-1} noch eine knapp positive, aber insignifikante durchschnittliche Überrendite gemessen werden, fällt diese am Ankündigungstag eines Exchangeables (t_0) mit rund –1,6% signifikant negativ aus. Interessant erscheint, dass sich diese Reaktion vorwiegend am Tag der Bekanntgabe der Emissionsnachricht materialisiert. Aber auch an den darauffolgenden neun Tagen (t_{+1} bis t_{+10}) fällt die durchschnittliche Überrendite an sieben Tagen negativ aus. Diese Reaktion ist jedoch nur mehr in t_{+5} statistisch signifikant. Trotzdem bleibt der negative Preiseffekt neben dem engen Zeitfenster von t_{-1} bis t_{+1}, auch in den weiteren Zeitfenstern t_{-5} bis t_{+5}, t_{-10} bis t_{+10}, sowie t_{-30} bis t_{+30} statistisch bedeutsam. Für die letzten beiden Zeitfenster gilt dies nur für die t-Tests, nicht jedoch für das konservativere Rangplatztestverfahren.

Für die Ereignisperiode *nach der Ankündigung* einer Umtauschanleihe ist bemerkenswert, dass während dieser eine durchschnittlich negative Kursreaktion des Underlying zu verzeichnen ist (für die Periode von t_{+2} bis t_{+30} beträgt diese rund –1,4%). Besonders auffällig und bei allen angewandten Testverfahren statistisch signifikant ist dies für die Periode von t_{+21} bis t_{+30}. Die durchschnittliche negative Kursreaktion von –1,3% für diesen Zeitraum trägt, neben dem engen Ereignisfenster von t_{-1} bis t_{+1}, wesentlich dazu bei, dass die kumulierte Überrendite für die gesamte 61-tägige Ereignisperiode mit rund –2,8% eindeutig negativ ausfällt. Der Preisdruckeffekt hält für Basiswerte somit erstaunlich lange an.

5.2.1.2. Ergebnisse für die Gesamtgruppe der Emittenten

Die Entwicklung der durchschnittlichen kumulierten Überrendite der Exchangeable Bond-Emittenten über die gesamte Ereignisperiode kann als überraschend bezeichnet werden. Sie steigt bis zum Ankündigungstag steil um rund 2,9% an und fällt nach der Ankündigung wieder leicht auf rund +2,2% für den gesamten Zeitraum von t_{-30} bis t_{+30} ab. Vor allem der Preiseffekt für die Periode *vor* Ankündigung und die Reaktion innerhalb der engen Ereignisperiode um den Veröffentlichungstag t_0 fallen dabei statistisch signifikant aus. Beide t-Testverfahren weisen für Emittenten in der Periode von t_{-30} bis t_{-2} einen auf dem 5%-Niveau signifikanten Überrenditenanstieg nach. Am *Ankündigungstag* selbst erfolgt keine von Null signifikant zu unterscheidende Kursreaktion. Dennoch kann auch für Emittenten in einem engen Zeitfenster eine signifikante Kursreaktion festgestellt werden. Diese findet mit knapp +0,3% vor allem in t_{+1} statt. Auf einem 10% bzw. 5%-igen Signifikanzniveau kann für das Ereignisfenster von t_0 bis t_{+1} und das Zeitfenster von t_{-1} bis t_{+1} eine schwach positive Überrendite von rund einem halben Prozent nach dem t-Test mit expliziter Unabhängigkeitsannahme und dem Testverfahren nach Corrado nachgewiesen werden. Für die Periode *nach* Veröffentlichung kann keine eindeutige bzw. signifikante Reaktion beobachtet werden.

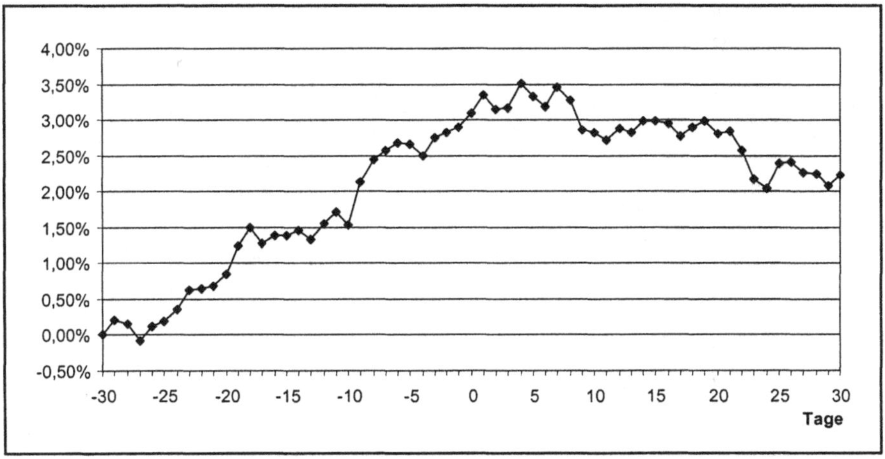

Abbildung 26: Kumulierte durchschnittliche Überrendite für die Gesamtgruppe der Emittenten[924]

[924] N=96.

Tag/Zeit-fenster	Ø (kum.) Überrendite (in %)	Anteil neg. Überrenditen (in %)	Einfacher t-Test	t-Test (expl. Unab-hängigkeit)	Rang-platztest (Corrado)
t_{-30} bis t_{-21}	0,688%	50,8%	1,01	1,26	1,02
t_{-20} bis t_{-11}	1,026%	51,4%	1,50	0,32	0,28
t_{-10}	-0,180%	56,3%	-0,84	-1,21	-1,09
t_{-9}	0,599%	42,7%	2,78 ***	3,45 ***	2,20 **
t_{-8}	0,313%	41,7%	1,45	1,96 **	1,70 *
t_{-7}	0,126%	47,9%	0,58	0,80	0,96
t_{-6}	0,101%	50,0%	0,47	0,09	0,34
t_{-5}	-0,006%	57,3%	-0,03	-0,07	-0,45
t_{-4}	-0,173%	57,3%	-0,80	-0,50	-1,06
t_{-3}	0,262%	49,0%	1,21	1,71 *	1,11
t_{-2}	0,057%	51,0%	0,26	0,18	0,26
t_{-30} bis t_{-2}	2,812%	50,9%	2,42 **	2,02 **	1,50
t_{-10} bis t_{-2}	1,098%	50,3%	1,70 *	2,09 **	1,32
t_{-1}	0,086%	46,9%	0,40	0,96	0,96
t_0	0,191%	40,6%	0,89	1,28	1,61
t_{-1} bis t_0	0,278%	43,8%	0,91	1,58	1,82 *
t_{+1}	0,258%	51,0%	1,20	1,48	0,83
t_0 bis t_{+1}	0,449%	45,8%	1,47	1,95 *	1,73 *
t_{-1} bis t_{+1}	0,535%	46,2%	1,43	2,14 **	1,96 **
t_{+2}	-0,198%	55,2%	-0,92	-1,07	-1,12
t_{+3}	0,008%	49,0%	0,04	-0,02	0,23
t_{+4}	0,356%	40,6%	1,65 *	1,78 *	1,81 *
t_{+5}	-0,178%	52,1%	-0,83	-0,62	-0,01
t_{-5} bis t_{+5}	0,663%	50,0%	0,93	1,51	1,25
t_{+6}	-0,152%	52,1%	-0,70	-0,63	-0,38
t_{+7}	0,265%	51,0%	1,23	1,68 *	1,28
t_{+8}	-0,169%	56,3%	-0,78	-0,72	-0,56
t_{+9}	-0,430%	57,3%	-1,99 **	-1,98 **	-1,40
t_{+10}	-0,035%	47,9%	-0,16	0,05	0,11
t_{+2} bis t_{+10}	-0,532%	51,3%	-0,82	-0,50	-0,01
t_{-10} bis t_{+10}	1,101%	50,1%	1,11	1,80 *	1,60
t_{+11} bis t_{+20}	-0,005%	52,6%	-0,01	-0,75	-0,76
t_{-20} bis t_{+20}	2,122%	51,0%	1,54	1,03	0,90
t_{+21} bis t_{+30}	-0,583%	52,4%	-0,86	-0,86	-0,78
t_{+2} bis t_{+30}	-1,121%	52,1%	-0,96	-1,19	-0,92
t_{-30} bis t_{+30}	2,227%	51,2%	1,32	0,96	0,84

Erläuterungen:
*** Testwert auf dem 1%-Niveau signifikant
** Testwert auf dem 5%-Niveau signifikant
* Testwert auf dem 10%-Niveau signifikant

Tabelle 16: Überrenditen und Signifikanzwerte für die Gesamtgruppe der Emittenten

Die Gründe für die teils hoch signifikanten Preiseffekte von knapp +0,6% und +0,3% an den Tagen t_{-9} und t_{-8} sind ebenso unklar wie die Gründe für den statistisch signifikanten Effekt von -0,4% in t_{+9}. Die Entwicklung vor Ankündigung wie auch die signifikante Überrendite in t_{-9}, weisen auf eine mögliche Informationsdiffusion bereits vor der ersten Pressemitteilung hin.

5.2.1.3. Kursreaktionen in Abhängigkeit vom Emissionsmotiv

In diesem Kapitel werden zunächst die Kursreaktionen von Emittenten in Abhängigkeit von den veröffentlichten primären Emissionsmotiven untersucht. Die Bildung der Untergruppen basiert auf der *Desinvestitions-Hypothese*, welche von einer positiven Reaktion des Kapitalmarkts auf eine Desinvestitionsankündigung ausgeht. Im darauf folgenden Kapitel wird die hier angestellte Betrachtung weiter verfeinert, indem zunächst Preiseffekten bei einem deckungsgleichen oder einem unterschiedlichen Branchenhintergrund von Emittent und Basiswert nachgegangen wird. Die dieser Überlegung zu Grunde liegende *Fokus-Hypothese* lässt bei einer Konzentration der unternehmerischen Aktivitäten auf Kerngeschäftsfelder eine positive Reaktion des Kapitalmarkts erwarten.

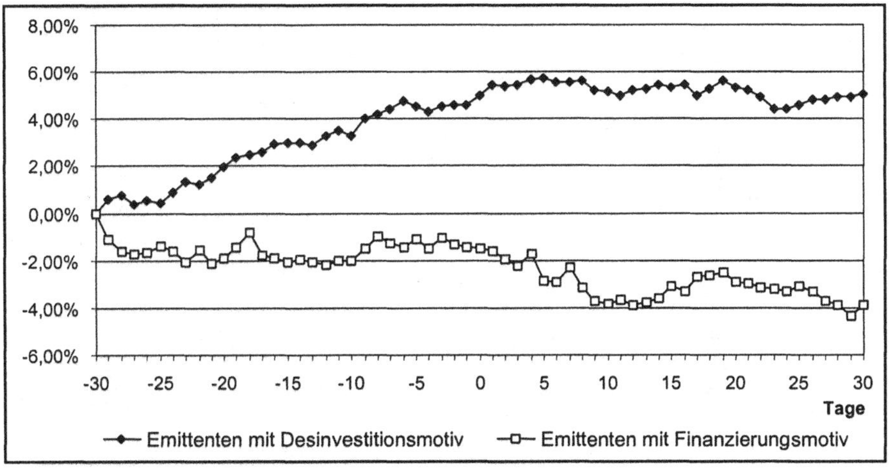

Abbildung 27: Kumulierte durchschnittliche Überrendite für die Untergruppe von Emittenten mit Desinvestitions- bzw. Finanzierungsmotiv[925]

[925] Emittenten mit Desinvestitionsmotiv: N=59 (die Untergruppe umfasst auch die Teilgruppen Emissionen via Bank/Desinvestition u. Going Public Exchangeables); für die Gruppeneinteilung siehe Kapitel 3.4; Emittenten mit Finanzierungsmotiv: N=20 (Emittenten für die kein Emissionsmotiv aus Presse- und/oder Unternehmensmitteilungen erkennbar war, wurden aus dieser Analyse ausgeschlossen);

Tag/ Zeit-fenster	Ø (kum.) Überrendite (in %)	Anteil neg. Überrenditen (in %)	Ein-facher t-Test	t-Test (expl. Unab-hängigkeit)	Rang-platztest (Corrado)	Wilcoxon/ Mann-Whitney (P-Wert)
t_{-30} bis t_{-21}	1,511%	48,3%	1,69 *	1,79 *	1,88 *	0,010 **
t_{-20} bis t_{-11}	1,971%	48,5%	2,21 **	1,41	1,20	0,681
t_{-10}	-0,183%	57,6%	-0,65	-0,90	-0,87	0,554
t_{-9}	0,697%	37,3%	2,47 **	3,33 ***	2,77 ***	0,924
t_{-8}	0,174%	42,4%	0,62	0,78	0,84	0,532
t_{-7}	0,270%	45,8%	0,96	0,76	0,80	0,253
t_{-6}	0,320%	37,3%	1,13	1,19	1,61	0,144
t_{-5}	-0,222%	62,7%	-0,79	-0,91	-1,07	0,272
t_{-4}	-0,252%	55,9%	-0,89	-0,79	-1,06	0,697
t_{-3}	0,225%	49,2%	0,80	1,36	0,80	0,577
t_{-2}	0,054%	50,8%	0,19	-0,02	0,24	0,329
t_{-30} bis t_{-2}	4,564%	48,5%	3,01 ***	2,65 ***	2,57 **	0,011 **
t_{-10} bis t_{-2}	1,082%	48,8%	1,28	1,57	1,36	0,608
t_{-1}	0,045%	47,5%	0,16	0,51	0,67	0,681
t_0	0,360%	39,0%	1,28	1,66 *	1,63	0,585
t_{-1} bis t_0	0,406%	43,2%	1,02	1,53	1,63	0,460
t_{+1}	0,446%	44,1%	1,58	1,84 *	1,35	0,230
t_0 bis t_{+1}	0,806%	41,5%	2,02 **	2,47 **	2,11 **	0,217
t_{-1} bis t_{+1}	0,851%	43,5%	1,74 *	2,31 **	2,11 **	0,302
t_{+2}	-0,042%	55,9%	-0,15	-0,08	-0,59	0,870
t_{+3}	0,049%	49,2%	0,17	-0,01	0,24	0,524
t_{+4}	0,226%	42,4%	0,80	0,70	1,07	0,689
t_{+5}	0,072%	49,2%	0,25	0,50	0,13	0,809
t_{-5} bis t_{+5}	0,961%	49,6%	1,03	1,40	1,03	0,467
t_{+6}	-0,185%	45,8%	-0,65	-0,58	0,21	0,341
t_{+7}	0,043%	54,2%	0,15	0,31	0,02	0,226
t_{+8}	0,051%	50,8%	0,18	0,33	0,28	0,076 *
t_{+9}	-0,404%	55,9%	-1,43	-1,33	-0,93	0,996
t_{+10}	-0,092%	50,8%	-0,33	0,00	-0,40	0,364
t_{+2} bis t_{+10}	-0,283%	50,5%	-0,33	-0,05	0,01	0,951
t_{-10} bis t_{+10}	1,651%	48,7%	1,28	1,81 *	1,69 *	0,460
t_{+11} bis t_{+20}	0,202%	50,8%	0,23	-0,27	-0,31	0,427
t_{-20} bis t_{+20}	3,823%	49,2%	2,12 **	1,78 *	1,65 *	0,193
t_{+21} bis t_{+30}	-0,274%	52,4%	-0,31	-0,22	-0,62	0,791
t_{+2} bis t_{+30}	-0,355%	51,3%	-0,23	-0,31	-0,54	0,689
t_{-30} bis t_{+30}	5,061%	49,6%	2,30 **	1,98 **	1,86 *	0,050 *

Erläuterungen:
*** Testwert auf dem 1%-Niveau signifikant
** Testwert auf dem 5%-Niveau signifikant
* Testwert auf dem 10%-Niveau signifikant

Tabelle 17: Überrenditen und Signifikanzwerte für die Untergruppe der Emittenten mit Desinvestitionsmotiv

Tag/Zeitfenster	Ø (kum.) Überrendite (in %)	Anteil neg. Überrenditen (in %)	Einfacher t-Test	t-Test (expl. Unabhängigkeit)	Rangplatztest (Corrado)	Wilcoxon/ Mann-Whitney (P-Wert)
t_{-30} bis t_{-21}	-2,123%	58,0%	-1,55	-1,26	-1,87 *	0,010 **
t_{-20} bis t_{-11}	0,120%	54,5%	0,09	-0,41	-0,69	0,681
t_{-10}	-0,011%	50,0%	-0,02	-0,25	-0,30	0,554
t_{-9}	0,524%	55,0%	1,21	0,74	0,29	0,924
t_{-8}	0,524%	35,0%	1,21	0,97	1,78 *	0,532
t_{-7}	-0,309%	65,0%	-0,71	-0,26	-0,35	0,253
t_{-6}	-0,147%	65,0%	-0,34	-0,78	-0,80	0,144
t_{-5}	0,314%	60,0%	0,73	0,50	0,23	0,272
t_{-4}	-0,380%	65,0%	-0,88	-0,84	-0,90	0,697
t_{-3}	0,450%	50,0%	1,04	0,72	0,79	0,577
t_{-2}	-0,283%	65,0%	-0,65	-0,92	-1,18	0,329
t_{-30} bis t_{-2}	-1,320%	56,4%	-0,57	-0,96	-1,59	0,011 **
t_{-10} bis t_{-2}	0,682%	56,7%	0,52	-0,04	-0,15	0,608
t_{-1}	-0,106%	50,0%	-0,24	0,19	0,25	0,681
t_0	-0,091%	35,0%	-0,21	0,17	0,97	0,585
t_{-1} bis t_0	-0,196%	42,5%	-0,32	0,25	0,86	0,460
t_{+1}	-0,094%	65,0%	-0,22	0,23	-0,21	0,230
t_0 bis t_{+1}	-0,184%	50,0%	-0,30	0,28	0,54	0,217
t_{-1} bis t_{+1}	-0,290%	50,0%	-0,39	0,34	0,58	0,302
t_{+2}	-0,324%	45,0%	-0,75	-0,52	-0,30	0,870
t_{+3}	-0,323%	50,0%	-0,75	-0,68	-0,58	0,524
t_{+4}	0,508%	40,0%	1,17	1,23	1,36	0,689
t_{+5}	-1,117%	55,0%	-2,58 ***	-2,29 **	-0,19	0,809
t_{-5} bis t_{+5}	-1,445%	52,7%	-1,01	-0,66	0,07	0,467
t_{+6}	-0,071%	60,0%	-0,16	-0,18	-1,01	0,341
t_{+7}	0,613%	40,0%	1,41	1,79 *	1,72 *	0,226
t_{+8}	-0,801%	65,0%	-1,85 *	-1,75 *	-1,51	0,076 *
t_{+9}	-0,580%	60,0%	-1,34	-1,27	-0,57	0,996
t_{+10}	-0,118%	40,0%	-0,27	-0,31	0,66	0,364
t_{+2} bis t_{+10}	-2,214%	50,6%	-1,70 *	-1,31	-0,14	0,951
t_{-10} bis t_{+10}	-1,823%	53,1%	-0,92	-0,74	0,03	0,460
t_{+11} bis t_{+20}	0,910%	51,0%	0,66	0,28	0,34	0,427
t_{-20} bis t_{+20}	-0,792%	52,9%	-0,29	-0,58	-0,16	0,193
t_{+21} bis t_{+30}	-1,000%	54,5%	-0,73	-0,59	-0,57	0,791
t_{+2} bis t_{+30}	-2,305%	52,1%	-0,99	-0,90	-0,22	0,689
t_{-30} bis t_{+30}	-3,915%	54,0%	-1,16	-1,14	-1,12	0,050 *

Erläuterungen:
*** Testwert auf dem 1%-Niveau signifikant
** Testwert auf dem 5%-Niveau signifikant
* Testwert auf dem 10%-Niveau signifikant

Tabelle 18: Überrenditen und Signifikanzwerte für die Untergruppe der Emittenten mit Finanzierungsmotiv

Wie Abbildung 27 zeigt, verläuft die durchschnittliche kumulierte Überrendite von Emittenten, welche mit einer Umtauschanleihe primär die Veräußerung einer Unternehmensbeteiligung verfolgen, im Vergleich zu jenen Unternehmen, welche Exchangeables vor allem als günstige Finanzierungsinstrumente sehen, während der gesamten 61-tägigen Ereignisperiode deutlich positiver. Wie der Mann-Whitney-U-Test in Tabelle 17 und Tabelle 18 angibt, ist diese Differenz für das Zeitfenster von t_{-30} bis t_{+30} auch auf dem 10% Niveau signifikant. In der Untergruppe der Emittenten mit Desinvestitionsabsicht steigt die Überrendite, zumindest bis kurz nach Ankündigung, stetig an. Über den gesamten beobachteten Ereigniszeitraum wird in dieser Gruppe eine durchschnittliche Überrendite von rund +5,1% erzielt (nach den beiden t-Tests auf dem 5% Niveau und nach dem Rangplatztest auf dem 10% Niveau signifikant). Im Unterschied dazu tendiert die abnorme Rendite in der Gruppe mit Finanzierungsmotiv negativ und erreicht von t_{-30} bis t_{+30} rund –3,9%. Diese Gruppe zeigt nur an vereinzelten Tagen bzw. für die Zeitfenster t_{-30} bis t_{-21} und t_{+2} bis t_{+10} eine schwach signifikante negative Entwicklung. Bei Vorliegen eines Desinvestitionsmotivs ist die durchschnittliche Überrendite im *Zeitraum vor Ankündigung* (t_{-30} bis t_{-2}) mit rund 4,6% eindeutig positiv und von hoher[926] bzw. mittlerer[927] Signifikanz. Die Unternehmen dieser Untergruppe scheinen Exchangeables zum Zeitpunkt einer für sie vorteilhaften Bewertung zu emittieren. Die beiden Untergruppen weisen vor Bekanntgabe[928] signifikant[929] unterschiedliche Entwicklungen auf.

Die *Ankündigung* einer Umtauschanleihe mit Veräußerungszweck wird, entgegen Emissionen mit Finanzierungszweck, von Kapitalmarktteilnehmern als positives Signal aufgenommen: Unternehmen, welche Exchangeables zur Bereinigung ihres Kernportfolios heranziehen, verzeichnen in einem engen Ereignisfenster[930] einen Ankündigungseffekt von rund +0,8 bzw. +0,9%.[931] Dennoch ist der Unterschied zwischen den beiden Untergruppen statistisch nicht signifikant. *Nach Bekanntgabe* entwickeln sich die Überrenditen insgesamt uneinheitlich.

Zusammenfassend kann festgestellt werden, dass die Preiseffekte der beiden Untergruppen gemäß Hypothese 3.2.a (Desinvestitions-Hypothese) verlaufen: Primär zu Finanzierungszwecken begebene Schuldverschreibungen lösen bei Emittenten „anleihenähnliche", nicht signifikant von Null zu unterscheidende Kursreaktionen

926 t-Tests.

927 Rangplatztest.

928 Zeitfenster von t_{-30} bis t_{-21} und t_{-30} bis t_{-2}.

929 5% Signifikanzniveau.

930 t_0 bis t_{+1} bzw. t_{-1} bis t_{+1}.

931 5% Signifikanzniveau.

aus.[932] Emittenten mit Desinvestitionsmotiv weisen hingegen signifikant positive Ankündigungsreaktionen auf.[933]

5.2.1.4. Kursreaktionen in Abhängigkeit vom Branchenhintergrund des Emittenten und des Basiswerts

Ähnlich wie Emittenten mit Desinvestitionsmotiv weisen auch Unternehmen, deren Basiswert(e) in anderen Branchen als sie selbst tätig sind, sowohl am Ankündigungstag t_0, als auch in den Zeitfenstern unmittelbar um den Ereignistag[934] mittel bis hoch signifikante positive Kursreaktionen auf. Von t_{-1} bis t_{+1} betragen diese rund +1%, wobei 57% der Überrenditen in diesem Zeitraum positiv ausfallen. In der Gruppe mit identischem Branchenhintergrund fällt die unmittelbare Ankündigungsreaktion (t_{-1} bis t_{+1}) im Unterschied dazu knapp negativ und insignifikant aus. Der Wilcoxon-Test zeigt sowohl in t_0, als auch von t_{-1} bis t_0 einen signifikanten Unterschied zwischen den beiden Untergruppen auf.[935] Dies kann als Bestätigung der Fokus-Hypothese *im Ankündigungszeitpunkt* gewertet werden.

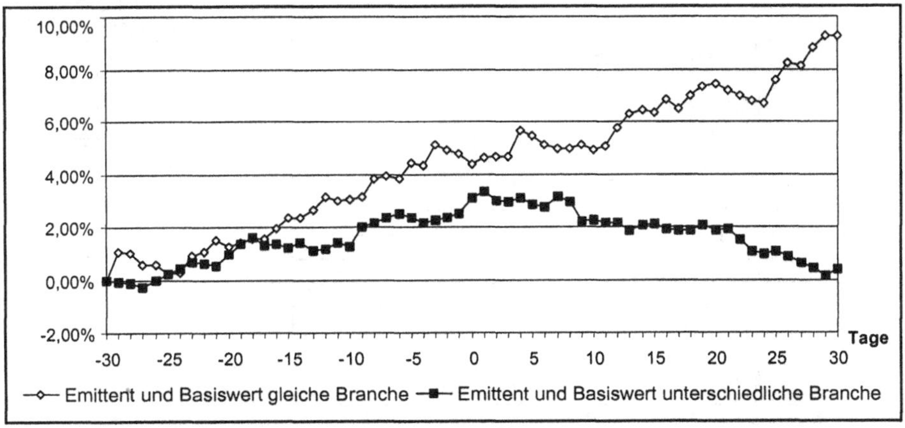

Abbildung 28: Kum. durchschn. Überrendite für Emittenten mit gleichem bzw. unterschiedlichem Branchenhintergrund wie der jeweilige Basiswert[936]

---

932 -1,3% von t_{-30} bis t_{-2}, -0,3% von t_{-1} bis t_{+1}, -2,3% von t_{+2} bis t_{+30}, -3,9% von t_{-30} bis t_{+30} (alle Werte sind statistisch insignifikant).

933 +4,6% von t_{-30} bis t_{-2}, +0,9% von t_{-1} bis t_{+1}, -0,4% von t_{+2} bis t_{+30}, +5,1% von t_{-30} bis t_{+30} (alle Werte außer für die Periode von t_{+2} bis t_{+30} sind statistisch signifikant).

934 t_{-1} bis t_0, t_0 bis t_{+1} und t_{-1} bis t_{+1}.

935 10% bzw. 5% Signifikanzniveau.

936 Emittent und Basiswert gleiche Branche: N=24; Emittent und Basiswert unterschiedliche Branche: N=65.

Tag/Zeit-fenster	Ø (kum.) Überrendite (in %)	Anteil neg. Über-renditen (in %)	Einfacher t-Test	t-Test (expl. Unab-hängig-keit)	Rang-platztest (Corrado)	Wilcoxon/ Mann-Whitney (P-Wert)
t_{-30} bis t_{-21}	0,526%	48,8%	0,62	1,11	1,68 *	0,634
t_{-20} bis t_{-11}	0,901%	51,1%	1,07	0,18	0,35	0,393
t_{-10}	-0,173%	56,9%	-0,65	-0,96	-0,85	0,743
t_{-9}	0,766%	36,9%	2,87 ***	3,51 ***	2,68 ***	0,145
t_{-8}	0,139%	46,2%	0,52	0,99	0,46	0,023 **
t_{-7}	0,189%	43,1%	0,71	1,00	1,18	0,479
t_{-6}	0,147%	52,3%	0,55	0,12	0,09	0,974
t_{-5}	-0,167%	61,5%	-0,62	-0,74	-1,16	0,040 **
t_{-4}	-0,163%	58,5%	-0,61	-0,35	-1,08	0,462
t_{-3}	0,093%	50,8%	0,35	0,70	0,43	0,161
t_{-2}	0,083%	49,2%	0,31	0,19	0,25	0,557
t_{-30} bis t_{-2}	2,342%	50,1%	1,63	1,52	1,56	0,273
t_{-10} bis t_{-2}	0,914%	50,6%	1,14	1,45	0,67	0,286
t_{-1}	0,175%	43,1%	0,66	1,22	1,09	0,204
t_0	0,548%	33,8%	2,05 **	2,20 **	2,56 **	0,054 *
t_{-1} bis t_0	0,723%	38,5%	1,92 *	2,41 **	2,59 ***	0,033 **
t_{+1}	0,281%	52,3%	1,05	0,99	0,58	0,621
t_0 bis t_{+1}	0,829%	43,1%	2,20 **	2,25 **	2,22 **	0,316
t_{-1} bis t_{+1}	1,004%	43,1%	2,17 **	2,54 **	2,45 **	0,242
t_{+2}	-0,366%	58,5%	-1,37	-1,65 *	-1,57	0,316
t_{+3}	-0,035%	46,2%	-0,13	0,25	-1,57	0,743
t_{+4}	0,117%	47,7%	0,44	0,74	0,72	0,080 *
t_{+5}	-0,201%	49,2%	-0,75	-0,57	0,07	0,563
t_{-5} bis t_{+5}	0,365%	50,1%	0,41	0,88	0,10	0,269
t_{+6}	-0,095%	52,3%	-0,36	-0,44	-0,39	0,647
t_{+7}	0,368%	49,2%	1,38	1,79 *	1,52	0,257
t_{+8}	-0,210%	61,5%	-0,79	-0,79	-0,78	0,419
t_{+9}	-0,719%	64,6%	-2,69 ***	-2,98 ***	-2,37 **	0,012 **
t_{+10}	0,048%	43,1%	0,18	0,06	0,39	0,485
t_{+2} bis t_{+10}	-1,093%	52,5%	-1,37	-1,17	-1,32	0,107
t_{-10} bis t_{+10}	0,825%	50,3%	0,67	1,10	0,50	0,194
t_{+11} bis t_{+20}	-0,425%	53,7%	-0,50	-1,16	-1,32	0,016 **
t_{-20} bis t_{+20}	1,301%	51,3%	0,76	0,30	-0,12	0,042 **
t_{+21} bis t_{+30}	-1,477%	52,8%	-1,75 *	-1,73 *	-1,17	0,048 **
t_{+2} bis t_{+30}	-2,995%	53,0%	-2,08 **	-2,28 **	-2,20 **	0,004 ***
t_{-30} bis t_{+30}	0,351%	51,1%	0,17	0,01	0,10	0,013 **

Erläuterungen:
*** Testwert auf dem 1%-Niveau signifikant
** Testwert auf dem 5%-Niveau signifikant
* Testwert auf dem 10%-Niveau signifikant

Tabelle 19: Überrenditen und Signifikanzwerte für die Untergruppe der Emittenten mit anderem Branchenhintergrund als der jeweilige Basiswert

Tag/Zeit-fenster	Ø (kum.) Über-rendite (in %)	Anteil neg. Über-renditen (in %)	Einfacher t-Test	t-Test (expl. Unab-hängigkeit)	Rang-platztest (Corrado)	Wilcoxon/ Mann-Whitney (P-Wert)
t_{-30} bis t_{-21}	1,518%	55,0%	1,16	0,87	-0,68	0,634
t_{-20} bis t_{-11}	1,468%	50,8%	1,12	0,06	-0,18	0,393
t_{-10}	0,043%	54,2%	0,10	0,14	-0,35	0,743
t_{-9}	0,097%	54,2%	0,23	0,53	-0,29	0,145
t_{-8}	0,708%	29,2%	1,71 *	1,82 *	2,31 **	0,023 **
t_{-7}	0,088%	54,2%	0,21	0,26	0,27	0,479
t_{-6}	-0,076%	45,8%	-0,18	-0,18	0,27	0,974
t_{-5}	0,589%	45,8%	1,42	1,45	1,52	0,040 **
t_{-4}	-0,090%	54,2%	-0,22	-0,07	-0,11	0,462
t_{-3}	0,768%	41,7%	1,85 *	2,20 **	1,55	0,161
t_{-2}	-0,178%	58,3%	-0,43	-0,54	-0,50	0,557
t_{-30} bis t_{-2}	4,934%	51,6%	2,21 **	1,51	0,37	0,273
t_{-10} bis t_{-2}	1,948%	48,6%	1,57	1,84 *	1,57	0,286
t_{-1}	-0,182%	58,3%	-0,44	-0,34	-0,34	0,204
t_0	-0,383%	45,8%	-0,92	-0,11	-0,19	0,054 *
t_{-1} bis t_0	-0,565%	52,1%	-0,96	-0,31	-0,37	0,033 **
t_{+1}	0,232%	45,8%	0,56	1,13	0,84	0,621
t_0 bis t_{+1}	-0,151%	45,8%	-0,26	0,72	0,47	0,316
t_{-1} bis t_{+1}	-0,333%	50,0%	-0,46	0,39	0,18	0,242
t_{+2}	0,042%	50,0%	0,10	0,04	-0,06	0,316
t_{+3}	0,014%	58,3%	0,03	-0,78	-0,18	0,743
t_{+4}	0,990%	25,0%	2,39 **	2,08 **	2,06 **	0,080 *
t_{+5}	-0,169%	62,5%	-0,41	-0,38	-0,49	0,563
t_{-5} bis t_{+5}	1,633%	49,6%	1,19	1,38	1,24	0,269
t_{+6}	-0,375%	45,8%	-0,90	-0,58	-0,25	0,647
t_{+7}	-0,149%	54,2%	-0,36	-0,15	-0,41	0,257
t_{+8}	-0,008%	41,7%	-0,02	0,17	0,38	0,419
t_{+9}	0,158%	41,7%	0,38	0,73	0,94	0,012 **
t_{+10}	-0,185%	54,2%	-0,44	0,24	-0,24	0,485
t_{+2} bis t_{+10}	0,319%	48,1%	0,26	0,46	0,58	0,107
t_{-10} bis t_{+10}	1,934%	48,6%	1,02	1,61	1,48	0,194
t_{+11} bis t_{+20}	2,490%	47,1%	1,90 *	1,62	1,50	0,016 **
t_{-20} bis t_{+20}	5,892%	48,8%	2,22 **	1,89 *	1,71 *	0,042 **
t_{+21} bis t_{+30}	1,831%	51,7%	1,40	1,19	0,63	0,048 **
t_{+2} bis t_{+30}	4,640%	49,0%	2,08 **	1,84 *	1,57	0,004 ***
t_{-30} bis t_{+30}	9,241%	50,3%	2,85 ***	2,25 **	1,38	0,013 **

Erläuterungen:
*** Testwert auf dem 1%-Niveau signifikant
** Testwert auf dem 5%-Niveau signifikant
* Testwert auf dem 10%-Niveau signifikant

Tabelle 20: Überrenditen und Signifikanzwerte für die Untergruppe der Emittenten mit gleichem Branchenhintergrund wie der jeweilige Basiswert[937]

937 Emissionen, welche gleichzeitig in mehrere Unternehmen wandelbar sind (siehe hierfür auch Kapitel 3.3.2.1), wurden, soweit eine eindeutige Zuordnung zu einer der beiden Gruppen nicht möglich war, aus der Analyse für dieses Kapitel ausgeschlossen. Dies betrifft folgende

Trotz der mit den Erwartungen der Fokus-Hypothese (Hypothese 3.2.b) übereinstimmenden Reaktion in der unmittelbaren Ankündigungsperiode kann die Überrenditenentwicklung im größeren Ereigniszeitraum zunächst als überraschend bezeichnet werden: In einem 41-tägigen Zeitfenster um den Ankündigungstag beträgt diese für die Gruppe mit gleichem Branchenhintergrund rund +5,9%,[938] im gesamten 61-tägigen Zeitfenster klettert diese sogar auf +9,2%.[939] Der Unterschied zwischen den durchschnittlichen kumulierten Überrenditen der beiden Untersuchungsgruppen ist zumindest für den Zeitraum *nach einer Emissionsankündigung* hoch signifikant.[940] Während bei gleichem Branchenhintergrund der Emittent von t_{+2} bis t_{+30} eine rund +4,6%ige Überrendite erzielt, beträgt diese bei unterschiedlicher Branchenzugehörigkeit knapp –3%. Auch in größeren Ereignisfenstern um den Tag der Bekanntgabe einer Emission (t_{-20} bis t_{+20} und t_{-30} bis t_{+30}) bleibt der Unterschied zwischen den beiden Untersuchungsgruppen auf dem 5% Niveau signifikant. Dies könnte als Gegenargument für die in einem engen Zeitfenster bestätigte Fokus-Hypothese gewertet werden.

Da eine exakte Schlussfolgerung zur Fokus-Hypothese zumindest in einem größeren Ereignisfenster schwierig erscheint, wird die Gruppe der Emittenten *mit Desinvestitionsmotiv* getrennt danach untersucht, ob das begebende Unternehmen und das Underlying in der *selben* oder einer *unterschiedlichen Branche* tätig sind.[941] Hieraus geht hervor, dass Schuldner mit Desinvestitionsabsicht insbesondere dann eine positive Ankündigungsreaktion aufweisen, wenn eine Exchangeable Bond-Emission die Unternehmenskonzentration (potentiell) fördert – d.h. der Emittent und das Underlying in unterschiedlichen Branchen tätig sind. Emittenten dieser Untergruppe weisen in einem *3-tägigen Ankündigungsfenster* (t_{-1} bis t_{+1}) eine hoch signifikante positive Kursreaktion von +1,4% auf.[942] Hingegen kann für diese Untersuchungsperiode auch bei Desinvestitionsmotiv keine signifikant von Null unterschiedliche Kursreaktion festgestellt werden, wenn die beiden beteilig-

---

Emittenten: Vivendi Environnement (April 1999), Allianz Finance II BV (Dezember 2000), Fondiaria Nederland BV (April 2001), Società Assicuratrice Industriale SpA (Juni 2001), Swiss Life Finance Ltd (Juni 2001), Fondiaria Nederland BV (Juni 2001) und EMS-Chemie Holding AG (Juli 2002).

938 Auf dem 5% bzw. 10% Niveau signifikant.

939 Da aber rund die Hälfte der Überrenditen von t_{-30} bis t_{+30} in dieser Gruppe negativ ist und der Rangplatztest nach *Corrado* keine Signifikanz anzeigt, ist das Ergebnis zumindest in diesem großen Zeitfenster kritisch zu hinterfragen.

940 t_{+2} bis t_{+30}; 1% Signifikanzniveau bei Wilcoxon-Rangsummentest.

941 Die Ergebnisse (Überrenditen und Signifikanztestwerte) für diese beiden Untersuchungsgruppen werden im Anhang in den Tabellen 13 und 14 dargestellt.

942 Lediglich 38% der Überrenditen sind negativ.

ten Unternehmen in ein und der selben Branche tätig sind.[943] Im Zeitraum *vor* Ankündigung weisen beide Untersuchungsgruppen mit Desinvestitionsabsicht signifikant positive Überrenditen, jedoch keinen statistisch signifikanten Unterschied auf.[944] Für den Zeitraum *nach* einer Emission fällt die Differenz zwischen den Teilgruppen signifikant aus: Emittenten mit Veräußerungsmotiv und gleichem Branchenhintergrund wie der Basiswert erzielen weiterhin signifikant positive Überrenditen.[945] Die weitere Entwicklung von Emittenten mit Desinvestitionsmotiv und unterschiedlichem Branchenhintergrund verläuft zwar negativ,[946] aber statistisch insignifikant. Bei gleichem Branchenhintergrund verläuft die kumulierte Überrendite im gesamten Ereignisfenster äußerst positiv und signifikant,[947] bei unterschiedlichem Tätigkeitsfeld hingegen insignifikant positiv.[948]

Zusammenfassend kann festgehalten werden: Der Kapitalmarkt reagiert bei Ankündigung einer Umtauschanleihe, welcher ein Desinvestitionsmotiv zu Grund liegt oder welche (potentiell) die Unternehmenskonzentration des Emittenten steigert, positiv. Für Emittenten kann in einem *kurzen Ereignisfenster* (t_{-1} bis t_{+1}) jedoch nur dann eine signifikant positive Reaktion beobachtet werden, wenn diese ein Desinvestitionsmotiv glaubhaft machen und/oder die beteiligten Unternehmen unterschiedliche Branchenhintergründe aufweisen. Die positivste Ankündigungsreaktion[949] kann bei jenen Unternehmen beobachtet werden, welche eine Umtauschanleihe primär zu einem Veräußerungszweck begeben und deren Basiswert(e) einen unterschiedlichen Tätigkeitsbereich als sie selbst aufweisen. Umtauschanleihenemittenten, welche Beteiligungen veroptionieren, die in derselben Branche wie sie selbst tätig sind, begeben ihre konvertiblen Anleihen in einem Zeitraum einer äußerst positiven Bewertung ihres Unternehmens durch den Markt.[950] Sie verzeichnen zwar keine signifikante Reaktion im Zeitpunkt der An-

---

943 Hierbei muss jedoch berücksichtigt werden, dass die geringe Anzahl der Ereignisse (N=15) in der Untergruppe von Emittenten mit Desinvestitionsmotiv und gleichem Branchenhintergrund wie ihr(e) Basiswert(e) den Nachweis einer Signifikanz deutlich erschwert.

944 Für den Zeitraum von t_{-30} bis t_{-2} belaufen sich diese bei unterschiedlichem Tätigkeitsbereich auf knapp +4%, bei gleicher Sektorzugehörigkeit sogar auf +7,7%.

945 +6,6% im Zeitraum von t_{+2} bis t_{+30}; Werte auf dem 5% bzw. 10% Niveau signifikant.

946 -2,5% im Zeitraum von t_{+2} bis t_{+30}.

947 +14,1% im Zeitraum von t_{-30} bis t_{+30}; Werte auf dem 1% bzw. 5% Niveau signifikant.

948 +2,8% im Zeitraum von t_{-30} bis t_{+30}.

949 +1,4% im Zeitraum von t_{-1} bis t_{+1}; Werte auf dem 1% bzw. 5% Niveau signifikant.

950 Dass eine solche positive Marktbewertung nicht nur für den Emittenten selbst, sondern auch generell für die Branche und damit auch das jeweilige Underlying gilt, kann hier nicht festgestellt, aber zumindest vermutet werden (siehe hierzu die Ergebnisse der Regressionsanalysen in Kapitel 5.2.2). Es kann angenommen werden, dass Emittenten mit identischem Branchenhintergrund wie ihr Basiswert im Vergleich zu Unternehmen mit unterschiedlichem Branchenhintergrund über ein besseres Informationsniveau bzw. eine tiefergehendere Marktein-

kündigung selbst (t_{-1} bis t_{+1}), jedoch signifikant positive Überrenditen im *Zeitraum um eine Emission*.[951]

5.2.1.5. Kursreaktionen von Finanz- und Nichtfinanzinstituten

Die Signal-Hypothese von *Miller/Rock* (1985) geht davon aus, dass die Ankündigungsreaktion einer Finanzierungsentscheidung von der Prognostizierbarkeit dieser Handlung abhängt. Aus diesem Grund werden in diesem Kapitel Preiseffekte bei der Ankündigung von Umtauschanleihen durch *Banken und Versicherungen* (Finanzinstitute) mit jenen von Nichtfinanzunternehmen verglichen. Für die erste Gruppe werden (absolut) geringere Kurseffekte als jene in der Vergleichsgruppe erwartet (Hypothese 4.2).

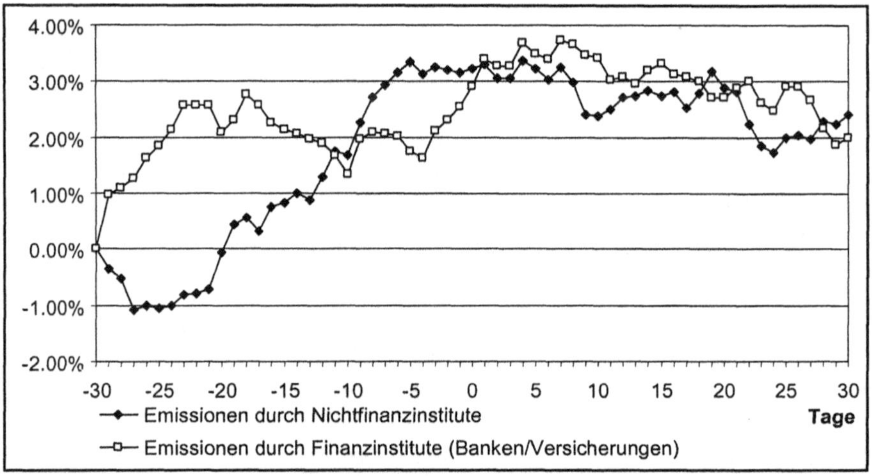

Abbildung 29: Kumulierte durchschnittliche Überrendite für die Untergruppen Finanz- und Nichtfinanzinstitute[952]

schätzung verfügen. Somit können Market Timing-Überlegungen für diese Emittentengruppe von Bedeutung sein.

951 Diese betragen im unmittelbaren Zeitraum *vor* einer Emission (t_{-30} bis t_{-2}) +4,9% (Wert auf dem 5% Niveau signifikant). Im unmittelbaren Zeitraum *nach* einer Emission (t_{+2} bis t_{+30}) beläuft sich dieser Wert auf +4,6% (auf dem 5% bzw. 10% Niveau signifikant). Für das gesamte 61-tägige Zeitfenster beträgt die kumulierte Überrendite +9,2% (Wert auf dem 5% bzw. 10% Niveau signifikant). Lediglich die Gruppe von Emittenten mit Desinvestitionsmotiv *und* gleichem Branchenhintergrund wie ihr(e) Basiswert(e) weisen für den unmittelbaren Zeitraum *vor* und *nach* einer Ankündigung noch höhere signifikante Überrenditen aus. Die kumulierte Überrendite in dieser Untergruppe beläuft sich für t_{-30} bis t_{+30} auf +14,1% (Wert auf dem 1% bzw. 5% Niveau signifikant).

952 Nichtfinanzinstitute: N=55; Finanzinstitute (Banken und Versicherungen): N=41.

Tag/Zeit-fenster	Ø (kum.) Über-rendite (in %)	Anteil neg. Über-renditen (in %)	Einfacher t-Test	t-Test (expl. Unab-hängigkeit)	Rang-platztest (Corrado)	Wilcoxon/ Mann-Whitney (P-Wert)
t_{-30} bis t_{-21}	-0,721%	53,3%	-0,70	-0,73	-0,73	0,142
t_{-20} bis t_{-11}	2,460%	49,8%	2,40 **	1,51	1,08	0,249
t_{-10}	-0,064%	61,8%	-0,20	-0,20	-0,65	0,714
t_{-9}	0,577%	45,5%	1,78 *	1,93 *	1,32	0,856
t_{-8}	0,454%	30,9%	1,40	1,79 *	1,99 **	0,106
t_{-7}	0,236%	47,3%	0,73	0,96	1,14	0,551
t_{-6}	0,212%	45,5%	0,65	0,29	0,61	0,334
t_{-5}	0,193%	54,5%	0,60	0,71	0,18	0,364
t_{-4}	-0,216%	54,5%	-0,67	-0,65	-0,70	0,759
t_{-3}	0,111%	50,9%	0,34	0,26	0,25	0,435
t_{-2}	-0,046%	54,5%	-0,14	-0,75	-0,51	0,470
t_{-30} bis t_{-2}	3,197%	50,9%	1,83 *	1,21	0,88	0,862
t_{-10} bis t_{-2}	1,458%	49,5%	1,50	1,42	1,20	0,649
t_{-1}	-0,040%	50,9%	-0,12	0,08	0,28	0,396
t_0	0,066%	40,0%	0,20	0,72	0,93	0,697
t_{-1} bis t_0	0,026%	45,5%	0,06	0,57	0,86	0,448
t_{+1}	0,081%	52,7%	0,25	0,55	0,20	0,522
t_0 bis t_{+1}	0,147%	46,4%	0,32	0,89	0,80	0,687
t_{-1} bis t_{+1}	0,107%	47,9%	0,19	0,78	0,82	0,475
t_{+2}	-0,249%	56,4%	-0,77	-0,91	-1,20	0,512
t_{+3}	0,014%	49,1%	0,04	-0,38	0,14	0,950
t_{+4}	0,312%	41,8%	0,96	1,02	0,94	0,874
t_{+5}	-0,161%	47,3%	-0,50	-0,28	0,41	0,507
t_{-5} bis t_{+5}	0,065%	50,2%	0,06	0,11	0,28	0,498
t_{+6}	-0,197%	47,3%	-0,61	-0,60	-0,13	0,731
t_{+7}	0,221%	52,7%	0,68	1,01	0,51	0,571
t_{+8}	-0,256%	54,5%	-0,79	-0,68	-0,63	0,816
t_{+9}	-0,594%	56,4%	-1,83 *	-2,02 **	-1,04	0,787
t_{+10}	-0,022%	49,1%	-0,07	0,05	0,11	0,909
t_{+2} bis t_{+10}	-0,932%	50,5%	-0,96	-0,92	-0,29	0,659
t_{-10} bis t_{+10}	0,632%	49,7%	0,43	0,61	0,91	0,897
t_{+11} bis t_{+20}	0,507%	50,2%	0,49	-0,03	0,16	0,493
t_{-20} bis t_{+20}	3,599%	49,8%	1,73 *	1,10	1,26	0,305
t_{+21} bis t_{+30}	-0,477%	51,8%	-0,46	-0,44	-0,31	0,985
t_{+2} bis t_{+30}	-0,902%	50,8%	-0,52	-0,76	-0,25	0,703
t_{-30} bis t_{+30}	2,402%	50,7%	0,95	0,45	0,61	0,979

Erläuterungen:
*** Testwert auf dem 1%-Niveau signifikant
** Testwert auf dem 5%-Niveau signifikant
* Testwert auf dem 10%-Niveau signifikant

Tabelle 21: Überrenditen und Signifikanzwerte für die Untergruppe der Emissionen durch Nichtfinanzinstitute

Tag/Zeitfenster	Ø (kum.) Überrendite (in %)	Anteil neg. Überrenditen (in %)	Einfacher t-Test	t-Test (expl. Unabhängigkeit)	Rangplatztest (Corrado)	Wilcoxon/ Mann-Whitney (P-Wert)
t_{-30} bis t_{-21}	2,578%	47,6%	3,33 ***	2,77 ***	2,60 ***	0,142
t_{-20} bis t_{-11}	-0,898%	53,4%	-1,16	-1,25	-0,89	0,249
t_{-10}	-0,336%	48,8%	-1,37	-1,62	-1,00	0,714
t_{-9}	0,628%	39,0%	2,56 **	3,05 ***	2,01 **	0,856
t_{-8}	0,125%	56,1%	0,51	0,93	0,33	0,106
t_{-7}	-0,023%	48,8%	-0,10	0,11	0,16	0,551
t_{-6}	-0,048%	56,1%	-0,19	-0,19	-0,20	0,334
t_{-5}	-0,273%	61,0%	-1,11	-0,94	-0,97	0,364
t_{-4}	-0,114%	61,0%	-0,47	-0,01	-0,89	0,759
t_{-3}	0,464%	46,3%	1,89 *	2,31 **	1,53	0,435
t_{-2}	0,195%	46,3%	0,79	1,14	1,07	0,470
t_{-30} bis t_{-2}	2,297%	50,8%	1,74 *	1,69 *	1,38	0,862
t_{-10} bis t_{-2}	0,616%	51,5%	0,84	1,56	0,68	0,649
t_{-1}	0,257%	41,5%	1,05	1,37	1,24	0,396
t_0	0,358%	41,5%	1,46	1,12	1,51	0,697
t_{-1} bis t_0	0,615%	41,5%	1,78 *	1,76 *	1,94 *	0,448
t_{+1}	0,495%	48,8%	2,02 **	1,63	1,13	0,522
t_0 bis t_{+1}	0,854%	45,1%	2,47 **	1,95 *	1,87 *	0,687
t_{-1} bis t_{+1}	1,110%	43,9%	2,62 ***	2,38 **	2,24 **	0,475
t_{+2}	-0,131%	53,7%	-0,53	-0,58	-0,36	0,512
t_{+3}	0,001%	48,8%	0,00	0,42	0,21	0,950
t_{+4}	0,416%	39,0%	1,70 *	1,55	1,82 *	0,874
t_{+5}	-0,201%	58,5%	-0,82	-0,63	-0,53	0,507
t_{-5} bis t_{+5}	1,466%	49,7%	1,81 *	2,18 **	1,73 *	0,498
t_{+6}	-0,091%	58,5%	-0,37	-0,27	-0,47	0,731
t_{+7}	0,324%	48,8%	1,32	1,40	1,48	0,571
t_{+8}	-0,051%	58,5%	-0,21	-0,31	-0,15	0,816
t_{+9}	-0,209%	58,5%	-0,85	-0,69	-1,02	0,787
t_{+10}	-0,054%	46,3%	-0,22	0,03	0,04	0,909
t_{+2} bis t_{+10}	0,004%	52,3%	0,01	0,31	0,34	0,659
t_{-10} bis t_{+10}	1,731%	50,8%	1,54	2,04 **	1,52	0,897
t_{+11} bis t_{+20}	-0,692%	55,9%	-0,89	-1,12	-1,47	0,493
t_{-20} bis t_{+20}	0,140%	52,6%	0,09	0,30	-0,08	0,305
t_{+21} bis t_{+30}	-0,726%	53,2%	-0,94	-0,80	-0,91	0,985
t_{+2} bis t_{+30}	-1,414%	53,8%	-1,07	-0,93	-1,20	0,703
t_{-30} bis t_{+30}	1,992%	51,9%	1,04	0,96	0,62	0,979

Erläuterungen:
- *** Testwert auf dem 1%-Niveau signifikant
- ** Testwert auf dem 5%-Niveau signifikant
- * Testwert auf dem 10%-Niveau signifikant

Tabelle 22: Überrenditen und Signifikanzwerte für die Untergruppe der Emissionen durch Finanzinstitute

Die Abbildung 29 lässt bereits erkennen, dass die kumulierten durchschnittlichen Überrenditen in den beiden Untergruppen (zumindest nach Bekanntgabe einer Emission) deutlich weniger unterschiedlich als in den bisher gebildeten Untergruppen verlaufen. Emissionen von Nichtfinanzunternehmen zeigen in einem engen Ankündigungsfenster keine signifikante Reaktion. Auch der deutliche Kursanstieg bis zum Ankündigungstag[953] weist keine statistische Relevanz auf. In der gesamten Ereignisperiode ist mit Ausnahme einzelner Tage nur die Reaktion von t_{-20} bis t_{-11} bzw. der Effekt im Zeitfenster t_{-20} bis t_{+20} bei Anwendung des einfachen t-Tests mittel bzw. schwach signifikant.

Entgegen der Hypothese von *Miller/Rock* fällt der Preiseffekt im Ankündigungszeitraum von t_{-1} bis t_{+1} betragsmäßig höher und statistisch eindeutig signifikant aus.[954] Außerdem fällt die positive Überrendite von +2,6% zwischen t_{-30} und t_{-21} auf, welche nach allen Testverfahren hoch signifikant ist. Die Ursache dieses Effekts ist unklar. Der Wilcoxon-Rangsummentest weist für die Untergruppen keine statistisch signifikanten Differenzen nach. Somit kann die Hypothese *Miller/Rocks* (Hypothese 4.2.) für diese Untersuchung anhand von Gruppenbildung nicht bestätigt werden.

5.2.1.6. Kursreaktionen in Abhängigkeit vom Emissionsmarkt

Die Ergebnisse bisheriger empirischer Studien zu Eigenkapital- und Wandelanleihenemissionen lassen, in Abhängigkeit davon, ob Finanzierungstitel *öffentlich* oder *privat platziert* werden unterschiedliche Ankündigungseffekte erwarten. Diese Hypothese trifft, wie die folgende Abbildung und die anschließenden zwei Tabellen zeigen, auf Umtauschanleihen jedoch nur eingeschränkt zu: Emittenten, welche Exchangeables privat platzieren, weisen im engen Ankündigungsfenster[955] mit +1,3%[956] eine deutlich höhere Überrendite als jene Gesellschaften auf, welche Schuldverschreibungen öffentlich platzieren (+0,3%)[957]. Im Zeitraum vor der Ankündigung einer Umtauschanleihe[958] verzeichnen Emittenten von Privatplatzierungen mit +3,9% eine im Durchschnitt deutlich höhere Überrendite als Schuldner öffentlich platzierter Anleihen.

---

953 t_{-30} bis t_{-2}.

954 1% bzw. 5% Signifikanzniveau.

955 t_{-1} bis t_{+1}.

956 Lediglich nach dem Testverfahren nach Corrado auf dem 10% Niveau signifikant.

957 Nach allen Testverfahren insignifikant.

958 t_{-30} bis t_{-2}.

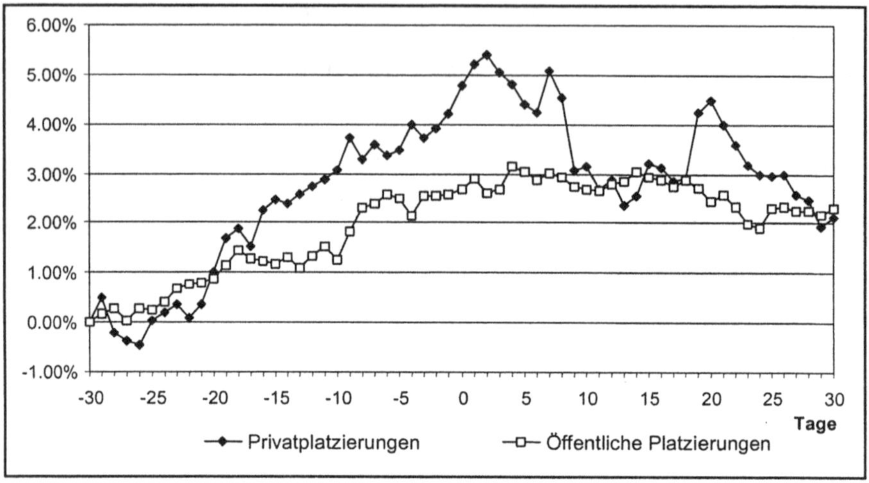

Abbildung 30: Kumulierte durchschnittliche Überrendite für die Untergruppen der Emittenten, welche Exchangeables privat bzw. öffentlich platzieren[959]

Nach Bekanntgabe[960] wird diese Entwicklung zum größten Teil wiederum revidiert. Die Differenzen der beiden Untergruppen sind mit Ausnahme einzelner Tage und der Periode von t_{+21} und t_{+30} in keinem der untersuchten Zeiträume statistisch signifikant. Zusammenfassend kann, im Unterschied zu den in den Kapiteln 4.4.3 und 4.4.4 beschriebenen Ergebnissen bisheriger empirischer Untersuchungen, auf Basis von Gruppenbildung kein wesentlicher Einfluss des Emissionsmarkts auf eine Ankündigungsreaktion emittierender Unternehmen festgestellt werden. Die Hypothese 5.1. kann somit nicht bestätigt werden. Hierbei muss aber angemerkt werden, dass die Aussagekraft der Untersuchung durch die geringe Zahl privat platzierter Umtauschanleihen eingeschränkt wird.[961]

---

959 Privatplatzierungen: N=18; Öffentliche Platzierungen: N=77.

960 t_{+2} bis t_{+30}.

961 Die Untergruppe der Privatplatzierungen umfasst lediglich achtzehn Ereignisse.

Tag/Zeit-fenster	Ø (kum.) Über-rendite (in %)	Anteil neg. Über-renditen (in %)	Einfacher t-Test	t-Test (expl. Unab-hängigkeit)	Rang-platztest (Corrado)	Wilcoxon/ Mann-Whitney (P-Wert)
t_{-30} bis t_{-21}	0,359%	51,1%	0,22	0,61	0,58	0,725
t_{-20} bis t_{-11}	2,531%	42,2%	1,57	1,18	1,92 *	0,122
t_{-10}	0,193%	44,4%	0,38	0,23	0,37	0,436
t_{-9}	0,629%	38,9%	1,23	1,69 *	1,65 *	0,582
t_{-8}	-0,437%	50,0%	-0,85	-0,74	-0,80	0,058 *
t_{-7}	0,298%	38,9%	0,58	0,62	0,88	0,575
t_{-6}	-0,217%	50,0%	-0,42	-0,40	-0,54	0,393
t_{-5}	0,124%	50,0%	0,24	0,03	0,05	0,704
t_{-4}	0,522%	38,9%	1,02	1,59	1,16	0,068 *
t_{-3}	-0,287%	61,1%	-0,56	-0,65	-0,76	0,136
t_{-2}	0,200%	50,0%	0,39	0,39	0,55	0,842
t_{-30} bis t_{-2}	3,915%	46,7%	1,42	1,50	1,94 *	0,465
t_{-10} bis t_{-2}	1,025%	46,9%	0,67	0,91	0,85	0,790
t_{-1}	0,284%	38,9%	0,56	0,74	0,95	0,506
t_0	0,580%	33,3%	1,14	1,38	1,82 *	0,152
t_{-1} bis t_0	0,865%	36,1%	1,20	1,49	1,96 *	0,119
t_{+1}	0,438%	44,4%	0,86	0,73	0,37	0,894
t_0 bis t_{+1}	1,019%	38,9%	1,41	1,49	1,55	0,347
t_{-1} bis t_{+1}	1,303%	38,9%	1,47	1,64	1,81 *	0,243
t_{+2}	0,193%	50,0%	0,38	0,52	1,08	0,615
t_{+3}	-0,356%	55,6%	-0,70	-0,67	1,08	0,247
t_{+4}	-0,250%	61,1%	-0,49	-0,52	-0,69	0,052 *
t_{+5}	-0,395%	38,9%	-0,77	-1,12	-0,07	0,669
t_{-5} bis t_{+5}	1,055%	47,5%	0,62	0,72	1,67 *	0,985
t_{+6}	-0,169%	50,0%	-0,33	-0,37	-0,20	0,718
t_{+7}	0,832%	27,8%	1,63	1,91 *	2,29 **	0,050 *
t_{+8}	-0,528%	61,1%	-1,03	-1,12	-1,30	0,279
t_{+9}	-1,481%	55,6%	-2,90 ***	-2,64 ***	-1,48	0,267
t_{+10}	0,077%	50,0%	0,15	-0,27	-0,09	0,932
t_{+2} bis t_{+10}	-2,075%	50,0%	-1,35	-1,40	0,20	0,732
t_{-10} bis t_{+10}	0,253%	47,1%	0,11	0,28	1,38	0,977
t_{+11} bis t_{+20}	1,331%	47,2%	0,82	0,27	0,44	0,754
t_{-20} bis t_{+20}	4,115%	45,9%	1,26	0,87	2,15 **	0,271
t_{+21} bis t_{+30}	-2,346%	58,9%	-1,45	-1,49	-1,92 *	0,081 *
t_{+2} bis t_{+30}	-3,090%	52,1%	-1,12	-1,44	-0,76	0,635
t_{-30} bis t_{+30}	2,128%	48,9%	0,53	0,36	1,22	0,655

Erläuterungen:
*** Testwert auf dem 1%-Niveau signifikant
** Testwert auf dem 5%-Niveau signifikant
* Testwert auf dem 10%-Niveau signifikant

Tabelle 23: Überrenditen und Signifikanzwerte für die Untergruppe der Emittenten mit privat platzierten Umtauschanleihen

Tag/Zeit-fenster	Ø (kum.) Über-rendite (in %)	Anteil neg. Über-renditen (in %)	Einfacher t-Test	t-Test (expl. Unab-hängig-keit)	Rang-platztest (Corrado)	Wilcoxon/ Mann-Whitney (P-Wert)
t_{-30} bis t_{-21}	0,790%	50,6%	1,08	1,05	0,86	0,725
t_{-20} bis t_{-11}	0,738%	53,2%	1,01	-0,11	-0,54	0,122
t_{-10}	-0,267%	58,4%	-1,15	-1,44	-1,36	0,436
t_{-9}	0,573%	44,2%	2,48 **	2,84 ***	1,69 *	0,582
t_{-8}	0,471%	40,3%	2,04 **	2,39 **	2,21 **	0,058 *
t_{-7}	0,086%	50,6%	0,37	0,87	0,66	0,575
t_{-6}	0,178%	49,4%	0,77	0,49	0,61	0,393
t_{-5}	-0,080%	59,7%	-0,35	0,19	-0,52	0,704
t_{-4}	-0,340%	62,3%	-1,47	-1,14	-1,67 *	0,068 *
t_{-3}	0,395%	45,5%	1,71 *	1,86 *	1,54	0,136
t_{-2}	0,020%	51,9%	0,09	0,31	0,04	0,842
t_{-30} bis t_{-2}	2,564%	51,8%	2,06 **	1,65 *	0,78	0,465
t_{-10} bis t_{-2}	1,036%	51,4%	1,49	2,08 **	1,07	0,790
t_{-1}	0,029%	49,4%	0,13	0,50	0,63	0,506
t_0	0,098%	42,9%	0,42	0,70	0,97	0,152
t_{-1} bis t_0	0,127%	46,1%	0,39	0,84	1,13	0,119
t_{+1}	0,207%	53,2%	0,90	0,90	0,74	0,894
t_0 bis t_{+1}	0,306%	48,1%	0,93	1,13	1,21	0,347
t_{-1} bis t_{+1}	0,335%	48,5%	0,83	1,21	1,35	0,243
t_{+2}	-0,289%	55,8%	-1,25	-1,34	-1,34	0,615
t_{+3}	0,092%	48,1%	0,40	0,08	0,65	0,247
t_{+4}	0,462%	36,4%	1,99 **	2,19 **	2,28 **	0,052 *
t_{+5}	-0,129%	54,5%	-0,56	0,25	0,02	0,669
t_{-5} bis t_{+5}	0,465%	50,9%	0,61	1,33	1,01	0,985
t_{+6}	-0,144%	51,9%	-0,62	-0,54	-0,32	0,718
t_{+7}	0,138%	55,8%	0,60	0,88	0,39	0,050 *
t_{+8}	-0,089%	55,8%	-0,39	-0,09	-0,04	0,279
t_{+9}	-0,197%	58,4%	-0,85	-0,85	-0,88	0,267
t_{+10}	-0,053%	46,8%	-0,23	0,09	0,16	0,932
t_{+2} bis t_{+10}	-0,210%	51,5%	-0,30	0,22	0,31	0,732
t_{-10} bis t_{+10}	1,161%	51,0%	1,09	1,90 *	1,41	0,977
t_{+11} bis t_{+20}	-0,246%	53,8%	-0,34	-1,01	-1,03	0,754
t_{-20} bis t_{+20}	1,653%	52,2%	1,12	0,78	0,23	0,271
t_{+21} bis t_{+30}	-0,132%	50,8%	-0,18	-0,32	-0,01	0,081 *
t_{+2} bis t_{+30}	-0,588%	52,0%	-0,47	-0,65	-0,44	0,635
t_{-30} bis t_{+30}	2,311%	51,7%	1,28	0,89	0,54	0,655

Erläuterungen:
*** Testwert auf dem 1%-Niveau signifikant
** Testwert auf dem 5%-Niveau signifikant
* Testwert auf dem 10%-Niveau signifikant

Tabelle 24: Überrenditen und Signifikanzwerte für die Untergruppe der Emittenten mit öffentlich platzierten Umtauschanleihen

5.2.1.7. Kursreaktionen in Abhängigkeit vom Sitzstaat des Emittenten bzw. des Basiswerts

Keine der in Kapitel 4.5 verfassten Hypothesen geht explizit von einer differenzierten Kursreaktion des Emittenten bzw. Basiswerts in Abhängigkeit vom *Sitzstaat* des jeweiligen Unternehmens aus. Dennoch erscheinen unterschiedliche Kapitalmarktreaktionen auf Basis der bisherigen empirischen Untersuchungen zu konvertiblen Anleihen[962] durchaus möglich. Aus diesem Grund werden in diesem Kapitel Preiseffekte differenziert nach dem Sitz der beteiligten Unternehmen untersucht. Wie Tabelle 25 zeigt, kann bei den *Basiswerten* nur innerhalb des 2- bzw. 3-tägigen Zeitfensters[963] eine auf dem 10% bzw. 5% Niveau signifikant unterschiedliche Kursreaktion festgestellt werden. Am auffälligsten ist hierbei der Unterschied zwischen den Basiswerten in Deutschland bzw. Frankreich und jenen in der Schweiz. Während sowohl deutsche als auch französische Zielgesellschaften ausgeprägt negative Ankündigungseffekte aufweisen, reagieren schweizerische Basiswerte mit rund +0,3% bei Ankündigung[964] einer Umtauschanleihe sogar leicht positiv.

Dieses Ergebnis überrascht zunächst. Auch in einem großen Zeitfenster von t_{-30} bis t_{+30} ist die Reaktion schweizerischer Basiswerte lediglich knapp negativ, während Unternehmen in anderen Sitzstaaten deutlich negative Reaktionen aufweisen, die von –2,3% (Gruppe: Other) bis –7,8% (Gruppe: GB) reichen. Damit können die Beobachtungen früherer Studien wie etwa jene von *Ammann*, *Fehr* und *Seiz* (2004) bestätigt werden. Diese stellten für schweizerische Unternehmen im Vergleich zu deutschen Unternehmen sowohl bei Exchangeables als auch bei Convertibles deutlich weniger stark (negative) Kursreaktionen fest.[965]

Im Unterschied zu den Basiswerten reagieren die *Emittenten* von Umtauschanleihen bei differenzierter Betrachtung nach Sitzstaat vor allem in der Periode vor einer Emissionsankündigung signifikant unterschiedlich. In der Periode von t_{-30} bis t_{-2} weisen deutsche, französische und italienische Emittenten deutlich positive Überrenditen zwischen rund +2,5% und +6,5% auf, während britische und schweizerische Emittenten (im Vergleich zu französischen Unternehmen) signifikant schwächere Reaktionen aufweisen.

---

962 Siehe Kapitel 4.4.4.

963 t_0 bis t_{+1} und t_{-1} bis t_{+1}.

964 t_{-1} bis t_{+1}.

965 Vgl. *Ammann/Fehr/Seiz* (2004), S. 15.

Tag/Zeit-fenster	Basiswerte (nach Sitzstaat des Basiswerts) GER (N=32)	FRA (N=22)	ITL (N=21)	GB (N=16)	CH (N=20)	OTHER (N=41)	Kruskal-Wallis (P-Wert)	Emittenten (nach Sitzstaat des Emittenten) GER (N=18)	FRA (N=25)	ITL (N=16)	GB (N=12)	CH (N=17)	OTHER (N=8)	Kruskal-Wallis (P-Wert)
t_{-30} bis t_{-21}	1,104%	-2,578%	-0,535%	1,104%	-0,729%	0,000%	0,4118	5,978%	-1,844%	-0,256%	0,399%	1,061%	-1,774%	0,1646
t_{-20} bis t_{-11}	0,865%	0,843%	-0,758%	-5,281%	0,557%	1,908%	0,1041	-1,695%	5,879%	1,755%	0,312%	-1,891%	-2,209%	0,0952 *
t_{-30} bis t_{-2}	1,726%	-1,302%	0,092%	-3,144%	0,255%	1,398%	0,7876	2,472%	6,541%	5,153%	0,500%	0,961%	-5,354%	0,0105 **
t_{-10} bis t_{-2}	0,465%	0,434%	1,384%	1,033%	0,428%	-0,511%	0,6323	-1,811%	2,506%	3,653%	-0,212%	1,792%	-1,370%	0,0309 **
t_{-1}	-0,117%	0,083%	0,159%	-0,027%	0,584%	-0,117%	0,3976	-0,131%	-0,366%	0,595%	-0,201%	0,425%	0,685%	0,1105
t_0	-1,794%	-1,904%	-1,719%	-1,321%	-0,549%	-1,705%	0,2379	0,684%	-0,069%	-0,073%	0,156%	0,420%	0,000%	0,8967
t_{-1} bis t_0	-1,911%	-1,822%	-1,561%	-1,349%	0,035%	-1,821%	0,1076	0,553%	-0,435%	0,522%	-0,045%	0,845%	0,676%	0,3452
t_{+1}	-0,384%	-0,694%	-0,342%	0,181%	0,241%	0,055%	0,1005	0,772%	-0,092%	0,325%	0,436%	0,300%	-0,296%	0,8247
t_0 bis t_{+1}	-2,178%	-2,599%	-2,061%	-1,140%	-0,308%	-1,649%	0,0641 *	1,456%	-0,162%	0,251%	0,592%	0,720%	-0,305%	0,7834
t_{-1} bis t_{+1}	-2,295%	-2,516%	-1,903%	-1,167%	0,276%	-1,766%	0,0421 **	1,325%	-0,528%	0,846%	0,391%	1,145%	0,380%	0,6017
t_{-5} bis t_{+5}	-1,325%	-1,829%	-1,918%	-0,297%	-0,682%	-2,189%	0,5840	-0,566%	0,308%	1,345%	1,365%	1,719%	-0,119%	0,9745
t_{+2} bis t_{+10}	1,080%	0,749%	-0,618%	-0,947%	-0,660%	-0,760%	0,2668	0,901%	-1,310%	-2,577%	0,791%	-0,092%	-0,157%	0,5043
t_{-10} bis t_{+10}	-0,749%	-1,334%	-1,137%	-1,081%	0,043%	-3,037%	0,8259	0,415%	0,667%	1,923%	0,970%	2,844%	-1,147%	0,7861
t_{+11} bis t_{+20}	-1,702%	0,952%	0,688%	0,209%	0,787%	0,216%	0,3159	-1,104%	1,333%	0,489%	-0,815%	-1,513%	1,721%	0,6199
t_{-20} bis t_{+20}	-1,586%	0,461%	-1,206%	-6,153%	1,387%	-0,914%	0,6222	-2,383%	7,879%	4,167%	0,466%	-0,560%	-1,636%	0,0664 *
t_{+21} bis t_{+30}	-1,194%	-0,315%	-1,711%	-2,768%	-0,763%	-1,399%	0,7841	-0,577%	0,438%	-0,546%	-0,468%	-2,055%	-0,906%	0,7804
t_{+2} bis t_{+30}	-1,816%	1,385%	-1,641%	-3,506%	-0,636%	-1,943%	0,3623	-0,780%	0,460%	-2,634%	-0,492%	-3,661%	0,657%	0,4846
t_{-30} bis t_{+30}	-2,385%	-2,433%	-3,452%	-7,818%	-0,105%	-2,312%	0,8376	3,018%	6,473%	3,365%	0,398%	-1,555%	-4,317%	0,1582

Erläuterungen:
*** Testwert auf dem 1%-Niveau signifikant
** Testwert auf dem 5%-Niveau signifikant
* Testwert auf dem 10%-Niveau signifikant

Tabelle 25: Überrenditen und Signifikanzwerte für Basiswerte und Emittenten nach Sitzstaat

Die Gruppe von Schuldnern aus anderen Staaten rentiert in der Periode von t_{-30} bis t_{-2} sogar deutlich negativ. Auf Grund der geringen Stichprobengröße sind die Beobachtungen zu dieser Untergruppe jedoch von eingeschränkter Aussagefähigkeit. In einem 3-tägigen Zeitfenster[966] reagieren alle Untergruppen bis auf französische Emittenten positiv, für die 61-tägige Untersuchungsperiode (t_{-30} bis t_{+30}) gilt dies für alle Emittenten mit Ausnahme jener aus der Schweiz und aus anderen Staaten. Die signifikanten Unterschiede zwischen den Reaktionen vor einer Ankündigung geben möglicherweise einen Hinweis auf unterschiedliche Grade an Informationsdiffusion in den untersuchten Ländern.

5.2.2. Regressionsanalysen

5.2.2.1. Erklärung der Preiseffekte von Basiswerten

5.2.2.1.1. Beschreibung der verwendeten Variablen

Der Einfluss verschiedener Parameter auf die Ankündigungseffekte in den Zeitfenstern t_0, t_{-10} bis t_{+10}, t_{-20} bis t_{+20} und t_{-30} bis t_{+30} wurde mit Hilfe multivariate Regressionsanalysen untersucht.[967] Als abhängige Variable wurde die innerhalb des Zeitfensters kumulierte Überrendite (*CAR*) der einzelnen Basiswert-Ereignisse verwendet. Die unabhängigen Variablen wurden zum Zweck der Übersichtlichkeit den Bereichen Unternehmens-, Markt- und Emissionsspezifika zugeordnet. Die *unternehmensspezifischen Variablen* umfassen neben der Variable *UND_MCAP*, welche den logarithmierten Marktwert des Eigenkapitals des Underlying im Zeitpunkt vor einer Umtauschanleihenemission angibt,[968] die Variablen *STAKE_PRE* und *STAKE_POST*, die den Anteil des Emittenten am Basiswert vor bzw. nach vollständigem Umtausch in Prozent bezeichnen.[969] Darüber hinaus gibt die

---

966 t_{-1} bis t_{+1}.

967 Wie Tabelle 15 auf S. 237 zeigt, wurden für die Gesamtgruppe der Basiswerte in t_0 die signifikantesten Kursreaktionen festgestellt. Deshalb wurde bei Basiswerten in einem kurzen Zeitfenster lediglich die Überrendite am Ankündigungstag als erklärende Variable einbezogen. Die Ergebnisse der Regressionsanalysen für die Zeitfenster t_{-10} bis t_{+10}, t_{-20} bis t_{+20} und t_{-30} bis t_{+30} werden im Anhang dargestellt. Die Regressionen für diese alternativen Zeitfenster verwenden grundsätzlich dieselben erklärenden Variablen. Konnten während dieser Perioden für andere unabhängige Variablen signifikante Erklärungsbeiträge nachgewiesen werden, wurde dies in den Tabellen dargestellt.

968 Definiert als Produkt aller ausstehenden Aktien (in Mio.) mit dem Aktienkurs des Underlying (in €) am Tag t_{-5}. Die hierfür notwendigen Informationen stammen aus dem Finanzinformationssystem Bloomberg bzw. Geschäftsberichten.

969 Die Beteiligungsanteile wurden aus Pressemitteilungen (Factiva) oder mit Hilfe von Geschäftsberichten ermittelt.

(Dummy-) Variable *RATING* die Bonitätseinstufung des Emittenten[970] und der Dummy *FI* die Zuordnung des Emittenten zur Banken-, oder Versicherungsbranche an.[971]

Die beiden vom *Umfeld des Aktienmarktes abhängigen Variablen* *UND_MARKET_PRE* und *UND_R_PRE* geben die kumulierten logarithmierten Renditen eines lokalen Aktienindex[972] bzw. des Underlying im Zeitraum vor einer Exchangeable Bond-Ankündigung[973] an. Sie messen folglich, ob Umtauschanleihen primär nach einer positiven Kursentwicklung des Gesamtaktienmarktes oder des Basiswerts begeben werden.

Emissionsspezifische Variablen zeigen zum einen das Emissionsvolumen[974] und zum anderen die obligationsspezifische Vereinbarung bestimmter Standardklauseln an. Das Emissionsvolumen wird als absolute Größe mittels der erklärenden Variable *UND_VOL*[975] bzw. als relative Größe *UND_REL_VOL*[976] in die Regressionsgleichung mitaufgenommen. Die relative Volumensvariable kann auch als Approximation des mit einer Umtauschanleihe veroptionierten Beteiligungsanteils gesehen werden.[977] *PREMIUM* und *PREMIUM_REL* messen die vereinbarte Umtauschprämie. Während *PREMIUM* die Prämie in Prozent angibt,[978] wird diese bei *PREMIUM_REL* in Bezug zur Volatilität des Basiswerts gesetzt.[979] Somit

---

970 Siehe Kapitel 3.3.1.8. Die Variable *RATING* nimmt bei einem AAA-Rating den Wert Null, bei AA den Wert Eins, bei A den Wert Zwei, bei BBB den Wert Drei, bei BB den Wert Vier, bei B den Wert Fünf und bei C den Wert Sechs an.

971 Ist der Emittent eine Bank oder ein Versicherungsunternehmen (Financial Institution) so nimmt *FI* den Wert Eins, anderenfalls den Wert Null an.

972 Dies ist der gleiche Aktienindex, welcher auch zur Ermittlung der Überrenditen herangezogen wurde (Kapitel 5.1.4).

973 t_{-260} bis t_{-31}.

974 Siehe auch Kapitel 3.3.1.3.

975 Natürlicher Logarithmus des Emissionsbetrags in Mio. €. Ist eine Anleihentranche in mehrere Unternehmen wandelbar (siehe Kapitel 3.3.2.1), wurde, falls keine genaueren Informationen vorlagen, der Anleihenbetrag zu gleichen Teilen auf die Basiswerte aufgeteilt.

976 Anleihenbetrag gebrochen durch den Marktwert des Eigenkapitals.

977 Dieser Wert überschätzt aufgrund der im Anleihenbetrag enthaltenen Umtauschprämie den veroptionierten Beteiligungsanteil systematisch.

978 Siehe Kapitel 3.3.2.3 bzw. Abbildung 21.

979 Die Volatilität wurde auf Grund ihres erheblichen Einflusses auf den Umtauschpreis als Standardisierungsfaktor ausgewählt.

nimmt die zweite Variable bei einer im Vergleich zur historischen Volatilität des Underlying hohen Prämie ebenfalls einen hohen Wert an. Ein niedriger Wert für *PREMIUM_REL* zeigt hingegen an, dass die im Anleihenvertrag verbriefte Option des Investors auf Aktien des Basiswerts deutlich näher am Geld liegt.[980] Die Variablen *CASHPAY*, *MANDATORY*, *EXOTIC*, *SOFTCALL* und *PUT* sind Dummies, die bei Aufnahme der jeweiligen Standardklausel in die spezifischen Anleihenbedingungen den Wert Eins und ansonst den Wert Null annehmen. *CASHPAY* bezeichnet die Vereinbarung einer Bartilgungsoption,[981] *MANDATORY* eine Umtauschpflicht,[982] *EXOTIC* die Einstufung einer Emission als „exotisch",[983] *SOFTCALL* die Aufnahme einer Soft Call-Klausel[984] und *PUT* die Vereinbarung einer Gläubiger-Put-Option.[985] Um mögliche wesentliche Veränderungen im Zeitablauf herauszufiltern wurde außerdem die unabhängige Variable *TIME* in die Regressionsgleichung mit aufgenommen.[986]

Da die Merkmalsausprägungen der Variablen *STAKE_PRE*, *STAKE_POST* und *RATING* nicht für alle Ereignisse ermittelt werden konnten, wird zum Zweck der

---

Die Variable ist wie folgt definiert:

$$(5.2-1) \qquad PREMIUM\_REL = \frac{(PREMIUM - 1)}{UND\_VOLA}$$

wobei:

PREMIUM = *die vereinbarte Umtauschprämie [siehe Gleichung* (3.3 – 1) in *Kapitel 3.3.2.3]*

UND_VOLA = *die annualisierte Volatilität (Varianz der täglichen Logarithmierten Aktienrenditen) des Basiswerts während der Periode* t_{-260} bis t_{-31};

980 Die Variable *PREMIUM_REL* abstrahiert hierbei von anderen wesentlichen Einflussgrößen auf den Optionswert, wie etwa Laufzeit oder Zinssatz. Im Vergleich mit Delta (siehe FN. 812) vereinfacht die Variable *PREMIUM_REL* die zugrunde liegenden Zusammenhänge. Aus Gründen der Praktikabilität wurde jedoch der Variablen *PREMIUM_REL* gegenüber Delta der Vorzug gegeben.

981 Siehe Kapitel 2.3.2.4.3.

982 Siehe Kapitel 3.3.2.4.

983 Eine Emission wurde als „exotisch" eingestuft, wenn einer Umtauschanleihe entweder mehr als ein Unternehmen als Basiswert unterliegt (siehe Kapitel 3.3.2.1) oder als Going Public Umtauschanleihe konzipiert wurde (siehe FN. 616). Basiswert-Ereignisse umfassen jedoch keine Going Public Exchangeables.

984 Siehe Kapitel 3.3.1.5.1.

985 Siehe Kapitel 3.3.1.5.2.

986 *TIME* nimmt einen Wert zwischen 1 und 127 an und bezeichnet mit 1 den Tag der ersten in das Sample aufgenommenen Umtauschanleihenemission und mit 127 das letzte solche Ereignis. Wurden mehrere Anleihen am gleichen Tag angekündigt, nimmt *TIME* für diese Emissionen den selben Wert an.

Regressionsanalyse das Gesamtsample in zwei sich überschneidende Sub-Samples unterteilt. In einem ersten Schritt wird ein umfassenderes Sample, für welches alle bis auf die drei angeführten erklärenden Variablen vorliegen, untersucht.[987] Diese Untersuchungsgruppe umfasst 134 der insgesamt 152 Basiswert-Ereignisse. In einem zweiten Schritt wird in einem kleineren Sample von 70 Ereignissen auch dem Einfluss der drei unternehmensspezifischen Einflussgrößen *STAKE_PRE, STAKE_POST* und *RATING* auf eine Ankündigungsreaktion von Basiswerten nachgegangen.[988] Als Überleitung zwischen den beiden Sub-Samples wird stets eine Regression angeführt,[989] welche mit den gleichen erklärenden Variablen wie in der zuletzt durchgeführten Regression des umfangreichen Samples arbeitet, jedoch das reduzierte Sample benutzt. Da dieses jedoch deutlich weniger Ereignisse als das umfangreiche Sample umfasst, ist die Aussagekraft der Variablen *STAKE_PRE, STAKE_POST* und *RATING* insgesamt eingeschränkt. In den untersuchten Zeitfenstern weisen Länder-Dummyvariablen[990] allesamt keine Signifikanz auf. Aus diesem Grund wurde auf eine Aufnahme von Länder-Dummies in die dargestellten Regressionsgleichungen verzichtet.

5.2.2.1.2. Regressionsergebnisse

Wie Tabelle 26 zeigt, übt die absolute Höhe des aufgenommenen Anleihenbetrags am Ankündigungstag t_0 einen deutlich negativen Einfluss auf den Aktienkurs des Basiswerts aus. Die Variable *UND_VOL* weist, in Übereinstimmung mit der Hypothese 1.2., in allen durchgeführten Regressionen ein negatives Vorzeichen auf und ist am Ankündigungstag hoch signifikant.[991] Dies bestätigt eindeutig einen Preisdruckeffekt in t_0. In den anderen untersuchten Zeitfenstern weist das absolute Emissionsvolumen jedoch keinen signifikanten Einfluss auf die Überrendite des Underlying auf.[992] Für die Approximation des veroptionierten Betei-

---

987 Dies betrifft die Regressionen (1) bis (3) der Analyse mit der (kumulierten) Überrendite der Basiswerte als erklärende Variable.

988 Betrifft die Regressionen (4) bis (6) der Analyse mit der (kumulierten) Überrendite der Basiswerte als erklärende Variable.

989 Dies betrifft bei den Regressionen mit *CAR* der Basiswerte als abhängige Variable stets die Regression (4). Bei Regressionen mit *CAR* der Emittenten als abhängige Variable (folgendes Kapitel) ist dies stets die Regression (5).

990 Diese zeigen an, ob sich Ankündigungseffekte bei unterschiedlichem Sitzstaat des Underlying (Deutschland, Frankreich, Italien, Großbritannien, Schweiz oder ein anderes Land) signifikant voneinander unterscheiden.

991 Gilt nur für die große Untersuchungsgruppe (N=134).

992 Siehe Anhang Tabellen 15 bis 18.

ligungsanteils *UND_REL_VOL* kann keine Signifikanz nachgewiesen werden.[993] Somit scheint vielmehr die absolute Höhe eines potentiell auf den Markt gelangenden Aktienpakets als der relative Beteiligungsanteil negativen Einfluss auf den Aktienkurs des unterliegenden Unternehmens auszuüben.

Die Hypothese 1.3., der Anteil des Emittenten vor bzw. nach einer Emission habe Einfluss auf einen etwaigen Informationseffekt, kann nicht bestätigt werden. Die Variablen *STAKE_PRE* und *STAKE_POST* weisen in keinem der untersuchten Zeitfenster einen signifikanten Einfluss auf die Ankündigungsreaktion des Underlying auf. Darüber hinaus spiegelt das Vorzeichen von *STAKE_POST* in keinem Zeitfenster den erwarteten Zusammenhang wider. Das Gleiche gilt für das Vorzeichen von *STAKE_PRE* am Ankündigungstag (t_0).

993 Dies gilt auch für die alternativ zu *UND_REL_VOL* getestete Variable *STAKE_SOLD* (kleineres Sub-Sample). *STAKE_SOLD* ist als Differenz von *STAKE_PRE* und *STAKE_POST* definiert. Da die Variable keine Signifikanz aufweist, wurde das Ergebnis in den Regressionsgleichungen nicht eigens dargestellt.

Unabhängige Variable	Regressionen (1)	(2)	(3)	(4)	(5)	(6)
Interzept	-0,053 * (0,081)	-0,030 *** (0,001)	-0,049 * (0,089)	-0,056 (0,243)	-0,050 (0,188)	-0,049 (0,286)
Unternehmens-spezif.Variablen						
UND_MCAP	0,002 (0,230)	-	0,003 ** (0,020)	0,000 (0,930)	0,001 (0,780)	0,000 (0,844)
STAKE_PRE	-	-	-	-	0,003 (0,928)	-
STAKE_POST	-	-	-	-	-	-0,010 (0,741)
RATING	-	-	-	-	-0,005 * (0,090)	-0,005 (0,066)
FI	0,004 (0,506)	0,005 (0,345)	-	-	-	-
Variablen Markt-umfeld						
UND_MARKET_PRE	0,009 (0,349)	-	-	-	-	-
UND_R_PRE	-	0,009 (0,355)	-	-	-	-
Emissionsspezif. Variablen						
UND_VOL	-0,007 ** (0,010)	-	-0,008 *** (0,000)	-0,004 (0,243)	-0,005 (0,300)	-0,005 (0,258)
UND_REL_VOL	-	-0,010 (0,672)	-	-	-	-
PREMIUM	0,040 ** (0,038)	-	0,037 ** (0,044)	0,044 * (0,089)	0,047 * (0,067)	0,047 (0,084)
PREMIUM_REL	-	0,012 ** (0,041)	-	-	-	-
CASHPAY	-0,001 (0,804)	-0,004 (0,487)	-	-	-	-
MANDATORY	0,014 (0,592)	0,010 (0,669)	-	-	-	-
EXOTIC	0,010 ** (0,035)	0,010 ** (0,016)	0,010 ** (0,026)	0,003 (0,636)	0,003 (0,803)	0,006 (0,630)
SOFTCALL	0,001 (0,804)	-0,002 (0,727)	-	-	-	-
PUT	0,003 (0,691)	0,001 (0,949)	-	-	-	-
TIME	-	0,000 (0,949)	-	-	-	-
Adj. R^2	8,41%	4,98%	10,93%	1,12%	2,82%	3,23%
N	134	134	134	70	70	70

Erläuterungen:
* Testwert auf dem 10%-Niveau signifikant
** Testwert auf dem 5%-Niveau signifikant
*** Testwert auf dem 1%-Niveau signifikant
P-Wert des t-Tests in Klammern

Tabelle 26: Ergebnis der Regression mit CAR_{t_0} der Basiswerte als abhängige Variable

Die fehlende Signifikanz der Variablen *STAKE_PRE* und *STAKE_POST* stimmt mit den Resultaten der Studien von *Ghosh/Varma/Woolridge* (1990)[994] und *Danielova* (2003)[995] überein. Der negative Preiseffekt des Basiswerts kann nicht auf eine potentiell sinkende Konzentration bei diesem Unternehmen zurückgeführt werden. Damit kann auch in dieser Untersuchung die *„Ownership Change-Hypothese"* nicht bestätigt werden. Dies ist eventuell darauf zurückzuführen, dass ein möglicher Kontrollverlust im Zeitpunkt der Ankündigung einer Umtauschanleihe von den Marktteilnehmern nur schwer eingeschätzt werden kann.

Die Variable *UND_R_PRE*, welche im Mittelwert +14,8% beträgt, übersteigt den Mittelwert der Variablen *UND_MARKET_PRE* (+5,6%) um mehr als 10% und damit eindeutig signifikant.[996] Somit rentieren Basiswerte im Vergleich mit lokalen Aktienindizes *vor* einer Umtauschanleihenemission deutlich positiver. Im Zeitraum *nach* einer Emission kehrt sich dieser Zusammenhang um: Die Variable *UND_R_POST*[997] fällt im Mittelwert mit –3,4% eindeutig negativer als *UND_MARKET_POST*[998] (-0,0%) aus.[999] Die Differenz der Mittelwerte bzw. Mediane der beiden Variablen fällt nach einer Emission jedoch nicht statistisch signifikant aus.

Es kann zunächst festgehalten werden, dass entsprechend Hypothese 2.1.a Umtauschanleihen nach Perioden einer positiven Kursentwicklung des Basiswerts emittiert werden.[1000] Es stellt sich weiters die Frage, ob eine mögliche Überbewertung des Underlying vor einer Emission bzw. ein positives „Bewertungsfenster" mit einer Kursreaktion bei Ankündigung eines Exchangeable in Zusammenhang steht? Wie aus Tabelle 26 ersichtlich wird, ist dies für den Ankündigungstag t_0 zunächst zu verneinen: Die das Marktumfeld berücksichtigenden Variablen weisen keine Signifikanz auf. Dies gilt jedoch nicht für die erweiterten

994 Vgl. *Ghosh/Varma/Woolridge* (1990), S. 261.

995 Vgl. *Danielova* (2003), S. 31.

996 Der gleiche Zusammenhang gilt auch für die Mediane der beiden Variablen: *UND_R_PRE* (+15,1%), *UND_MARKET_PRE* (+6,1%).

997 Die Variable *UND_R_POST* gibt die kumulierten logarithmierten Renditen des Underlying im Zeitraum nach einer Exchangeable Bond-Ankündigung (t_{+31} bis t_{+260}) an.

998 *UND_MARKET_POST* ist als die Summe der logarithmierten Renditen eines lokalen Aktienindex im Zeitraum nach einer Exchangeable Bond-Ankündigung (t_{+31} bis t_{+260}) definiert.

999 Der Unterschied der Mediane der beiden Variablen fällt nicht ganz so eindeutig aus: *UND_R_POST* (-4,1%), *UND_MARKET_POST* (-3,7%).

1000 Ein Vergleich von *UND_R_PPRE* mit *UND_R_POST* und *UND_MARKET_PRE* mit *UND_MARKET_POST* zeigt auch, dass sich sowohl die Performance des Basiswerts, als auch seines Vergleichsindex nach einer Emissionsankündigung signifikant verschlechtert.

Zeitfenster t_{-20} bis t_{+20} und t_{-30} bis t_{+30} und für den Zeitraum nach einer Emission von t_{+21} bis t_{+30}.[1001]

In diesen Perioden zeigt die Variable *UND_R_PRE* und teilweise auch *UND_MARKET_PRE* eine hohe Signifikanz. Je positiver ein Basiswert im Zeitraum vor einer Umtauschanleihenemission rentiert, umso negativer fällt ein Preiseffekt im Zeitraum nach Ankündigung einer Anleihe aus.[1002] Die Kapitalmarktteilnehmer reagieren interessanterweise jedoch nicht sofort in t_0 auf das Ausnützen eines „*Window of Opportunity*" durch den Emittenten, sondern verarbeiten diese Information erst zeitversetzt.

Im Unterschied zur Hypothese 2.1.a kann die Hypothese 2.1.b nicht bestätigt werden. Eine Regression des zur Marktkapitalisierung des Emittenten in Bezug gesetzten Emissionsvolumens (*ISS_REL_VOL*[1003]) mit erklärenden Variablen ergibt für die Variable *UND_R_PRE* keine Signifikanz.[1004] Im Unterschied zu diesem Parameter kann jedoch für *UND_VOLA*[1005] ein signifikant positiver Zusammenhang nachgewiesen werden. – Emittenten scheinen die hohe Volatilität von Beteiligungsunternehmen zu nutzen. Diese steigert, ceteris paribus, den Optionswert der konvertiblen Anleihe und ermöglicht somit gegebenenfalls eine Anleihenemission zu einem vergleichsweise niedrigen Zinssatz. Je höher die Volatilität des Underlying, desto „günstiger" erscheint eine Fremdkapitalemission und desto

---

1001 Siehe Anhang Tabellen 16 bis 18.

1002 Der gleiche Zusammenhang wurde von *Dutordoir/Van de Gucht* (2004) auch für Wandelanleihenemittenten in West-Europa festgestellt. Die Autoren bemerken aber, dass ein signifikanter Zusammenhang zwischen einem Ankündigungseffekt und einem „Stock Runup" (des Emittenten) nur in sog. „non-hot" Perioden besteht; vgl. *Dutordoir/Van de Gucht* (2004), S. 19 f. Siehe hierzu auch Kapitel 4.4.4.2.

Zur eigenen Untersuchung ist in diesem Zusammenhang anzumerken, dass bei einer groben Unterteilung des umfassenden Samples von Basiswert-Ereignissen (N=134) rund 63 dieser Ereignisse in eine sog. „hot period" (März 1990 bis März 2000) und rund 71 in eine „non-hot period" (April 2000 Dezember 2003) fallen. Als Trennpunkt zwischen „hot" und „non-hot" wurde hierbei der Höchststand des Dow Jones STOXX 600-Index im März 2000 herangezogen. Das eigene umfangreichere Sample von Basiswert-Ereignissen ist somit annähernd gleich zwischen „heißen" und „kalten" Börsenperioden verteilt. Folglich ist es eher unwahrscheinlich, dass ein festgestellter signifikanter Zusammenhang von Basiswert-Preiseffekten mit *UND_R_PRE* (und auch *UND_MARKET_PRE*) auf einen Samplingeffekt zurückzuführen ist.

1003 Im Gegensatz zur Variable *UND_REL_VOL* berücksichtigt *ISS_REL_VOL* alle gleichzeitig durch einen Emittenten begebenen Umtauschanleihentranchen, unabhängig davon, ob diese in ein und dasselbe oder unterschiedliche Unternehmen wandelbar sind. Die Summe einzelner Tranchenvolumina wird zur Marktkapitalisierung des Emittenten im Zeitpunkt t_{-5} in Bezug gesetzt.

1004 Siehe Tabelle 19 des Anhangs.

1005 Siehe FN. 979.

größer ist folglich der von Schuldnern aufgenommene Betrag. Umgekehrt weist der Couponsatz (*COUPON*) erwartungsgemäß einen negativen Einfluss auf *ISS_REL_VOL* auf. – Ein von Investoren geforderter höherer Zinssatz veranlasst Unternehmen dazu weniger Kapital aufzunehmen.

Entgegen der Beobachtung von *Ammann/Fehr/Seiz* (2004)[1006] kann in dieser Untersuchung für Umtauschanleihenemissionen in Zeiten steigender Aktienmärkte keine positivere Ankündigungsreaktion des Underlying festgestellt werden. Die Variable *UND_MARKET_PRE* weist mit Ausnahme einer Regression stets ein negatives Vorzeichen auf und ist in den längeren Zeitfenstern t_{-20} bis t_{+20} und t_{-30} bis t_{+30} auch signifikant.[1007] *UND_MARKET_PRE* gibt somit bloß die gleiche Tendenz wie *UND_R_PRE* wieder. Nach einer Hausse am Aktienmarkt reagieren Kapitalmarktteilnehmer, zumindest bei Betrachtung eines längeren Zeitfensters, eher skeptisch und negativ auf die Emission einer Umtauschanleihe. Die Hypothese 2.2.b kann folglich nicht bestätigt werden.

Betrachtet man die Ergebnisse der emissionsspezifischen Variablen der Basiswerte, so fallen neben dem Parameter *UND_VOL* vor allem *PREMIUM* und *EXOTIC* auf. Die Variable *PREMIUM* weist in allen Regressionen entsprechend Hypothese 3.1.b ein positives Vorzeichen auf und ist teils hoch signifikant. Eine höhere Umtauschprämie sendet somit, ceteris paribus, ein positives Signal betreffend das Underlying an die Kapitalmarktteilnehmer aus, welches sich in einer positiven Preisreaktion bei Ankündigung niederschlägt. Dieses Ergebnis ist insofern von Bedeutung, als einerseits ein Einfluss der Prämie auf Kapitalmarktreaktionen bei Exchangeables bisher nicht untersucht wurde[1008] und zum zweiten dieses Ergebnis ähnlich den Beobachtungen bei Wandelanleihen ausfällt.[1009] Entgegen Wandelanleihen kann bei *Basiswerten* von Exchangeables dieser signifikante Zusammenhang aber nicht auf eine Fremdkapitalähnlichkeit einer Anleihe mit einer hohen Prämie zurückgeführt werden. Vielmehr kann die absolute Prämie bei Umtauschanleihen als Signal betreffend das Underlying und als möglicher Vertrauensbeweis des Schuldverschreibungsemittenten in ein Beteiligungsunternehmen gewertet werden.[1010] Interessant erscheint auch, dass die Prämie in Relation zur

---

[1006] Vgl. *Ammann/Fehr/Seiz* (2004), S. 30.

[1007] Siehe die Tabellen 16 u. 17 des Anhangs. Da die Variablen *UND_R_PRE* und *UND_MARKET_PRE* hoch korreliert sind, werden diese nicht gemeinsam in einer Regressionsgleichung verwendet.

[1008] *Ammann/Fehr/Seiz* (2004) untersuchen zwar den Einfluss von Delta auf einen Ankündigungseffekt, können aber keinen signifikanten Zusammenhang zwischen den Größen feststellen; vgl. *Ammann/Fehr/Seiz* (2004), S. 30. Siehe auch Kapitel 4.4.4.4.

[1009] Siehe Kapitel 4.4.4.1 u. 4.4.4.2 und ebenda insbesondere FN. 817.

[1010] Dies entspricht auch der Interpretation der Prämie bei Wandelanleihen durch *Burlacu* (2000); siehe Kapitel 4.4.4.2, FN. 817.

historischen Volatilität des Basiswerts (*PREMIUM_REL*) zwar erwartungsgemäß das gleiche positive Vorzeichen wie *PREMIUM* aufweist, aber lediglich in einer Regression signifikant ist. Dies ist möglicherweise ein Hinweis darauf, dass der absoluten Höhe einer vereinbarten Umtauschprämie eine deutlich höhere Signalwirkung beigemessen wird, als in Relation zur Volatilität.

Von den weiteren emissionsspezifischen Parametern weisen lediglich *EXOTIC* und *MANDATORY* einen signifikanten Einfluss auf die Überrenditen von Basiswerten auf. Die erstgenannte Variable zeigt am Ankündigungstag t_0 in allen Regressionen des umfangreichen Samples und auch im 61-tägigen Zeitfenster[1011] einen signifikant positiven Einfluss auf den Preiseffekt eines Underlying auf. Der genaue Grund für diesen Zusammenhang ist jedoch unklar. Es kann angenommen werden, dass Emissionen, welchen mehr als ein Unternehmen als Basiswert unterliegt,[1012] allgemein schwieriger zu bewerten bzw. einzuschätzen sind. Folglich ist es denkbar, dass ein generell negativer Ankündigungseffekt des Basiswerts bei einzelnen „exotischen" Umtauschanleihen weniger stark negativ ausfällt. Die Variable *MANDATORY* weist, mit Ausnahme der Regressionen für t_0, in allen Zeitfenstern ein negatives Vorzeichen auf. Sie ist jedoch lediglich in der Periode t_{-10} bis t_{+10} signifikant. Dies zeigt, dass die Ausstattung einer Umtauschanleihe mit einer Umtauschpflicht von Kapitalmarktteilnehmern eher als negatives Signal betreffend das Underlying aufgenommen wird.

In bezug auf Basiswerte ist weiters erwähnenswert, dass ein größeres Underlying[1013] tendenziell weniger stark negative Preiseffekte aufweist. Dies kann auf einen effizienteren Markt für höher kapitalisierte Unternehmen zurückgeführt werden.[1014] Darüber hinaus setzt ein schlechter gerateter Emittent das Underlying im Zeitpunkt der Ankündigung eines Exchangeables einem deutlich höheren Preisdruck aus als ein Unternehmen besserer Bonität. Möglicherweise sind Unternehmen mit einer schlechteren Liquiditätsausstattung eher dazu bereit weniger aussichtsreiche Beteiligungen zu veräußern. Interessant erscheint außerdem, dass im Unterschied zur Studie von *Danielova* (2003),[1015] eine vereinbarte Bartilgungsklausel in Europa keinen signifikanten Einfluss auf die Ankündigungsreaktion des Basiswerts ausübt. Trotzdem weist die Variable *CASHPAY* in der eigenen Analyse durchgehend ein negatives Vorzeichen auf. Somit wirkt sich das Vorliegen einer Bartilgungsklausel, wie bei *Danielova*, tendenziell negativ auf die Überrendite

---

1011 t_{-30} bis t_{+30}.

1012 Siehe Kapitel 3.3.2.1.

1013 Größe wird in diesem Zusammenhang an Hand der Variablen *UND_MCAP* gemessen.

1014 Die Entwicklung größerer Unternehmen wird in der Regel auch von mehren Analysten verfolgt.

1015 Siehe hierzu Kapitel 4.4.4.4.

eines Basiswerts bei Ankündigung aus. Da die Variable in der eigenen Untersuchung jedoch nicht signifikant ausfällt, lässt sich in Abhängigkeit von der Ausstattung einer Anleihe mit einer Cash-Payment-Klausel nicht auf signifikant unterschiedliche Informationsniveaus betreffend das Underlying schließen. Der Erklärungsbeitrag der verwendeten Variablen kann zumindest für das große Sample[1016] als durchaus zufriedenstellend bezeichnet werden. Betrachtet man die aussagekräftigsten Regressionen dieses Samples[1017] so nimmt der Erklärungsbeitrag mit der Größe der Zeitfenster zu und reicht von rund 11% (t_0) bis 22% (t_{-30} bis t_{+30}).

5.2.2.2. Erklärung der Preiseffekte von Emittenten

5.2.2.2.1. Beschreibung der verwendeten Variablen

Da sich die für Basiswerte und Emittenten verwendeten Variablen überschneiden, werden in diesem Kapitel lediglich bisher nicht verwendete Variablen neuen Inhalts erklärt. Die Bezeichnung *ISS* (Issuer) steht allgemein für den Emittenten einer Umtauschanleihe. Folglich kennzeichnet etwa der Parameter *ISS_MCAP* den logarithmierten Marktwert des Eigenkapitals des Emittenten im Zeitpunkt vor einer Umtauschanleihenemission. Entsprechen Variablen, mit Ausnahme der Bezeichnung *ISS,* der inhaltlichen Definition der Variablen für Basiswerte[1018] werden diese hier nicht weiter ausgeführt. In diesen Fällen wird auf die Definitionen in Kapitel 5.2.2.1.1 verwiesen. Im Unterschied zur Untersuchung von Kurseffekten von Basiswerten wird in diesem Kapitel als kurzes Zeitfenster die 3-tägige Periode von t_{-1} bis t_{+1} herangezogen.[1019] Innerhalb dieses Zeitraums werden die beobachteten Überrenditen ebenso wie innerhalb der Zeitfenster t_{-10} bis t_{+10}, t_{-20} bis t_{+20} und t_{-30} bis t_{+30} kumuliert und als abhängige Variable der Regressionsgleichung verwendet.[1020]

Die Variable *ISS_VOL* unterscheidet sich von *UND_VOL* in jenen Fällen, in denen ein Unternehmen eine Umtauschanleihe begab, welche in mehrere Tranchen mit unterschiedlichem Basiswert unterteilt ist.[1021] Die einzelnen Anleihenbeträge

---

1016 N=134.

1017 Dies ist bei der Überrendite von Basiswerten als erklärende Variable stets Regression (3).

1018 Hierfür wird die Abkürzung *UND* (Underlying) verwendet.

1019 Wie Tabelle 16 auf S. 240 zeigt, wurden für die Gesamtgruppe der Emittenten im Zeitfenster von t_{-1} bis t_{+1} die signifikantesten Kursreaktionen festgestellt, weshalb die Überrenditen dieses Zeitfensters als zu erklärende Variable herangezogen werden.

1020 Die Ergebnisse der Regressionsanalysen für die Zeitfenster t_{-10} bis t_{+10}, t_{-20} bis t_{+20} und t_{-30} bis t_{+30} werden im Anhang (Tabellen 20 bis22) dargestellt.

1021 Siehe Kapitel 3.3.2.1.

der gleichzeitig emittierten Tranchen werden in der Variable *ISS_VOL* zusammengefasst. Die emissionsspezifischen Variablen *MOTIVE*, *SAMEINDUSTRY*, *PRIVATE* und *EURO* sind Dummy-Variblen. Der Parameter *MOTIVE* nimmt den Wert Eins an, falls das Motiv der Anleihenemission eine Desinvestition darstellt, und Null, falls ein (Re-)Finanzierungszweck im Vordergrund steht.[1022] Sind der Emittent einer konvertiblen Anleihe und das Underlying in derselben Branche tätig, weist die Variable *SAMEINDUSTRY* den Wert Eins, andernfalls Null auf. Privatplatzierungen wurden mit einem *PRIVATE*-Parameterwert von Eins, öffentliche Platzierungen mit Null kodiert. Wurde ein Exchangeable als Euroanleihe begeben, weist *EURO* einen Wert von Eins aus. Inlandsanleihen nehmen für die Variable *EURO* den Wert Null an. Die erklärende Variable *PRICING* wurde ebenfalls als Dummy-Variable konzipiert. Diese weist im Fall von mit Overpricing emittierten Anleihen einen Wert von Null, bei keinem Over- bzw. Underpricing Eins und bei Underpricing Zwei auf.[1023] *MATURITY* beschreibt die längstmögliche Laufzeit einer Anleihe.[1024] Für die untersuchten Zeitfenster weisen die Länder-Dummyvariablen ebenso wie für Basiswerte keine Signifikanz auf. Sie werden deshalb in den Regressionsgleichungen nicht angeführt. Bei der Analyse von Emittenten-Ereignissen wird in Anlehnung an das Vorgehen bei Basiswerten zweistufig vorgegangen: Es wurde wiederum ein Sub-Sample für die Analyse *ohne*[1025] und ein anderes, überschneidendes Sub-Sample für die Analyse *mit* den Variablen *STAKE_PRE, STAKE_POST* und *RATING* gebildet.[1026]

5.2.2.2.2. Regressionsergebnisse

Wie Tabelle 27 zeigt, übt die allgemeine Aktienmarktentwicklung auch bei Emittenten von Exchangeables deutlich weniger signifikanten Einfluss auf die Überrenditen im Ankündigungszeitpunkt ausübt, als die Aktienperformance der betroffenen Unternehmen selbst.[1027] Die Variable *UND_R_PRE* weist in einem 3-tägigen Zeitfenster zunächst ein signifikant positives Vorzeichen auf. Dieses wechselt in den größeren Untersuchungsperioden zu einem teilweise signifi-

---

1022 Für die Kategorisierung der Emittentenmotive siehe Kapitel 3.4. Das Motiv Desinvestition umfasst hier auch die Teilgruppen Emissionen via Bank/Desinvestition und Going Public Exchangeables. Das Emissionsmotiv Finanzierung beinhaltet auch die Teilgruppe Emission via Bank/Finanzierung.

1023 Für die Bestimmung und Klassifizierung von Over- bzw. Underpricing siehe Kapitel 4.3.2.3.

1024 Siehe Kapitel 3.3.1.4.

1025 Dieses Sub-Sample umfasst 76 Emittenten-Ereignisse. Dies betrifft stets die Regressionen (1) bis (4) der untersuchten Zeitfenster.

1026 Dieses umfasst 48 Emittenten -Ereignisse und betrifft die Regressionen (5) bis (7) der Zeitfenster.

1027 Gleiches gilt für die Basiswerte (siehe Kapitel 5.2.2.1.2).

kanten, negativen Vorzeichen. Dieser Wandel ist möglicherweise darauf zurückzuführen, dass Kapitalmarktteilnehmer, welche bei Ankündigung eines Exchangeable zunächst positiv auf das Nützen eines günstigen „Bewertungsfensters" durch den Emittenten reagieren, ihr Verhalten später korrigieren.

Da Unternehmen im Mittel vor einer Emission eine rund 14,4%ige und selbst bei Annahme eines vollständigen Umtauschs eine rund 7,4%ige Beteiligung am Basiswert halten,[1028] führt der zunehmende Kursverfall des Underlying nach Ankündigung auch zu deutlichen Einbußen im Börsenwert des Emittenten.

Der Parameter *ISS_R_PRE* ist in allen durchgeführten Regressionen negativ und darüber hinaus in allen untersuchten Zeitfenstern, mit Ausnahme von t_{-1} bis t_{+1}, hoch signifikant. Außerdem fällt auf, dass mit größer werdendem Zeitfenster nicht nur die Signifikanz, sondern auch der Koeffizient der Variable *ISS_R_PRE* stetig steigt und damit auch ihr betragsmäßiger Einfluss auf die kumulierte Überrendite des Emittenten zunimmt. Nicht zuletzt weisen Regressionen in welchen *ISS_R_PRE* mit in die Regressionsgleichung aufgenommen wird für die umfangreiche Untersuchungsgruppe[1029] stets den mit Abstand höchsten Erklärungsbeitrag auf.[1030] Offensichtlich sendet der Schuldner mit der Ankündigung eines Exchangeable nicht nur das Signal einer möglichen Überbewertung des Underlying, sondern auch jenes, dass er selbst einen vorteilhaften Bewertungszeitpunkt für seine Anleihenemission ausgesucht hat.

[1028] Siehe Tabelle 4, S. 147. Angabe exklusive Dual Placings.

[1029] N=76.

[1030] Dies gilt mit Ausnahme des Zeitfensters von t_{-1} bis t_{+1}, in welchem der Parameter nicht signifikant ist. Der Erklärungsbeitrag wird als adjustiertes Bestimmtheitsmaß definiert.

Unabhängige Variable	Regressionen (1)	(2)	(3)	(4)	(5)	(6)	(7)
Interzept	-0,050	-0,040 *	0,027	-0,060	-0,049	-0,112	-0,103 *
	(0,451)	(0,062)	(0,485)	(0,352)	(0,528)	(0,105)	(0,088)
Unternehmens-spezif. Variablen							
ISS_MCAP	-0,005 *	-	-0,005 *	-0,005 *	-0,005	-0,001	-
	(0,086)		(0,076)	(0,051)	(0,154)	(0,830)	
RATING	-	-	-	-	-	-0,005	-
						(0,229)	
FI	0,018 *	0,020 *	0,015	0,014	0,027 **	-	0,026 **
	(0,070)	(0,059)	(0,119)	(0,102)	(0,026)		(0,010)
Variablen Marktumfeld							
ISS_MARKET_PRE	0,001	-	-	-	-	-	-
	(0,978)						
ISS_R_PRE	-	-0,023	-	-	-	-	-
		(0,165)					
UND_MARKET_PRE	-	-	-0,007	-	-	-	-
			(0,786)				
UND_R_PRE	-	-	-	0,021 **	0,028 **	0,035 ***	0,039 ***
				(0,029)	(0,014)	(0,002)	(0,000)
Emissionsspezif. Variablen							
ISS_VOL	-0,001	-	0,001	-0,003	-0,004	-0,007	-0,011 *
	(0,879)		(0,910)	(0,547)	(0,607)	(0,360)	(0,078)
ISS_REL_VOL	-	0,058 *	-	-	-	-	-
		(0,076)					
MOTIVE	-	-	-	-	-	0,017	0,022 *
						(0,166)	(0,051)
SAMEINDUSTRY	-	-	-	-	-	-0,012	-
						(0,211)	
PRICING	-	-	-	-	-	0,021 *	0,027 **
						(0,088)	(0,011)
MATURITY	0,000	0,001	-	-0,001	-0,002	-	-0,003
	(0,902)	(0,574)		(0,581)	(0,394)		(0,166)
PREMIUM	0,068	-	-	0,102 *	0,101 *	0,118 **	0,105 **
	(0,191)			(0,055)	(0,079)	(0,024)	(0,024)
PREMIUM_REL	-	0,012	0,015 *	-	-	-	-
		(0,169)	(0,068)				
CASHPAY	0,007	0,007	-	-	-	-	-
	(0,432)	(0,424)					
MANDATORY	-0,014	-0,029 *	-	-	-	-	-
	(0,386)	(0,083)					
EXOTIC	-0,007	-0,006	-	-	-	-	-
	(0,630)	(0,634)					
SOFTCALL	-0,004	-0,007	-	-	-	-	-
	(0,716)	(0,518)					
PUT	-0,015	-0,016	-0,016 *	-	-	-	-
	(0,180)	(0,114)	(0,097)				
PRIVATE	0,019 *	0,020 **	0,021 **	0,019 *	0,003	-0,008	-
	(0,075)	(0,036)	(0,038)	(0,072)	(0,840)	(0,623)	
EURO	0,013	0,024	-	-	-	-	-
	(0,304)	(0,140)					
TIME	-	0,000	-	-	-	-	-
		(0,749)					
Adj. R^2	7,56%	10,29%	8,71%	14,75%	18,15%	23,95%	37,49%
N	76	76	76	76	48	48	48

Erläuterungen:
* Testwert auf dem 10%-Niveau signifikant
** Testwert auf dem 5%-Niveau signifikant
*** Testwert auf dem 1%-Niveau signifikant

P-Wert des t-Tests in Klammern

Tabelle 27: Ergebnis der Regression mit $CAR_{(t_{-1},t_{+1})}$ der Emittenten als abhängige Variable

Diese Beobachtung entspricht, wie bereits bei der Analyse von Preiseffekten von Basiswerten angemerkt wurde, auch jener von *Dutordoir/Van de Gucht* (2004) für Wandelanleihenemittenten in West-Europa.[1031] Diese Vermutung kann durch den Vergleich von *ISS_R_PRE* mit *ISS_MARKET_PRE* und von *ISS_R_POST* mit *ISS_MARKET_POST* jedoch nur teilweise bestätigt werden. Emittenten von Umtauschanleihen rentieren im Zeitraum vor einer Emission bei Vergleich mit einem lokalen Aktienindex schlechter: *ISS_R_PRE* fällt mit +1,1% im Mittelwert eindeutig niedriger als *ISS_MARKET_PRE* (+4,1%) aus.[1032] Dennoch ist der Unterschied zwischen den beiden Variablen vor einer Emission statistisch nicht signifikant.[1033] Auch nach einer Emission liegt die Aktienperformance kapitalaufnehmender Unternehmen im Durchschnitt hinter jener von Vergleichsindizes zurück: *ISS_MARKET_POST* beläuft sich im Mittel auf rund -1,9%, während *ISS_R_POST* mit rund -5,6% diesen Wert deutlich unterbietet.[1034] Für den Zeitraum nach einer Emission fallen die Differenzen der beiden untersuchten Variablen knapp signifikant aus.[1035]

Somit kann festgehalten werden, dass Emittenten von Umtauschanleihen sowohl im Zeitraum vor, als auch nach einer Ankündigung, schlechter performen als ihr Vergleichsindex. Hieraus kann aber, zumindest bei Vergleich des Emittenten mit einem breiten Aktienindex, nicht eindeutig geschlossen werden, dass die Ankündigung einer Emission in einem positiven Bewertungsfenster des Emittenten erfolgt. Dennoch fällt *ISS_R_PRE* signifikant positiver als *ISS_R_POST*[1036] und *ISS_MARKET_PRE* signifikant positiver als *ISS_MARKET_POST*[1037] aus. Dem-

---

[1031] Siehe hierzu auch FN. 1002. Wie bei den Basiswert-Ereignissen, gilt auch bei den Emittenten-Ereignissen, dass diese in der hier durchgeführten Untersuchung zwischen „hot“ und „non-hot“ Perioden in etwa gleichverteilt sind. Bei grober Unterteilung des umfassenderen Samples von Emittenten-Ereignissen (N=76) fallen rund 35 Emissionen in eine sog. „hot period“ (März 1990 bis März 2000) und rund 41 in eine „non-hot period“ (April 2000, Dezember 2003). Als Trennpunkt wurde, wie in FN. 1002, der Höchststand des Dow Jones STOXX 600-Index im März 2000 herangezogen. Somit ist es eher unwahrscheinlich, dass ein festgestellter signifikanter Zusammenhang zwischen Preiseffekten von Emittenten und *ISS_R_PRE* (oder einer anderen Variable des Marktumfeldes) auf einem Samplingeffekt beruht.

[1032] Der gleiche Zusammenhang gilt auch für die Mediane der beiden Variablen: *ISS_R_PRE* (+2,2%), *ISS_MARKET_PRE* (+5,8%).

[1033] P-Wert des Wilcoxon-Rangsummentests: 0,5422; P-Wert der van der Waerden-Teststatistik: 0,4023.

[1034] Mediane der beiden Variablen: *ISS_R_POST* (-5,0%), *ISS_MARKET_POST* (-2,9%).

[1035] P-Wert des Wilcoxon-Rangsummentests: 0,1140; P-Wert der van der Waerden-Teststatistik: 0,0998.

[1036] P-Wert des Wilcoxon-Rangsummentests: 0,0019; P-Wert der van der Waerden-Teststatistik: 0,0053.

[1037] P-Wert des Wilcoxon-Rangsummentests: 0,0011; P-Wert der van der Waerden-Teststatistik: 0,0008.

nach nutzen Unternehmen für die Ankündigung eines Exchangeable den Zeitraum vor einer (weiteren) Verschlechterung ihrer eigenen Kursperformance bzw. einer Eintrübung des allgemeinen Aktienmarktumfeldes.

Entgegen der Hypothese 2.2.a weisen Unternehmen, die nach einer Periode einer positiven Entwicklung des Aktienmarktes emittieren, keine positiveren Überrenditen aus.[1038] Dies widerspricht der Beobachtung von *Ammann/Fehr/Seiz* (2004)[1039] für Convertibles und Exchangeables in Deutschland und der Schweiz. Die Variablen, welche die Marktperformance *vor* einer Emission messen (*ISS_MARKET_PRE*, *UND_MARKET_PRE)*, weisen in der eigenen Untersuchung negative Vorzeichen[1040] und teilweise auch schwache Signifikanzen auf. Finanzierungstransaktionen mittels Exchangeables werden in Europa somit in einem „guten" Emissionsumfeld („hot period") nicht generell positiver aufgenommen als bei einem widrigeren Börsenklima („non-hot period").

Betrachtet man die emissionsspezifischen erklärenden Variablen so fällt auf, dass die Umtauschprämie ebenso wie bei einem Underlying auch bei einem Emittenten eine gewisse Signalfunktion zu haben scheint. Im Unterschied zur Gruppe der Basiswerte ist diese jedoch weniger eindeutig. Mit Ausnahme von zwei Regressionen außerhalb des Zeitfensters t_{-20} bis t_{+20}[1041] trägt *PREMIUM* ein positives Vorzeichen und ist zumindest teilweise signifikant. Auch die zur Volatilität in Bezug gesetzte Prämie (*PREMIUM_REL*) kann nicht völlig eindeutig interpretiert werden. Diese Variable ist in den Zeitfenstern t_{-1} bis t_{+1} und t_{-30} bis t_{+30} positiv, in den Perioden t_{-10} bis t_{+10} und t_{-20} bis t_{+20} aber negativ und insgesamt nur bei einer Regression signifikant. Somit trägt die generierte Prämie für den Emittenten einen weniger klaren Signalcharakter als für das Underlying. Die Hypothese 3.1.a kann folglich weder klar bestätigt noch eindeutig verworfen werden.

Ähnlich wie mit Aussagen zu *PREMIUM* oder *PREMIUM_REL* verhält es sich auch mit dem Parameter *MATURITY*. Dieser kann allgemein als Indikator für eine eher fremd- oder eher eigenkapitalinduzierende Emission gewertet werden. Eine längere Laufzeit bedeutet, ceteris paribus, eine für den Emittenten eher eigenkapitalähnliche Anleihengestaltung. Dies ließe eine eher eigenkapitalähnliche –

1038 Dies gilt ebenso bei Basiswerten (siehe Kapitel 5.2.2.1.2).

1039 Vgl. *Ammann/Fehr/Seiz* (2004), S. 29 f.

1040 Hiervon macht die Regression (1) mit $CAR_{(t_{-1},t_{+1})}$ der Emittenten als abhängige Variable eine Ausnahme.

1041 In diesem Zeitfenster weist *PREMIUM* immer ein negatives Vorzeichen auf. Der Grund hierfür ist jedoch unklar.

d.h. negativere Ankündigungsreaktion erwarten.[1042] Im Gegenzug steigt mit der Laufzeit – die simultane Verlängerung der Optionslaufzeit vorausgesetzt – jedoch auch der Optionswert bzw. die Wahrscheinlichkeit einer Desinvestition. Da eine Veräußerungsmaßnahme bei Steigerung der Unternehmenskonzentration von Kapitalmarktteilnehmern allgemein positiv aufgenommen wird,[1043] ist eine genaue Prognose des Zusammenhangs zwischen *MATURITY* und der Ankündigungsreaktion des Emittenten, ob des beschriebenen gegenläufigen Effektes, äußerst schwierig. Die Beobachtungen bestätigen die vermutete Komplexität: Die Variable *MATURITY* ist in einigen Regressionen der eigenen Untersuchung zwar schwach signifikant, weist aber wechselnde Vorzeichen auf und kann nicht klar gedeutet werden. Trotzdem ist sie zumindest im kleineren Sub-Sample[1044] stets negativ und darüber hinaus teils hoch signifikant. Dies liegt möglicherweise daran, dass in den Regressionen (6) und (7) die Variable *MOTIVE* ebenso Teil der Regressionsgleichung ist und somit eine Desinvestitionsabsicht des Emittenten kontrolliert wird. Zumindest in den Zeitfenstern t_{-10} bis t_{+10} und t_{-30} bis t_{+30} weist *MATURITY* In diesem Zusammenhang teilweise hohe Signifikanzen auf. Bei längeren Laufzeiten und bei gleichzeitiger Kontrolle des Emissionsmotivs lässt sich somit eine eher eigenkapitalähnliche, negative Reaktion beobachten.[1045]

Zur Überprüfung der Fokus-Hypothese wurden, entsprechend der Analyse der Preiseffekte in Untergruppen,[1046] die Parameter *MOTIVE* und *SAMEINDUSTRY* in die Regressionsgleichungen für das kleinere Sub-Sample mit aufgenommen.[1047] Gemäß der Hypothese 3.2.a weist *MOTIVE* in allen durchgeführten Regressionen stets ein positives Vorzeichen und in den größeren Zeitfenstern[1048] auch eine hohe statistische Signifikanz auf. Dies bestätigt die Analyseergebnisse bei Gruppenbildung. Es kann somit festgehalten werden, dass Umtauschanleihen, welche primär zum Zweck einer Desinvestition begeben werden, einen eindeutig positiveren Preiseffekt beim emittierenden Unternehmen zur Folge haben.

1042 In diesem Sinn gehen auch *Dutordoir/Van de Gucht* (2004) in ihrer Untersuchung von einem negativen Zusammenhang zwischen der Laufzeit von Wandelanleihen und den Ankündigungseffekten von Emittenten aus. Die Autoren stellen in ihren Regressionsanalysen aber zumeist signifikant positive Zusammenhänge fest; vgl. *Dutordoir/Van de Gucht* (2004), S. 31. Zur Laufzeit siehe auch Kapitel 3.3.1.4.

1043 Siehe Hypothese 3.2.a bzw. Kapitel 4.4.2.

1044 N=48.

1045 Die Aussagefähigkeit wird allerdings durch den geringen Sampleumfang (N=48) eingeschränkt.

1046 Siehe Kapitel 5.2.1.3 u. 5.2.1.4.

1047 Dies betrifft die Regressionen (6) und (7) der Regression mit *CAR* der Emittenten als abhängige Variable.

1048 t_{-10} bis t_{+10}, t_{-20} bis t_{+20} und t_{-30} bis t_{+30}.

Die Aussagen zur Variable *SAMEINDUSTRY* gestalten sich, nach den Beobachtungen in den Untergruppen, erwartungsgemäß schwieriger: Die Variable weist in der 3-tägigen Untersuchungsperiode zunächst ein negatives Vorzeichen auf. Dieses wechselt in größeren Untersuchungsperioden jedoch zu einem positiven Vorzeichen. Darüber hinaus ist der Parameter in den Zeitfenstern t_{-10} bis t_{+10} und t_{-30} bis t_{+30} hoch signifikant. Bei gemeinsamer Betrachtung von *MOTIVE* und *SAMEINDUSTRY* und der Ergebnisse in den gebildeten Untergruppen klärt sich das Bild jedoch etwas auf: Bei Ankündigung[1049] reagieren Emittenten vor allem dann positiv, wenn sie ein Desinvestitionsmotiv angeben und/oder einen unterschiedlichen Branchenhintergrund wie das jeweilige Underlying aufweisen und somit einen Verkauf und/oder eine Fokussierung ihres Unternehmens glaubhaft machen. *MOTIVE* weist demnach für diesen Zeitraum ein positives, *SAMEINDUSTRY* ein negatives Vorzeichen auf.[1050]

Im größeren Zeitfenstern weisen sowohl *MOTIVE* als auch *SAMEINDUSTRY* ein positives Vorzeichen und Signifikanz auf, was nahe legt, dass der Emittent ein positives Bewertungsfenster seines Unternehmens und für das Underlying nutzt. Es kann angenommen werden, dass Emittenten, deren Beteiligungen in den selben Branchen wie sie selbst operieren, die Perspektiven ihrer eigenen Branche besser einschätzen können als jene fremder Branchen.[1051] Bei gleichem Branchenhintergrund kann man somit von einem besseren Markt-Timing-Verhalten der emittierenden Gesellschaft ausgehen. Aus diesem Grund erscheint bei Kapitalmarktteilnehmern, die ein entsprechendes Verhalten von Emittenten antizipieren, eine positive Reaktion auf Exchangeables mit Basiswerten aus der Branche des Emittenten plausibel.[1052] Unklar ist jedoch, weshalb diese Kapitalmarktreaktion erst in einem größeren Zeitfenster und nicht bereits bei Ankündigung (t_{-1} bis t_{+1}) erfolgt. Es besteht die Möglichkeit einer „standardmäßigen", positiven Reaktion auf die Bekanntgabe einer Maßnahme, welche potentiell als konzentrationsfördernd einzustufen ist.[1053] Diese wird dann gegebenenfalls erst in einem zweiten Schritt korrigiert. Da weder die Untersuchung von Untergruppen noch die Regressions-

---

1049 3-tägiges Zeitfenster von t_{-1} bis t_{+1}.

1050 Beide Variablen sind in diesem Zeitfenster jedoch statistisch nicht signifikant.

1051 Siehe hierzu auch FN. 950.

1052 Dies betrifft nur die Preisreaktionen des Emittenten und nicht jene des Basiswerts. Für Kurseffekte von Basiswerten konnte keine Signifikanz der Variablen *MOTIVE* bzw. *SAMEINDUSTRY* nachgewiesen werden. Deshalb wurden diese Variable nicht in die dargestellten Regressionsgleichungen mitaufgenommen.

1053 Dies sind ein unterschiedlicher Branchenhintergrund (siehe Tabelle 19), aber prinzipiell auch ein durch den Emittenten bekannt gegebenes Veräußerungsmotiv (siehe Tabelle 17) oder das Vorliegen beider Bedingungen (siehe Tabelle 13 des Anhangs). Sind beide Bedingungen erfüllt, erfolgt mit +1,4% (signifikant auf dem 1% Niveau) die im 3-tägigen Zeitfenster positivste Ankündigungsreaktion aller untersuchten Emittenten-Untergruppen.

analyse den erwarteten Zusammenhang nachweisen kann, muss die Hypothese 3.2.b für Exchangeables verworfen werden. Hierbei ist jedoch zu berücksichtigen, dass die Signifikanz von *MOTIVE* und *SAMEINDUSTRY* nur in einem relativ kleinen Sample überprüft werden konnte. Folglich ist bei den angeführten Aussagen und Interpretationen der eingeschränkte Stichprobenumfang dieses Sub-Samples zu berücksichtigen.[1054]

Auch die Hypothese 4.1. kann auf Grund der Ergebnisse der Regressionsanalyse nicht bestätigt werden. Die Variable *ISS_VOL* weist zwar in der überwiegenden Anzahl der Regressionen das erwartete negative Vorzeichen auf, ist aber mit Ausnahme des 21-tägigen Zeitfensters nur in einer Regression schwach signifikant. Das positive Vorzeichen des Anleihenvolumens in Bezug zur Marktkapitalisierung des Emittenten überrascht: *ISS_REL_VOL* ist, mit Ausnahme einer Regression, jedoch insignifikant. Damit zeigt sich möglicherweise die zweifelhafte Überprüfbarkeit der Hypothese von *Miller/Rock* (1985) an Hand des aufgenommenen Finanzierungsvolumens.[1055] Aber auch eine Bestätigung dieser These durch die Variable *FI* schlägt fehl. Reagiert der durchschnittliche Emittent von Umtauschanleihen im Ankündigungszeitpunkt schwach positiv aber immerhin gering signifikant von Null unterschiedlich,[1056] so ist diese Reaktion im Fall von Finanzdienstleistungsunternehmen, zumindest im 3-tägigen Zeitfenster, noch positiver. Banken und Versicherungsunternehmen, welche als Emittenten von Exchangeables auftreten, weisen somit nicht die in Hypothese 4.2 angenommenen absolut niedrigeren Kursreaktionen, sondern vielmehr höhere auf. Dieser Zusammenhang ist für den Zeitraum von t_{-1} bis t_{+1} sogar teilweise signifikant.[1057] In anderen untersuchten Zeitfenstern kehrt sich das Vorzeichen von *FI* jedoch um und die Variable verliert an Signifikanz.

Der genaue Hintergrund für diesen Zusammenhang ist unbekannt. Eine mögliche Ursache hierfür kann jedoch in der Differenz zwischen der Entscheidungsfindung betreffend Desinvestitionen und Auswahl eines Basiswerts bei Finanz- und Nicht-Finanzunternehmen vermutet werden. Während die Variable *FI* eine positive Korrelation mit *UND_R_PRE* aufweist,[1058] ist dieser Zusammenhang für Nicht-Finanzunternehmen negativ. Zum gleichen Resultat kommt man für die Variable *UND_R_POST*.[1059] Somit veroptionieren Banken- und Versicherungsunterneh-

---

[1054] N=48.

[1055] Siehe Kapitel 4.3.2.1.1 und hier insbesondere FN. 697.

[1056] Siehe Tabelle 16.

[1057] Die Gruppenbildung (siehe Kapitel 5.2.1.5) ergab jedoch zwischen Finanz- und Nichtfinanzunternehmen keine signifikant unterschiedlichen Kursreaktionen.

[1058] Korrelationskoeffizient: 0,15.

[1059] Korrelationskoeffizient: 0,05.

men eher Beteiligungen, die sowohl vor als auch nach Ankündigung am Aktienmarkt positiv rentieren. Nicht-Finanzunternehmen stoßen hingegen (potentiell) jene Beteiligungen ab, die in der Vergangenheit negativ tendierten und bei welchen sich dieser Trend auch nach einer Emissionsankündigung weiter fortsetzt. Weiters ist *FI* auch mit der Variablen *PREMIUM*[1060] (bzw. *PREMIUM_REL*) positiv korreliert. Nicht-Finanzinstitute weisen folglich mit diesen Größen einen negativen Zusammenhang auf. Da sowohl *UND_R_PRE* als auch *PREMIUM*, zumindest in einem engen Ankündigungsfenster, einen signifikanten Einfluss auf die festgestellten Überrenditen von Emittenten aufweisen, kann hiermit möglicherweise der teils signifikante positive Zusammenhang von *FI* und Emittenten-Preiseffekten erklärt werden. Folglich setzen Finanzunternehmen ihr Wissen betreffend bestehende finanzwirtschaftliche Zusammenhänge gekonnter als Nicht-Finanzunternehmen ein, treffen einen „günstigeren" Zeitpunkt für ihre Emissionsankündigung und generieren darüber hinaus tendenziell höhere (relative) Umtauschprämien.

Ebenso wie Emittenten von Eigenkapital- und Wandelanleihen rufen auch Emittenten von Exchangeables bei Ankündigung[1061] positivere Kapitalmarktreaktionen hervor, wenn sie ihre Anleihe privat platzieren. Die Variable *PRIVATE* ist in den Regressionen des umfangreichen Samples klar signifikant und positiv. Somit wird die Hypothese 5.1. bestätigt. Dennoch kann der festgestellte Zusammenhang nicht für die weiteren Zeitfenster bestätigt werden. *PRIVATE* weist zwar meist ein positives Vorzeichen auf, verliert aber seine Signifikanz. Entgegen Hypothese 5.2. ergibt sich für die zweite Variable, welche den Emissionsmarkt beschreibt, *EURO*, ein positives Vorzeichen. Außerdem ist die Variable teilweise sogar signifikant. Da die gesamte Untersuchungsgruppe von 76 Emittenten-Ereignissen jedoch nur insgesamt 6 Inlandsanleihen umfasst, ist die Aussagefähigkeit zu Hypothese 5.2. stark eingeschränkt.[1062]

Entgegen der in Hypothese 6 formulierten Erwartung trägt die erklärende Variable *PRICING* ein positives Vorzeichen – d.h. Anleihen, welche bei Börseneinführung durch Underpricing charakterisiert sind,[1063] rufen bei Emissionsankündigung tendenziell positivere Preiseffekte des Emittenten hervor. Dies überrascht insofern, als es bei Vorliegen von Underpricing zu einer Vermögensverschiebung von den Aktionären des Emittenten zu den Anleihenzeichnern kommt. Allerdings ist ein solcher Vermögensverschiebungseffekt bei Umtauschobligationen nicht beson-

---

1060 Korrelationskoeffizient: 0,14.

1061 t_{-1} bis t_{+1}.

1062 Aus diesem Grund wird einer möglichen Ursache für das positive Vorzeichen von *EURO* nicht weiter nachgegangen.

1063 Für die in dieser Arbeit verwendete Definition von Underpricing siehe Kapitel 4.3.2.3.

ders ausgeprägt.[1064] Ein gewisses Maß an Underpricing wird möglicherweise für den erfolgreichen Verkauf von Exchangeables als notwendig erachtet. Hierfür würde auch die zu Gunsten zu gering gepreister Umtauschanleihen schiefe Verteilung untersuchter Exchangeables sprechen. Wie Tabelle 6 auf Seite 183 klar zeigt, tendieren Emittenten von Umtauschanleihen dazu, diese mit Underpricing zu begeben. Sollte ein mäßiges Underpricing für eine erfolgreiche Umtauschanleihenemission erforderlich sein, würde dies das positive Vorzeichen von *PRICING* erklären.[1065]

Neben den bisher angeführten Ergebnissen ist erwähnenswert, dass bei Betrachtung der Preiseffekte für Emittenten in allen untersuchten Zeitfenstern kein eindeutiger Größeneffekt festgestellt werden kann. Die in Marktkapitalisierung des Emittenten ausgedrückte Größe (*ISS_MCAP*) ist zwar in der Untersuchungsperiode t_{-1} bis t_{+1} schwach signifikant, wechselt aber ihr Vorzeichen in den verschiedenen Zeitfenstern. Auch die Variable *RATING* indiziert keinen klaren bzw. signifikanten Zusammenhang mit einem Ankündigungseffekt. Der Parameter *CASHPAY* ist im Zeitfenster von t_{-1} bis t_{+1} zunächst positiv. Auch hier wechselt das Vorzeichen in größeren Zeitfenstern und die Variable ist insgesamt nicht signifikant. Somit lässt sich die Beobachtung von *Danielova* für Exchangeables in den USA,[1066] wonach sich eine Bartilgungsoption auf Grund der hiermit verbundenen Flexibilität für den Emittenten positiv auf eine Ankündigungsreaktion dieses Unternehmens auswirkt, nicht bestätigen. *SOFTCALL* verfügt, mit Ausnahme einer Regression, über ein negatives Vorzeichen und ist darüber hinaus im Zeitfenster t_{-10} bis t_{+10} sogar signifikant. Dies ist insofern überraschend, als diese Klausel als durchaus positiv für den Emittenten bezeichnet werden kann.[1067] Möglicherweise wirft eine solche Klausel jedoch ein (eingeschränkt) negatives Licht auf den Anleihenschuldner.

[1064] Siehe Tabelle 6 auf Seite 183. Demnach wurde im Untersuchungszeitraum nur eine einzige Anleihe mit hohem Underpricing begeben.

[1065] Hierbei muss angemerkt werden, dass auf Grund des oftmals langen Zeitraums zwischen Ankündigung und dem Tag der ersten Börsennotiz eines Exchangeables (siehe FN. 735), die Aussagekraft der Variablen *PRICING* eingeschränkt ist.

[1066] Siehe Kapitel 4.4.4.4.

[1067] Die Klausel kann als Instrument der Risikovorsorge für den Emittenten verstanden werden. Siehe ausführlicher in Kapitel 3.3.1.5.1.

5.3. Zusammenfassung der empirischen Ergebnisse

Eine Untersuchung von insgesamt 172 Exchangeable Bond-Tranchen, welche zwischen 1987 und 2003 von europäischen Unternehmen begeben wurden, ergab einen wesentlichen Einfluss einer solchen Emission auf den Wert der beteiligten Unternehmen. Dies gilt insbesondere für die Zielgesellschaft. Dieses Unternehmen büßt am Tag der Ankündigung eines Exchangeable rund 1,6%[1068] seines Börsenwerts ein – dies entspricht einer durchschnittlichen Reduktion des Marktwerts des Eigenkapitals der Zielgesellschaft von 407 Mio. €.[1069] Da der Emittent vor Ankündigung eines Exchangeable im Mittel rund 24% des Basiswerts hält,[1070] büßt auch er indirekt rund 97 Mio. €[1071] an Beteiligungswert ein. Stellt man diesen Betrag ins Verhältnis zum mittleren Anleihenvolumen von 550 Mio. € werden die indirekten Kosten einer Kapitalaufnahme mittels Umtauschanleihe drastisch deutlich: am Ankündigungstag selbst betragen diese rund 18%[1072] des aufgenommenen Kapitalbetrags. Demnach sind die Kosten der Mittelaufnahme bei Exchangeables keineswegs von vernachlässigbarer Größenordnung bzw. ist es falsch bei Finanzierung mit Umtauschanleihen automatisch von einer „günstigen“ Kapitalbeschaffung zu sprechen.[1073]

Die Kapitalmarktreaktionen von Basiswerten und Emittenten wurden mit Hilfe einer *Ereignisstudie* untersucht. Hierfür wurden zunächst Überrenditen nach dem Marktmodell ermittelt, welche in Abwesenheit weiterer wertbeeinflussender Ereignisse annahmegemäß auf die Ankündigung einer Umtauschanleihe zurückgeführt werden können. Die so errechneten Ereignisrenditen wurden in weiterer Folge mittels Gruppenbildung und Regressionsanalysen in Zeitfenstern um den Ankündigungstag auf mögliche Einflussgrößen hin untersucht.

1068 Dieser Wert gibt die durchschnittliche (einfache) Rendite des Basiswerts am Ankündigungstag t_0 an (Mittelwert aus 152 logarithmierten Renditen; Median: -1,2%).

1069 Hierfür wurden die einfachen Renditen in t_0 (FN. 1068) mit den Marktwerten des Eigenkapitals der Basiswerte vor Ankündigung (*UND_MCAP*) multipliziert. Der angegebene Wert gibt den Durchschnitt aus 152 Werten an (Median: -81 Mio. €).

1070 Siehe Tabelle 4, S. 147 (Emissionen exkl. Dual Placings).

1071 Der Wert ergibt sich als Produkt des mittleren Marktwertrückgangs mit dem mittleren Beteiligungsanteil des Emittenten vor Ankündigung. Das Produkt der Mediane ergibt einen Wert von rund 12 Mio. €.

1072 Median: rund 4%. Für einen Vergleich zu Opportunitätskosten bei Optionsanleihen siehe FN. 55, S. 13.

1073 Siehe Kapitel 3.4.

Bei *Basiswertunternehmen* wurde am Tag der Bekanntmachung einer Exchangeable-Emission eine hoch signifikante, negative Überrendite von durchschnittlich –1,6%[1074] festgestellt. In einem 61tägigen Ereignisfenster um den Ankündigungstag beläuft sich die Überrendite der Zielunternehmen auf insgesamt –2,8%. Die festgestellten signifikanten, negativen Preiseffekte von Basiswerten haben neben einem Preisdruckeffekt am Ankündigungstag auch einen Informationseffekt nach Ankündigung als Ursache. Bei Bekanntgabe löst das absolute Emissionsvolumen eine signifikant negative Überrendite des Basiswerts aus. Dies kann als Bestätigung der Price Pressure-Hypothese am Ankündigungstag gewertet werden.[1075] Berücksichtigt man das Anleihenvolumen bzw. den Wert der unterliegenden Aktien,[1076] fällt die Reaktion des Basiswerts, verglichen mit Reaktionen auf Secondary Distributions/Block Trades,[1077] bei Exchangeables[1078] weniger negativ aus.

Der Einfluss eines angekündigten Exchangeable auf den Aktienkurs eines Underlying beschränkt sich jedoch nicht alleine auf den Zeitpunkt der Bekanntgabe. Auf Grund eines darüber hinaus anhaltenden, „permanenten"[1079] Kursrückgangs kann

---

1074 Die durchschnittliche Überrendite in t_0 (siehe Tabelle 15) entspricht zufällig auch der durchschnittlichen einfachen Rendite (siehe FN. 1068) an diesem Tag.

1075 Da nur das absolute Emissionsvolumen (*UND_VOL*), nicht aber das relative Volumen (*UND_REL_VOL*) signifikant ist, kann nach *Mikkelson/Partch* (1985) eher die PPH als die ISH als bestätigt angesehen werden; siehe Kapitel 4.2.1.

1076 Siehe Kapitel 3.3.1.3. Im Durchschnitt beträgt das Anleihenvolumen 550 Mio. €. Bei Berücksichtigung einer durchschnittlichen Umtauschprämie von 126% (siehe Anhang Tabelle 10) entspricht der Anleihenbetrag bei Ankündigung somit einem Börsenwert von rund 437 Mio. € an Basiswertaktien (Median: 242 Mio. €).

1077 Siehe Tabelle 5, S. 163. Die Überrenditen bei Secondaries/Block Trades belaufen sich in einem ein-/zweitägigen Zeitfenster auf –0,34% bis –2,87% (unterliegender Anteil am Eigenkapital: 0,15% bis 8,10%; Emissionsbetrag: 5 bis 32 Mio. USD). Unterstellt man bei den in Tabelle 5 angegebenen Ergebnissen zwischen der Überrendite und dem durchschnittlichen Anteil am Eigenkapital einen linearen Zusammenhang, ergäbe sich bei dem mit Exchangeables im Durchschnitt veroptionierten Beteiligungsanteil von 5,9% (siehe Tabelle 4, S. 147) eine zu erwartende durchschnittliche Überrendite für Umtauschanleihen von rund –2,1%. Ein Vergleich der Emissionsvolumina würde für Umtauschanleihen noch einen deutlich negativeren Preiseffekt erwarten lassen. Hierzu ist anzumerken, dass bei Umtauschanleihen das absolute Emissionsvolumen, verglichen mit dem veroptionierten Beteiligungsanteil, einen deutlich signifikanteren Einfluss auf eine Ankündigungsrendite ausübt (Da die in Tabelle 5 angeführten Emissionsbeträge mit den Anleihenbeträgen von Umtauschanleihen jedoch nicht vergleichbar sind, wurde für die hier angeführte plakative Vergleichsrechnung der durchschnittliche Anteil am Eigenkapital verwendet.).

1078 -1,5% in t_{-1} bis t_0; -1,7% in t_{-1} bis t_{+1}.

1079 Das Wort „permanent" versteht sich hier im Sinn von *Kraus/Stoll* (1972) bzw. *Scholes* (1972); siehe Kapitel 4.2.2 (FN. 653).

auch ein Informationseffekt als bestätigt angesehen werden.[1080] Dieser hängt jedoch nicht mit der Beteiligungshöhe des Anleihenschuldners am Basiswert vor oder nach einem möglichen Umtausch der Obligation zusammen. Vielmehr nutzen Emittenten ein positives Bewertungsfenster („Window of Opportunity") für die Bekanntgabe einer Umtauschanleihe: Je positiver ein Basiswert vor der Ankündigung einer Umtauschanleihe rentiert, umso negativer fällt ein Preiseffekt nach der Bekanntgabe aus. Emittenten setzen außerdem die hohe Volatilität von Beteiligungsunternehmen gezielt für eine Reduktion ihres Anleihenzinssatzes ein und nehmen in Abhängigkeit von einer hiermit einhergehenden „Vergünstigung"[1081] auch mehr Kapital auf. Am Kapitalmarkt scheint das Wissen über das opportunistische Verhalten von mittelaufnehmenden Unternehmen aber erst schrittweise bekannt zu werden. Die genaue Ursache für diese graduelle Informationsverarbeitung ist unbekannt. Zum einen kann dies als möglicher Hinweis auf eine lediglich schwache oder halbstrenge Informationseffizienz der betroffenen Kapitalmärkte gewertet werden.[1082] Zum anderen besteht die Möglichkeit, dass Kapitalmarktteilnehmer Umtauschanleihen auf Grund ihrer Multifunktionalität nur schwer einordnen können. Zwischen 1987 und 2003 kann jedoch keine signifikante Verbesserung in der Informationsverarbeitung festgestellt werden.[1083]

Emittenten senden mit Exchangeables neben dem negativen Signal einer möglichen Überbewertung auch noch weitere Informationen betreffend die Zielgesellschaft aus. Insbesondere die angekündigte Umtauschprämie besitzt Signalcharakter. Eine höhere Prämie wird am Kapitalmarkt als Vertrauen des Emittenten in eine positive zukünftige Wertentwicklung des Underlying interpretiert und als positives Signal aufgenommen. Damit trägt die Umtauschprämie bei Exchangeables einen vergleichbaren Informationscharakter wie eine Wandelprämie bei Convertibles.[1084] Bei Bekanntgabe einer als „exotisch" [1085] einzustufenden Anleihe fällt die Überrendite des Underlying weniger negativ aus. Dies hängt

---

[1080] Ein lange anhaltender negativer Preiseffekt könnte zunächst auch mit einer langfristig fallenden Nachfragefunktion nach Wertpapieren mit Bezug zum Underlying zusammenhängen (Imperfect Substitutes-Hypothese/ISH; Kapitel 4.2.1). Auf Grund der Regressionsergebnisse und hier insbesondere der Resultate betreffend die Variable *UND_R_PRE* erscheint ein Informationseffekt im Vergleich mit der ISH (weder *UND_VOL* noch *UND_REL_VOL* ist in einem größeren Zeitfenstern signifikant) wahrscheinlicher.

[1081] Das Wort „Vergünstigung" bezieht sich auf die laufenden Zinszahlungen. Diese „Vergünstigung" wird natürlich durch die begebene Call-Option erkauft.

[1082] Zu den Formen der Informationseffizienz nach *Fama* (1970) siehe Kapitel 4.2.1.

[1083] Die erklärende Variable *TIME* ist in allen durchgeführten Regressionen insignifikant.

[1084] Das Signal bezieht sich sowohl bei Convertibles als auch Exchangeables auf den Basiswert der konvertiblen Anleihe. Bei Convertibles sind der Basiswert und der Emittenten idR ident (siehe Kapitel 2.2.2; für die Ausnahme hierzu siehe Kapitel 2.2.3.4).

[1085] Siehe Kapitel 5.2.2.1.1.

möglicherweise mit einer schwierigeren Prognose des letztendlichen Umtauschobjekts zusammen. Die für Exchangeables in den USA festgestellte Signalfunktion einer Bartilgungsklausel[1086] kann für Europa nicht bestätigt werden.

In der eigenen Untersuchung können im Unterschied zu bisherigen Studien zu Exchangeables[1087] auch für *Emittenten* signifikante Kursreaktionen und Signale nachgewiesen werden. Obwohl diese Unternehmen am Ankündigungstag selbst keine von Null signifikant unterschiedlichen Kursreaktionen aufweisen, kann hieraus nicht der Schluss gezogen werden, dass emittierende Gesellschaften stets „anleihentypische"[1088] Reaktionen aufweisen. Sowohl die Gruppen- als auch die Regressionsanalyse zeigen für Emittenten insbesondere in Abhängigkeit vom geäußerten Emissionsmotiv unterschiedliche Kursreaktionen. Während zu Finanzierungszwecken begebene Exchangeables beim kapitalaufnehmenden Unternehmen anleihenähnliche Kursreaktionen auslösen, weisen Emittenten mit Desinvestitionsmotiv signifikant positive(re) Preiseffekte auf. Die Desinvestitions-Hypothese kann klar bestätigt werden. Umtauschanleihen werden von Kapitalmarktteilnehmern nicht nur als Finanzierungs- sondern auch als Desinvestitions-/Restrukturierungsinstrument wahrgenommen.

Auch bei Emittenten können, ebenso wie bei Basiswerten, in Abhängigkeit vom betrachteten Zeitfenster teilweise Korrekturen einer ursprünglichen Kapitalmarktreaktion beobachtet werden. Dies betrifft zum einen die Desinvestitions- bzw. Fokus-Hypothese und zum anderen die Reaktion auf das opportunistische Verhalten des Schuldners. Im unmittelbaren Ankündigungszeitpunkt fallen die Überrenditen der emittierenden Gesellschaft positiver aus, wenn Emissionen neben einem Veräußerungsmotiv zusätzlich auch durch einen unterschiedlichen Branchenhintergrund von Emittent und Underlying gekennzeichnet sind.[1089] Demnach werden Exchangeables am Kapitalmarkt besonders positiv aufgenommen, wenn gleichzeitig mit Ankündigung eine Desinvestitionsabsicht bekundet wird und eine Konversion somit zu einer (weiteren) Fokussierung des Emittenten beiträgt. Diese Reaktion stimmt auch mit den Erwartungen überein.[1090] Im weiteren Zeitverlauf än-

---

[1086] Siehe Kapitel 4.4.4.4.

[1087] Ebenda.

[1088] Dies sind zumeist nicht signifikant von Null zu unterscheidende Reaktionen (siehe Kapitel 4.4.3).

[1089] Bei Gruppenbildung können insbesondere in Abhängigkeit vom Branchenhintergrund signifikante Unterschied festgestellt werden (siehe Tabelle 20 u. Tabelle 21). In der Regressionsanalyse weisen die Merkmale *SAMEINDUSTRY* u. *MOTIVE* zunächst jedoch keine oder nur eine schwache Signifikanz auf (siehe Tabelle 27).

[1090] Siehe Kapitel 4.3.2.2 (Refokussierung und Desinvestition als Signal und mögliche Lösung für ein FCF-Problem) u. Kapitel 4.4.2 (Ergebnisse zu Desinvestitionsmaßnahmen).

dert sich die Einschätzung des Branchenhintergrunds. Schließlich werden bei Betrachtung eines größeren Zeitraums[1091] neben Emissionen mit Desinvestitionsmotiv jene Anleihen positiver aufgenommen, bei denen der Anleihenschuldner und der Basiswert in *derselben* Branche tätig sind. Kapitalmarktakteure gehen möglicherweise davon aus, dass Emittenten die Perspektiven ihrer eigenen Branche besser einschätzen können als jene fremder Industrien – d.h. bei identischem Branchenhintergrund wird ein besseres Market Timing-Verhalten des Schuldners angenommen.

Dies mag teilweise auch mit der zweiten im Zeitverlauf sich ändernden Markteinschätzung zusammenhängen. Während das Nutzen eines positiven Bewertungsfensters[1092] durch das mittelaufnehmende Unternehmen von Kapitalmarktteilnehmern zunächst äußerst positiv eingeschätzt wird, ändert sich auch diese Beurteilung.[1093] Die positive Reaktion weicht zunehmend der Ernüchterung, dass der Kursrückgang des Underlying auf Grund des vom Emittenten weiterhin gehaltenen Beteiligungsanteils[1094] auch dessen Marktwert mindert. Außerdem scheint sich bei guter Performance des Emittenten vor Ankündigung einer Umtauschanleihe der Gedanke zu verbreiten, dass das „Window of Opportunity" möglicherweise nicht nur das Underlying sondern ebenso für den Emittenten selbst gilt. In Abhängigkeit von seiner eigenen Aktienkursentwicklung vor Ankündigung sendet der Emittent somit auch das Signal einer möglichen Überbewertung seines Unternehmens aus. Entgegen bisheriger Beobachtungen[1095] kann in der eigenen Untersuchung kein „Herden-Verhalten" festgestellt werden – Exchangeables, welche nach einer Aktienmarkt-Hausse emittiert werden, haben weder beim Emittenten noch beim Basiswert positivere Kursreaktionen zur Folge. Obwohl für Umtauschanleihen keine wesentlichen Vermögensverschiebungseffekte festgestellt werden können, erscheint auf Grund der Untersuchungsergebnisse ein gewisses Maß an Underpricing für den erfolgreichen Verkauf einer Umtauschanleihe notwendig. Das Vorliegen eines solchen löst beim Emittenten eine positivere Überrendite aus. Darüber hinaus zeigen die Ergebnisse der Gruppenbildung teilweise unterschiedliche Reaktionen in den untersuchten europäischen Kapitalmärkten.[1096]

[1091] Siehe Anhang Tabellen 20 u. 22.

[1092] Das positive Bewertungsumfeld bezieht sich hier auf das Underlying.

[1093] Siehe Signifikanzen der Variable UND_R_PRE (Tabelle 27 u. Tabellen 20-22 des Anhangs).

[1094] Siehe Tabelle 4.

[1095] Siehe Kapitel 4.4.4.2 u. hier insbesondere die Studien von *Ammann/Fehr/Seiz* (2004) und *Dutordoir/Van de Gucht* (2004).

[1096] Siehe Kapitel 5.2.1.7.

(Unabhängige) Variable	Hypothese		Emittent[1)]		Underlying[1)]		Anmerkung
			Erwart. Präfix	Festg. Präfix	Erwart. Präfix	Festg. Präfix	
-	H 1.1.	Price-Pressure (PPH)/ Informations-Hyp.					Sig. neg. Kursreaktion des Underlying
Emissionsvol./ Platziertes Aktien-paket	H 1.2.	Price-Pressure (PPH)/ Informations-Hyp./ Monitoring-Hyp. (Shleifer/Vishny)			-	-	Sig. neg. Einfluss des absoluten Emissions-betrags in t0
Beteiligungsanteil VOR Emission	H 1.3.	Informations-Hypothese			-	wech-selnd	Insignifikant
Beteiligungsanteil NACH Emission	H 1.3.	Informations-Hypothese			+	wech-selnd	Insignifikant
Kursentwicklung Basiswert VOR Emission	H 2.1.a	Window of Opportunity-Hypothese			-	wech-selnd	Sig. neg. Einfluss in t-20 - t+20, t+21 - t+30, t-30 - t+30
	H 2.1.b	Window of Opportunity-Hypothese			+	+	Insignifikant;[2)] Sig. pos. Einfluss von *UND_VOLA*
Kursentw. Markt (Index)	H 2.2.a H 2.2.b	Window of Oppor-tunity-Hypothese	+	-	+	wech-selnd	Teilw. sig. neg. Ein-fluss bei Emittent u. Underly-ing
Umtauschprämie	H 3.1.a H 3.1.b	Pecking Order-Hyp. (Myers/Majluf)	+	wechselnd	+	+	Teilw. sig. pos. Ein-fluss bei Emittent; Sig. pos. Einfluss bei Underlying
Emissionsmotiv Desinvestition (Dummy)	H 3.2.a	Fokus-Hypothese/ Pecking Order-Hyp. (Myers/Majluf)	+	+			Emissionsrendite bei Desinvestitionsmotiv (abs.) positiv u. sig.; Finanzierungsmotiv: FK-ähnl. Reaktion (ins. Reaktion)
Emittent & Basisw. versch. Branchen (Dummy)	H 3.2.b	Fokus-Hypothese	+	wechselnd			sig. pos. Einfluss in t-10 - t+10, t-30 - t+30
Emissionsvol.	H 4.1	Unerwarteter externer Finan-zierungsbedarf (Miller/Rock)	-	wechselnd			Teilw. sig. neg. Einfluss
Emittent Bank/ Versicherung (Dummy)	H 4.2.	Unerwarteter externer Finan-zierungsbedarf (Miller/Rock)		wechselnd			Sig. pos. Einfluss in t-1 - t+1
Privatplatzierung (Dummy)	H 5.1.		+	wechselnd			Sig. pos. Einfluss in t-1 - t+1
Euroanleihe (Dummy)	H 5.2.		-	+			Teilw. sig. pos. Einfluss in t-10 - t+10, t-20 - t+20, t-30 - t+30
Underpricing (Dummy)	H 6		-	+			Sig. pos. Einfluss in t-1 - t+1

1) Abhängige Variable: Ankündigungsrendite (außer anders angegeben);

2) Abhängige Variable: (Relatives) Emissionsvolumen;

Tabelle 28: Zusammenfassung der empirischen Ergebnisse

6. Schlussbetrachtung

Hybride Finanzierungsformen im Allgemeinen und Umtauschanleihen im Besonderen haben seit der zweiten Hälfte der 90er-Jahre des letzten Jahrhunderts auch in Europa eine starke Verbreitung gefunden. In 2001 überstieg das Volumen emittierter Wandel- und Umtauschanleihen erstmals die 50 Mrd. €-Grenze. Da Umtauschanleihen im Unterschied zu Wandel- und Optionsanleihen bisher wenig wissenschaftliche Beachtung gefunden haben, wurde in dieser Arbeit der Versuch unternommen die Forschungsfragen der rechtlichen Einordnung des Instruments und der Kapitalmarktreaktionen auf Exchangeables zu klären:

- Der rechtliche Grundlagenteil in Kapitel 2 zeigt, dass Umtauschanleihen gegenüber anderen Equity-linked Bonds deutliche Unterschiede aufweisen: Im Regelfall fallen Exchangeables nach öAktG bzw. dAktG nicht unter den Begriff der „Wandelschuldverschreibung". Dies hat zur Folge, dass für eine Emission keine Zustimmung der HV einzuholen ist. Der Vst einer AG darf idR selbstständig über eine Veroptionierung von Beteiligungsanteilen entscheiden. Dies gibt den Entscheidungsträgern eines Unternehmens ein flexibles Finanzierungs- und Restrukturierungsinstrument an die Hand.

- Wie in Kapitel 2 ausgeführt, ist die Emission einer Umtauschanleihe unter restriktiven Bedingungen auch unter Mitwirkung der Zielgesellschaft denkbar. Dies ist aber mit einem erheblichen Aufwand verbunden. Außerdem steht der faktisch begrenzte Einfluss des Emittenten auf das Underlying einer solchen Konstruktion meist entgegen. Aus diesem Grund erfolgt eine Bedienung des Optionsrechts idR mit „alten" Aktien aus dem Beteiligungsbestand des Emittenten. Damit kommt es bei Ausgabe der Anleihe zu keinerlei Rechtsbeziehung zwischen dem Anleihen-Investor und der Zielgesellschaft. Dies hat für den Investor u.a. zur Folge, dass er bei Wandlung von der pflichtgemäßen Verschaffung der Basiswertaktien durch den Vst der Anleihenschuldnerin abhängig ist.

- Für den Anleger ist weiters von Bedeutung, dass er auf Grund seiner fehlenden Gläubigerstellung bei der Zielgesellschaft keinen gesetzlichen Anlegerschutz bei Kapitalmaßnahmen des Basiswerts genießt. Damit sind für ihn die vertraglichen Verwässerungsschutzbestimmungen von großer Bedeutung. Die Untersuchung der Ausstattungsmerkmale europäischer Umtauschanleihen in Kapitel 3 macht deutlich, dass die vertraglichen Schutzbestimmungen für Investoren teilweise sehr unterschiedliche Folgen haben. Aus diesem Grund ist ein genaues Studium der Anleihenbedingungen, zumindest für längerfristig orientierte Investoren, unerlässlich.

- Investoren, wie auch Emittenten, müssen sich außerdem mit der steuerlichen Behandlung von Umtauschanleihen auseinander setzten. Die Diskussion in Kapitel 2 und der Vergleich mit der Besteuerung anderer hybrider Finanzinstrumente ergibt, dass insbesondere die steuerliche Behandlung von im Privatvermögen gehaltenen konvertiblen Anleihen bisher wenig systematisch erfolgt und eine grundlegende Reform überlegenswert erscheint.

- Wie Kapitel 2 zeigt, werden Umtauschanleihen beim Emittenten bilanz- und steuerrechtlich als reine Fremdkapitalmaßnahme behandelt. Sie ermöglichen dem Anleihenschuldner eine beabsichtigte Beteiligungsveräußerung in die Zukunft zu verschieben. Dies hat bei der emittierenden Gesellschaft den positiven Effekt, dass einerseits eine unmittelbare Steuerbelastung vermieden werden kann und andererseits weiterhin ein bestehender Einfluss auf ein Beteiligungsunternehmen ausgeübt werden kann. Wie Kapitel 3 zeigt, stehen dem Emittenten Möglichkeiten offen, wie auch nach einer Wandlung weiterhin ein Einfluss gewahrt werden kann (Bartilgungsklauseln) bzw. die Opportunitätskosten bei Kursanstieg der Basiswertaktien begrenzt werden können (Call-Provisions). Hieraus wird deutlich, dass Umtauschanleihen nicht als rein steuerlich motiviertes Finanzierungsinstrument zu bezeichnet sind.

- Die Untersuchung der Emissionsmotive für Exchangeables am Ende des Kapitels 3 verdeutlicht, dass diese in Europa neben der Unternehmensfinanzierung vor allem zur Desinvestition begeben werden und für öffentliche und private Emittenten ein flexibles Instrument zur Finanzierung und Portfolio-Restrukturierung darstellen.

- Wie die eigene empirische Untersuchung in Kapitel 5 zeigt, dürfen die indirekten Kosten einer Umtauschanleihenemission nicht außer Acht gelassen werden: Die Ankündigung eines Exchangeable hat sowohl für den Schuldner als auch das Underlying Einfluss auf den Marktwert ihres Unternehmens. Mit Bekanntgabe einer Anleihenemission sendet das kapitalaufnehmende Unternehmen wissentlich oder unwissentlich Signale an den Kapitalmarkt. Aus einem Vergleich mit anderen Desinvestitionsmöglichkeiten für Aktienpakete (Secondary Offerings/Block Trades) kann demnach geschlossen werden, dass Umtauschanleihen zumindest im unmittelbaren Ankündigungszeitpunkt weniger negative Kursauswirkungen zur Folge haben. Sie stellen für Emittenten somit ein wertvolles Finanzierungs- und Restrukturierungsinstrument dar.

Da der Forschungsbeitrag auf die ausgewählten Themenbereiche beschränkt bleibt, soll abschließend auf die im Lauf der Arbeit identifizierten Fragestellungen für zukünftige Forschungsbeiträge eingegangen werden. Die folgenden vier Themenbereiche sind hierbei von vorrangigem Interesse:

- *Corporate Governance:* Durch welche anleihenvertragliche Regelungen können Interessenskonflikte zwischen dem Emittenten und dem Investor einer Umtauschanleihe vermieden werden? Die in Kapitel 3.3.2.6 angeschnittenen Schutzklauseln für Anleiheninvestoren und die Ausübung der Aktionärsrechte aus den Basiswertaktien stellen mögliche Ausgangspunkte für diese Diskussion dar. Insbesondere die Frage, ob die in Kapitel 3.3.2.5 vorgestellten Regelungen der Unterlassung einer laufenden Einflussnahme des Emittenten auf die Zielgesellschaft in Österreich und Deutschland anwendbar sind, bedarf einer eingehenderen Überprüfung.

- *Exchangeables für nicht börsennotierte Zielgesellschaften:* In welcher Form können Umtauschanleihen auch bei nicht börsennotierten Zielgesellschaften zur Anwendung kommen? Diese Frage kann insbesondere für Private Equity-Investoren von Interesse sein. Ein Going Public Exchangeable kann hier Ausgangs- oder zentraler Diskussionspunkt sein.

- *Längerfristige Kapitalmarkteffekte:* Welches sind die längerfristigen Folgen einer Umtauschanleihenemission aus Kapitalmarktsicht? Wie wirkt sich die Emission eines Exchangeable auf die Liquidität der Basiswertaktien aus? Haben Umtauschanleihen auch eine Änderung in der Kontroll- und Managementstruktur von Basiswerten zur Folge?

- *Kapitalmarkteffizienz:* Welches sind die Gründe für die in dieser Arbeit beobachtete graduelle Informationsverarbeitung? Ist auch bei anderen komplexen Finanzierungsinstrumenten eine solche schrittweise und sich teilweise revidierende Reaktion beobachtbar? Kann hierauf eine Trading-Strategie aufgebaut werden, welche eine signifikant positive Überrenditen generiert?

Insbesondere die letzten beiden Fragestellungen würden die in dieser Arbeit gewonnenen empirischen Erkenntnisse ergänzen.

Anhang

Anhang Tabelle 1:
Umtauschanleihen europäischer Emittenten und ihrer Finanzierungstochtergesellschaften (1987-2003)

Lfd. Nr.	Datum Ankünd. Em.	Emittent[1]		Land[2]	Basiswert		Land[2]	Em.-Vol. Mio.€
1	13.04.87	Interfinco SA/ Cofide SpA		ITL	CIR SPA		ITL	31
2	13.08.87	Associated Newspapers Hold. plc	NV	GB	Reuters Holdings plc	NV	GB	70
3	08.12.88	Associated Newspapers Hold. plc	NV	GB	Reuters Holdings plc		GB	84
4	08.06.89	United Newspapers Ltd	NV	GB	Reuters Holdings plc		GB	148
5	08.03.90	Daily Mail & General Trust plc	NV	GB	Reuters Holdings plc		GB	98
6	20.03.91	Ciba-Geigy Corp		CH	Alza Corp		US	85
7	13.07.93	Softe SA/STET		ITL	SIP SpA		ITL	292
8	29.07.93	Witan Invest. Co		GB	Electric & General/ Lowland/Greenfriar		GB	79
9	11.08.93	Daily Mail & General Trust plc		GB	Reuters Holdings plc		GB	70
10	04.10.93	CIR International SA		ITL	Ing C Olivetti & C SpA		ITL	146
11	31.05.95	Repub. et Canton de Geneve	KI		Banque Cantonale de Geneve	KI		46
12	21.08.95	Mediobanca	WA	ITL	Societa Assicuratrice Industriale SpA	WA	ITL	133
13	20.03.96	Union Bank of Switzerland Finance NV		CH	Novartis AG		CH	106
14	02.04.96	Deutsche Bank Finance BV		GER	Allianz AG Holding		GER	511
15	29.05.96	BHF-Bank	NN	GER	Daimler-Benz AG		GER	26
16	29.05.96	BHF-Bank	NN	GER	Hoechst AG		GER	26
17	29.05.96	BHF-Bank	NN	GER	SAP AG		GER	26
18	29.05.96	BHF-Bank	NN	GER	Volkswagen AG		GER	26
19	12.06.96	Berliner Elektrofinance BV		GER	BE Semiconductor Ind. NV		NL	26
20	18.06.96	Generale Int. Finance/ Société Générale de Belgique SA		BEL	ARBED SA		LUX	55
21	06.06.96	Republic of Italy	NN	ITL	INA		ITL	842
22	18.06.96	Republic of Italy	NN	ITL	INA		ITL	901
23	04.09.96	Dresdner Finance BV		GER	Munich Re		GER	256
24	30.10.96	BGB Finance plc	GA	GER	Metro AG		GER	176
25	13.01.97	Deutsche Bank Finance BV		GER	Daimler-Benz AG	GA	GER	1.103
26	11.02.97	Canal Plus SA	GA	FRA	Mediaset SpA		ITL	338
27	10.04.97	Hamburgische LB Girozentrale	NN	GER	Veba AG		GER	85
28	16.04.97	SCA Group Holding BV		SWE	Industrivarden AB		SWE	102

Lfd. Nr.	Datum An-künd. Em.	Emittent[1]		Land[2]	Basiswert		Land[2]	Em.-Vol. Mio.€
29	16.05.97	Mediobanca Int./ Assicurazioni Generali	VB	ITL	Alleanza Assicurazioni SpA		ITL	536
30	19.05.97	Daily Mail & General Trust plc		GB	Reuters Holdings plc		GB	105
31	03.07.97	Cegid SA	KI		Banque de Vizille	KI		16
32	15.07.97	Norddeutsche LB Girozentrale	NN	GER	Deutsche Telekom AG		GER	127
33	12.09.97	Rallye SA	NV	FRA	Casino Guichard-Perrachon & Cie SA	NV	FRA	123
34	12.09.97	Rallye SA	NV	FRA	Casino Guichard-Perrachon & Cie SA	NV	FRA	340
35	12.09.97	Mediobanca Int. Ltd/IRI	VB/ NN	ITL	Banca di Roma SpA	GA	ITL	292
36	14.10.97	Credit Suisse First Boston		CH	Novartis AG		CH	170
37	22.10.97	Credit Suisse First Boston		CH	Zurich Insurance Co		CH	85
38	18.11.97	Beteiligungsver-waltungs-ges. Nordrhein-Westfalen	NN	GER	Deutsche Lufthansa AG		GER	129
39	08.12.97	Cregem Finance NV/ Dexia		BEL/ FRA	ING Groep NV		NL	127
40	20.01.98	Allianz Finance BV		GER	Deutsche Bank AG		GER	1.023
41	21.01.98	Credit Suisse First Boston		CH	UBS AG		CH	212
42	02.03.98	Baloise Finance Ltd		CH	UBS AG		CH	124
43	12.03.98	Deutsche Bahn Finance BV	NN	GER	Deutsche Lufthansa AG		GER	42
44	17.03.98	Wurttembergische Versicherungs-Beteiligungsges.AG	NV	GER	Swiss Reinsurance Co		CH	282
45	26.03.98	AXA Colonia Finance SA		GER	Gehe AG		GER	265
46	07.04.98	Swiss Life Finance Ltd		CH	Mannesmann AG		GER	212
47	07.04.98	Swiss Life Finance Ltd		CH	Glaxo Wellcome plc		GB	254
48	07.04.98	Swiss Life Finance Ltd		CH	Unilever NV		NL	300
49	07.04.98	Swiss Life Finance Ltd		CH	Novartis AG		CH	309
50	07.04.98	Swiss Life Finance Ltd		CH	UBS AG		CH	309
51	07.04.98	Swiss Life Finance Ltd		CH	Royal Dutch Petr. Co		NL	424
52	24.04.98	Dresdner Finance BV	GA	GER	General Electric Co		US	14
53	26.05.98	SwissRe Finance Ltd		CH	ING Groep NV		NL	420
54	27.05.98	Barclays Capital Ltd		GB	Roche Holding Ltd		CH	42
55	08.06.98	Edizione Finance SA	NN	ITL	Benetton Group SpA		ITL	310
56	09.06.98	ABN Amro NV		NL	Royal Dutch Petr. Co		NL	91
57	25.06.98	Vinci Obligation/ AVIVA plc		GB	Société Générale		FRA	425
58	15.07.98	Duesseldorfer Stadt-werke Ges. f. Beteiligungen mbH	NN	GER	RWE AG		GER	251

Lfd. Nr.	Datum An-künd. Em.	Emittent[1]		Land[2]	Basiswert		Land[2]	Em.-Vol. Mio.€
59	21.07.98	Barclays Capital Ltd		GB	Fujitsu Ltd		JAP	55
60	27.07.98	Rabobank Nederland	NN	NL	ABN Amro Holding NV		NL	127
61	29.09.98	Hellenic Republic	NN	GR	Privatisation Certificates	NN	GR	500
62	03.11.98	Pathe SA		FRA	British Sky Broadcasting Group plc		GB	175
63	24.11.98	Banque Paribas		FRA	Assurances Générales de France		FRA	76
64	01.12.98	Mediobanca Int./ Acciaierie e Ferriere Lombarde Falck SpA	VB	ITL	UniCredito Italiano SpA		ITL	300
65	01.12.98	Mediobanca Int./ Italmobiliare SpA	VB	ITL	UniCredito Italiano SpA		ITL	313
66	08.12.98	Deutsche Bank Finance NV		GER	Allianz AG		GER	1.800
67	19.01.99	National Grid Group plc		GB	Energis plc		GB	346
68	28.01.99	Artemis Obligations	NN	FRA	Pinault-Printemps-Redoute		FRA	457
69	01.03.99	Suez Lyonnaise des Eaux		FRA	AXA SA		FRA	787
70	02.03.99	Accor SA		FRA	Compass Group plc		GB	433
71	30.03.99	Financiere Agache	NV	FRA	LVMH		FRA	500
72	13.04.99	Vivendi Environnement	NN	FRA	Vivendi SA		FRA	2.850
73	07.06.99	Hellenic Finance SCA	NN	GR	National Bank of Greece SA		GR	896
74	21.06.99	Belgelec Finance SA/ Electrabel, Tractebel		BEL	TotalFina SA		FRA	1.266
75	22.06.99	British Aerospace plc		GB	Orange plc		GB	1.052
76	06.07.99	Hoechst Capital BV		GER	Clariant AG		CH	929
77	08.07.99	UBS AG		CH	AT&T Corp		US	98
78	23.09.99	Barclays Capital Ltd	GA	GB	Banca Intesa SpA		ITL	230
79	07.10.99	Rhone-Poulenc SA		FRA	Rhodia SA		FRA	1.050
80	17.11.99	France Telecom SA		FRA	Panafon Hellenic Telecom. Co SA		GR	623
81	10.02.00	Allianz Finance BV		GER	Siemens AG		GER	1.700
82	08.05.00	Munich Re AG		GER	Allianz AG		GER	1.150
83	06.06.00	Vivendi SA		FRA	British Sky Broadcasting Group plc		GB	1.440
84	14.06.00	Suez Lyonnaise des Eaux		FRA	Fortis (B)		BEL/ NL	975
85	03.07.00	Siemens Nederland NV		GER	Infineon Tech. AG		GER	2.500
86	17.07.00	Hellenic Finance	NN	GR	Hellenic Petroleum SA		GR	375
87	17.07.00	Hellenic Finance	NN	GR	Hellenic Telecom. Organization SA		GR	481
88	28.09.00	Tecnost Int. NV		ITL	Telecom Italia SpA		ITL	2.500
89	01.12.00	Talanx AG	NN	GER	Hannover Rueck-versicherungs-AG		GER	175
90	07.12.00	Suez Lyonnaise des Eaux		FRA	NV Union Miniere SA		BEL	247

Lfd. Nr.	Datum An-künd. Em.	Emittent[1)]		Land[2)]	Basiswert		Land[2)]	Em.-Vol. Mio.€
91	12.12.00	Allianz Finance BV		GER	Munich Re/E.ON/BASF		GER	1.979
92	09.01.01	Rallye SA		FRA	Casino Guichard-Perrachon SA		FRA	460
93	10.01.01	Credit Suisse First Boston		CH	Munich Re AG		GER	225
94	29.01.01	BP Finance plc		GB	LUKoil OAO		RU	456
95	29.01.01	Sogerim SA		ITL	Telecom Italia Mobile SpA (SEAT Pagine Gialle)		ITL	2.500
96	01.02.01	Vivendi Universal SA		FRA	Vinci SA		FRA	527
97	05.02.01	France Telecom SA		FRA	Orange SA	GA	FRA	3.082
98	08.02.01	Vivendi Universal SA		FRA	Vivendi Environnement		FRA	1.800
99	26.03.01	Woodstock Finance Ltd/ DIXON plc		GB	Wanadoo SA		FRA	260
100	03.04.01	Cable & Wireless plc	GA	GB	Pacific Century CyberWorks Ltd		HK	1.702
101	03.04.01	Fondiaria Nederland BV		ITL	Assicurazioni Generali SpA		ITL	189
102	03.04.01	Fondiaria Nederland BV		ITL	Monte dei Paschi di Siena		ITL	231
103	03.04.01	Fondiaria Nederland BV		ITL	Banca di Roma SpA		ITL	277
104	24.04.01	Suez Lyonnaise des Eaux		FRA	Vinci SA	INS	FRA	231
105	25.04.01	Artemis Conseil	NN	FRA	Pinault-Printemps-Redoute		FRA	600
106	25.04.01	Artemis Conseil	NN		Pinault-Printemps-Redoute		FRA	600
107	05.06.01	Societa Assicuratrice Industriale SpA		ITL	Banca di Roma SpA		ITL	54
108	05.06.01	Societa Assicuratrice Industriale SpA		ITL	Assicurazioni Generali SpA		ITL	193
109	05.06.01	Societa Assicuratrice Industriale SpA		ITL	IntesaBci SpA		ITL	219
110	05.06.01	Swiss Life Finance Ltd		CH	HSBC Holdings plc		GB	300
111	06.06.01	Zurich International Ltd		CH	UBS AG		CH	354
112	15.06.01	Deutsche Lufthansa AG		GER	Amadeus Global Travel Distribution SA		ESP	250
113	19.06.01	Mediobanca Int. Ltd		ITL	IntesaBci SpA		ITL	589
114	20.06.01	Fondiaria Nederland BV		ITL	Credit Suisse Group		CH	99
115	20.06.01	Fondiaria Nederland BV		ITL	Swiss Life AG		CH	451
116	28.06.01	Hellenic Exchangeable Finance SCA	NN	GR	Hellenic Telecom. Organization SA	KD	GR	1.000
117	16.07.01	Hellenic Republic	NN	GR	Hellenic Tourist Properties	KD	GR	800
118	31.07.01	UBS AG	VB/ NN	CH	Yukos Oil Co OAO		RU	355
119	04.09.01	Ergo International AG		GER	E.ON AG		GER	345
120	04.09.01	Ergo International AG		GER	Aventis SA		FRA	345
121	06.09.01	Mediobanca Int. Ltd		ITL	Ciments Francais SA		FRA	262
122	25.09.01	Hellenic Republic	NN	GR	Privatisation Certificates	NN	GR	1.700

Lfd. Nr.	Datum An-künd. Em.	Emittent[1]		Land[2]	Basiswert		Land[2]	Em.-Vol. Mio.€
123	27.11.01	Franz Haniel & Cie GmbH	NN	GER	Gehe AG		GER	280
124	27.11.01	Allianz Finance BV		GER	RWE AG		GER	1.075
125	29.11.01	Carlton Communications plc		GB	Thomson Multimedia SA		FRA	639
126	29.11.01	Deutsche Bank Finance NV	WA	GER	Novartis AG	WA	CH	1.400
127	29.11.01	Deutsche Bank Finance NV	WA	GER	Novartis AG	WA	CH	1.400
128	05.12.01	Iberdrola International BV		ESP	Repsol YPF SA (REP SM)		ESP	740
129	10.12.01	Credit Suisse Group Finance SA		CH	Swiss Life AG		CH	338
130	10.12.01	France Telecom SA		FRA	STMicroelectronics NV		FRA	1.523
131	10.12.01	Fiat Finance Luxembourg SA	GA	ITL	General Motors Corp		US	2.502
132	12.12.01	Deutsche Bank AG	WA	GER	Prada Holding NV	WA	ITL	700
133	13.12.01	Publicis Groupe SA		FRA	Interpublic Group of Companies Inc		US	200
134	05.03.02	Storebrand ASA		NOR	Orkla ASA		NOR	160
135	26.03.02	Mediobanca Int. Ltd	VB/ NN	ITL	UniCredito Italiano SpA		ITL	900
136	09.04.02	Financiere Agache	NN	FRA	LVMH		FRA	1.000
137	12.04.02	EMS International Finance Ltd		CH	Lonza Group AG		CH	239
138	24.04.02	Compagnie Generale d'Industrie et de Participations	NN	FRA	Valeo SA		FRA	409
139	21.05.02	Lagardere SCA		FRA	T-Online International AG		GER	768
140	09.07.02	EMS-Chemie Holding AG		CH	Lonza Group AG		CH	205
141	29.07.02	Olivetti Finance NV		ITL	Telecom Italia SpA		ITL	385
142	29.07.02	France Telecom SA		FRA	STMicroelectronics NV		FRA	442
143	22.10.02	UBS AG		CH	Royal Dutch Petro-leum Co		NL	100
144	26.11.02	Deutsche Bank AG	GA	GER	Auto Estradas de Portugal SA		POR	183
145	09.12.02	UBS AG	VB/ NN	CH	Yukos Oil Co OAO		RU	119
146	09.12.02	UBS AG	VB/ NN	CH	Yukos Oil Co OAO		RU	119
147	09.12.02	UBS AG	VB/ NN	CH	Yukos Oil Co OAO		RU	159
148	12.02.03	Deutsche Bank AG/ Vivendi SA	VB	FRA	USA Interactive Inc		US	240
149	12.02.03	Deutsche Bank AG/ Vivendi SA	VB	FRA	USA Interactive Inc		US	615
150	18.03.03	UBS AG		CH	Royal Dutch Petro-leum Co		NL	40
151	07.04.03	Rallye SA		FRA	Casino Guichard-Perrachon SA		FRA	300
152	24.04.03	Suez SA		FRA	Fortis Bank NV		BEL/ NL	1.190

Lfd. Nr.	Datum An-künd. Em.	Emittent[1]		Land[2]	Basiswert		Land[2]	Em.-Vol. Mio.€
153	22.05.03	Wendel Investissement SA		FRA	Cap Gemini SA		FRA	251
154	22.05.03	Simetra Obligations	NN	FRA	Bouygues SA		FRA	520
155	03.06.03	Caixa Finance BV	NN	ESP	Empresa Nacional de Electricidad SA		ESP	848
156	04.06.03	HypoVereins Finance NV		GER	Deutsche Lufthansa AG		GER	127
157	01.07.03	Svensk Exportkredit AB	NN	SWE	Novartis AG		CH	75
158	08.07.03	Kreditanstalt fuer Wiederaufbau	NN	GER	Deutsche Telekom AG		GER	5.000
159	15.07.03	HypoVereins Finance NV		GER	E.ON AG		GER	257
160	18.07.03	Millicom Tele-communications SA	NV	LUX	Tele2 AB		SWE	279
161	24.07.03	Oesterreichische Industrieholding AG	NN	AUT	Telekom Austria AG		AUT	325
162	29.07.03	Finmeccanica Finance SA		ITL	STMicroelectronics NV	GA	FRA	501
163	18.09.03	Oesterreichische Industrieholding AG	NN		voestalpine AG		AUT	245
164	19.09.03	Glencore Finance SA	NN	CH	Xstrata plc		GB	664
165	29.09.03	Vivendi SA		FRA	Sogecable		ESP	605
166	17.11.03	BT Group plc.		GB	LG Telecom		KOR	147
167	04.12.03	BMW AG		GER	Rolls Royce plc		GB	561
168	04.12.03	UniCredito Italiano SpA		ITL	Assicurazioni Generali SpA		ITL	1.148
169	08.12.03	UBS AG	VB/ NN	CH	Norilsk Nickel		RU	266
170	08.12.03	Swiss Government	NN	CH	Swisscom AG		CH	969
171	10.12.03	Kreditanstalt fuer Wiederaufbau	NN	GER	Deutsche Post AG		GER	1.150
172	11.12.03	Bank Austria Creditanstalt AG	NV	AUT	Wienerberger AG		AUT	270

Erläuterungen:

INS Insig. Erklärungsbeitrag Marktmodell (in Gruppen-/Regressionsanalyse nicht berücksichtigt)
GA Gleichzeitige Ankündigung/weiteres möglicherweise kursbeeinflussendes Ereignis (in Gruppen-/Regressionsanalyse nicht berücksichtigt)
KI Keine Information bzgl. Emission (in Gruppen-/Regressionsanalyse nicht berücksichtigt)
KD Kein (Ankündigungs-) Datum (in Gruppen-/Regressionsanalyse nicht berücksichtigt)
NN Nicht börsennotiert
NV Kursdaten nicht verfügbar
VB Emission via Bank
WA Emission entspricht inhaltlich einer Wandelanleihe (in Gruppen-/Regressionsanalyse nicht berücksichtigt)

Länder-Abkürzungen: AUT: Österreich, BEL: Belgien, CH: Schweiz, ESP: Spanien, GB: Großbritannien, GER: Deutschland, GR: Griechenland, FRA: Frankreich, HK: Hong Kong, ITL: Italien, JAP: Japan, KOR: Süd-Korea, LUX: Luxemburg, NL: Niederlande, NOR: Norwegen, POR: Portugal, RU: Rußland, SWE: Schweden, US: Vereinigte Staaten von Amerika;

1) Wenn eine Umtauschanleihe zu Desinvestitionszwecken über eine Bank begeben wurde, wird der Klient der Bank, soweit verfügbar, nach einem Trennstrich angegeben. Gleiches gilt für Fälle, in denen ein Mutterunternehmen eine Umtauschanleihe über eine Finanzierungstochtergesellschaft begibt und in denen der Name des Mutterunternehmens aus der Firma des Tochterunternehmens nicht erkennbar ist.
2) Das Land gibt den Unternehmenssitz des Emittenten/Basiswerts an.

Anhang Tabelle 2:
Zusammenstellung untersuchter Umtauschanleihen europäischer Emittenten nach Jahren
(Wandelanleihen wurden zu Vergleichszwecken angegeben)
(Werte in Mio. €)

	Wandelanleihen[1]			Umtauschanleihen			Total		
Jahr	Anzahl Em.[2]	Volumen Em.	Vol./ Em.	Anzahl Em.[2]	Volumen Em.	Vol./ Em.	Anzahl Em.[2]	Volumen Em.	Vol./ Em.
1980	8	275,2	34,4	0	0,0	-	8	275,2	34,4
1981	4	109,5	27,4	0	0,0	-	4	109,5	27,4
1982	1	16,7	16,7	0	0,0	-	1	16,7	16,7
1983	5	180,4	36,1	0	0,0	-	5	180,4	36,1
1984	6	346,8	57,8	0	0,0	-	6	346,8	57,8
1985	16	1.149,8	71,9	0	0,0	-	16	1.149,8	71,9
1986	20	1.204,7	60,2	0	0,0	-	20	1.204,7	60,2
1987	37	3.451,6	93,3	2	101,2	50,6	39	3.552,9	91,1
1988	35	3.191,1	91,2	1	84,4	84,4	36	3.275,5	91,0
1989	26	2.374,6	91,3	1	147,7	147,7	27	2.522,3	93,4
1990	20	2.881,5	144,1	1	98,4	98,4	21	2.979,9	141,9
1991	28	3.885,1	138,8	1	84,8	84,8	29	3.969,9	136,9
1992	13	1.856,6	142,8	0	0,0	-	13	1.856,6	142,8
1993	55	8.165,5	148,5	4	587,4	146,8	59	8.752,9	148,4
1994	59	8.085,9	137,0	0	0,0	-	59	8.085,9	137,0
1995	30	7.736,2	257,9	2	179,0	89,5	32	7.915,2	247,3
1996	36	5.145,8	142,9	12	2.974,8	247,9	48	8.120,6	169,2
1997	74	12.686,3	171,4	15	3.678,0	245,2	89	16.364,4	183,9
1998	64	15.610,3	243,9	27	8.655,0	320,6	91	24.265,4	266,7
1999	66	21.442,9	324,9	14	11.516,3	822,6	80	32.959,2	412,0
2000	59	18.669,8	316,4	11	13.522,0	1.229,3	70	32.191,8	459,9
2001	70	25.380,4	362,6	42	31.252,0	744,1	112	56.632,4	505,6
2002	77	21.759,6	282,6	14	5.187,1	370,5	91	26.946,8	296,1
2003	61	18.979,8	311,1	25	16.591,5	663,7	86	35.571,3	413,6
Total	**870**	**184.586,3**	**212,2**	**172**	**94.659,9**	**550,3**	**1.042**	**279.246,2**	**268,0**
Min	1	16,7	0,5	0	0,0	14,1	1	16,7	0,5
Max	77	25.380,4	3.492,0	42	31.252,0	5.000,0	112	56.632,4	5.000,0
Ø	36	7.691,1	212,2	7	3.944,2	550,3	43	11.635,3	268,0
Median	33	3.668,4	91,1	1	99,8	300,0	34	3.761,4	109,7

Quelle: *Dealogic/Bondware*

1) Indexanleihen und Anleihen, welche in einen Korb von Aktien wandelbar sind, aber ausschließlich bar getilgt werden, wurden unter Wandelanleihen erfasst. Hierunter sind auch 2 Anleihen der UBS AG enthalten, welche zum einen in Sony und zum anderen in Nippon Telegraph & Telephone Corp. wandelbar sind, deren Tilgung aber wiederum ausschließlich bar erfolgt.

   Anzahl Emissionen der unter Wandelanleihen enthaltenen Index-und Basketanleihen: 25
   Volumen Emissionen der unter Wandelanleihen enthaltenen Index-und Basketanleihen: 2.066,3
   Ø Emvolumen der unter Wandelanleihen enthaltenen Index-und Basketanleihen: 82,7

2) Wurden durch einen Emittenten mehrere Tranchen aufgelegt, so wurde jede Tranche als eigene Emission gewertet.

Anhang Tabelle 3:
Zusammenstellung untersuchter Umtauschanleihen europäischer Emittenten (exklusive offentliche Emittenten) nach Jahren
(Wandelanleihen wurden zu Vergleichszwecken angegeben)
(Werte in Mio. €)

	Wandelanleihen[1]			**Umtauschanleihen**			**Total**		
Jahr	Anzahl Em.	Volumen Em.	Vol./ Em.	Anzahl Em.	Volumen Em.	Vol./ Em.	Anzahl Em.	Volumen Em.	Vol./ Em.
1980	8	275,2	34,4	0	0,0	-	8	275,2	34,4
1981	4	109,5	27,4	0	0,0	-	4	109,5	27,4
1982	1	16,7	16,7	0	0,0	-	1	16,7	16,7
1983	5	180,4	36,1	0	0,0	-	5	180,4	36,1
1984	6	346,8	57,8	0	0,0	-	6	346,8	57,8
1985	16	1.149,8	71,9	0	0,0	-	16	1.149,8	71,9
1986	20	1.204,7	60,2	0	0,0	-	20	1.204,7	60,2
1987	37	3.451,6	93,3	2	101,2	50,6	39	3.552,9	91,1
1988	35	3.191,1	91,2	1	84,4	84,4	36	3.275,5	91,0
1989	26	2.374,6	91,3	1	147,7	147,7	27	2.522,3	93,4
1990	20	2.881,5	144,1	1	98,4	98,4	21	2.979,9	141,9
1991	28	3.885,1	138,8	1	84,8	84,8	29	3.969,9	136,9
1992	13	1.856,6	142,8	0	0,0	-	13	1.856,6	142,8
1993	55	8.165,5	148,5	4	587,4	146,8	59	8.752,9	148,4
1994	59	8.085,9	137,0	0	0,0	-	59	8.085,9	137,0
1995	30	7.736,2	257,9	1	132,6	132,6	31	7.868,8	253,8
1996	36	5.145,8	142,9	10	1.231,5	123,1	46	6.377,3	138,6
1997	74	12.686,3	171,4	15	3.678,0	245,2	89	16.364,4	183,9
1998	64	15.610,3	243,9	26	8.155,0	313,7	90	23.765,4	264,1
1999	66	21.442,9	324,9	13	10.620,7	817,0	79	32.063,6	405,9
2000	59	18.669,8	316,4	9	12.666,0	1.407,3	68	31.335,8	460,8
2001	70	25.380,4	362,6	39	27.752,0	711,6	109	53.132,4	487,5
2002	77	21.759,6	282,6	14	5.187,1	370,5	91	26.946,8	296,1
2003	61	18.979,8	311,1	20	8.902,6	445,1	81	27.882,4	344,2
Total	**870**	**184.586,3**	**212,2**	**157**	**79.429,6**	**505,9**	**1.027**	**264.015,9**	**257,1**
Min	1	16,7	0,5	0	0,0	14,1	1	16,7	0,5
Max	77	25.380,4	3.492,0	39	27.752,0	3.081,7	109	53.132,4	3.492,0
Ø	36	7.691,1	212,2	7	3.309,6	505,9	43	11.000,7	257,1
Median	33	3.668,4	91,1	1	99,8	280,0	34	3.761,4	137,8

Quelle: *Dealogic/Bondware*

1) Die Zahlen bei Wandelanleihen exklusive öffentlichen Emittenten entsprechen denen inklusive öffentlichen Emittenten, da durch öffentliche Emittenten aufgelegte konvertible Anleihen definitionsgemäß unter Umtauschanleihen erfasst wurden.

Anhang Tabelle 4:
Europäische Umtauschanleihen - Sitzstaat Emittent
(Werte in Mio. €)

Staat	Anzahl Em.[1]	in %	Emissions-volumen	in %
Belgien	3	2%	1.448	2%
Deutschland	44	26%	31.107	33%
Europa sonst. [2]	6	3%	835	1%
Frankreich	35	20%	25.363	27%
Griechenland	4	2%	3.196	3%
Großbritannien	17	10%	5.584	6%
Italien	28	16%	17.095	18%
Österreich	3	2%	840	1%
Schweiz	30	17%	7.605	8%
Spanien	2	1%	1.588	2%
Total	**172**	**100%**	**94.660**	**100%**

Quelle: *Dealogic/Bondware*

1) Wurden durch einen Emittenten mehrere Tranchen aufgelegt, so wurde jede Tranche als eigene Emission gewertet.
2) Europa sonst.: Luxemburg, Niederlande, Norwegen, Schweden.

Anhang Tabelle 5:
Europäische Umtauschanleihen - Branche Emittent
(Wandelanleihen wurden zu Vergleichszwecken angegeben)
(Werte in Mio. €)

	Wandelanleihen				Umtauschanleihen			
Branche	Anzahl Em.[1]	in %	Emissions-volumen	in %	Anzahl Em.[1]	in %	Emissions-volumen	in %
Banken/Finanzdienstl.	241	28%	18.798	10%	56	33%	18.237	19%
Versicherungen	44	5%	14.610	8%	29	17%	13.483	14%
Investmentfonds	18	2%	2.823	2%	4	2%	868	1%
Konglomerate/ Holdings	46	5%	10.042	5%	14	8%	9.520	10%
Automotive/Transport/ Verteidigung	23	3%	6.997	4%	6	3%	4.908	5%
Maschinenbau/Stahl/ Bau/Verpackung	100	11%	17.284	9%	3	2%	2.628	3%
Erdöl/Chemie/Pharma	55	6%	17.200	9%	6	3%	2.962	3%
Telekom./Computer/ Software	69	8%	30.259	16%	12	7%	13.490	14%
Medien/ Dienstleistungen	48	6%	12.794	7%	11	6%	2.534	3%
Retail	40	5%	10.637	6%	5	3%	1.483	2%
Versorgungs-unternehmen	15	2%	3.903	2%	10	6%	8.883	9%
Privatisierungs-gesellschaften	0	0%	0	0%	15	9%	15230	16%
Sonstige Unterneh-men	171	20%	39.239,39	21%	1	1%	433,48	0%
Total	**870**	**100%**	**184.586**	**100%**	**172**	**100%**	**94.660**	**100%**

Quelle: *Dealogic/Bondware*

1) Wurden durch einen Emittenten mehrere Tranchen aufgelegt, so wurde jede Tranche als eigene Emission gewertet.

Anhang Tabelle 6:
<u>Europäische Umtauschanleihen – Emissionswährung</u>
(Wandelanleihen wurden zu Vergleichszwecken angegeben)
(Werte in Mio. €)

	Wandelanleihen				Umtauschanleihen			
Währung	Anzahl Em.[1)]	in %	Emissions-volumen	in %	Anzahl Em.[1)]	in %	Emissions-volumen	in %
Euro (und Vorgänger-währungen)	499	57%	104.901	57%	123	72%	78.186	83%
Schweizer Franken	109	13%	13.380	7%	8	5%	1.601	2%
US-Dollar	131	15%	41.589	23%	30	17%	11.903	13%
Britisches Pfund	120	14%	22.971	12%	9	5%	1.722	2%
Andere Währung	11	1%	1.745	1%	2	1%	1.248	1%
Total	**870**	**100%**	**184.586**	**100%**	**172**	**100%**	**94.660**	**100%**

Quelle: *Dealogic/Bondware*

1) Wurden durch einen Emittenten mehrere Tranchen aufgelegt, so wurde jede Tranche als eigene Emission gewertet.

Anhang Tabelle 7:
<u>Europäische Umtauschanleihen – Listing</u>
(Wandelanleihen wurden zu Vergleichszwecken angegeben)
(Werte in Mio. €)

	Wandelanleihen				Umtauschanleihen			
Listing	Anzahl Em.[1)]	in %	Emissions-volumen	in %	Anzahl Em.[1)]	in %	Emissions-volumen	in %
London	181	21%	34.310	19%	11	6%	3.692	4%
Luxemburg	129	15%	38.585	21%	116	67%	65.945	70%
Frankfurt	13	1%	3.100	2%	12	7%	7.996	8%
Zürich	17	2%	1.840	1%	0	0%	0	0%
Paris	156	18%	47.586	26%	6	3%	3.830	4%
Amsterdam	49	6%	14.154	8%	2	1%	218	0%
Wien	145	17%	2.255	1%	2	1%	515	1%
Andere Börse	80	9%	22.048	12%	13	8%	6.541	7%
Mehrfach gelistet	63	7%	13.583	7%	6	3%	4.650	5%
Nicht gelistet	37	4%	7.125	4%	4	2%	1.272	1%
Total	**870**	**100%**	**184.586**	**100%**	**172**	**100%**	**94.660**	**100%**

Quelle: *Dealogic/Bondware*

1) Wurden durch einen Emittenten mehrere Tranchen aufgelegt, so wurde jede Tranche als eigene Emission gewertet.

Anhang Tabelle 8:
Laufzeit untersuchter Umtauschanleihen europäischer Emittenten
(Wandelanleihen wurden zu Vergleichszwecken angegeben)
(in Jahren)

	Wandelanleihen[1]		Umtauschanleihen		Total	
Jahr	Median Laufz.	Volgew. Ø Laufz.	Median Laufz.	Volgew. Ø Laufz.	Median Laufz.	Volgew. Ø Laufz.
1980	12,8	12,1	-	-	12,8	12,1
1981	15,1	13,9	-	-	15,1	13,9
1982	15,3	15,3	-	-	15,3	15,3
1983	12,1	12,5	-	-	12,1	12,5
1984	14,4	13,6	-	-	14,4	13,6
1985	13,5	12,0	-	-	13,5	12,0
1986	15,0	11,9	-	-	15,0	11,9
1987	15,0	14,0	10,2	12,1	15,0	13,9
1988	10,1	11,6	14,8	14,8	10,1	11,7
1989	10,1	12,3	15,5	15,5	10,1	12,5
1990	10,0	11,4	15,6	15,6	10,0	11,6
1991	8,6	11,5	25,0	25,0	8,7	11,8
1992	10,1	10,4	-	-	10,1	10,4
1993	8,1	9,9	7,6	7,0	8,1	9,7
1994	7,4	7,5	-	-	7,4	7,5
1995	7,3	9,0	6,2	6,8	7,2	9,0
1996	7,0	7,4	5,0	4,9	6,5	6,5
1997	6,1	8,7	6,1	10,0	6,1	9,0
1998	7,1	8,2	5,1	5,6	6,1	7,3
1999	5,4	6,9	4,9	5,1	5,2	6,3
2000	5,1	7,2	4,1	4,4	5,1	6,0
2001	6,1	8,0	3,4	4,4	5,1	6,0
2002	7,0	6,6	3,1	3,4	6,0	6,0
2003	7,1	14,1	5,0	11,4	7,0	10,9
Med./Ø	**8,1**	**8,1**	**5,1**	**5,0**	**7,1**	**7,0**
Min	1,3		1,5		1,3	
Max	40,1		25,0		40,1	

Quelle: *Dealogic/Bondware*

1) Wandelanleihen exklusive "Perpetual Convertibles".

Anhang Tabelle 9:
Europäische Umtauschanleihen - Branche Basiswert
(Werte in Mio. €)

Branche	Anzahl Em.[1]	in %	Emissions-volumen	in %
Banken/Finanzdienstl.	25	15%	10.001	11%
Versicherungen	19	11%	10.737	11%
Investmentfonds	1	1%	79	0%
Konglomerate/Holdings	6	3%	3.369	4%
Automotive/Transport/Verteidigung	9	5%	4.923	5%
Maschinenbau/Stahl/Bau/Verpackung	8	5%	3.536	4%
Erdöl/Chemie/Pharma	29	17%	12.082	13%
Telekom./Computer/Software	28	16%	27.618	29%
Medien/Dienstleistungen	17	10%	5.513	6%
Retail	8	5%	3.056	3%
Versorgungsunternehmen	8	5%	6.470	7%
Staatsnahe Unternehmen	0	0%	0	0%
Sonstige Unternehmen	13	8%	7.274	8%
Total	**172**	**100%**	**94.660**	**100%**

Quelle: *Dealogic/Bondware*

1) Wurden durch einen Emittenten mehrere Tranchen aufgelegt, so wurde jede Tranche als eigene Emission gewertet.

Anhang Tabelle 10:
Ausübungspreise untersuchter Umtauschanleihen europäischer Emittenten in Relation zum Aktienkurs bei Emission
(in %)

Jahr	Anzahl Em.[1]	Verfgb. Em.[2]	Umtauschprämien Ø Prämie	Median Prämie	Fehler-ind.+	Max Prämie	Fehler-ind.-	Min Prämie
1980	0	0	-	-		-		-
1981	0	0	-	-		-		-
1982	0	0	-	-		-		-
1983	0	0	-	-		-		-
1984	0	0	-	-		-		-
1985	0	0	-	-		-		-
1986	0	0	-	-		-		-
1987	2	2	115%	115%	10%	124%	10%	105%
1988	1	1	115%	115%	0%	115%	0%	115%
1989	1	1	112%	112%	0%	112%	0%	112%
1990	1	1	117%	117%	0%	117%	0%	117%
1991	1	1	181%	181%	0%	181%	0%	181%
1992	0	0	-	-	-	-	-	-
1993	4	4	114%	113%	14%	127%	13%	101%
1994	0	0	-	-	-	-	-	-
1995	2	0	-	-	-	-	-	-
1996	12	12	126%	122%	52%	174%	13%	109%
1997	15	14	119%	120%	26%	146%	18%	102%
1998	27	25	127%	127%	18%	145%	21%	106%
1999	14	13	125%	124%	19%	143%	12%	112%
2000	11	10	123%	121%	24%	146%	11%	110%
2001	42	39	130%	126%	77%	203%	16%	110%
2002	14	14	119%	117%	17%	133%	12%	104%
2003	25	19	131%	128%	38%	166%	18%	110%
Total	**172**	**156**	-	-		-		-
Median	-	-	-	124%		-		-
Ø	-	-	126%	-		-		-
Max	-	-	-	-		203%		-
Min	-	-	-	-		-		101%

Quellen: *Dealogic/Bondware*, Bloomberg, Emissionsprospekte/Offering Circulars, Presse

1) Wurden durch einen Emittenten mehrere Tranchen aufgelegt, so wurde jede Tranche als eigene Emission gewertet.

2) Aus der gesamten Anzahl von Umtauschanleihetranchen waren für einzelne Emissionen keine Umtauschkurse verfügbar. Ausserdem wurden Privatisierungszertifikate, welche zu einem späteren Zeitpunkt zu einem begünstigten Bezug von Aktien berechtigen ebenso nicht erfasst, wie Going-Public Umtauschanleihen, da die Basiswerte im Zeitpunkt der Anleihenemission noch über keinen Referenzkurs verfügen. Ausserdem wurde das "MILES"-Programm der Allianz (Market Index-Linked Equity Securities) nicht erfasst, da bei diesem die Lieferung eines Basiswerts von der Entwicklung des DAX-Aktienindex abhängig ist.

Anhang Tabelle 11:
Kursreaktionen auf die Ankündigung von Optionsanleihen und Preferred Stocks

Autor	Untersuchungs-gegenstand	Zeitraum/ Anzahl	Über-rendite	% neg.	Signifi-kanz	Ø Betrag Emission (Mio)
Phelps (1988)	Optionsanleihen (PO/ Ind)[1] (USA)	1963-84 (n=23)	0,0% (t_{-1}-t_0)	65	insig.	nv
Koh (1988)	Convertible Preferred (USA)	1980-85 (n=36)	-2,39% (t_{-1}-t_0)	nv	***	nv
Linn/Pinnegar (1988)	Convertible Preferred (Ind)[1] (USA)	1962-84 (n=42)	-2,02% (t_{-1}-t_0)	nv	***	USD 67
Linn/Pinnegar (1988)	Straight Preferred (PU)[1] (USA)	1962-84 (n=201)	+0,18% (t_{-1}-t_0)	nv	**	USD 43
Long/Sefcik (1990)	Optionsanleihen (Ind)[1] (USA)	1965-84 (n=33)	-1,30% (t_{-1}-t_0)	58	**	nv
Billingsley/ Lamy/Smith (1990)	Optionsanleihen (USA)	1971-86 (n=38)	-0,33% (t_{-1}-t_0)	nv	insig.	USD 69
Jayaraman/ Shastri/Tandon (1990)	Optionsanleihen (USA)	1977-86 (n=54)	-0,64% (t_{-1}-t_0)	nv	insig.	nv
Phelps/Moore/ Roenfeldt (1991)	Optionsanleihen (USA)	1970-86 (n=39)	-1,32% (t_{-1}-t_0)	69	**	nv
Herzog (1991)	Wandel-/ Optionsanleihen (CH)	1977-88 (n=168)	+0,26% (t_{-1}-t_0)	nv	**	USD 107
Entrup (1994)	Optionsanleihen (GER)	1979-90 (n=69)	+0,40%[2] (t_{-1}-t_0)	48	insig.	nv
Kang/Kim/ Park/Stulz (1995)	Optionsanleihen (OFF)[1] (Japan)	1982-89 (n=368)	+0,61% (t_{-1}-t_0)	43	***	27.354 JPY
Kang/Stulz (1996)	Optionsanleihen (DOM)[1] (Japan)	1986-91 (n=19)	-0,21% (t_{-1}-t_0)	nv	insig.	31.000 JPY
De Roon/Veld (1998)	Optionslanleihen (NL)	1976-96 (n=19)	+1,35%[3] (t_{-1}-t_{+1})	nv	**	NLG 155

1) PO (Public Offerings): Bezugsrechtsausschlussemissionen, RO (Rights Offerings): Bezugsrechtsemissionen, PP: Private Placements, Ind.: Industrial Companies, PU: Public Utilities, EURO: Eurobond-Issues, DOM: Domestic Issues, OFF: Offshore Issues;
2) +1% von t_{-2}-t_{+1} (Sign.: ***, % neg.: 45)
3) Sign. positive Reaktion ist durch die gleichzeitige Veröffentlichung unternehmensspezifischer positiver Nachrichten getrieben. Nach Eliminierung dieser Transaktionen sinkt die 3-Tages-Überrendite auf insignifikante -0,35%.

Anhang Tabelle 12:
Motive für Umtauschanleihen europäischer Emittenten

Emissionsmotive	Anzahl Emissionen	in %
Kein Angabe	33	19%
Desinvestition	64	37%
Privatisierung	16	9%
Emission via Bank (Desinvestition)	13	8%
"Going Public"-Exchangeable	3	2%
(Re-)Finanzierung	40	23%
Emission via Bank (Finanzierung)	3	2%
Total	**172**	**100%**

Anhang Tabelle 13: Überrenditen und Signifikanztestwerte für die Untergruppe der Emittenten mit Desinvestitionsmotiv und unterschiedlichem Branchenhintergrund als Basiswert

Tag/Zeitfenster (N=40)	Ø (kum.) Überrendite (in %)	Anteil neg. Überrenditen (in %)	Einfacher t-Test	t-Test (expl. Unabhängigkeit)	Rangplatztest (Corrado)	Wilcoxon/ Mann-Whitney (P-Wert)
t_{-30} bis t_{21}	0,963%	47,3%	0,85	1,22	1,83 *	0,539
t_{-20} bis t_{-11}	2,211%	47,8%	1,96 **	1,26	1,20	0,539
t_{-10}	-0,148%	57,5%	-0,41	-0,59	-0,51	0,727
t_{-9}	0,998%	27,5%	2,80 ***	3,48 ***	3,30 ***	0,040 **
t_{-8}	-0,073%	47,5%	-0,20	-0,28	-0,18	0,044 **
t_{-7}	0,363%	42,5%	1,02	0,98	1,05	0,514
t_{-6}	0,376%	40,0%	1,05	0,92	1,04	0,630
t_{-5}	-0,365%	70,0%	-1,02	-1,38	-1,64	0,053 *
t_{-4}	-0,378%	62,5%	-1,06	-1,10	-1,42	0,068 *
t_{-3}	-0,086%	55,0%	-0,24	-0,12	-0,42	0,080 *
t_{-2}	0,128%	47,5%	0,36	0,05	0,37	0,400
t_{-30} bis t_{-2}	3,988%	48,3%	2,08 **	1,75 *	2,07 **	0,171
t_{-10} bis t_{-2}	0,814%	50,0%	0,76	0,64	0,53	0,159
t_{-1}	0,183%	40,0%	0,51	0,91	1,16	0,159
t_0	0,754%	30,0%	2,11 **	2,39 **	2,66 ***	0,138
t_{-1} bis t_0	0,937%	35,0%	1,86 *	2,33 **	2,70 ***	0,084 *
t_{+1}	0,447%	45,0%	1,25	1,34	1,02	0,799
t_0 bis t_{+1}	1,201%	37,5%	2,38 **	2,63 ***	2,60 ***	0,245
t_{-1} bis t_{+1}	1,385%	38,3%	2,24 **	2,67 ***	2,79 ***	0,202
t_{+2}	-0,235%	57,5%	-0,66	-0,66	-0,07	0,411
t_{+3}	0,074%	42,5%	0,21	0,54	-0,07	0,369
t_{+4}	-0,226%	50,0%	-0,63	-0,73	-0,28	0,024 **
t_{+5}	0,249%	42,5%	0,70	1,01	0,68	0,340
t_{-5} bis t_{+5}	0,544%	49,3%	0,46	0,66	0,60	0,209
t_{+6}	-0,072%	45,0%	-0,20	-0,23	0,16	0,552
t_{+7}	0,183%	50,0%	0,51	0,97	0,66	0,312
t_{+8}	-0,078%	60,0%	-0,22	-0,28	-0,31	0,261
t_{+9}	-0,741%	67,5%	-2,08 **	-2,29 **	-1,94 *	0,028 **
t_{+10}	-0,156%	47,5%	-0,44	-0,55	-0,32	0,993
t_{+2} bis t_{+10}	-1,002%	51,4%	-0,94	-0,73	-0,49	0,133
t_{-10} bis t_{+10}	1,197%	48,9%	0,73	0,92	1,08	0,154
t_{+11} bis t_{+20}	0,146%	51,3%	0,13	-0,28	-0,58	0,119
t_{-20} bis t_{+20}	3,554%	49,2%	1,56	1,09	1,08	0,238
t_{+21} bis t_{+30}	-1,686%	54,5%	-1,49	-1,56	-1,40	0,015 **
t_{+2} bis t_{+30}	-2,542%	52,4%	-1,32	-1,43	-1,43	0,012 **
t_{-30} bis t_{+30}	2,831%	49,8%	1,02	0,74	1,06	0,018 **

Erläuterungen:
*** Testwert auf dem 1%-Niveau signifikant
** Testwert auf dem 5%-Niveau signifikant
* Testwert auf dem 10%-Niveau signifikant

Anhang Tabelle 14: Überrenditen und Signifikanztestwerte für die Untergruppe der Emittenten mit Desinvestitionsmotiv und selbem Branchenhintergrund als Basiswert

Tag/Zeitfenster (N=15)	Ø (kum.) Überrendite (in %)	Anteil neg. Überrenditen (in %)	Einfacher t-Test	t-Test (expl. Unabhängigkeit)	Rangplatztest (Corrado)	Wilcoxon/ Mann-Whitney (P-Wert)
t_{-30} bis t_{-21}	4,118%	46,7%	2,50 **	2,19 **	0,94	0,539
t_{-20} bis t_{-11}	1,563%	48,0%	0,95	0,43	0,31	0,539
t_{-10}	0,192%	53,3%	0,37	0,52	-0,05	0,727
t_{-9}	-0,234%	60,0%	-0,45	0,24	-0,45	0,040 **
t_{-8}	0,550%	33,3%	1,06	1,31	1,21	0,044 **
t_{-7}	0,226%	53,3%	0,43	0,23	0,17	0,514
t_{-6}	0,074%	33,3%	0,14	0,48	0,76	0,630
t_{-5}	0,287%	40,0%	0,55	0,74	1,13	0,053 *
t_{-4}	0,267%	40,0%	0,51	0,69	0,78	0,068 *
t_{-3}	0,940%	33,3%	1,81 *	2,46 **	2,00 **	0,080 *
t_{-2}	-0,269%	60,0%	-0,52	-0,52	-0,54	0,400
t_{-30} bis t_{-2}	7,713%	46,7%	2,75 ***	2,56 **	1,67 *	0,171
t_{-10} bis t_{-2}	2,032%	45,2%	1,30	2,02 **	1,67 *	0,159
t_{-1}	-0,312%	66,7%	-0,60	-0,50	-0,75	0,159
t_0	-0,196%	46,7%	-0,38	0,26	-0,33	0,138
t_{-1} bis t_0	-0,508%	56,7%	-0,69	-0,17	-0,76	0,084 *
t_{+1}	0,300%	40,0%	0,58	0,73	0,63	0,799
t_0 bis t_{+1}	0,104%	43,3%	0,14	0,70	0,21	0,245
t_{-1} bis t_{+1}	-0,208%	51,1%	-0,23	0,28	-0,26	0,202
t_{+2}	0,239%	53,3%	0,46	0,32	-0,13	0,411
t_{+3}	-0,154%	66,7%	-0,30	-1,23	-0,13	0,369
t_{+4}	1,287%	26,7%	2,47 **	2,15 **	1,96 **	0,024 **
t_{+5}	-0,229%	60,0%	-0,44	-0,29	-0,51	0,340
t_{-5} bis t_{+5}	2,161%	48,5%	1,25	1,42	1,24	0,209
t_{+6}	-0,617%	46,7%	-1,18	-0,93	-0,24	0,552
t_{+7}	-0,470%	66,7%	-0,90	-1,20	-1,45	0,312
t_{+8}	0,412%	26,7%	0,79	1,13	0,98	0,261
t_{+9}	0,241%	33,3%	0,46	0,82	1,03	0,028 **
t_{+10}	0,240%	53,3%	0,46	1,30	0,24	0,993
t_{+2} bis t_{+10}	0,950%	48,1%	0,61	0,68	0,58	0,133
t_{-10} bis t_{+10}	2,774%	47,3%	1,16	1,83 *	1,38	0,154
t_{+11} bis t_{+20}	2,068%	46,0%	1,26	1,02	1,26	0,119
t_{-20} bis t_{+20}	6,405%	47,2%	1,92 *	1,93 *	1,76 *	0,238
t_{+21} bis t_{+30}	3,538%	47,3%	2,15 **	2,11 **	1,20	0,015 **
t_{+2} bis t_{+30}	6,555%	47,1%	2,34 **	2,14 **	1,77 *	0,012 **
t_{-30} bis t_{+30}	14,061%	47,1%	3,46 ***	3,11 ***	2,31 **	0,018 **

Erläuterungen:
*** Testwert auf dem 1%-Niveau signifikant
** Testwert auf dem 5%-Niveau signifikant
* Testwert auf dem 10%-Niveau signifikant

Anhang Tabelle 15: Ergebnis der Regression mit CAR(t_{-10} bis t_{+10}) der Basiswerte als abhängige Variable

	Regressionen					
Unabhängige Variable	(1)	(2)	(3)	(4)	(5)	(6)
Interzept	-0,149 * (0,079)	0,002 (0,952)	-0,153 * (0,068)	-0,253 * (0,068)	-0,220 * (0,085)	-0,247 * (0,059)
Unternehmens-spezif. Variablen						
UND_MCAP	0,011 * (0,058)	-	0,008 * (0,077)	0,021 ** (0,016)	0,017 * (0,057)	0,021 ** (0,015)
STAKE_PRE	-	-	-	-	-0,059 (0,228)	-
STAKE_POST	-	-	-	-	-	-0,033 (0,524)
RATING	-	-	-	-	-0,009 (0,289)	-0,007 (0,366)
FI	-0,003 (0,856)	0,003 (0,820)	-	-	-	-
Variablen Markt-umfeld						
UND_MARKET_PRE	-0,031 (0,276)	-	-	-	-	-
UND_R_PRE	-	-0,033 (0,251)	-	-	-	-
Emissionsspezi-fische Variablen						
UND_VOL	-0,011 (0,264)	-	-0,008 (0,287)	-0,017 (0,182)	-0,013 (0,337)	-0,016 (0,196)
UND_REL_VOL	-	-0,177 (0,102)	-	-	-	-
PREMIUM	0,078 * (0,100)	-	0,082 * (0,090)	0,112 (0,110)	0,112 (0,111)	0,118 * (0,095)
PREMIUM_REL	-	0,012 (0,411)	-	-	-	-
CASHPAY	-0,011 (0,489)	-0,012 (0,403)	-	-	-	-
MANDATORY	-0,060 ** (0,021)	-0,056 ** (0,044)	-0,050 ** (0,044)	-0,011 (0,645)	-	-
EXOTIC	0,022 (0,486)	0,020 (0,547)	0,019 (0,538)	0,011 (0,835)	0,023 (0,552)	0,019 (0,664)
SOFTCALL	-0,001 (0,963)	0,003 (0,856)	-	-	-	-
PUT	0,016 (0,396)	0,017 (0,395)	-	-	-	-
TIME	-	0,000 (0,341)	-	-	-	-
Adj. R^2	1,79%	3,35%	3,38%	3,40%	4,96%	3,41%
N	134	134	134	70	70	70

Erläuterungen:
* Testwert auf dem 10%-Niveau signifikant
** Testwert auf dem 5%-Niveau signifikant
*** Testwert auf dem 1%-Niveau signifikant

P-Wert des t-Tests in Klammern.

Anhang Tabelle 16: Ergebnis der Regression mit CAR(t_{-20} bis t_{+20}) der Basiswerte als abhängige Variable

Unabhängige Variable	Regressionen (1)	(2)	(3)	(4)	(5)	(6)
Interzept	-0,126 (0,230)	0,032 (0,376)	-0,072 (0,446)	-0,194 (0,172)	-0,212 (0,169)	-0,257 (0,100)
Unternehmensspezifische Variablen						
UND_MCAP	0,010 (0,199)	-	0,009 (0,108)	0,016 (0,154)	0,007 (0,580)	0,013 (0,313)
STAKE_PRE	-	-	-	-	-0,095 (0,108)	-
STAKE_POST	-	-	-	-		-0,050 (0,435)
RATING	-	-	-	-	-0,013 (0,357)	-0,011 (0,457)
FI	-0,020 (0,382)	-0,009 (0,613)	-	-	-	-
Variablen Marktumfeld						
UND_MARKET_PRE	-0,098 ** (0,011)	-	-	-	-	-
UND_R_PRE	-	-0,119 *** (0,001)	-0,115 *** (0,000)	-0,120 *** (0,002)	-	-
Emissionsspezif. Variablen						
UND_VOL	-0,013 (0,309)	-	-0,014 (0,131)	-0,018 (0,234)	-0,004 (0,821)	-0,010 0,565
UND_REL_VOL	-	-0,186 0,167	-	-	-	-
PREMIUM	0,090 (0,250)	-	0,057 (0,398)	0,106 (0,254)	0,144 (0,178)	0,154 (0,154)
PREMIUM_REL	-	0,014 (0,495)	-	-	-	-
CASHPAY	-0,021 (0,359)	-0,024 (0,238)	-	-	-	-
MANDATORY	-0,071 (0,145)	-0,058 (0,231)	-	-	-	-
EXOTIC	0,042 (0,270)	0,041 (0,302)	0,039 (0,292)	0,071 (0,106)	0,089 *** (0,000)	0,082 *** (0,004)
SOFTCALL	0,003 (0,876)	0,005 (0,806)	-	-	-	-
PUT	0,000 (0,987)	-0,004 (0,877)	-	-	-	-
TIME	-	0,000 (0,381)	-	-	-	-
Adj. R^2	1,31%	17,25%	18,41%	22,21%	-0,86%	-2,80%
N	134	134	134	70	70	70

Erläuterungen:
* Testwert auf dem 10%-Niveau signifikant
** Testwert auf dem 5%-Niveau signifikant
*** Testwert auf dem 1%-Niveau signifikant

P-Wert des t-Tests in Klammern.

Anhang Tabelle 17: Ergebnis der Regression mit CAR(t_{-30} bis t_{+30}) der Basiswerte als abhängige Variable

Unabhängige Variable	Regressionen (1)	(2)	(3)	(4)	(5)	(6)
Interzept	-0,224	0,010	-0,169	-0,330 **	-0,373 *	-0,409 **
	(0,100)	(0,815)	(0,145)	(0,048)	(0,052)	(0,038)
Unternehmens-spezif. Variablen						
UND_MCAP	0,002	-	0,003	0,008	0,000	0,004
	(0,842)		(0,641)	(0,610)	(0,999)	(0,800)
STAKE_PRE	-	-	-	-	-0,073	-
					(0,399)	
STAKE_POST	-	-	-	-	-	-0,004
						(0,963)
RATING	-	-	-	-	-0,010	-0,007
					(0,505)	(0,648)
FI	-0,018	-0,013	-	-	-	-
	(0,497)	(0,561)				
Variablen Marktumfeld						
UND_MARKET_PRE	-0,117 **	-	-	-	-	-
	(0,014)					
UND_R_PRE	-	-0,161 ***	-0,148 ***	-0,140 ***	-	-
		(0,000)	(0,000)	(0,001)		
Emissionsspezif. Variablen						
UND_VOL	-0,012	-	-0,015	-0,012	0,001	-0,004
	(0,442)		(0,175)	(0,542)	(0,952)	(0,847)
UND_REL_VOL	-	-0,092	-	-	-	-
		0,611				
PREMIUM	0,207 **	-	0,168 *	0,235 **	0,281 **	0,289 **
	(0,047)		(0,056)	(0,044)	(0,038)	(0,035)
PREMIUM_REL	-	0,029	-	-	-	-
		(0,275)				
CASHPAY	-0,004	-0,008458	-	-	-	-
	(0,882)	(0,738)				
MANDATORY	-0,111	-0,094	-	-	-	-
	(0,133)	(0,201)				
EXOTIC	0,058 *	0,044	0,057 *	0,061 **	0,074 *	0,060 *
	(0,100)	(0,189)	(0,061)	(0,023)	(0,052)	(0,076)
SOFTCALL	0,004	0,003	-	-	-	-
	(0,884)	(0,888)				
PUT	-0,023	-0,030	-	-	-	-
	(0,503)	(0,375)				
TIME	-	0,000	-	-	-	-
		(0,355)				
Adj. R^2	3,68%	20,14%	21,84%	22,68%	0,38%	-0,63%
N	134	134	134	70	70	70

Erläuterungen:
* Testwert auf dem 10%-Niveau signifikant
** Testwert auf dem 5%-Niveau signifikant
*** Testwert auf dem 1%-Niveau signifikant

P-Wert des t-Tests in Klammern.

Anhang Tabelle 18: Ergebnis der Regression mit CAR(t_{+21} bis t_{+30}) der Basiswerte als abhängige Variable

Unabhängige Variable	Regressionen (1)	(2)	(3)	(4)	(5)	(6)
Interzept	-0,045	-0,012	-0,037	-0,069	-0,120 **	-0,108 *
	(0,314)	(0,486)	(0,377)	(0,243)	(0,030)	(0,083)
Unternehmens-spezif. Variablen						
UND_MCAP	-0,003	-	-0,003	-0,004	-0,004	-0,005
	(0,348)		(0,252)	(0,521)	(0,521)	(0,402)
STAKE_PRE	-	-	-	-	0,027	-
					(0,582)	
STAKE_POST	-	-	-	-	-	0,042
						(0,367)
RATING	-	-	-	-	0,006	0,007
					(0,167)	(0,135)
FI	-0,002	-0,002	-	-	-	-
	(0,836)	(0,857)				
Variablen Marktumfeld						
UND_MARKET_PRE	-0,026	-	-	-	-	-
	(0,122)					
UND_R_PRE	-	-0,029 ***	-0,026 ***	-0,019 *	-	-
		(0,006)	(0,008)	(0,091)		
Emissionsspezif. Variablen						
UND_VOL	0,000	-	0,001	0,005	0,004	0,005
	(0,965)		(0,793)	(0,471)	(0,594)	(0,495)
UND_REL_VOL	-	0,062	-	-	-	-
		(0,306)				
PREMIUM	0,051	-	0,042	0,050	0,074 **	0,071 *
	(0,113)		(0,163)	(0,183)	(0,047)	(0,055)
PREMIUM_REL	-	0,002	-	-	-	-
		(0,878)				
CASHPAY	0,009	0,008	-	-	-	-
	(0,327)	(0,355)				
MANDATORY	-0,056 **	-0,053 ***	-0,057 ***	-0,072 ***	-	-
	(0,016)	(0,003)	(0,001)	(0,004)		
EXOTIC	0,009	0,003	0,008	0,025	0,023	0,017
	(0,509)	(0,824)	(0,530)	(0,397)	(0,411)	(0,528)
SOFTCALL	0,006	0,003	-	-	-	-
	(0,542)	(0,746)				
PUT	-0,013	-0,014	-	-	-	-
	(0,284)	(0,249)				
TIME	-	0,000	-	-	-	-
		(0,895)				
Adj. R^2	4,72%	7,85%	10,21%	9,73%	0,46%	2,23%
N	134	134	134	70	70	70

Erläuterungen:
* Testwert auf dem 10%-Niveau signifikant
** Testwert auf dem 5%-Niveau signifikant
*** Testwert auf dem 1%-Niveau signifikant

P-Wert des t-Tests in Klammern.

Anhang Tabelle 19: Ergebnis der Regression mit dem relativen Emissionsvolumen *(ISS_REL_VOL)* als abhängige Variable

Unabhängige Variable	Regressionen (1)	(2)	(3)	(4)	(5)	(6)	(7)
Interzept	0,540 ***	0,427 ***	0,507 ***	0,450 ***	0,276 ***	0,237 ***	0,215 *
	(0,000)	(0,000)	(0,000)	(0,000)	(0,001)	(0,005)	(0,000)
Unternehmensspez. Variablen							
ISS_MCAP	-0,055 ***	-0,054 ***	-0,053 ***	-0,054 ***	-0,036 ***	-0,039 ***	-0,036 *
	(0,000)	(0,000)	(0,000)	(0,000)	(0,000)	(0,000)	(0,000)
UND_MCAP	0,011 *	0,014 **	0,014 *	0,010 *	0,011 ***	0,010 **	0,011 *
	(0,095)	(0,048)	(0,050)	(0,096)	(0,006)	(0,018)	(0,010)
RATING	-	-	-	-	-	0,004	-
						(0,420)	
FI	-0,024	-0,027	-0,037 **	-0,030 **	-0,013	-	-
	(0,161)	(0,126)	(0,026)	(0,049)	(0,348)		
STAKE_PRE						0,043	-
						(0,273)	
STAKE_POST						-	0,037
							(0,274)
Var. Marktumfeld							
ISS_MARKET_PRE	0,057	-	-	-	-	-	-
	(0,134)						
ISS_R_PRE	-	0,015	-	-	-	-	-
		(0,497)					
UND_MARKET_PRE	-	-	0,032	-	-	-	-
			(0,392)				
UND_R_PRE	-	-	-	0,031	0,005	0,014	-
				(0,181)	(0,827)	(0,555)	
UND_VOLA	-	0,148 **	-	0,155 **	0,107 **	0,100 **	0,124 *
		(0,045)		(0,013)	(0,026)	(0,018)	(0,001)
Emissionsspez. Var.							
MOTIVE	-	-	-	-	-	0,027	0,022 *
						(0,138)	(0,096)
SAME-INDUSTRY	-	-	-	-	-	-0,001	-
						(0,951)	
PRICING	-	-	-	-	-	0,021	-
						(0,215)	
MATURITY	0,000	-0,002	-0,003	-	-	-	-
	(0,982)	(0,663)	(0,529)				
COUPON	-0,868	-	-	-0,756	-0,646	-0,760	-
	(0,134)			(0,108)	(0,143)	(0,106)	
PREMIUM	-0,070	-	-	-	-	-	-
	(0,330)						
PREMIUM_REL	-	-	-0,041 *	-	-	-	-
			(0,080)				
CASHPAY	0,003	0,005	0,004	-	-	-	-
	(0,888)	(0,796)	(0,824)				
MANDATORY	-	-0,016	-0,015	-	-	-	-
		(0,410)	(0,574)				
EXOTIC	-0,026	-0,020	-0,029	-	-	-	-
	(0,355)	(0,466)	(0,280)				
SOFTCALL	0,026	0,026	0,020	0,028 *	0,019	0,020	0,021
	(0,157)	(0,170)	(0,295)	(0,088)	(0,270)	(0,229)	(0,121)
PUT	0,003	-0,002	0,002	-	-	-	-
	(0,873)	(0,947)	(0,941)				
PRIVATE	-0,005	0,001	0,002	-	-	-	-
	(0,741)	(0,938)	(0,902)				
EURO	-0,029 **	-0,033 **	-0,027 *	-0,024 *	-0,020	-0,002	-
	(0,041)	(0,034)	(0,095)	(0,093)	(0,308)	(0,936)	
Adj. R^2	60,49%	57,28%	57,87%	61,90%	51,72%	51,35%	53,84%
N	76	76	76	76	45	45	45

Erläuterungen:
* Testwert auf dem 10%-Niveau signifikant
** Testwert auf dem 5%-Niveau signifikant
*** Testwert auf dem 1%-Niveau signifikant

P-Wert des t-Tests in Klammern.

Anhang Tabelle 20: Ergebnisse der Regression mit CAR(t_{-10} bis t_{+10}) der Emittenten als abhängige Variable

Unabhängige Variable	Regressionen (1)	(2)	(3)	(4)	(5)	(6)	(7)
Interzept	0,111	-0,034	0,052	0,119	0,159	-0,053	0,133
	(0,405)	(0,416)	(0,491)	(0,367)	(0,393)	(0,758)	(0,463)
Unternehmens-spez.Variablen							
ISS_MCAP	0,002	-	0,003	0,001	0,009	-	-
	(0,816)		(0,701)	(0,882)	(0,452)		
RATING	-	-	-	-	-	0,002	-
						(0,881)	
FI	-0,014	0,000	-0,010	-0,012	-0,003	-	0,006
	(0,491)	(0,996)	(0,626)	(0,570)	(0,927)		(0,795)
Var. Marktumfeld							
ISS_MARKET_PRE	-0,033	-	-	-	-	-	-
	(0,397)						
ISS_R_PRE	-	-0,052 **	-	-	-	-	-
		(0,026)					
UND_MARKET_PRE	-	-	-0,041	-	-	-	-
			(0,311)				
UND_R_PRE	-	-	-	-0,022	-0,004	-0,001	0,008
				(0,403)	(0,908)	(0,983)	(0,838)
Emissionsspez. Variablen							
ISS_VOL	-0,022 **	-	-0,015 *	-0,019 **	-0,027	-0,011	-0,030 *
	(0,035)		(0,071)	(0,049)	(0,149)	(0,525)	(0,067)
ISS_REL_VOL	-	0,031	-	-	-	-	-
		(0,763)					
MOTIVE	-	-	-	-	-	0,061 **	0,064 **
						(0,050)	(0,042)
SAMEINDUSTRY	-	-	-	-	-	0,035	-
						(0,179)	
PRICING	-	-	-	-	-	0,011	0,006
						(0,680)	(0,813)
MATURITY	-0,006 *	-0,002	-	-0,006 *	-0,008	-	-0,010 *
	(0,094)	(0,630)		(0,094)	(0,149)		(0,089)
PREMIUM	0,010	-	-	-0,001	-0,015	0,021	0,030
	(0,915)			(0,993)	(0,889)	(0,870)	(0,775)
PREMIUM_REL	-	-0,001	-0,010	-	-	-	-
		(0,964)	(0,619)				
CASHPAY	0,001	-0,004	-	-	-	-	-
	(0,975)	(0,831)					
MANDATORY	0,035	-0,003	-	-	-	-	-
	(0,433)	(0,947)					
EXOTIC	-0,001	0,000	-	-	-	-	-
	(0,977)	(0,998)					
SOFTCALL	-0,036 *	-0,049 **	-0,044 **	-0,038 *	-0,059 *	-0,046	-0,041
	(0,076)	(0,012)	(0,043)	(0,066)	(0,079)	(0,161)	(0,176)
PUT	-0,006	-0,010	-0,007	-	-	-	-
	(0,829)	(0,684)	(0,773)				
PRIVATE	0,005	-0,002	-0,002	0,004	-0,028	-0,030	-
	(0,861)	(0,942)	(0,950)	(0,882)	(0,508)	(0,465)	
EURO	0,057 *	0,084 **	0,066 **	0,056 **	0,033	0,067	0,043
	(0,060)	(0,012)	(0,022)	(0,044)	(0,436)	(0,161)	(0,407)
Adj. R^2	2,03%	9,98%	3,69%	6,85%	1,50%	8,15%	11,50%
N	76	76	76	76	48	48	48

Erläuterungen:
* Testwert auf dem 10%-Niveau signifikant
** Testwert auf dem 5%-Niveau signifikant
*** Testwert auf dem 1%-Niveau signifikant

P-Wert des t-Tests in Klammern

Anhang Tabelle 21: Ergebnisse der Regression mit CAR(t_{-20} bis t_{+20}) der Emittenten als abhängige Variable

Unabhängige Variable	Regressionen (1)	(2)	(3)	(4)	(5)	(6)	(7)
Interzept	0,021	-0,054	0,104	0,139	0,300	-0,035	0,131
	(0,928)	(0,410)	(0,472)	(0,633)	(0,455)	(0,924)	(0,747)
Unternehmens-spez.Variablen							
ISS_MCAP	0,004	-	-0,003	-0,004	-0,010	-0,003	-
	(0,794)		(0,810)	(0,765)	(0,568)	(0,877)	
RATING	-	-	-	-	-	0,038	-
						(0,158)	
FI	-0,042	0,006	-0,019	-0,022	-0,039	-	-0,043
	(0,260)	(0,839)	(0,580)	(0,494)	(0,386)		(0,276)
Var. Marktumfeld							
ISS_MARKET_PRE	-0,099	-	-	-	-	-	-
	(0,175)						
ISS_R_PRE	-	-0,137 ***	-	-	-	-	-
		(0,000)					
UND_MARKET_PRE	-	-	-0,116 *	-	-	-	-
			(0,056)				
UND_R_PRE	-	-	-	-0,093	-0,122 *	-0,078	-0,075
				(0,106)	(0,095)	(0,237)	(0,322)
Emissionsspez. Variablen							
ISS_VOL	0,004	-	-0,005	0,004	0,004	0,008	-0,005
	(0,816)		(0,725)	(0,786)	(0,882)	(0,761)	(0,830)
ISS_REL_VOL	-	0,168	-	-	-	-	-
		(0,284)					
MOTIVE	-	-	-	-	-	0,101 **	0,080 **
						(0,025)	(0,049)
SAMEINDUSTRY	-	-	-	-	-	0,049	-
						(0,336)	
PRICING	-	-	-	-	-	0,063	0,047
						(0,158)	(0,194)
MATURITY	0,004	0,010 *	0,003	0,001	-0,004	-	-0,006
	(0,538)	(0,089)	(0,682)	(0,855)	(0,701)		(0,533)
PREMIUM	-0,034	-	-	-0,073	-0,121	-0,143	-0,094
	(0,851)			(0,741)	(0,635)	(0,628)	(0,699)
PREMIUM_REL	-	-0,039	-0,034	-	-	-	-
		(0,351)	(0,484)				
CASHPAY	-0,033	-0,021	-	-	-	-	-
	(0,308)	(0,445)					
MANDATORY	0,241	0,187	-	-	-	-	-
	(0,244)	(0,304)					
EXOTIC	-0,037	-0,023	-	-	-	-	-
	(0,402)	(0,581)					
SOFTCALL	-0,056	-0,055	-	-	-	-	-
	(0,182)	(0,125)					
PUT	0,040	0,046	0,008	-	-	-	-
	(0,317)	(0,133)	(0,848)				
PRIVATE	0,028	0,056	0,030	0,039	0,051	0,015	-
	(0,565)	(0,118)	(0,546)	(0,386)	(0,418)	(0,813)	
EURO	0,023	0,070 **	0,000	-	-	-	-
	(0,535)	(0,041)	(0,993)				
Adj. R^2	11,18%	31,29%	-4,90%	-1,09%	-3,98%	5,21%	2,62%
N	76	76	76	76	48	48	48

Erläuterungen:

* Testwert auf dem 10%-Niveau signifikant
** Testwert auf dem 5%-Niveau signifikant
*** Testwert auf dem 1%-Niveau signifikant

P-Wert des t-Tests in Klammern

Anhang Tabelle 22: Ergebnisse der Regression mit CAR(t_{-30} bis t_{+30}) der Emittenten als abhängige Variable

Unabhängige Variable	Regressionen (1)	(2)	(3)	(4)	(5)	(6)	(7)
Interzept	-0,102	-0,195 **	0,223	-0,014	0,077	-0,449	-0,239
	(0,709)	(0,011)	(0,184)	(0,954)	(0,820)	(0,111)	(0,375)
Unternehmens-spez.Variablen							
ISS_MCAP	-0,012	-	-0,011	-0,014	-0,014	-0,004	-
	(0,411)		(0,405)	(0,301)	(0,570)	(0,847)	
RATING	-	-	-	-	-	0,021	-
						(0,292)	
FI	0,015	0,061	0,022	0,016	0,008	-	0,036
	(0,729)	(0,115)	0,574	(0,684)	(0,875)		(0,335)
Var. Marktumfeld							
ISS_MARKET_PRE	-0,119 *	-	-	-	-	-	-
	(0,078)						
ISS_R_PRE	-	-0,212 ***	-	-	-	-	-
		(0,000)					
UND_MARKET_PRE	-	-	-0,165 *	-	-	-	-
			(0,051)				
UND_R_PRE	-	-	-	-0,105 **	-0,107	-0,047	-0,038
				(0,036)	(0,132)	(0,421)	(0,527)
Emissionsspez. Variablen							
ISS_VOL	-0,025	-	-0,019	-0,012	-0,018	-0,008	-0,037
	(0,303)		(0,380)	(0,614)	(0,681)	(0,816)	(0,181)
ISS_REL_VOL	-	0,257	-	-	-	-	-
		(0,109)					
MOTIVE	-	-	-	-	-	0,147 **	0,145 ***
						(0,013)	(0,006)
SAMEINDUSTRY	-	-	-	-	-	0,117 **	0,156 ***
						(0,025)	(0,003)
PRICING	-	-	-	-	-	0,083	0,087
						(0,203)	(0,105)
MATURITY	-0,001	0,009	-	-0,001	-0,005	-	-0,022 **
	(0,870)	(0,168)		(0,837)	(0,604)		(0,040)
PREMIUM	0,278 *	-	-	0,200	0,188	0,241	0,272
	(0,094)			(0,238)	(0,314)	(0,172)	(0,107)
PREMIUM_REL	-	0,015	0,008	-	-	-	-
		(0,655)	(0,827)				
CASHPAY	-0,012	-0,008	-	-	-	-	-
	(0,770)	(0,821)					
MANDATORY	0,042	-0,079	-	-	-	-	-
	(0,443)	(0,391)					
EXOTIC	-0,020	-0,016	-	-	-	-	-
	(0,731)	(0,746)					
SOFTCALL	0,017	-0,012	-	-	-	-	-
	(0,700)	(0,719)					
PUT	0,041	0,038	0,036	-	-	-	-
	(0,407)	(0,284)	(0,409)				
PRIVATE	0,032	0,039	0,025	0,032	0,007	-0,048	-
	(0,569)	(0,339)	(0,636)	(0,560)	(0,929)	(0,500)	
EURO	0,035	0,126 **	-	-	-	-	-
	(0,538)	(0,014)					
Adj. R^2	-0,86%	27,08%	1,85%	6,21%	2,54%	28,76%	35,37%
N	76	76	76	76	48	48	48

Erläuterungen:

* Testwert auf dem 10%-Niveau signifikant
** Testwert auf dem 5%-Niveau signifikant
*** Testwert auf dem 1%-Niveau signifikant

P-Wert des t-Tests in Klammern

Literaturverzeichnis

Aboltina, Agnese/*Skutelis,* Janis (2001): Development of Equity-Linked Securities Market in Europe: Drivers behind the Growth, Master's Thesis in Finance, Stockholm School of Economics 2001.

Achleitner, Ann-Kristin (2000): Handbuch Investment Banking, 2. Auflage, Wiesbaden 2001.

Adler, Hans/*Düring,* Walther/*Schmaltz,* Kurt: Rechnungslegung und Prüfung der Unternehmen, Kommentar zum HGB, AktG, GmbHG, PublG nach den Vorschriften des neuen Bilanzrichtlinien-Gesetzes, 6. Auflage, Stuttgart 1997.

Aicher, Josef/*Kalss,* Susanne/*Oppitz,* Martin. (Hrsg.): Grundfragen des neuen Börserechts, Wien 1998.

Akerlof, George A. (1970): The market for "Lemons": Quality uncertainty and the market mechanism, in: Quarterly Journal of Economics, Vol 84, S. 488-500.

Akhigbe, Aigbe/Madura, Jeff/*Spencer,* Carolyn (1995): Valuation Effects from issuing zero-coupon debt, in: Journal of Business Finance & Accounting, Vol 22, S. 751-768.

Allen, Jeffrey W./Lummer, Scott L./*McConnell,* John J. /*Reed,* Debra K. (1995): Can Takeover Losses explain spin-off gains?, in: Journal of Financial and Quantitative Analysis 1995, S. 465-485.

Allen, Jeffrey W. (1998): Capital markets and corporate structure: the equity carve-outs of Thermo Electron, in: Journal of Financial Economics 1998, S. 99-124.

Allen, Jeffrey W./*McConnell,* John J. (1998): Equity Carve-Outs and Managerial Discretion, in: Journal of Finance, Vol 53, S. 163-186.

Allen, Jeffrey W. (2001): Private Information and Spin-off Performance, in: Journal of Business 74, S. 281-306.

Altmeppen, Holger (1998): Ausgliederung zwecks Organschaftsbildung gegen die Sperrminorität?, in: DB 1998, S. 49-54.

Ammann, Manuel/*Kind,* Axel/*Wilde,* Christian (2003): Are convertible bonds underpriced? An analysis of the French market, in: Journal of Banking & Finance, Vol 27, S. 635-653.

Ammann, Manuel/*Fehr,* Martin/*Seiz,* Ralf (2004): New Evidence On The Announcement Effect Of Convertible And Exchangeable Bonds, Working Paper, University of St.Gallen, January 2004.

Anslinger, Patrica/*Carey,* Dennis/*Fink,* Kristin/Gagnon, Chris (1997): Equity carve-outs: A new spin on the corporate structure, in: McKinsey Quarterly 1997, S. 165-172.

Anslinger, Patrica/*Klepper,* Steven/*Subramaniam,* Somu (1999): Breaking up is good to do, in: McKinsey Quarterly 1999, S. 16-27.

Anslinger, Patrica/*Bonini,* Sheila/*Patsalos-Fox,* Michael (2000): Doing the spinn-out, in: McKinsey Quarterly 2000, S. 98-105.

Asquith, Paul/*Mullins,* David W. (1986): Equity Issues And Offering Dilution, in: Journal of Financial Economics, Vol 15, S. 61-89.

Asquith, Paul (1995): Cnvertible Bonds Are Not Called Late, in: Journal of Finance, Vol 50, S. 1275-1290.

Atteslander, Peter (1995): Methoden der empirischen Sozialforschung, 8. Auflage, Berlin 1995.

Bae, Gil S./*Jeong,* Jinho/*Sun,* Huey-Lian/Tang, Alex P. (2002): Stock Returns And Operating Performance Of Securities Issuers, in: The Journal of Financial Research, Vol 25, S. 337-352.

Bancel, Franck/*Mittoo,* Usha R. (2004): Why Do European Firms Issue Convertible Debt?, in: European Financial Management, Vol 10, Nr 2, S. 339-374.

Barber, Brad M. (1993): Exchangeable Debt, in: Financial Management, Vol 22, Nr 2, S. 48-60.

Barclay, Michael J./*Holderness,* Clifford G. (1989): Private Benefits From Control Of Public Corporations, in: Journal of Financial Economics, Vol 25, S. 371-395.

Barclay, Michael J./*Holderness,* Clifford G. (1991): Negotiated Block Trades and Corporate Control, in: The Journal of Finance, Vol 46, S. 861-878.

Barnea, Amir/*Haugen,* Robert A./*Senbet,* Lemma W. (1985): Agency Problems and Financial Contracting, Englewood Cliffs 1985.

Bauer, Manuel (1999): Targeted Stock als Alternative zu Desinvestitionen, Diss Freiburg 1999.

Becker, Sabine (1994): Teilung von Betrieben – Begriffsbestimmung und betriebswirtschaftliche Analyse, Diss Köln 1994.

Bedell, Denise (2001): Exchangeables soar in Europe, in: Corporate Finance 201, S. 20-22.

Beiser, Reinhold (2001): Aktienanleihen in ertragssteuerlicher Sicht, in: RdW 2001, S. 620-622.

Berger, Philip/*Ofek,* Eli (1995): Diversification's Effect on Firm Value, in: Journal of Financial Economics, Vol 37, S. 39-65.

Bhabra, Harjeet S./*Patel,* Ajay (1996): Convertible Bond Financing: Are Some Issuers Mimickers?, in: Financial Management, Vol 25, Nr 4, S. 67-77.

Billingsley, Randall S./*Lamy,* Robert E./*Smith,* David M. (1990): Units Of Debt With Warrants: Evidence Of The "Penalty-Free" Issuance Of An Equity-Like Security, in: The Journal of Financial Research, Vol 13, Nr 3, S. 187-199.

Billingsley, Randall S./*Smith,* David M. (1996): Why do firms issue convertible debt?, in: Financial Management, Vol 25, Nr 2, S. 93-99.

Binder, John J. (1998): The event study methodology since 1969, in: Review of Quantitative Finance and Accounting, Vol 11, S. 111-137.

Blazenko, George W. (1997): Managerial preference, asymmetric information, and financial structure, in: Journal of Finance, Vol 42, S. 839-862.

Bohnet, Uwe (1999): Die Mitwirkungskompetenz der Hauptversammlung von Holding-Gesellschaften bei der Veräußerung von Unternehmensbeteiligungen, in: DB 1999, Heft 51/52, S. 2617-2622.

Borde, Stephen F./*Madura*, Jeff/*Akhigbe*, Aigbe (1998): Valuation Effects of Foreign Divestitures, in: Managerial and Decision Economics, Vol 19, Nr 2, S. 71-79.

Bowman, Edward H./*Singh*, Harbir/*Useem*, Michael/*Bhadury*, Raja (1999): When does restructuring improve economic performance?, in: California Management Review 1999, S. 33-54.

Bowman, Robert G. (1983): Understanding and Conducting Event Studies, in: Journal of Business Finance & Accounting, Vol 10, S. 561-585.

Brakmann, Heinrich (1993): Aktienemissionen und Kurseffekte: deutsche Bezugsrechtsemissionen für die Jahre 1978 bis 1988, Diss Hamburg 1991.

Brauer, Ulrich (1993): Die Zulässigkeit der Ausgabe von sog. "Tracking Stocks" durch Aktiengesellschaften nach deutschem Aktienrecht, in: AG 1993, S. 324-334.

Brealey, Richard A./*Myers*, Stewart C. (2000): Principles of Corporate Finance, 6th International Edition 2000.

Brennan, Michael/*Kraus*, Alan (1987): Efficient Financing under Asymmetric Information, in: The Journal of Finance, Vol 42, S. 1225-1243.

Brennan, Michael/*Her*, Constance (1993): Convertible Bonds: Test Of A Financial Signalling Model, Working Paper, University of California, Los Angeles, May 1995.

Brickley, James A./*Lease*, Ronald C./*Smith*, Clifford W. (1988): Ownership structure and voting on antitakeover amendments, in: Journal of Financial Economics, Vol 20, S. 267-291.

Brigham, Eugene (1966): An analysis of convertible debentures: Theory and some empirical evidence, in: Journal of Finance, Vol 21, S. 35-54.

Brown, Stephen J./*Warner*, Jerold B. (1980): Measuring security price performance, in: Journal of Financial Economics, Vol 8, S. 205-258.

Brown, Stephen J./*Warner*, Jerold B. (1985): Using daily stock returns, The case of event studies, in: Journal of Financial Economics, Vol 14, S. 3-31.

Budde, Wolfgang/*Clemm*, Hermann/*Ellrott*, Helmut/*Förschle*, Gerhart/*Hoyos*, Martin (Hrsg.): Beck'scher Bilanz-Kommentar: Handels- und Steuerrecht, - § 238 bis § 339 HGB, 4. Auflage, München 1999.

Bühner, Rolf (1998): Unternehmensspaltung – Motive und Aktienmarktreaktionen, in: zfbf 50, S. 809-840.

Burlacu, Radu (2000): New evidence on the pecking order hypothesis: the case of French *convertible* bonds, in: Journal of Multinational Financial Management, Vol 10, S. 439-459.

Busch, Torsten (1999): Bezugsrecht und Bezugsrechtsausschluss bei Wandel- und Optionsanleihen, in: AG 1999, S. 58-66.

Bydlinski, Sonja/*Winner,* Martin (1998): Das neue Übernahmegesetz: Ein Überblick über die materiell-rechtlichen Bestimmungen, in: ÖBA 1998, S. 913-924.

Campa, Jose/*Kedia,* Simi (2002): Explaining the Diversification Discount, in: Journal of Finance, Vol 57, S. 1731-1762.

Campbell, John Y./*Lo,* Andrew W./*MacKinlay,* Craig A. (1997): The econometrics of financial markets, Princeton 1997.

Clubb, Colin/Stouraitis Aris (2002): The significance of sell-off probability in explaining the market reaction to divestiture announcements, in: Journal of Banking & Finance, Vol 26, S. 671-688.

Comment, Robert/*Jarrell,* Gregg (1995): Corporate focus and stock returns, in: Journal of Financial Economics, Vol 37, S. 67-87.

Constantinides, George M./*Grundy,* Bruce D (1986): Optimal Investment with Stock Repurchase and Financing as Signals, Research Paper Series No. 887, Graduate School of Business, Stanford University.

Constantinides, George M./*Grundy,* Bruce D (1987): Call and Conversion of Convertible Bonds: Theory and Evidence, Center for Research in Security Prices Working Paper No. 180, Graduate School of Business, University of Chicago.

Cook, John P./*Officer,* Dennis T. (1996): Is Underpricing a Signal of Quality in 'Second' Initial Public Offerings, in: QJBE, Vol 35, S. 67-78.

Copeland, Tom E./*Lemgruber,* Eduardo F./*Mayers,* David (1987): Corporate spinoffs: multiple announcement and ex-date abnormal performance, in: Copeland, T.E. (Hrsg), Modern Finance and Industrial Economics, Oxford: Blackwell, 1987, S. 114-137.

Copeland, Thomas E./*Weston,* Fred J. (1992): Financial Theory and Corporate Policy, 3rd Edition, Reading ua 1992.

Copeland, Thomas E./*Koller,* Tim/*Murrin,* Jack (2000): Valuation – Measuring And Managing The Value Of Companies, 3rd Edition, New York 2000.

Copeland, Thomas E./*Weston,* Fred J./Shastri, Kuldeep (2004): Financial Theory and Corporate Policy, 4th (International) Edition, Boston ua 2004.

Corrado, Charles J. (1989): A Nonparametric Test For Abnormal Security-Price Performance In Event Studies, in: Journal of Financial Economics, Vol 23, S. 385-395.

Cusatis, Patrick/*Miles,* James A./Woolridge, Randall J. (1993): Restructuring through spinoffs, in: Journal of Financial Economics, Vol 33, S. 293-311.

Daley, Lane/Mehrotra, Vikas/*Sivakumar,* Ranjini (1997): Corporate focus and value creation – Evidence from spinoffs, in: Journal of Financial Economics, Vol 45, S. 257-281.

Danielova, Anna N. (2003): When Do Firms Issue Exchangeable Debt?, Working Paper, Indiana University, August 2003.

Dann, Larry Y../*Mayers,* David/*Raab,* Raymond (1977): Trading Rules, Large Blocks and the Speed of Adjustment, in: Journal of Financial Economics, Vol 4, S. 3-22.

Dann, Larry Y./*Mikkelson,* Wayne H. (1984): Convertible Debt Issuance, Capital Structure Change And Financing-Related Information, in: Journal of Financial Economics, Vol 13, S. 157-186.

Davidson, Wallace N. III/*Glascock,* John L./*Schwarz,* Thomas V. (1995): Signalling with Convertible Debt, in: Journal of Financial and Quantitative Analysis, Vol 30, S. 425-440.

Denis, David J./*Denis,* Diane K./*Sarin,* Atulya (1997): Agency Problems, Equity Ownership, and Corporate Diversification, in: Journal of Finance, Vol 52, S. 135-160.

Denning, Karen C. (1988): Spin-offs and Sales of Assets: An Examination of Security Returns and Divestment Motivations, in: Accounting and Business Research, Vol 19, S. 32-42.

Denning, Karen C./*Shastri,* Kuldeep (1990): Single Sale Divestments: The Impact On Stockholders And Bondholders, in: Journal of Business Finance & Accounting, Vol 17, S. 731-743.

Desai, Hemang/*Jain,* Prem C. (1999): Firm performance and focus: long-run stock market performance following spinoffs, in: Journal of Financial Economics, Vol 54, S. 75-101.

Diregger, Christoph/*Kalss,* Susanne/*Winner,* Martin (2003): Das österreichische Übernahmerecht – Vier Jahre Übernahmepraxis – ein Gesamtüberblick, Wien 2003.

Doralt, Peter/*Nowotny,* Christian/*Kalss,* Susanne (Hrsg.): Kommentar zum Aktiengesetz, 1. Auflage, Wien 2003.

Doralt, Werner/*Ruppe,* Georg (2000): Grundriss des österreichischen Steuerrechts, Band I, 7. Auflage, Wien 2000.

Doralt, Werner (Hrsg.): Kodex des österreichischen Rechts – Steuererlässe, Band I, Durchführungsrichtlinien und Erlässe des BMF zu den Abgabegesetzen, 16. Auflage, Wien 2002

Dranikoff, Lee/*Koller,* Tim/Schneider, Anton (2002): Divestiture: Strategy's Missing Link, in: Harvard Business Review, May 2002, S. 74-83.

Dreyer, Gerhard/*Herrmann,* Harald (2001a): Die Besteuerung von Aktien-, Wandel- und Umtauschanleihen, in: BB, 56 Jg., S. 705-710.

Dreyer, Gerhard/*Herrmann,* Harald (2001b): Besteuerung von Aktien-, Wandel- und Umtauschanleihen nach dem BMF-Schreiben vom 02.03.2001, in: FR 2001, S. 722-726.

Dreyer, Gerhard/*Herrmann,* Harald (2001c): Geplante Änderung der Besteuerung von Finanzinnovationen durch den Entwurf des Steueränderungsgesetzes 2001, in: DB 2001, S. 1637-1640.

Drukarczyk, Jochen (1993): Theorie und Politik der Finanzierung, 2. Auflage, München 1993.

D'Souza, Julia/*Jacob,* John (2000): Why firms issue targeted stock, in: Journal of Financial Economics, Vol 56, S. 459-483.

Dutordoir, Marie/*Van de Gucht,* Linda (2004): Determinants of the Stockholder Reactions to Convertible Debt Offering Announcements: an Analysis of the West European Market, Working Paper, Katholieke Universiteit Leuven, March 2004.

Ebenroth, Carsten T. (1988): Die Kompetenzen des Vorstands und der Aktionärsschutz in der Konzernobergesellschaft, in: AG 1988, S. 1-7.

Eckbo, Espen B. (1986): Valuation Effects Of Corporate Debt Offerings, in: Journal of Financial Economics, Vol 15, S. 119-151.

Eckbo, Espen B./*Masulis,* Ronald W. (1992): Adverse selection and the rights offer paradoxon, in: Journal of Financial Economics, Vol 32, S. 293-332.

Elder, John/*Westra,* Peter (2000): The Reaction of Security Prices to Tracking Stock Announcements, in: Journal of Economics and Finance, Vol 24, S. 36-55.

Elsas, Ralf/Löffler, Yvonne (2001): Equity Carve-Outs and Corporate Control in Germany, Working Paper, Goethe-Universität Frankfurt und Humbolt-Universität zu Berlin, 2001.

Entrup, Ulrich (1993): Kapitalmarktreaktionen auf die Ausgabe von Anleihen, Arbeitspapier 1993.

Entrup, Ulrich (1995): Kapitalmarktreaktionen auf Optionsanleihen: Finanzierungstheoretische Begründung und empirische Analyse der Aktienkursreaktionen, Diss Frankfurt (Main) 1994.

Evans, Jasper/*Krause,* Martin/*Waltz,* Peter (2001): Getting to grips with German bonds, in: International Financial Law Review, Vol 20, S. 12-14.

Fama ,Eugene F. (1970): Efficient Capital Markets: A Review of Theory and Empirical Work, in: Journal of Finance, Vol 25, S. 383-417.

Fama ,Eugene F. (1991): Efficient Capital Markets II, in: Journal of Finance, Vol 46, S. 1575-1617.

Feuchtmüller, Wolfgang: Börsegesetz und WAG – Ein Kapitalmarktkompendium für den Praktiker, Wien 1999.

Fields ,Paige L./*Mais,* Eric L. (1991): The Valuation Effects of Private Placements of Convertible Debt, in: Journal of Finance, Vol 46, S. 1925-1932.

Fischer, Edwin O./*Zechner,* Josef (1990): Die Lösung des Risikoanreizproblems durch Ausgabe von Optionsanleihen, in: zfbf 42, S. 334-342.

Frantzen, Christopher (1993): Genussscheine: Zugleich eine Analyse der Genussscheinbedingungen deutscher Unternehmen, Diss Bonn 1992.

Friedl, Markus (2002): Ein Plädoyer für Tracking Stocks, in: BB, 57. Jg, Heft 23, S. 1157-1164.

Friel, Arne (2000): Wandelanleihen mit Pflichtwandlung: im deutschen und US-amerikanischen Recht, Diss Bonn 2000.

Fuhrmann, Lambertus (2004): „Gelatine" und die Holzmüller-Doktrin: Ende einer juristischen Irrfahrt?, in: AG, S. 339-342.

Gebhardt, Günther (1988): Finanzwirtschaftliche Betrachtungen zur Emission von Optionsanleihen, in: zfbf 40, S. 896-914.

Gemmill, Gordon (1996): Transparancy and Liquidity: A Study of Block Trades on the London Sock Exchange under Different Publication Rules, in: Journal of Finance, Vol 51, S. 1765-1790.

Gentry, William M./*Schizer,* David M. (2002): Frictions and Tax-Motivated Hedging: An Empirical Exploration of Publicly-Traded Exchangeable Debt, Working Paper, Columbia University, March 2002.

Gilson, Stuart C./*Healy,* Paul M./*Noe,* Christopher F./*Palepu,* Krishna G. (2001): Analyst Specialization and Conglomerate Stock Breakups, in: Journal of Accounting Research, Vol 39, S. 565-582.

Ghosh, Chinmoy/*Varma,* Raj/*Woolridge,* Randall J. (1990): An analysis of exchangeable debt offers, in: Journal of Financial Economics, Vol 28, S. 251-263.

Ghosh, Chinmoy/*Varma,* Raj/*Woolridge,* Randall J. (1996): Exchangeable Debt Calls And Security Returns, in: Journal of Business Finance & Accounting, Vol 23, S. 107-114.

Gleason, Kimberly C./*Mathur,* Ike/*Singh,* Manohar (2000): Wealth Effects for Acquirers and Divestors Related to Foreign Divested Assets, in: International Review of Financial Analysis, Vol 9, Nr 1, S. 5-20.

Goldman Sachs Convertible Research (06/2001): Goldman Sachs European Convertible Monitor, 3 Q 2001, June 20 2001, Global Convertible Research.

Graham, John R./*Harvey,* Campbell R. (2001): The theory and practice of corporate finance: evidence from the field, in: Journal of Financial Economics, Vol 60, S. 187-243.

Graßhoff, Ulrike/*Schwalbach,* Joachim (1998): Corporate Restructuring, Downsizing and Managerial Compensation, Discussion Paper, Humbolt-Universität zu Berlin 1998.

Green, Richard C. (1988): Investment Incentives, Debt, And Warrants, in: Journal of Financial Economics, Vol 13, S. 115-136.

Grossman, Sanford J./*Hart,* Oliver D. (1982): Corporate Financial Structure and Managerial Incentives, in: The Economics of Information and Uncertainty, S. 107-140, Chicago 1982.

Groß, Wolfgang (1994): Zuständigkeit der Hauptversammlung bei Erwerb und Veräußerung von Unternehmensbeteiligungen, in: AG 1994, S. 266-276.

Guedes, Jose/*Parayre,* Roch (1997): Managerial reputation and divisional sell-offs: A model and empirical test, in: Journal of Banking & Finance, Vol 21, S. 1085-1106.

Habib, Michel A./*Ljungqvist,* Alexander P. (2001): Underpricing and Entrepreneurial Wealth Losses in IPOs: Theory and Evidence, in: The Review of Financial Studies, Vol 14, S. 433-458.

Haertlein, Lutz (2002): Geschäfte mit Aktienanleihen (Reverse Convertible Bonds) sind keine Börsentermingeschäfte; Aufklärungspflicht bei Geschäften mit Aktienanleihen, in: WM, S. 746-750.

Hamacher, Rolfjosef (2000): Reverse Convertible Bonds, Umtauschanleihen und Partizipationsscheine, in: DB 2000, Heft 48, S. 2396-2400.

Hansen, Robert S./*Crutchley,* Claire (1990): Corporate earnings and financings: An empirical analysis, in: Journal of Business, Vol 63, S. 347-371.

Harenberg, Friedrich E. (2000): Steuerliche Behandlung von Umtauschanleihen mit Gläubigerwahlrechten (unechte Wandelanleihen), in: NWB 2000, S. 11317-11320.

Harenberg, Friedrich E. (2002): Kommentar zur einkommensteuerrechtlichen Behandlung von Aktien- und Umtauschanleihen, in: FR 2002, S. 109-112.

Harris ,Lawrence/*Gurel,* Eitan (1986): Price and Volume Effects Associated with Changes in the S&P 500 List: New Evidence for the Existence of Price Pressure, in: Journal of Finance, Vol 41, S. 815-829.

Hartmann-Wendels, Thomas (1990): Zur Integration von Moral Hazard und Signalling in finanzierungstheoretischen Ansätzen, in: Kredit und Kapital, Vol 23, S. 228-250.

Hartung, Joachim (2002): Statistik – Lehr- und Handbuch der angewandten Statistik, 13. Auflage, München 2002.

Hartwig-Jacob, Mauricio (2001): Die Vertragsbeziehungen und die Rechte der Anleger bei internationalen Anleiheemissionen, Diss Köln 1999.

Hasselmann, Harald (1996): Going Public von Tochtergesellschaften: Unternehmensfinanzierung und Unternehmenswertsteigerung, Diss Berlin 1996.

Hatfield, Donald E./*Liebeskind,* Julia P./*Opler,* Tim C. (1996): The Effects Of Corporate Restructuring On Aggregate Industry Specialization, in: Strategic Management Journal, Vol 17, S. 55-72.

Häuselmann, Holger (2000): Wandelanleihen in der Handels- und Steuerbilanz des Emittenten, in: BB, 55. Jg, Heft 3, S. 139-146.

Häuselmann, Holger/*Wagner,* Siegfried (2002): Steuerbilanzielle Erfassung aktienbezogener Anleihen: Options-, Wandel-, Umtausch- und Aktienanleihen, in: BB 2002, S. 2431-2436.

Häuselmann, Holger (2000): Die steuerliche Erfassung von Pflichtwandelanleihen, in: BB, 58. Jg, Heft 30, S. 1531-1537.

Heinrich, Johannes (2000): Die Besteuerung von Index-Anleihen im Privatvermögen, in: ÖStZ 2000, S. 469-477.

Hellwig, Martin/Laux, Christian/*Müller,* Holger (2002): Conglomeration: Good, Bad, or Unavoidable?, Schmalenbach business review, Special Issue 1, Düsseldorf 2002.

Hennigs, Robert (1995): Die Börseneinführung von Tochtergesellschaften – Entscheidungsproblem im Konzern, Diss Köln 1995.

Herger, Beat (1990): Wandel- und Optionsanleihen am Schweizer Kapitalmarkt. Eine Untersuchung des Nutzens und des Risikos für Anleger und Emittenten, Lizentiatsarbeit an der Universität Basel 1990.

Herzog, Hansjörg (1991): Options- und Wandelanleihen schweizerischer Gesellschaften: Emissionsmotive und Preiseffekte, Diss Hochschule St. Gallen 1991.

Hirschey, Mark/*Zaima,* Janis K. (1989): Insider Trading, Ownership Structure, and the Market Assessment of Corporate Sell-Offs, in: Journal of Finance, Vol 44, S. 971-980.

Hoffmann, Dietrich (1973): Optionsanleihen ausländischer Töchter unter der Garantie ihrer deutschen Muttergesellschaft, in: AG, S. 47-58.

Hoffmann-Becking, Michael (Hrsg.): Münchener Handbuch des Gesellschaftsrechts, 2. Auflage, München 1999.

Hoffmeister, Ronald J. (1977): Use of convertible debt in the early 1970s: A reevaluation of corporate motives, in: Quaterly Review of Economics and Business, Vol 17, S. 23-32.

Holthausen, Robert W./*Leftwich,* Richard W./*Mayers,* David (1987): The Effect Of Large Block Transactions On Security Prices, in: Journal of Financial Economics, Vol 19, S. 237-267.

Holthausen, Robert W./*Leftwich,* Richard W./*Mayers,* David (1990): Large-block transactions, the speed of response, and temporary and permanent stock-price effects, in: Journal of Financial Economics, Vol 26, S. 71-95.

Höreth, Ulrike/*Zipfel,* Lars (2001): Änderung bei der Besteuerung von Aktien- und Umtauschanleihen – BMF Schreiben vom 02. März 2001, in: DStZ 2001, Nr 18, S. 653-659.

Horn, Norbert (1972): Das Recht der internationalen Anleihen, Habilitation Frankfurt 1972.

Huber, Peter/*Löber,* Werner: Kommentar zum Übernahmegesetz, Wien 1999.

Hudson, Carl D./*Jensen,* Marlin R.H./*Pugh,* William N. (1993): Information Versus Price-Pressure Effects: Evidence From Secondary Offerings, in: The Journal of Financial Research, Vol 16, S. 193-207.

Hueck, Alfred/*Canaris,* Claus-Wilhelm (1986): Recht der Wertpapiere, 12. Auflage München.

Hüffer, Uwe: Aktiengesetz, 5. Auflage, München 2002.

Ikenberry, David/*Lakonishok,* Josef/*Vermaelen,* Theo (1995): Market underreaction to open market share repurchases, in: Journal of Financial Economics, Vol 39, S. 181-209.

Jabornegg, Peter/*Strasser*, Rudolf (Hrsg.): Kommentar zum Aktiengesetz, 4. Auflage, Teil II u Teil III: §§ 70-273, Wien 2001/2002.

Jacob, Friedhelm (2000): Besteuerung hybrider Finanzierung in grenzüberschreitenden Situationen, in: IWB 2000/16 IFA Mitteilungen 2000, S. 1521-1546.

Jaeger, Christopher (1998): Targeted Stock als Restrukturierungsinstrument – Auswirkungen auf das Shareholder Value-Management diversifizierter Konzerngesellschaften, Diss Koblenz 1998.

James, Christopher (1987): Some evidence on the uniqueness of bank loans, in: Journal of Financial Economics, Vol 19, S. 217-236.

Janjigian, Vahan (1987), The leverage changing consequences of convertible debt, in: Financial Management, Vol 16, Nr 3, S. 15-21.

Janssen, Friedrich (1982): Bedeutung und Ausstattung von Wandel- und Optionsanleihen, Diss Göttingen 1980.

Jensen, Michael C./*Meckling,* Wiliam H. (1976): Theory of the Firm. Managerial Behavior, Agency Costs and Ownership Structure, in: Journal of Financial Economics Vol 3, S. 305-360.

Jensen, Michael C. (1986): Agency Cost of Free Cash Flow, Corporate Finance and Takeovers, in: American Economic Review, Papers and Proceedings, Vol 76, S. 323-329.

John, Kose /*Ofek,* Eli (1995): Asset sales and increase in focus, in: Journal of Financial Economics, Vol 37, S. 105-120.

Jud, Waldemar/*Schummer,* Gerhard (1995): Die Emission von Nachrangs- und Ergänzungskapital mit Wandlungsrecht auf Aktien, in: ÖBA 1995, S. 413-426.

Kaiser, Kevin/*Stouraitis,* Aris (1995): Value Creation Through Corporate Restructuring: European Divestitures, in: European Management Journal, Vol 13, Nr 2, S. 164-.

Kalss, Susanne (1993): Die Offenlegung von Beteiligungen, in: ÖBA 1993, S. 615-629.

Kalss, Susanne (1997): Handkommentar zur Verschmelzung, Spaltung, Umwandlung: die gesellschaftsrechtlichen Bestimmungen (AktG, GmbHG, SpaltG und UmwG) in der Fassung des EU-Gesellschaftsrechtsänderungsgesetzes, Wien, 1997.

Kalss, Susanne (2001): Anlegerinteressen – Der Anleger im Handlungsdreieck von Vertrag, Verband und Markt, Wien, 2001.

Kalss, Susanne/*Zollner,* Johannes (2002): Markttransparenz bei Put- und Call-Optionen, in: ecolex 2002, S. 22-25.

Kang Jun-Koo/*Kim,* Yong-Cheol/*Park,* Kyung-Joo/*Stulz,* René M. (1995): An Analysis of the Wealth Effects of Japanese Offshore Dollar-Denominated Convertible and Warrant Bond Issues, in: Journal of Financial and Quantitative Analysis, Vol 30, S. 257-270.

Kang, Jun-Koo/*Stulz,* René M. (1996): How Different is Japanese Corporate Finance? An Investigation of the Information Content of New Security Issues, in: The Review of Financial Studies, Vol 9, S. 109-139.

Karafiath, Imre (1994): On the efficiency of least squares regression with security abnormal returns as dependent variable, in: Journal of Financial and Quantitative Analysis, Vol 29, S. 279-300.

Kaserer, Christoph/*Ahlers,* Martin (2000): Kursreaktionen anlässlich der Börseneinführung von Tochterunternehmen – Signalling oder verbesserte Unternehmenskontrolle in Konzernen?, in: zfbf 52, S. 537-570.

Kastner, Walther/Doralt, Peter/*Nowotny,* Christian (1990): Grundriss des österreichischen Gesellschaftsrechts, 5. Auflage, Wien 1990.

Kessler, Wolfgang /Schürner, Thomas C. (2001): Stapled Stock und Tracking Stock im US-Steuerrecht, in: Die Wirtschaftsprüfung 2001, S. 1041-1049.

Kim, Yong-Cheol/Stulz, René M. (1992): Is There a Global Market for Convertible Bonds?, in: Journal of Business, Vol 65, S. 75-91.

Kim, Yong-Cheol (1997): Stock Price Reaction to International Investment and Divestiture and Management of Currency Operating Exposure, in: Journal of Economics and Business, Vol 49, S. 419-437.

Kim, Yong O. (1990): Informative Conversion Ratios: A Signalling Approach, in: Journal of Financial and Quantitative Analysis, Vol 25, S. 229-243.

Kmenta, Jan (1971): Elements of Econometrics, New York 1971.

Koh, William (1988): Common stock return behavior around convertible security issue and call announcement: An empirical study, Ph.D. Dissertation Lousiana Tech University.

Korn, Christian B. (2001): Die Besteuerung von Anleihen nach dem Entwurf des Steueränderungsgesetzes 2001, in: DStR 2001, S. 1507-1514.

Kort, Michael (2002): Bezugsrechtsfragen und „Holzmüller"-Fragen einer Tochter-Kapitalerhöhung aus Sanierungsgründen, in: AG 2002, S. 369-377.

Kose, John/*Ofek,* Eli (1995): Asset sales and increase in focus, in: Journal of Financial Economics 37, S. 105-126.

Koziol, Helmut/*Welser,* Rudolf (2001): Grundriss des bürgerlichen Rechts, Band I, 12. Auflage, Wien 2001.

Kraus, Alan/*Stoll,* Hans R. (1972): Price impacts of block trading on the New York Stock Exchange, in: Journal of Finance, Vol 27, S. 569-588.

Kuhlmann, B.B. (1988): Convertible bond issues and equity price impacts, Ph.D. Dissertation University of Florida.

Kwak, Mark (2001): Spinoffs lead to better financing decisions, in: MIT Sloan Management Review, Vol 42, S. 10.

Lamont, Owen A./*Polk,* Christopher (2001): Does Diversification destroy value? Evidence from industry shocks, National Bureau of Economic Research, Massachusetts 2001.

Landesbank Baden-Württemberg (06/2002): Kapitalmärkte: Wandelanleihen – Zwitter für alle Fälle, Juni 2002.

Lang, Larry/*Stulz,* René (1994): Tobin's q, corporate diversification and firm performance, in: Journal of Political Economy, Vol 102, S. 1248-1280.

Lang, Larry/*Poulsen,* Annette/*Stulz,* René (1995): Asset Sales, Firm Performance, and the Agency Costs of Managerial Discretion, in: Journal of Financial Economics, Vol 53, S. 3-37.

Lee, Hei W./*Figlewicz,* Raymond E. (1999): Characteristics of firms that issue convertible debt versus convertible preferred stock, in: The Quarterly Review of Economics and Finance, Vol 39, S. 547-563.

Lee, Inmoo/*Loughran,* Tim (1998): Performance following convertible bond issuance, in: Journal of Corporate Finance, Vol 4, S. 185-207.

Leland, Hayne E./*Pyle,* David H. (1977): Information Asymmetries, Financial Structure and Financial Intermediation , in: Journal of Finance, Vol 32, S. 371-387.

Levinsohn, Alan (2000): Tracking Stock – An Old Corporate Finance Technique Gains New Currency – and Controversy, in: Strategic Finance, September 2000, S. 62-67.

Lewis, Craig M./*Rogalski,* Richard J./*Seward,* James K. (1996): Industry Conditions, Growth Opportunities and Market Reactions to Convertible Debt Financing Decisions, Working Paper, Vanderbilt University and Dartmouth College, November 1996.

Lewis, Craig M./*Rogalski,* Richard J./*Seward,* James K. (2001): The long-run performance of firms that issue convertible debt: an empirical analysis of operating characteristics and analyst forecasts, in: Journal of Corporate Finance, Vol 7, S. 447-474.

Lewis, Craig M./*Rogalski,* Richard J./*Seward,* James K. (2003): Industry conditions, growth opportunities and market reactions to convertible debt financing decisions, in: Journal of Banking & Finance, Vol 27, S. 153-181.

Lins, Karl/*Servaes,* Henri (1999): International evidence on the value of corporate diversification, in: Journal of Finance, Vol 54, S. 2215-2239.

Löffler, Yvonne (2001): Desinvestitionen durch Verkäufe und Börseneinführungen von Tochterunternehmen – Eine empirische Untersuchung der Bewertung am deutschen Kapitalmarkt, Diss Berlin 2001.

Loh, Charmen/Rathinasamy, R.S. (1997): The Impact of Antitakeover Devices on the Valuation Consequences of Voluntary Corporate Selloffs, in: Financial Review, Vol 32, S. 691-707.

Lohr, Jörg-Andreas (2000): Steuerliche Behandlung von Anleihen mit Umtausch- bzw. Rückgaberecht, in: Finanz Betrieb 2000, S. 578-579.

Long, Michael S./*Sefcik,* Stephan E. (1990): Participation Financing: A Comparison of the Characteristics of Convertible Debt and Straight Bonds Issued in Conjunction with Warrants, in: Financial Management, Vol 19, Nr 3, S. 23-34.

Loughran, Tim/*Ritter,* Jay R. (1995): The New Issues Puzzle, in: Journal of Finance, Vol 50, S. 23-51.

Lucas, Deborah J./*McDonald,* Robert L. (1990): Equity Issues and Stock Price Dynamics, in: Journal of Finance, Vol 45, S. 1019-1043.

Lummer, Scott L./*McConnell,* John, J. (1989): Further Evidence On The Bank Lending Process And The Capital-Market Response To Bank Loan Agreements, in: Journal of Financial Economics, Vol 25, S. 99-122.

Lutter, Marcus (1985): Organzuständigkeiten im Konzern, in: Lutter, Marcus/Mertens, Hans-Joachim (Hrsg.), Festschrift für Walter Stimpel zum 68. Geburtstag am 29. November 1985, Berlin 1985, S. 825-854.

Lutter, Marcus (1996): Europäisches Unternehmensrecht: Grundlagen, Stand und Entwicklung nebst Texten und Materialen zur Rechtsangleichung, 4. Auflage, ZGR-Sonderheft, Berlin 1996.

Lutter, Marcus/*Leinekugel,* Rolf (1998): Kompetenzen von Hauptversammlung und Gesellschafterversammlung beim Verkauf von Unternehmensteilen, in: ZIP 1998, S. 225-232.

Lutter, Marcus/*Hirte,* Heribert (Hrsg.): Wandel- und Optionsanleihen in Deutschland und Europa, Berlin 2000.

MacKinlay, Craig A. (1997): Event studies in economics and finance, in: Journal of Economic Literature, Vol 35, S. 13-39.

Markides, Constantinos C. (1995): Diversification, Refocusing, and Economic Performance, London 1995.

Masulis, Ronald W./*Kowar,* Ashok N. (1986): Seasonded Equity Offerings: An Empirical Investigation, in: Journal of Financial Economics, Vol 15, S. 91-118.

Mauer, David C./*Senbet,* Lemma W. (1992): The Effect of the Secondary Market on the Pricing of Initial Public Offerings: Theory and Evidence, in: Journal of Financial and Quantitative Analysis, Vol 27, S. 55-79.

Mayers, David (1998): Why firms issue convertible bonds: the matching of financial and real investment options, in: Journal of Financial Economics, Vol 47, S. 83-102.

McConnell, John J./*Ozbilgin,* M./*Wahal,* Sunil (2001): Spin-offs, ex ante, in: Journal of Business, Vol 74, S. 245-280.

McLaughlin, Robyn/*Safieddine,* Assem/Vasudevan, Gopala K. (1998): The long-run performance of convertible debt issuers, in: The Journal of Financial Research, Vol 21, S. 373-388.

Merton, Robert C. (1974): On the Pricing of Corporate Debt: The Risk Structure of Interest Rates, in: Journal of Finance, Vol 29, S. 449-470.

Mikkelson, Wayne H./*Partch,* Megan M. (1985): Stock Price Effects And Cost Of Secondary Distributions, in: Journal of Financial Economics, Vol 14, S. 165-194.

Mikkelson, Wayne H./*Partch,* Megan M. (1986): Valuation Effects Of Security Offerings And The Issuance Process, in: Journal of Financial Economics, Vol 15, S. 31-60.

Mikkelson, Wayne H./*Ruback,* Richard S. (1991): Targeted Repurchases and Common Stock Returns, in: The Rand Journal of Economics, Vol 22, S. 544-561.

Miller, Merton H./*Rock,* Kevin (1985): Dividend policy under asymmetric information, in: Journal of Finance, Vol 40, S. 1031-1051.

Moles, Peter/*Terry,* Nicholas (1997): The Handbook Of International Financial Terms, Oxford 1997.

Moritz, Helmut (2001): Zur gesellschaftlichen und steuerrechtlichen Zulässigkeit von Tracking Stock Modellen, in: ÖStZ 2001, S. 93-97.

Mühlehner, Johann (2001): Ertragsteuerliche Behandlung von Aktienanleihen im Privatvermögen, in: ÖStZ 2000, S. 316-318.

*Mulherin,*H. J./Boone, A. L. (2000): Comparing Acquisitions and Divestitures, in: Journal of Corporate Finance, Vol 6, S. 117-139.

Müller, Ingo (1997): Tracking Stock – Gestaltungsoptionen im Bereich M&A/Corporate Finance, in: M&A Review 1997, S. 459-470.

Myers, Stewart C. (1977): Determinants of Corporate Borrowing, in: Journal of Financial Economics, Vol 5, S. 147-175.

Myers, Stewart C./*Majluf,* Nicholas S. (1984): Corporate Financing and Investment Decisions When Firms Have Information That Investors Do Not Have, in: Journal of Financial Economics, Vol 13, S. 187-221.

Nanda, Vikram (1991): On the Good News in Equity Carve-Outs, in: Journal of Finance, Vol 46, S. 1717-1738.

Narayanan, M.P. (1988): Debt versus Equity under Asymmetric Information, in: Journal of Financial and Quantitative Analysis, Vol 23, S. 39-51.

Natusch, Ingo (1995): „Tracking Stock" als Instrument der Beteiligungsfinanzierung diversifizierter Unternehmen, Diss Münster 1995.

Natusch, Ingo (1998): Konzeptionelle Grundlagen der Rechnungslegung von US-Aktiengesellschaften mit Tracking Stock-Struktur, in: Die Wirtschaftsprüfung 1998, S. 459-470.

Natusch, Ingo (2000): Beteiligungsfinanzierung in der Reifephase – Die langfristigen Perspektiven, in: *Engelmann,* Andree (Hrsg): Moderne Unternehmensfinanzierung, S. 187 - 204.

Natusch, Ingo (2001): Entwicklungsperspektiven der Beteiligungsfinanzierung mit Tracking Stocks, in: Finanz Betrieb 2001, S. 496-501.

Neish, Stephen (1995): Creating value with targeted stock, in: Corporate Finance, Vol 127, S. 27-35.

Nemec, Edith (1999): Kapitalstruktur und Corporate Governance in bankorientierten Finanzsystemen, Habilitation Wien 1999.

Nick, Andreas (1994): Börseneinführung von Tochtergesellschaften, Diss Koblenz 1994.

Nolte, Bernd/*Nolting,* Roger (2002): Hybrides Kapital: Wandel- und Umtauschanleihe als Finanzierungs- und Anlageform, in: ÖBA 2002, S. 767-772.

Nowotny, Christian (1994): Wandelschuldverschreibungen und Optionsanleihen im österreichischen Recht, in: ZGR 1994, Nr 2, S. 195-226.

Parker, Christian/*Dunton,* Martin (2001): How convertibles can help in tough times, in: International Financial Law Review, Vol 20, S. 43-46.

Pellens, Bernhard (1993): Börseneinführungen von Tochterunternehmen – Aktienmarktreaktionen auf die Performance von Mutterunternehmen, in: zfbf 45, S. 852-872.

Perridon, Louis/*Steiner,* Manfred (2002): Finanzwirtschaft der Unternehmung, 11. Auflage, München 2002.

Phelps, Katherine L. (1988): Equity valuation effects of warrant-debt financing decisions, Ph.D. Dissertation University of South Carolina.

Pilcher, James C. (1955): Raising capital with convertible securities, Michigan Business Studies No. 21/2, University of Michigan, 1955.

Popper, Karl R. (1971): Logik der Forschung, 4. Auflage, Tübingen 1971.

Pound, John (1988): Proxy Contests And The Efficiency Of Shareholder Oversight, in: Journal of Financial Economics 20, S. 237-265.

Quantschnigg, Peter (1989): Zweifelsfragen zu den steuerbegünstigten Beteiligungen im KStG 1988, in: ÖStZ 1989, S. 142-143.

Rappaport, Alfred (1986): Creating Shareholder Value – The New Standard for Business Performance, New York 1986.

Roon, Frans de/*Veld* Chris (1998): Announcement effects of convertible bond loans and warrant-bond loans: An empirical analysis of the Dutch market, in: Journal of Banking & Finance, Vol 22, S. 1481-1506.

Ross, Stephen A. (1977): The Determination of Financial Structure: The Incentive-Signalling Approach, in: The Bell Journal of Economics, Vol 8, S. 23-40.

Roth, Günter H. (1999): Grundriss des österreichischen Wertpapierrechts, 2. Auflage, Wien 1999.

Roy, Lynn D./*Manley,* John F. (1997): The effect of firm specialization on shareholder wealth, in: The Mid-Atlantic Journal of Business, Vol 33, Nr 3, S. 219-237.

Schäfer, Henry (2002): Renaissance der Wandelanleihen – Neuere Kontraktstrukturen und deren Kapitalmarktrelevanz, in: Finanz Betrieb 2002, S. 514-524.

Schimansky, Herbert/*Bunte,* Hermann-Josef/Lwowski, Hans-Jürgen (Hrsg.): Bankrechts-Handbuch, 2. Auflage, Bd. 3, München 2001.

Schipper, Katherine/*Smith,* Abbie (1983): Effects Of Recontracting On Shareholder Wealth – The Case of Voluntary Spin-offs, in: Journal of Financial Economics, Vol 12, S. 437-467.

Schipper, Katherine/*Smith,* Abbie (1986): A comparison of equity carve-outs and seasoned equity offerings, in: Journal of Financial Economics, Vol 15, S. 153-186.

Schlingemann, Frederik P./*Stulz,* René M./*Walkling,* Ralph A. (1999): Corporate Focusing And Internal Capital Markets, Working Paper, National Bureau Of Economic Research, Cambridge- Massachusetts, 1999.

Schlingemann, Frederik P./*Stulz,* René M./*Walkling,* Ralph A. (2002): Divestitures and the liquidity of the market for corporate assets, Journal of Financial Economics, Vol 59, S. 117-144.

Scholes, Myron S. (1972): The market for securities: Substitution versus price pressure and the effects of information on share prices, in: Journal of Business, Vol 45, S. 179-211.

Schultz, Florian (2001): Germany fails to clarify bon issue, in: International Tax Review 2001, Vol 2, S. 43-44.

Schultze, Georg (1997): Der spin-off als Konzernspaltungsform, Diss Mannheim 1997.

Schumacher, Andreas (2000a): Die Besteuerung von Compound Instruments beim Privatanleger am Beispiel von Reverse Convertibles, in: DStR 2000, S. 416-418.

Schumacher, Andreas (2000b): Besteuerung von Umtauschanleihen und vergleichbaren Anleiheformen, in: DStR 2000, S. 1218-1220.

Schumacher, Andreas (2001): Nochmals: Besteuerung von Hochzins- und Umtausch-anleihen, in: DStR, 2001, S. 1021-1022.

Schumann, Günter (1990): Optionsanleihen: Rechtliche Grundlagen und aktuelle Probleme, Abhandlungen zum deutschen und europäischen Wirtschaftsrecht, Band 70, Köln 1990.

Servaes, Henri (1996): The value of diversification during the conglomerate merger wave, in: Journal of Finance, Vol 51, S. 1201-1225.

Seward, James K./*Walsh,* James P. (1996): The Governance And Control Of Voluntary Corporate Spin-Offs, in: Strategic Management Journal 1996, S. 25-39.

Seydel, Eberhard (1995): Konzernbildungskontrolle bei der Aktiengesellschaft, Diss Bayreuth 1994.

Sharpe, William F. (1963): A simplified model for portfolio analysis, in: Management Sciences Vol 9, S. 277-293.

Shleifer, Andrei/Vishny, Robert W. (1986): Large Shareholders and Corporate Control, in: Journal of Political Economy, Vol 94, S. 461-488.

Shleifer, Andrei/*Vishny,* Robert W. (1997): A survey of corporate governance, in: Journal of Finance, Vol 52, S. 737-783.

Sicherman, Neil W./*Pettway,* Richard H. (1992): Wealth Effects for Buyers and Sellers of the Same Divested Assets, in: Financial Management, Vol 21, Nr 4, S. 119-128.

Siebel, Ulf (1997): Rechtsfragen internationaler Anleihen, Habilitation Mainz 1997.

Sieger, Jürgen/*Hasselbach,* Kai (1999): Die Holzmüller-Entscheidung im Unterordnungskonzern, in: AG 1999, S. 241-249.

Sieger, Jürgen/*Hasselbach,* Kai (2001): „Tracking Stock" im deutschen Aktien- und Kapitalmarktrecht, in: AG 2001, S. 391-398.

Slovin, Myron B./*Sushka,* Marie E./*Hudson,* Carl D. (1990): External monitoring and its effect on seasoned common stock issues, in: Journal of Accounting and Economics, Vol 12, S. 397-417.

Slovin, Myron B./*Sushka,* Marie E./*Ferraro,* Steven R. (1995): A comparison of the information conveyed by equity carve-outs, spin-offs, and asset sell-offs, in: Journal of Financial Economics, Vol 37, S. 89-104.

Smith, Clifford W. (1986): Investment banking and the capital acquisition process, in: Journal of Financial Economics, Vol 15, S. 3-29.

Spiess, Katherine D./*Affleck-Graves,* John (1995): Underperformance in long-run stock returns following seasoned equity offerings, in: Journal of Financial Economics, Vol 38, S. 243-268.

Spiess, Katherine D./*Affleck-Graves,* John (1999): The long-run performance of stock returns following debt offerings, in: Journal of Financial Economics, Vol 54, S. 45-73.

Spremann, Klaus (1996): Wirtschaft, Investition und Finanzierung, 5. Auflage München.

Stangl, Christian (2002): Die steuerliche Behandlung von Aktienanleihen im Privatvermögen, in: ÖStZ 2002, S. 156-161.

Stein, Jeremy C. (1992): Convertible bonds as backdoor equity financing, in: Journal of Financial Economics, Vol 32, S. 3-21.

Stiglitz, Joseph E./*Weiss,* Andrew (1981): Credit Rationing with Imperfect Information, in: American Economic Review, Vol 73, S. 393-410.

Straube, Manfred (Hrsg.): Kommentar zum Handelsgesetzbuch mit einschlägigen Rechtsvorschriften II^2 (2000).

Stulz, René M. (1990): Managerial discretion and optimal financing policies, in: Journal of Financial Economics, Vol 26, S. 3-27.

Sünner, Eckart (1983): Aktionärsschutz und Aktienrecht, in: AG 1983, S. 169-173.

Swoboda, Peter (1994): Betriebliche Finanzierung, 3. Auflage, Heidelberg 1994.

Timm, Wolfram (1993): Anmerkung „Nordstern"-Entscheidung, in: ZIP 1993, S. 114-118.

Uhlir, Helmut/*Steiner,* Peter (1993): Wertpapieranalyse, 3. Auflage Heidelberg.

Vijh, Anand M. (1999): Long-term returns from equity carve-outs, in: Journal of Financial Economics, Vol 51, S. 273-308.

Wagenmann, Jürgen/Woriescheck, Jan (2001): Neue Aktiengattung für deutsche Unternehmen, in: Bankmagazin, 2001, Nr 3, S. 62-64.

Werner, Winfried (1983): Zuständigkeitsverlagerung in der Aktiengesellschaft durch Richterrecht? Besprechung der Entscheidung BGHZ 83 S 122 ff, in: ZHR 1983, S. 429-453.

Weston, Fred J../*Siu,* Juan A./*Johnson,* Brian A. (2001): Takeovers, Restructuring, and Corporate Governance, 3. Auflage, New Jersey 2001.

Wiese, Götz T./Dammer, Thomas (1999): Zusammengesetzte Finanzinstrumente der AG, in: DStR 1999, S. 867-876.

Wolfe, Simon/Daliakopoulos, Stavros/*Gwilym,* Owain A. (1999): Equity Valuation Effects of the Issuance of Convertible Bonds: UK Evidence, in: The Journal of Fixed Income, Vol 9, S. 7-18.

Wruck, Karen H. (1989): Equity ownership concentration and private value: Evidence from private equity financings, in: Journal of Financial Economics, Vol 23, S. 3-28.

Wunsch, Thomas (2002): Tracking Stocks – geschäftsbereichsbezogene Gewinnbeteiligungen bei Aktiengesellschaften: eine systematische gesellschafts- und steuerrechtliche Betrachtung, Diss Bayreuth 2002.

Zimmermann, Heinz (1986): Kapitalerhöhungen und Aktienmarkt, Untersuchungen zur Preisbildung auf dem schweizerischen Aktienmarkt in der Zeitperiode von 1973 bis 1983, Köln 1986.

Zollner, Johannes (2001): Zusammenspiel von Börse- und Übernahmerecht, in: RdW 2001, S. 457-461.

Zollner, Johannes (2002): Kontrollwechsel und Kontrollerlangung im Übernahmegesetz, Diss Wien 2001.

Zöllner, Wolfgang (Hrsg.): Kölner Kommentar zum Aktiengesetz, 2. Auflage, Band 5/1: §§ 179-240 AktG, Köln 2001.

Zwyssig, Markus (1993): Pricing von Options- und Wandelanleihen aus finanzwirtschaftlicher Sicht, Diss Zürich 1992.

Kolibri 360 GmbH
Ferdinand-Jühlke-Straße 7
99095 Erfurt, Deutschland
produktsicherheit@kolibri360.de

Druck:
CPI Druckdienstleistungen GmbH
im Auftrag der
Kolibri 360 GmbH
Ferdinand-Jühlke-Str. 7
99095 Erfurt